"十四五"职业教育国家规划教材

"十四五"职业教育河南省规划教材

高速铁路动车组运用与管理

（第2版）

主　编 ○ 时　蕾　石高山
副主编 ○ 付　翔　宋慧娟
主　审 ○ 许艳峰

校企合作　微课　视频　新形态一体化教材

西南交通大学出版社
·成　都·

内容简介

本书根据《铁路技术管理规程》（高速部分）《铁路动车组运用维修规程》编写，主要对动车组运用管理、运用维修、动车组应急故障处置等方面的内容进行了详细的介绍。本书内容丰富、实用性强，可作为铁路高职院校动车组检修技术专业的教材，也可作为其他高等院校、中等职业学校和职工岗位培训教材，还可作为相关工程技术人员的学习参考书。

图书在版编目（CIP）数据

高速铁路动车组运用与管理 / 时蕾，石高山主编．—2 版．—成都：西南交通大学出版社，2021.8（2025.6 重印）

ISBN 978-7-5643-8128-8

Ⅰ．①高… Ⅱ．①时… ②石… Ⅲ．①高速动车－高等职业教育－教材 Ⅳ．①U266

中国版本图书馆 CIP 数据核字（2021）第 137468 号

Gaosu Tielu Dongchezu Yunyong yu Guanli

高速铁路动车组运用与管理

（第 2 版）

主编　时　蕾　石高山

责任编辑　王　旻
特邀编辑　王玉珂
封面设计　何东琳设计工作室

出版发行　西南交通大学出版社
（四川省成都市金牛区二环路北一段 111 号
西南交通大学创新大厦 21 楼）
邮政编码　610031
发行部电话　028-87600564　028-87600533
网址　http://www.xnjdcbs.com
印刷　四川玖艺呈现印刷有限公司

成品尺寸　185 mm×260 mm
印张　18
字数　445 千
版次　2017 年 9 月第 1 版　2021 年 8 月第 2 版
印次　2025 年 6 月第 9 次
定价　48.00 元
书号　ISBN 978-7-5643-8128-8

课件咨询电话：028-81435775
图书如有印装质量问题　本社负责退换

前言

第2版

《高速铁路动车组运用与管理》一书出版已三年有余，在这段时间内，我国高速列车又有了飞速的发展。CRH380A（L）、CRH380B（L）型动车组已经成为高铁客运的主型车，同时新一代动车组 CR400AF 和 CR400BF 也开始运营。因此原教材部分内容显得有些陈旧，不能反映我国高速动车组运用与管理方面的最新发展，故需要更新再版。

此次再版教材保持了第一版教材的基本构架，在内容上根据《国家综合立体交通网规划纲要》及新版《铁路技术管理规程》(高速铁路部分)《铁路动车组运用维修规则》《高速铁路行车组织细则》等相关文件的要求，做了修改和完善。按照高速动车现场工作的实际需求，增加了思政课堂、动车组检修计划编制、非正常行车案例及随车机械师应急故障处置案例等，内容更为丰富。

教材为新形态一体化教材，书中配有丰富的数字信息化资源，重要知识点和检修采取了“讲到既能看到，看到就能做到”的编排结构，做到目标明确，重点突出、语言规范、图文并茂。有利于促进学生的求知欲和学习主动性，将知识点与能力点有机结合，注重培养学生的应用能力和解决现场实际问题的能力。

全书由郑州铁路职业技术学院时蕾和郑州局集团公司动车段段长石高山主编，郑州局集团公司车辆处许艳峰主审。参加编写的还有：武汉铁路职业技术学院付翔，郑州铁路职业技术学院宋慧娟、牛晨旭、张龙华。编写分工如下：付翔编写项目一、项目二；张龙华编写项目三；牛晨旭编写项目四及附录；宋慧娟编写项目五；石高山编写项目六的任务一；时蕾编写项目六的任务二、任务三。

由于高速铁路发展较快，以及编者水平所限，书中难免有遗漏和不妥之处，恳请读者批评指正。

编者

2021 年 6 月

前言 第1版

2012年12月26日，伴随着京石、石武段的开通运营，我国最长的京广客运专线全线贯通。到2020年，我国规划新建高速铁路里程将达到15万km，其中高速铁路3万km，覆盖80%以上的城市；2030年，基本实现内外互联互通、区际多路畅通、省会高铁连通、地市快速通达、县城基本覆盖。未来我国将形成“八纵八横”的高速铁路网络，中国将成为名副其实的高速铁路大国。

具体到动车组运用检修任务，需要大量的机电设备检修和维护专业技术人员，而现有各铁路局集团公司动车段、动车所的技术维修人员，基本来自大中专毕业生和在岗职工的转岗培训。为了认真贯彻落实高速铁路主要行车工种岗位准入制度的相关要求，确保为高铁运营及安全持续稳定提供坚实可靠的人才保障，快速提升企业在职人员和职业学院学生的实际运用和检修的专业水平，在消化吸收郑州局集团公司动车段提供的动车组管理及运行相关技术资料的基础上，从实际需要出发，我们编写了《高速铁路动车组运用与管理》。

本教材涉及行车组织、铁路信号、动车组周转、乘务员乘务制度、运用安全、行车事故救援等多个专业，并且根据铁路总公司随车机械师岗位职责讲述了机械师应掌握的基础知识，包括动车组运用管理，运用方式、周转等方面的知识，以及应急故障处理流程和方法。维修方面介绍了高速铁路动车组维修模式、特点、动车组运用及检修流程、作业步骤、系列标准、专项作业及动车组检修体系和管理方面的内容。针对目前高速铁路运行车辆的类型变化，着重介绍了CRH380A（L）型动车组的相关检修内容。

全书由郑州铁路职业技术学院时蕾和郑州局集团公司动车段段长石高山主编，郑州局集团公司车辆处许艳峰主审。参加编写的还有，铁道警察学院杨树森，郑州铁路职业技术学院程迪、李向超、宋慧娟。编写分工如下：石高山编写项目一；程迪编写项目二；宋慧娟编写项目三的任务一、任务三、任务四、任务五、任务六；杨树森编写项目四的任务一；李向超编写项目三的任务二、项目四的任务二、项目五的任务二；时蕾编写项目五的任务一、任务三。

由于高速铁路发展较快，以及编者水平所限，书中难免有遗漏和不妥之处，恳请读者批评指正。

编者

2017年6月

前言

《高速铁路动车组运用与管理》数字资源列表

序号	二维码名称	资源类型	书籍页码
1	国内外动车组运用简介	视频	001
2	拓展阅读一 讨论：高铁的快速发展为我们的生活带来了哪些变化？	PDF	027
3	线路分界点	微课	030
4	列车运行图	微课	035
5	铁路天窗	微课	043
6	动车组运转制度	微课	048
7	拓展阅读二 讨论：讲讲你知道的高铁故事	PDF	061
8	动车组上的人员配备	微课	066
9	火灾应急处理措施预案	微课	073
10	救援与回送	微课	100
11	拓展阅读三 讨论：学习能力是一个新时代高铁青年的核心竞争力	PDF	109
12	动车组恶劣天气行车作业办法	微课	115
13	受电弓粘连应急处理方法	微课	120
14	空调失效应急处理预案	微课	132
15	拓展阅读四 讨论：只有奋斗的人生才称得上幸福的人生	PDF	135
16	CRH380AL 型动车组一次出乘作业标准	微课	144
17	轴温报警应急处理措施	微课	179
18	拓展阅读五 讨论：一名动车组机械师的责任与担当	PDF	185
19	检修基地的布局	微课	194
20	动车组运用级检修作业流程（一）	微课	205
21	动车组运用级检修作业流程（二）	微课	205
22	CRH380AL 动车组一级检修作业指导书视频	视频	213
23	拓展阅读六 讨论：你是如何理解工匠精神的？	PDF	256

目录

项目一 动车组运用管理概述

项目描述：

通过本项目学习，使学生了解国内外动车组运用基本情况及特点，正确理解动车组运用管理的工作基本任务；通过对动车组运用管理组织机构的分析，认识各级运用组织的职责及管理内容，以及相互之间的从属关系；熟知动车组调度相关知识。

项目任务：

（1）动车组运用概述及工作基本任务；
（2）动车组运用管理组织及内容；
（3）动车组调度基本知识。

任务一 动车组运用概述及工作基本任务

任务描述

（1）了解动车组运用基本情况及特点；
（2）理解动车组运用管理工作的基本任务。

背景知识

国内外动车组运用简介

一、动车组运用基本情况及特点

1．国外动车组运用基本情况及特点

动车组的运用方式因各国国情不同而有着较大的区别。国外高速铁路建设管理模式大致有 4 种类型：一是新建高速铁路专线，专门用于旅客快速运输，如日本新干线和法国高速铁路，均为客运专线形式，白天行车，夜间维修；二是新建高速铁路双线，实行客货共线运行，如罗马—佛罗伦萨高速铁路，客运速度 225 km/h，货运速度 120 km/h；三是部分新建高速与部分既有线混合运行，如柏林—汉诺威线，承担着客、货运任务；四是在既有线上使用摆式列车运行，这常见于欧洲国家，在美国“东北走廊”摆式列车速度也达到了 240 km/h。建设管理模式的不同，使得动车组的运用管理模式也不尽相同。

（1）日本新干线动车组运用。

日本新干线铁路从 1964 年开始营业运行，50 多年来一直保持着安全运行的良好纪录，至今未发生过行车安全事故。这是因为日本新干线经过多年的实践，逐步总结、研究出一套具有日本特色的列车运用组织方法。其基本过程：第一步制订合理、准确地反映运输需求的列车运行计划，第二步利用各种手段保证列车运行计划的实施，当发生列车运行波动时，采用必要的办法尽量快速恢复列车的稳定运行。日本新干线首先从分析旅客运输需求开始制订列车运行的种类及列车开行方案，在考虑车站、线路及其他设备及人员的条件下，形成基本列车运行图，充分考虑旅客季节性、临时性运输需求，在基本列车运行图基础上形成列车运行的实施计划。为了保证列车运行的可靠，在编制列车运行图的同时，完成动车组的运用计划、乘务员的运用计划。在新干线上，日本对动车组采用了周期性的运用方式，在同样的时间单元或不同时间单元内的同一时刻都进行周期性的循环。同时，新干线的动车组运用、检修及备用都与运行图进行了合理的配合，巧妙地运用了待避和越行等技巧，如图 1-1 所示。

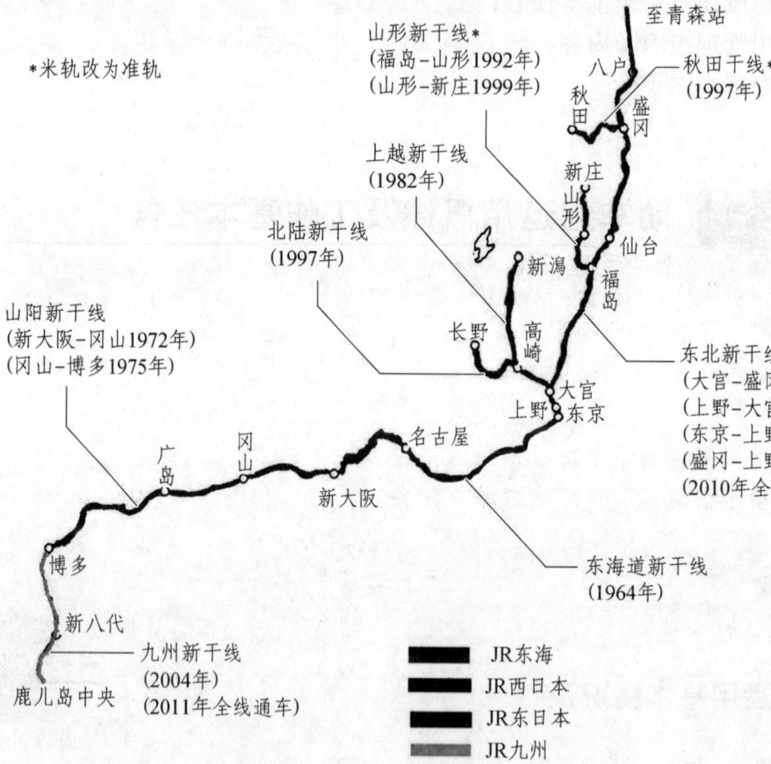

图 1-1　日本高速铁路线路

日本动车组运用可以归纳为以下几个特点：

① 列车密度大，运行组织灵活多变。新干线每小时最多可发车 12 列。在增加行车密度方面，目前日均发车 285 列，已是开业当时日均 60 列的 4 倍多，日均客运量已高达 37 万人次。同时新干线还采用 60 种不同的停车站方式，以吸引各方面的旅客。

② 安全、准时。新干线的安全性、准时性使新干线信誉日益提高。

③ 实行一体化管理。新干线的管理是实行一体化指令业务方式。新干线和既有线安湾线的技术开发均由总公司直辖的技术本部负责进行。

（2）德国 ICE 动车组运用。

德国从 20 世纪 70 年代开始逐渐形成了四通八达的城际特快列车系统（IC 系统），连接着 30 多个重要城市和交通中心（见图 1-2）。德国高速铁路部分区段由既有线改造而来，全部高速线路均按客货列车混合运行。德国高速铁路的基本组织方式为白天不同速度的客运列车混合运行（高速列车、IC 列车），夜间客运列车、货运列车混合运行。德国之所以采用这种方式，主要是由于德国的区间通过能力比较富裕，而且既有线铁路列车技术水平与高速列车的差别不是很大。

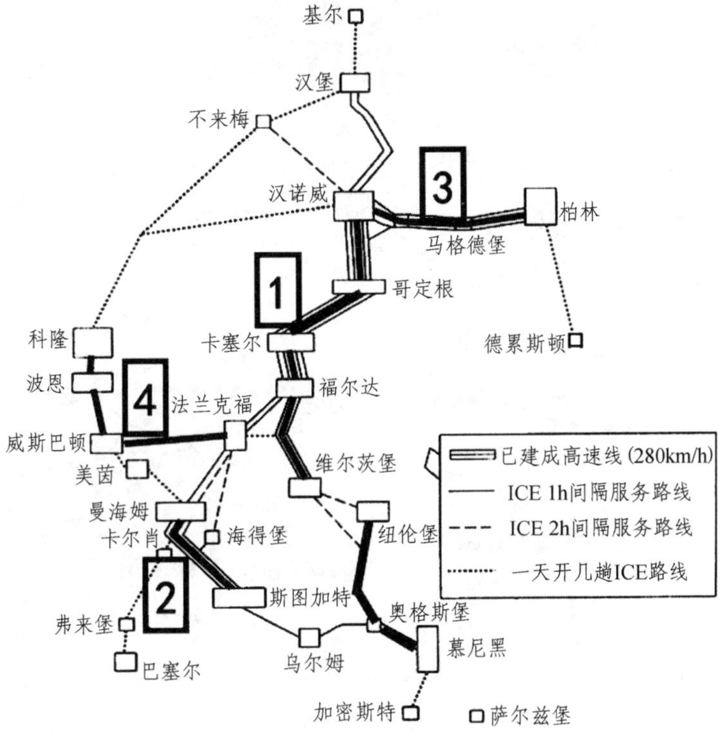

图 1-2　德国高速铁路线路

德国动车组运用可以归纳为以下几个特点：

① 合理的车底运用。通过优化车底周转，减少不必要的停留时间；列车装设了先进的诊断设备，能及时发现故障并向检修段发出预报。

② 节拍运输。实行节拍运输，即按固定相等的运行间隔开行；1 h、2 h 这种运输方式能为大多数旅客全天提供均衡的列车。节拍时间容易记忆，便于旅客对车次的选择。

（3）法国 TGV 动车组运用。

法国高速铁路在建设模式上采用部分修建新线、部分改造旧线的方式，以巴黎为中心向各个方向辐射，为客车专用铁路（见图 1-3）。每条高速线上只运行同一种类的高速列车，列车运行组织相对简单。列车运行线平行，列车只有停站地点和次数不同，整个列车运行图为平行运行图。为适应客流需要在高速线上运行的高速列车可以下到既有线上运行。

列车运行图根据市场需求编制，充分考虑新线、既有线列车速度差以及换乘等问题，使高速列车和其他普通列车在班次上互相协调，在各大铁路枢纽站订出一套完整的转车方案；充分利用 TGV 高速列车可双向运行的特性，按照折返时间要求尽量把某一方向的列车时刻表和反方向的列车时刻表衔接起来；利用 TGV 高速列车可连挂的特性，在一天、一周及例外的高峰时刻，实行两列标准组列车重联运行。根据运营要求合理安排线路维修天窗。在编制动车组使用计划时，一般采用动车组长、短途结合，多次循环开行的方式，一些列车的整备工作在车站的侧线进行，大大提高动车组的使用效率。

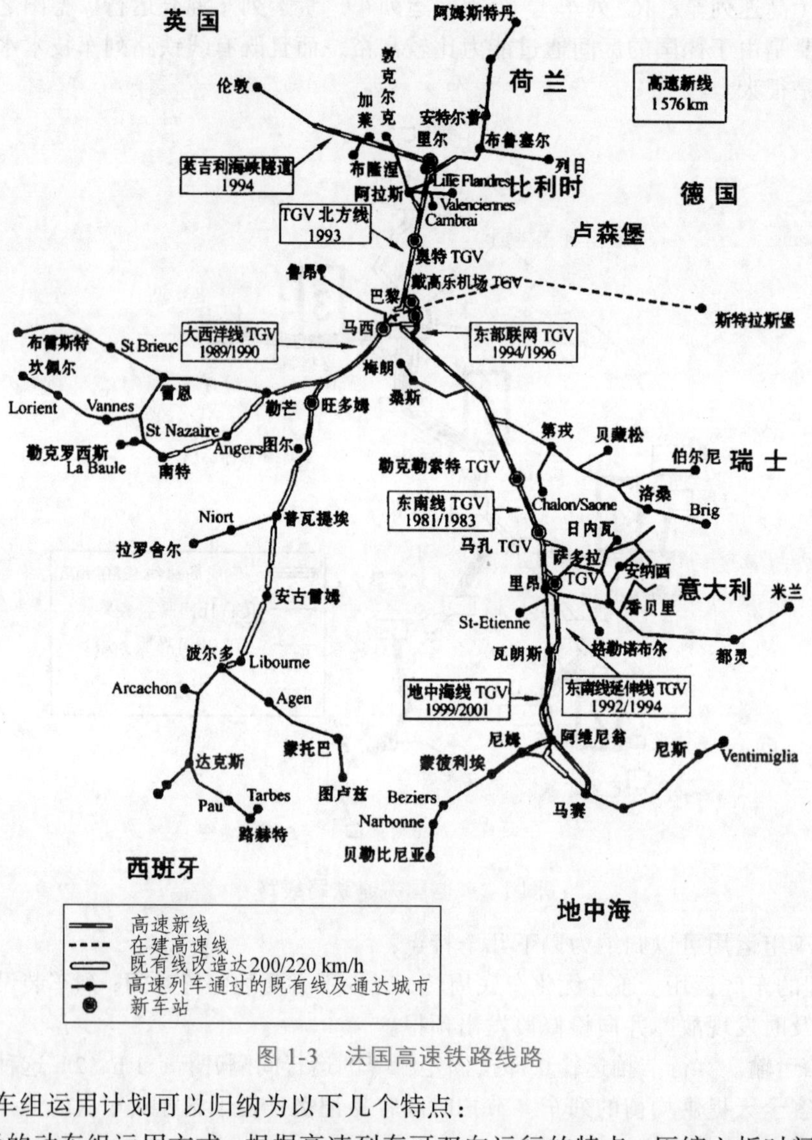

图 1-3　法国高速铁路线路

法国动车组运用计划可以归纳为以下几个特点：

① 灵活的动车组运用方式。根据高速列车可双向运行的特点，压缩立折时间，提高动车组的运用效率；同时，充分利用高速列车可连挂的特性，在客流较大时段，实行两组列车连挂运行。此外，法铁通过与动车维修部门协商，尽可能安排动车组在非节假日和非高峰期进行维修，以减少动车组的备用率，提高动车组的运用效率。

② 按线别的动车组配属管理。原则上，每条线路设立一个动车段，共 3 处，均设在巴黎地区，负责各类高速列车的各级检修。大修回送到大修厂进行。巴黎圣乔治新城动车段负责

东南线、地中海线列车，沙地翁动车段负责大西洋线列车，兰地动车段负责北方线列车。这种配属管理方式的优点是若发生扰动时，不至于因为缺少动车组而破坏整个运行秩序，列车运行图易于恢复，计划的鲁棒性强。

③ 白天与夜间相结合的维修天窗。高速铁路运行图夜间在 0:00 ~ 6:00 之间开设矩形维修天窗，用于线路等基础设施的养护维修，天窗时间开行一定数量的行包列车，必要时采取一线维修一线行车组织方式。白天运行图在中午时间设置维修天窗，用于线路以及供电网和电器设备的巡视检查以及道岔转辙设备的养护工作，期间没有养护机械上道作业，主要是巡视检查。

④ 合理安排动车组维修。编制列车运用计划时，为提高动车组利用率，充分发挥相关检修设备能力，对维修时间段、维修作业类别以及动车段的存车能力、维修能力和出入站段咽喉能力等进行仔细的研究和充分协商。同时，利用动车组在段自然停留时间更换故障部件，换下来的部件送到大修厂或专门的修理基地进行修理，减少停运时间。

2．我国动车组运用基本情况及特点

（1）我国高速铁路运行线路基本情况。

自 2008 年 8 月 1 日中国第一条 350 km/h 的高速铁路——京津城际开通运营以来，我国高速铁路进入快速发展阶段。截至 2020 年底，我国高速铁路及客运专线里程已经达到 3.9 万 km，占全球高铁里程的 70%以上。2020 年，已经提前完成了我国 2016 年 7 月 13 日发布的《中长期铁路网规划》（发改基础〔2016〕1536 号）文件中要求的“路网规模达到 15 万 km，其中高速铁路 3 万 km，覆盖 80%以上的大城市；到 2025 年，路网规模达到 17.5 万 km，其中高速铁路 3.8 万 km 左右”的目标。根据规划，2030 年，基本实现内外互联互通、区际多路畅通、省会高铁连通、地市快速通达、县城基本覆盖。目前在我国已形成“八横八纵”的高速铁路网络，如表 1-1 所示。

表 1-1 “八纵八横”高速铁路主通道

“八纵”通道	
沿海通道	大连（丹东）—秦皇岛—天津—东营—潍坊—青岛（烟台）—连云港—盐城—南通—上海—宁波—福州—厦门—深圳—湛江—北海（防城港）高速铁路
京沪通道	北京—天津—济南—南京—上海（杭州）高速铁路，包括南京—杭州、蚌埠—合肥—杭州高速铁路
京港（台）通道	北京—衡水—菏泽—商丘—阜阳—合肥（黄冈）—九江—南昌—赣州—深圳—香港（九龙）高速铁路；另一支线为合肥—福州—台北，包括南昌—福州（莆田）铁路
京哈—京港澳通道	哈尔滨—长春—沈阳—北京—石家庄—郑州—武汉—长沙—广州—深圳—香港高速铁路，包括广州—珠海—澳门高速铁路
呼南通道	呼和浩特—大同—太原—郑州—襄阳—常德—益阳—邵阳—永州—桂林—南宁高速铁路
京昆通道	北京—石家庄—太原—西安—成都（重庆）—昆明高速铁路，包括北京—张家口—大同—太原高速铁路
包（银）海通道	包头—延安—西安—重庆—贵阳—南京—湛江—海口（三亚）高速铁路，包括银川—西安以及海南环岛高速铁路

续表

"八横"通道	
兰（西）广通道	兰州（西安）—成都（重庆）—贵阳—广州高速铁路
绥满通道	绥芬河—牡丹江—哈尔滨—齐齐哈尔—海拉尔—满洲里高速铁路
京兰通道	北京—呼和浩特—银川—兰州高速铁路
青银通道	青岛—济南—石家庄—太原—银川高速铁路
陆桥通道	连云港—徐州—郑州—西安—兰州—西宁—乌鲁木齐高速铁路
沿江通道	上海—南京—合肥—武汉—重庆—成都高速铁路，包括南京—安庆—九江—武汉—宜昌—重庆、万州—达州—遂宁—成都高速铁路
沪昆通道	上海—杭州—南昌—长沙—贵阳—昆明高速铁路
厦渝通道	厦门—龙岩—赣州—长沙—常德—张家界—黔江—重庆高速铁路
广昆通道	广州—南宁—昆明高速铁路

（2）我国动车组发展情况。

截止到 2020 年 12 月 31 日，全路动车组保有量共计 3290 列/3825 组，累计运行里程已达到 42.98 亿 km。其中单组最高累计走行里程为沈阳局 CRH5A-5026 动车组（525 万 km）。

目前，我国配属主要的动车组车型为 CRH1 型、CRH2 型、CRH3 型、CRH5 型、CRH6 型、CRH380 系列以及 CR400、CR300 系列中国标准动车组。其中，CRH1 型动车组分为 CRH1A、CRH1B、CRH1E 3 种车型，CRH2 型动车组分为 CRH2A、CRH2B、CRH2C、CRH2E 、CRH2G 5 种车型，CRH3 型动车组分为 CRH3C、CRH3D 两种车型，CRH5 型动车组分为 CRH5A、CRH5G、CRH5E 3 种车型，因其耐高寒的特性，主要配属在北方地区。CRH380 型分为 CRH380A、CRH380B、CRH380C 和 CRH380D 4 种型号。目前速度为 300 ~ 400 km/h 的动车组有 CRH2C、CRH3C、CRH380A、CRH380AN、CRH380AL、CRH380B、CRH380BG、CRH380BL、CRH380CL、CRH380D、CR400AF、CR400AF-A、CR400AF-B、CR400AF-C、CR400AF-G、CR400BF、CR400BF-A、CR400BF-B，CR400BF-C 和 CR400BF-G 共计 20 个车型，共计 1887 列，约占全国动车组总数的 57.9%。速度为 200 ~ 250 km/h 的动车组有 CRH1A、CRH1B、CRH1E、CRH2A、CRH2B、CRH2E、CRH2G、CRH5A、CRH5G、CRH5J、CR300AF 和 CR300BF 共计 12 个车型，共计 1314 列，约占全国动车组总数的 40.3%；CRH6A、CRH6F 及 CR200 系列速度为 160 km/h 动车组，共计 59 列，约占全国动车组总数的 1.8%。特别是复兴号动车组大幅增加，已累计配属 634 列，约占全国动车组总数的 19.4%。中国动车组发展历程及配属情况如图 1-4 所示。

（3）我国动车组运用基本特点。

到目前为止，我国已经建设完工多条客运专线，总计投入数百列动车组，组成了铁路运输中一道亮丽的风景线。我国动车组在运用中有着很多的特点：

① 运营速度高。我国高速铁路动车组在京沪线上试运行时跑出了世界高速铁路的最高运营速度 486.1 km/h，在武广高铁上的最高运营速度达到 394 km/h，而动车组在京津城际及京沪铁路上的持续运营速度也可达到 350 km/h 以上。

② 运量巨大。受到我国国情的影响，我国高速铁路动车组在现有的铁路条件下，尽可能地缩小列车的追踪间隔时间并最大限度地增加了列车载客量，实现了最短 3 min 的列车追踪间隔时间，并且制造了世界上定员最多（17 辆编组，定员 1283 人）的动车组车辆。

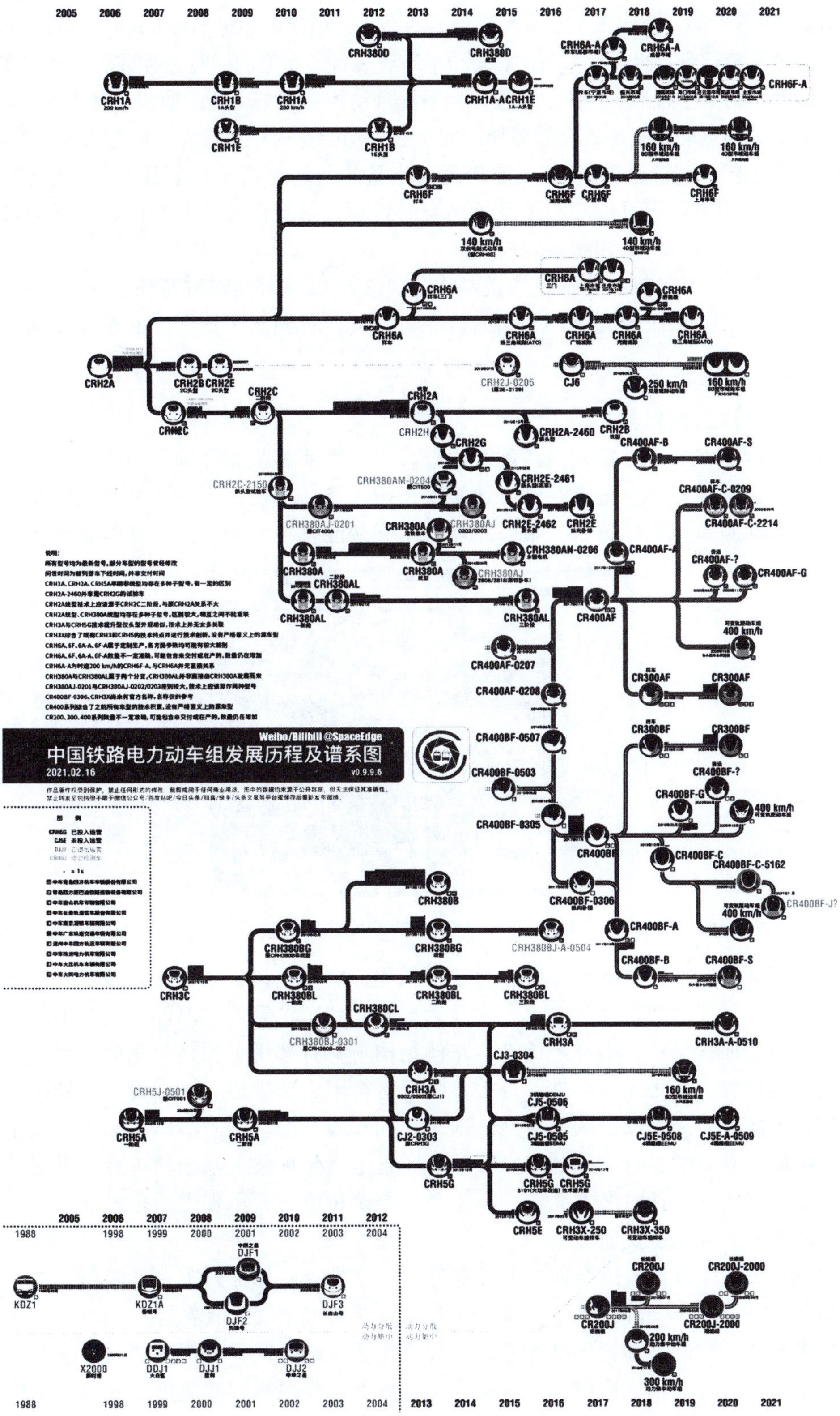

图 1-4　全路动车组配属基本情况

③ 运营可靠性高。我国 CRH 系列动车组的临界失稳速度超过 550 km/h，具有优异的动力学性能和出色的稳定性。此外，CRH 系列动车组还装备了新型的运行监控装置，可以实现自身参数和性能变化的实时检测、控制。通过列控系统自动控制列车运行的曲线，保证列车运行速度不超过安全值。而且动车组还具有故障导向安全这一功能，列车运行安全拥有可靠的保障。

④ 智能化控制。我国高速铁路动车组通过完备的网络连接成一个系统，高度智能化的计算机控制技术实现对运行系统和辅助系统的实时控制，使地面监控系统能够收集到各方面的信息从而判断车辆运行情况和状态。

⑤ 全天候运行不间断。我国高速铁路在风速 8 级以下时能够按照既定 350 km/h 的速度不间断运行，同样适用于各类风沙、雨雪等恶劣天气，达到真正意义上的全天候运行。

3. 未来轨道交通发展趋势

（1）更高速度高速列车。

目前，我国的 CRH380 系列高速动车组在动力学性能和减振降噪方面仍存在较大的改进空间，下一代高速铁路将会重点在这方面实现突破。概括来说，下一代高速铁路关键技术重点集中在转向架技术、车体技术、牵引制动技术和智能化技术等方面，如图 1-5 所示。

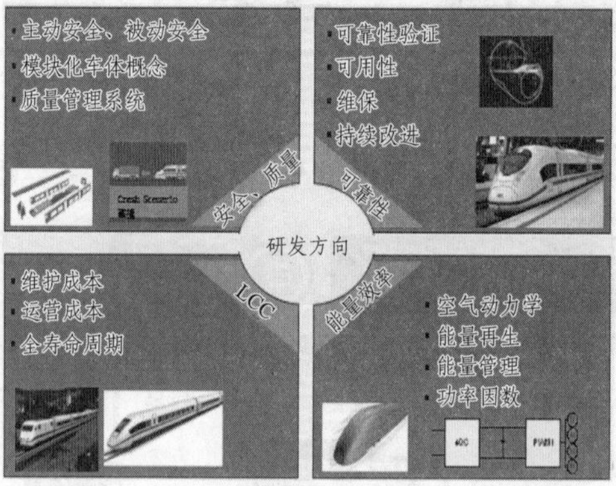

图 1-5　下一代高速铁路关键研发技术

下一代高速铁路在转向架方面将会朝着谱系化、模块化和集成设计方面发展，采用简约化设计，提高可控化参数，优化轴承、主动悬挂装置和车轮等关键部件。同时采用摆式列车技术来减少通过曲线半径，提高经济性。车体结构材料将选用更加轻量化的 7 系铝合金、镁合金、碳纤维材料，采用流线型外形进一步降低运行阻力和噪声。下一代高速铁路的最大亮点将体现在智能化，采用新型的车对地、地对车和车对车的新型监测体系实现全息化感知；应用大系统耦合动力学进行健康与安全评估，实行定量化评估；基于状态感知系统，实现高速列车的状态修；在设计时考虑高速列车主动安全防护能力，实现主动化安全。

（2）高速磁悬浮轨道交通。

目前世界高速磁悬浮轨道交通主要发展方向为：常导磁悬浮列车、低温超导磁悬浮列车和高温超导磁悬浮列车。目前西南交通大学对磁悬浮列车一直开展着研究。2021 年 1 月，具有完全自主知识产权的高温超导高速磁浮工程化样车及试验线，在西南交通大学九里校区牵引动力国家重点实验室正式启用，该试验线是世界首条高温超导高速磁浮真车验证线，如图 1-6 所示。标志着我国高温超导高速磁浮工程化研究实现了从无到有的突破。首次亮相的成都高温超导高速磁浮交通样车验证段，全长 165 m，占地面积约 1 250 m^2。验证项目将涵盖高温超导磁浮原理工程化样车、悬浮系统、牵引制动系统、运控系统、线下土建及附属工程建设，以及整个系统工程的联调联试和综合性能检测系统。据西南交通大学研发团队介绍，工程样车采用全碳纤维轻量化车体、低阻力头型、大载重高温超导磁浮技术等新技术和新工艺，设计速度为 620 km/h。该验证段也是世界首条工程化 1∶1 的高温超导高速磁浮试验线路，未来将开发填补陆地交通和航空交通速度空白的综合交通系统，为我国超导磁浮列车远期实现 1 000 km/h 以上运行速度奠定基础。

图 1-6　西南交通大学的高速磁悬浮列车样车

（3）真空管道轨道交通。

真空管道轨道交通在 2005 年由沈志云院士提出并组织认证，2013 年我国建成世界上第一条环形真空管道轨道交通试验线，2017 年西南交通大学搭建的全球首个真空管道超高速磁悬浮列车环形实验线平台，是国内第一个载人高温超导磁悬浮环形实验线。该线路总长 45 m，设计载重 300 kg，最大载重可达 1 t，悬浮净高大于 20 mm，是目前国际上同等载重能力，截面最小、永磁材料用量最少的超导悬浮系统，可进行 0 ~ 50 km/h 的实际动态运行实验，如图 1-7 所示。真空管道主要涉及的关键技术有磁浮与导向技术、超高速直线电机技术、真空管道及真空技术、旅客进出过渡舱技术和主动安全及救援技术。

图 1-7　真空管道轨道交通

二、动车组运用管理工作的基本任务

动车组是完成旅客运输生产任务的重要设备，动车组运用工作是铁路运输的重要组成部分，动车组运用管理采用现代化管理手段，建立健全准确无误、反应迅速的通信网络、信息采集、数据处理系统，实行网络管理，实现有序可控。因此中国国家铁路集团有限公司（以下简称国铁集团）编制了《铁路动车组运用维修规则》（以下简称《运规》，是动车组运用管理的基本大法）对动车组运用管理提出了总体要求，要求各级动车组运用人员应具备高度的责任心和求实精神，热爱本职工作；对工作做到高标准、严要求，对技术做到精益求精；顾全大局，联劳协作，服从命令听指挥；深入实际，调查研究，扎扎实实地做好各项工作。

动车组运用管理工作的基本要求：管好用好动车组，优质高效地全面完成运输生产任务；加强安全管理，确保行车和人身安全；加强职工队伍建设，不断提高职工的政治素质、技术素质和文化知识水平；坚持改革开放，推广先进经验，遵循经济规律，促进资产回报，不断提高动车组运用效率。坚持质量第一和为运输服务的原则，贯彻修、养并重，预防为主的方针，不断加强基础工作，完善运用维修管理制度，提供质量良好的动车组，是动车组运用维修工作的基本任务。

1．优化产品供给，完成运输生产任务

统筹市场需求、运输能力和装备能力，实现运输密度不断增加、客座率稳步提高、列车开行质量不断提升、综合效益不断增加，达到世界先进水平。从市场需求出发，统筹考虑装备运用、通道能力等因素，经济合理地确定列车开行方式、开行距离、开行范围。充分利用大数据手段，对路网客流、区段列车数量、每趟列车客座率等进行实时监控，加强对历史数据的分析，及时采取停运、减编、加开、重联等措施，合理优化运输方案，如据客流变化，实行日常、周末、高峰 3 张图，梯次启动开行方案。在客流密集地区和时段实行公交化、规范化开行。巩固高铁在城际间和中长途距离上的竞争优势，进一步优化管内直通、长短途、本跨线开行结构以及停站、停点旅行时间。

建立健全以市场为导向的产品供给形成机制，长中短途有效组合，产品供给实现多样化，满足旅客运输的不同需求，并在效益评估的基础上根据市场需求动态调整，最大限度满足旅客出行要求，优质高效地全面完成运输生产任务。

2．提高动车组运用效率

持续深化修程修制改革，科学界定设备检修周期、范围和维修技术条件，加强设备状态大数据分析，推进高铁设备精准养护维修。加强高级修程能力建设，加大装备简统化力度，提高自主检修能力。加强配件库存管理，提高库存周转率。探索高铁工务、电务、供电综合维修一体化生产组织模式，完善动车所一体化生产组织下的管理协调机制，并将供应商售后服务等维修项目纳入一体化管理，降低动车组检修成本，提高动车组运用效率。

3．加强安全管理

（1）运用动车组健康管理技术，确保动车组质量。

加强对现代信息技术、物联网技术、传感器技术的运用，健全完善高铁监测监控体系，实现对设备设施状态和关键岗位作业的实时监测和预防保护。进一步确保铁路设备设施安全可靠。

建立监测监控共享信息目录和信息共享平台，完善数据采集方式，提高各监测监控系统数据采集质量。根据各专业业务需求，开展大数据综合应用开发，实现设备健康状态评估、故障预测及维修决策等功能。

采用动车组健康管理技术，基于振动数据与动力学知识实现对动车组的故障诊断与安全评估；根据动车组状态参数，采用车辆/轨道耦合系统动力学模型建模及仿真技术，结合动态行为学知识，实现对动车组的健康评估与预测；利用可靠性技术，结合动车组历史故障数据对动车组计划性周期进行优化；融合车载、入库、维修、历史故障数据的多维服役状态信息，对不同速度、线路、车型和服役环境条件下，高速列车整车安全性指标的特征规律，量化安全评估理论。动车组健康管理系统如图 1-8 所示。

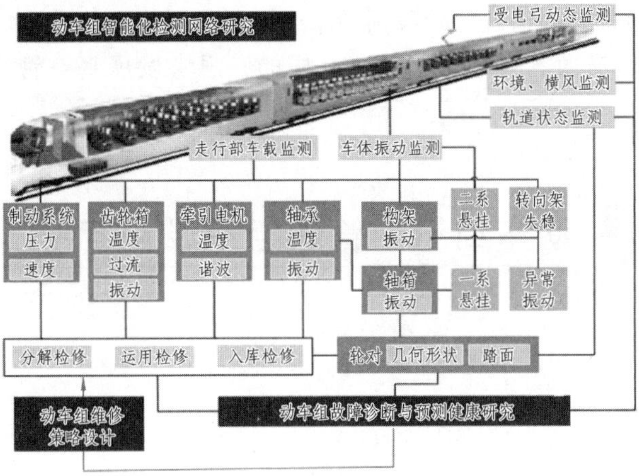

图 1-8　动车组健康管理系统

（2）完善应急处置预案，提高应急处置效率。

完善应急处置预案，针对高速铁路可能出现的各种突发情况，围绕抢修设备、恢复秩序、信息发布、安抚旅客、供给保障、善后处理等工作，细化完善应急处理预案和岗位应急处置办法，明确相应机制、责任部门、处置原则和具体流程，坚决做到不让风险扩大为事故、事故演变为灾难。

提高应急处置效率，构建与中央部门、地方政府部门协调联动的应急救援机制。在国铁集团、铁路局集团公司（以下简称局集团公司）开展铁路应急调度指挥辅助决策系统研究与建设，推进铁路应急调度指挥数字化、智能化，为应急指挥人员提供及时、全面、精准的应急信息，辅助决策，科学决断。

动车组应急指挥系统如图 1-9 所示。

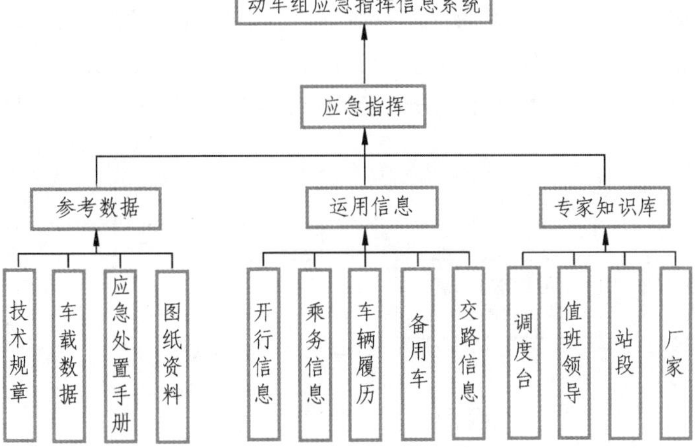

图 1-9　动车组应急指挥系统

任务检测

1. 根据国外动车组运用管理情况，比较日本、德国及法国的动车组运用管理模式的差异，并分析其差异的原因。

2. 根据我国动车组的发展情况比较我国动车组运用与国外的差异，并分析其差异的原因。

3. 你认为未来轨道交通的发展方向是怎么样的？思考发展真空管道轨道交通需要克服的困难。

任务二 动车组运用管理组织及内容

任务描述

（1）熟悉动车组运用组织机构及管理内容；

（2）认知动车组的配属使用及管理分类。

背景知识

中国高铁动车组以其安全、舒适、快捷的特点已经越来越多地成为国人出行的首选交通方式，对国民经济的发展起到特殊的作用。同时中国高铁也已成为中国走向国际的一张亮丽名片。为了保证高速动车组的安全运行，我们不断总结经验，完善体制，形成了一套严格、规范的运用管理体制和运用模式。

一、动车组运用管理部门的体制及职责

我国铁路运用管理工作：① 贯彻“统一指挥、分级管理”的原则，以利于充分发挥各级运用管理组织的职能作用；② 实行安全生产责任制。贯彻“党政同责、一岗双责、齐抓共管、失职追责”和“领导负责、专业负责、分工负责、岗位负责”的要求。运用管理组织机构如图 1-10 所示。

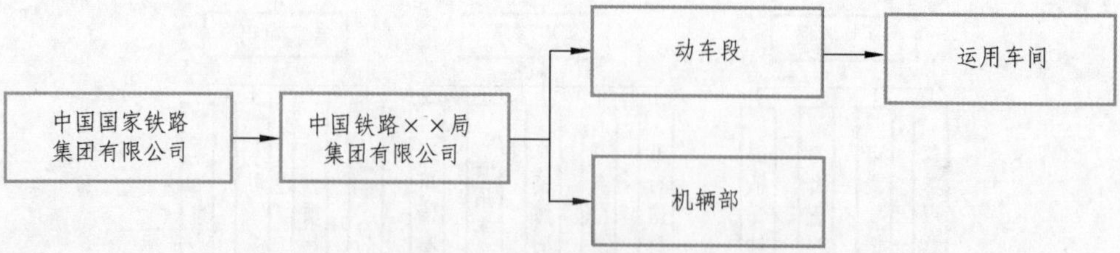

图 1-10　运用管理组织机构

动车组实行中国国家铁路集团有限公司、局集团公司、动车（客车）段三级专业管理。

1．中国国家铁路集团有限公司

中国国家铁路集团有限公司（简称“国铁集团”）负责明晰动车组相关专业管理界面；根据运输需要，规划全路动车组运用维修能力布局，统筹运力资源配置；制定动车组运用维修顶层管理规定并监督实施，指导所属运输企业开展运用维修工作。

2．中国铁路××局集团有限公司

局集团有限公司是动车组专业管理的责任主体，负责制定动车组专业管理办法，明确运输相关专业部门的管理职能，承担所属动车组运用维修的安全、质量责任。依据国铁集团运用维修规则等相关管理规定及动车组技术手册等，制定相关管理办法及技术标准并组织实施。

3．动车段

动车（客车）段（本书中以下对管理有动车组的客车车辆段及动车段全部简称为动车段，不再进行区分）是动车组车辆运用维修工作的责任主体，贯彻执行上级相关规章制度、管理办法及技术标准。规范段内各部门的人员配备及管理，优化生产组织和流程，协调联劳单位共同做好动车组运用维修工作。

二、动车组的管理

1．动车组技术管理

采用国铁集团、局集团公司、动车段三级动车组运用维修技术管理体系和组织机构，明确职责分工。国铁集团负责组织制定动车组运用维修规则等相关管理规定；局集团公司负责组织制定动车组运用维修作业办法，明确检修项目、检修周期、检修内容、技术要求及检修工艺等；动车段负责组织编制动车组运用维修作业指导书，明确作业内容、作业步骤、作业标准、工装设备、安全事项等。

局集团公司要根据动车组运用维修工作实际，配齐、配强专业技术管理人员。车辆处须设置动车组分管处长和运用、检修、安全、规章、设备、培训等专职管理人员；动车（客车）段实行总工程师技术负责制，配备动车组运用、检修、机械、轮轴、电气、网络、牵引、制动、空调、安全、规章、设备、培训、信息化等专（兼）职管理人员。各级管理人员要努力提高技术素养，遵守技术纪律。

动车组运用维修技术规章实行分级管理。国铁集团负责组织制定动车组运用检修标准，在动车组管理信息系统中发布；局集团公司负责组织制定动车组运用检修作业办法，以局文形式发布；动车（客车）段负责组织编制动车组运用检修作业指导书，以段文形式发布。

运用检修作业办法须结合实际优化检修项目、内容和周期，项目、内容删减、及周期延长时，按规定报批。

作业指导书应明确作业内容、作业步骤、作业标准、工装设备、检测器具、安全事项等内容，要求文字简练、可操作性强，并根据实际及时修、建、补、废，定期发布。检修部件、设备设施发生变化时，动车（客车）段应组织对作业指导书进行验证。

局集团公司要规范委外检修管理，制定运用维修委外检修管理办法，明确办理流程、资质审核、质量卡控等要求。

2. 动车组修程修制

动车组实行以走行公里周期为主（走行公里以动车组管理信息系统为准）、时间周期为辅的计划性预防修的检修体制，分为五级修程。一、二级检修为运用检修，在动车所内进行；其中二级检修可采用集中修和均衡修相结合的方式；三、四、五级检修为高级检修，在具备相应车型检修资质的检修单位进行，如表 1-2 所示。

表 1-2　动车组检修修程修制

<table>
<tr><th rowspan="2">车型</th><th colspan="5">修　程</th></tr>
<tr><th>一级检修</th><th>二级检修</th><th>三级检修</th><th>四级检修</th><th>五级检修</th></tr>
<tr><td>CRHIA/1B</td><td>≤(4000+400)km
或运用 48 h</td><td rowspan="2">另行公布</td><td rowspan="2">(120±10)万 km
或 3 年</td><td rowspan="2">(240±10)万
km 或 6 年</td><td rowspan="2">(480±10)万千
km 或 12 年</td></tr>
<tr><td>CRH1E
CRH380D</td><td>≤(5000+500)km
或运用 48 h</td></tr>
<tr><td>CRH2A(统)/2B/2C
/2G、CRH6A/6F</td><td>≤(4000+400)km
或运用 48 h</td><td rowspan="2">另行公布</td><td rowspan="2">60^{+2}_{-5} 万 km
或 1.5 年</td><td rowspan="2">120^{+5}_{-10} 万 km
或 3 年</td><td rowspan="2">(240+10)万 km
或 6 年</td></tr>
<tr><td>CRH2E、
CRH380A(L)</td><td>≤(5000+500)km
或运用 48 h</td></tr>
<tr><td>CRH3C、
380B(L)/CL、BG</td><td>≤(5000+500)km
或运用 48 h</td><td>另行公布</td><td rowspan="2">(120±12)万 km
或 3 年</td><td rowspan="2">(240±12)万 km
或 6 年</td><td rowspan="2">(480±12)万 km
或 12 年</td></tr>
<tr><td>CRH5A/G
CRH3A</td><td>≤(5000+500)km
或运用 48 h</td><td>另行公布</td></tr>
</table>

注：高级检修间隔不超过一个三级检修周期。

目前，国铁集团正在开展修程修制改革工作，初步框架如下：各局集团公司可视运行情况自行规定一、二级修相关周期，但需进行安全、质量各项验证及评审工作；国铁集团牵头对三、四、五级检修进行维修部件及周期的优化，拟将 CRH2、CRH380 系列动车组三级修检修周期延长至与 120 万 km，在原三级修检修周期 60 万 km 时对部分部件实施检修，进行不解编的专项修，目前已验证 135 列，已于 2021 年全面开始施行。

3. 动车组配属管理

动车组由国铁集团统一管理，统一调配，实行配属制度。所谓配属制度，就是国铁集团根据运输任务的需要和运输设备条件等因素将动车组配属给各局集团公司、动车段使用和保管的制度，以完成运输生产任务。

配属原则：

（1）动车组实施固定配属管理，配属工作由车辆部门负责，根据动车组运行图、车底交路、技术特点、维修生产需求、动车所检修及存放能力、铁路建设规划发展和客运量的变化趋势，远、近期相结合，实行统一管理。

（2）动车组配属应遵循同一线路车型相对统一、同一车型定员基本一致、同一动车组运用所担当尽量单一的原则。

（3）要适应运输设备的基本条件，动车组的基本性能及构造条件要与该区段线路的限制坡道、钢轨重量、桥梁等级、最小曲线半径、允许速度、站线有效长度及气候特点等具体条件相适应。

（4）车型配置应与修理工厂的专业化修车方案相吻合，并力求缩短动车组检修时的回送距离。

（5）动车组实行统一编号、固定配属管理，配属工作由车辆部门负责。车辆部门应根据动车组运行图、车底交路、技术特点、维修生产需求、动车所检修及存放能力，做好动车组配属工作。

（6）动车组新造配属及局间转属由国铁集团负责；局管内段配属及段间转属由局集团公司负责；段管内动车所配属及动车所间转属由动车（客车）段负责。

（7）已签订高级检修合同的动车组转属时，由转出方和转入方与检修单位变更合同，权利和义务相应转移。

（8）局集团公司可根据运输需要，自主向其他配属单位租用动车组，租借双方需签订租用协议，明确租用车型、车组号、期限、权益及电务车载设备等，报国铁集团相关部门核备。

（9）租用、代管动车组的运用检修按配属动车组管理，并承担相应的安全、质量责任。

4．路用动车组

路用动车组包括检测、维修、试验、公务等特定用途的动车组，由国铁集团负责配属。

配属给非局集团公司单位使用的路用动车组，须委托局集团公司代管，并签订代管协议。

路用动车组车辆及电务车载设备的维修由配属（代管）局集团公司负责，检测、维修、试验等专业设备设施的维修由产权单位负责。

路用动车组执行路网性检测、维修、试验任务前，使用单位须与配属（代管）局集团公司沟通，制定一级、二级检修计划，保证检修不超期。其一级检修及整备作业，由检测计划指定的局集团公司负责；二级检修由配属（代管）局集团公司负责。

公务动车组由国铁集团专运处负责运用维护和保养。运营动车组改为路用动车组时，须报国铁集团批准。

5．动车组报废

动车组经鉴定具备下列条件之一时，可以办理整列或部分车辆报废手续：

（1）动车组整列运用超过设计寿命，或经技术鉴定无法继续使用的（见表 1-3）。

表 1-3 动车组设计寿命一览

序号	车型	设计寿命/年
1	CRH1A/1B/1E	25
2	CRH1A-A CRH1E（1229～1233）	20
3	CRH2A/2B/2E/2G/2C	20
4	CRH3C	20
5	CRH5A	30
6	CRH5G	20
7	CRH380A（L）	20
8	CRH380B（L）	20
9	CRH380CL	20
10	CRH380D	20
11	CRH6A/F	20
12	CRH3A	20
13	CR400AF/BF	30

（2）动车组整列或部分车辆发生事故或遭遇意外灾害，修理费用超过其重置价 70%的；或车体结构变形、破损严重无法修复的。

报废程序：

① 动车组的报废鉴定由配属局组织。在事故发生地报废的，可由配属局委托所在地局集团公司，在造修企业的由配属局委托造修企业组织鉴定，配属局应派人员参加。

② 经鉴定委员会鉴定符合报废条件的，产权单位应按规定程序办理，并报国铁集团批准。

③ 经国铁集团批准报废的动车组不允许整列或部分车辆出租、销售、转让。

三、动车组检修

1．动车组检修计划

动车组运用检修计划按月、周、日编制，高级检修计划按年、月编制。高级检修动车组送修前应填写《动车组扣修单》。动车组二级检修月计划由动车段负责编制，报局集团公司备案；二级检修周计划、运用检修日计划由动车所编制并组织实施。动车组在检查库内一级检修时间不得少于 4 h。动车（客车）段应加强动车组运用检修计划管理，努力提高动车组检修计划兑现率。对未按计划兑现的组项，应及时调整，不得超期失修。

2．动车组一级检修

一级检修是对运用动车组的车顶、车下、车体两侧、车内和司机室等部位实施快速例行检查、试验和故障处理的检修作业，须在动车所库内检查实施。动车组一级检修可采用无电（可接外接电源）—有电或有电—无电—有电作业模式。动车组一级检修时，短编（8 辆编组）由 1 个作业小组实施，长编（16 辆编组）由 2 个作业小组实施。动车（客车）段（所）应结合动车组密集入（出）所、每班工作量等，合理确定作业小组数量。停留超过 48 h 的动车组上线运营前须进行一级检修。动车组一级检修原则上应在本所进行，下列情况除外：

（1）动车组图定入外所检修。配属段须与承修段签订委托检修协议，明确质量、安全责任、检修费用等相关内容。

（2）遇恶劣天气等特殊情况可能造成动车组一级检修过期，需入外局集团公司动车所检修。担当局应及时向所在地局集团公司提出检修申请，所在地局集团公司须积极组织安排，担当局做好配合。

一级检修修竣后须填写《动车组一级检修竣工单》。

3．动车组二级检修

二级检修是对动车组各系统、零部件实施的周期性维护保养、检测、试验，不得漏项、超期。扣车集中检修时须填写《动车组扣修单》，修竣后须填写《动车组扣修竣工单》。动车（客车）段应对“周期相同、部位接近、性质类似”的检修项目合理组合，均衡安排检修计划，优化生产组织。二级检修可采用扣车检修或结合一级检修的方式进行。

4. 动车组临修作业

动车组发生故障需扣车临修时，须填写《动车组扣修单》，修竣后须填写《动车组扣修竣工单》。

5. 动车组加装改造

动车组结构改变、参数调整、软件升级等加装改造须按有关规定审批，加装改造可在动车组造修企业或具备改造条件的动车（客车）段、动车所内进行。

6．动车组信息化管理

动车组管理信息系统（以下简称信息系统）应与动车（客车）段、动车所同步设计、同步建设、同步使用，形成全面覆盖、高度集成的信息化平台，实现管理现代化、决策科学化。

信息系统应遵循国家和铁路信息安全相关规定。信息系统应满足国铁集团、局集团公司、动车（客车）段（造修企业）、动车所四级管理和生产需求。动车（客车）段、动车所自动化设备及其他相关系统应与信息系统实现信息交互。局集团公司应制定信息系统使用维护管理办法，积极推进信息系统的建设、使用、维护相关工作；依托信息系统，通过运用、检修数据的积累和分析，不断规范业务流程，改进检修工艺，优化修程修制。

7．动车组技术变更

动车组结构改变、性能参数调整、软件优化升级等技术变更须按有关规定审批。技术变更可在动车组造修企业或具备实施条件的动车段、动车所内进行。

四、动车组运用

1. 动车组运行图

动车组列车运行图是动车组运用工作的主要依据。为确保运行图正常实施，编图时须充分考虑动车组的车型、数量、主要技术参数、检修作业标准，以及动车所的检修、存放、整备能力等因素。热备动车组数量及热备地点应相对固定，具体由局集团公司确定。局集团公司车辆部门应积极参与动车组列车开行方案论证、车底交路勾画；严格落实动车组技术作业标准，确保安全；优化动车组运用，提高效率。动车（客车）段应依据动车组运行图，动车所检修、存放、整备能力，检修标准等，科学编制动车组运用计划，提高上线率，合理使用动车组，最大限度地疏解高级检修密集到期；科学编排动车组随车机械师乘务计划，合理安排值乘交路，严禁超劳。各局集团公司应根据实际情况铺画动车组试运行交路，根据试验项目在条件允许时可利用综合检测、周末、高峰等运行线进行试运行。

动车组主要技术作业时间：

（1）一级检修：检查库内预留 4 h（需融冰除雪时 6 h）。

（2）动车组随车机械师车站换乘：2 min。

（3）动车组随车机械师始发/站折/终到作业：短编 12 ~ 15 min；长编或重联 18 ~ 20 min。技术作业时间应根据作业标准和设备人员配备同步优化。

2. 动车组编组

单列动车组为固定编组，运用状态不得解编。两列同型短编（8 辆编组）动车组可重联编组。重联、解编作业执行《动车组重联及解编作业办法》。动车组禁止加挂各型机车车辆（无动力调车时的调车机或公铁两用车、救援或无动力回送时的机车及回送过渡车除外）。动车组禁止编入其他列车。

3. 动车组摘挂

采用机车调车作业时，随车机械师或动车（客车）段（所）胜任人员负责过渡车钩、专用风管和电气连接线的连接和分解并打开车门，调车人员负责车钩连结与摘解、软管摘结。

4. 动车组乘务

动车组随车机械师的定员和配备，由局集团公司负责。按劳动定员标准核定定员时，应考虑下列因素：

（1）动车组列车需设置动车组随车机械师乘务组，按担当交路确定乘务班制，每 8 辆编组每班配备 1 名动车组随车机械师。

（2）按车型、运行线路设置乘务队，每个乘务队应不超过 20 名动车组随车机械师，配备 1 名乘务指导。

（3）考虑在职培训、后备培养等因素，合理设置动车组随车机械师预备率，一般不低于 7%。

动车组随车机械师的劳动和休息时间，应符合下列要求：

（1）轮乘制外段继乘休息时间不得少于 6 h。

（2）实行轮乘制的动车组随车机械师每月应有 1 ~ 2 次 48 ~ 72 h 的大休班时间。

运行中应每 2 h 全列巡视 1 次，单程运行不足 2 h 的巡视 1 次。动车（客车）段须按《动车组随车机械师一次出乘作业标准》要求，制订乘务组担当交路的技术作业图标。动车组随车机械师须配备 GSM-R 手持终端和 450 MHz 手持终端。

乘务员公寓要昼夜保证动车组随车机械师（包括回送动车组随车机械师）和车辆添乘人员的住宿，住宿房间由公寓负责统一安排，动车（客车）段提前与公寓签订叫班协议，按车次明确叫班时间。公寓按规定叫班、接送，提供良好的饮食、洗浴、洗衣、取暖、防暑降温等条件。动车组随车机械师要遵守公寓的各项规章制度，尊重公寓工作人员的劳动，爱护公寓设施、设备。

实行“轮乘制”的动车组始发、折返及动车组随车机械师换乘车站应设置应急备品存放间、动车组随车机械师待乘室，并提供进出站便利通道。

5. *动车组运行*

严禁检修超期动车组上线运营。

动车组在始发、终到、通过站不安排客列检进行技术作业。局集团公司应积极推广使用动车组运行故障动态图像检测系统，有效提高动车组运用安全防范能力。

红外线轴温探测系统必须对运行动车组轴温进行探测。探测动车组热轴报警时，红外线值班员按规定程序向列调报警，但不进行列车拦停。列调须立即通知动车组司机，动车组司机立即通知动车组随车机械师，由动车组随车机械师根据车载轴温检测系统探测情况，确定动车组是否继续安全运行，由动车组司机将处理情况反馈列调，列调反馈红外线值班员。

动车组列车运行中出现故障时，动车组司机应按车载信息监控装置的提示，按规定及时处理；需要由动车组随车机械师处理时，应通知动车组随车机械师。经处置确认无法正常运行时，动车组司机应按车载信息监控装置的提示和动车组随车机械师的要求，选择维持运行或停车等方式，并报告列车调度员。

动车组随车机械师发现或接到车辆设备故障通知后，应及时判明故障，按《动车组应急故障处理手册》正确处置，并按规定报告故障信息。担当所须在故障发生后 1 h 内将故障信息录入动车组管理信息系统。

动车组随车机械师下车检查、处理故障前需按照相关规定申请邻线限速。

救援动车组可采用动车组、机车两种救援方式，优先采用动车组救援。具体按《动车组相互救援办法》执行。机车救援动车组作业参照动车组回送作业办法执行。

CRH2C 型和 CRH380A 型动车组不允许超员，其余动车组超员率不得超过 15%。运行中人员过于集中时应进行疏散。

动车组正常运行中，严禁打开气密窗。

车组随车机械师途中故障应急处置，区间超过 20 min、站内超过 30 min，仍无法判明故障原因或无法处置不能继续运行时，通知司机请求救援。请求救援后，动车组随车机械师须立即向发生地所在局集团公司动车调度员报告，服从发生地所在局集团公司调度的指挥，按要求做好救援准备或故障应急处置工作。

旅客信息系统报站及服务信息内容由客运部门录制，车辆部门上载；列车运行交路信息由车辆部门编制、上载；音视频节目由局集团公司指定部门录制和上载。编辑、存储、上载装置需专用且专人负责。

6. 动车组调车

动车组调车原则上采用有动力方式。机务部门须在动车（客车）段、动车所内设动车组地勤司机，负责调车作业。

采用机车调车作业时，动车组随车机械师或动车段（所）胜任人员负责过渡车钩、专用风管和电气连接线的连接和分解并打开车门，调车人员负责车钩连结与摘解、软管摘结。

动车组通过检修、检测设备的限速，按具体设备技术条件执行，主要设备限速规定如下：

踏面诊断设备：通过限速 30 km/h；检测限速 8 ~ 12 km/h。

不落轮车床、转向架更换及落轮设备：通过限速 5 km/h。

洗车机：自走行时，通过限速 3 ~ 5 km/h；牵引机车牵引时，通过限速 1.5 ~ 3 km/h。

轨道桥：通过限速 10 km/h。

7. 动车组回送

动车组因新配属、调拨、出租、检修等需要时要进行回送。动车组的回送一般采用专列方式进行。按动车组动力和使用状态划分，可分为有动力回送和无动力回送两种，亦称为有火回送和无火回送。动车组的回送规范和既有线机车、车辆的回送有着较大的区别，详见项目三相关内容。

动车组回送按旅客列车办理，原则上采用 ATP 控车的有动力回送。高铁线路与既有线并行时，尽可能安排高铁线路回送。两列同型短编（8 辆编组）动车组，可重联回送。无动力回送时，最高限速 120 km/h。回送途中，应尽可能避免实施紧急制动；发生紧急制动后，动车组司机须通知动车组随车机械师下车确认过渡车钩状态良好后，方可开车。需加挂回送过渡车时，过渡车由使用单位与主机企业协商确定，要求派员押送，确保回送安全。

8. 动车组交接

动车组新造出厂、高级检修、转属、租用时，须办理技术状态、随车工具备品、技术履历、技术资料（仅限新造出厂）、检修记录（最近一次二级检修记录）等交接。动车组的接、送车工作由车辆部门牵头组织。新造出厂、局间转属和租用时，接入局应成立机务、电务、车辆专业组成的接车组；高级检修时，配属局应成立机务、电务、车辆专业组成的接（送）车组。按专业办理交接相关事宜：

（1）车辆部门负责动车组技术状态、随车工具、备品、技术履历、技术资料（仅限新造出厂）、检修记录（二级检修记录仅限最近一次）等交接。

（2）机务部门负责司机室驾驶操纵设备的技术状态检查交接。

（3）电务部门负责 ATP、LKJ、CIR 设备的技术状态交接。

（4）电务部门负责 ATP（ATO）、LKJ、CIR、EOAS 等设备的技术状态检查交接、技术手册交接。

（5）客运部门负责客运备品、技术手册等的交接。

（6）供电部门负责车载接触网运行状态检测装置（3C）设备的技术状态、技术手册交接。

动车组新造出厂时，须提供动车组设备及电务车载设备等的技术手册。动车组设备技术手册应包括动车组操作、使用、维护手册及维修图纸等内容。动车组设备维护手册应包含预防性及更正性维护项目。预防性维护项目应包含一至五级项目的维修大纲、维修卡片及记录单。新造动车组按新造出厂验收质量标准交接，高级检修动车组按高级检修规程交接，转属、租借动车组按动车组出所质量规定交接。

9. 动车组试运行

遇下述情况时，须安排动车组试运行：

模拟、专项试运行由国铁集团组织安排。新造、高级检修、临修试运行由局集团公司组织。由动车（客车）段请令，调度所负责安排。涉及跨局试运行时，由局集团公司调度所根据车辆部门的申请向国铁集团调度请令。试运行前，动车（客车）段应组织相关部门进行动车组检修整备作业，确保其技术状态良好。遇下述情况时，须安排动车组试运行：

（1）模拟试运行（新型动车组正式上线运行前或新线开通时）。

（2）动车组新造出厂、高级检修修竣后。

（3）临修更换转向架、轮对、万向轴、主变压器、牵引电机后。

（4）专项试运行。

任务检测

1. 根据你的理解，分析动车组之间可进行连挂和解编的作用是什么？
2. 动车组调车过程中的限速要求是什么？
3. 动车组新造出厂、高级检修修竣后、更换转向架后为什么要进行试运行？

任务三　动车组调度基本知识

任务描述

（1）熟知动车组调度基本任务及调度系统；

（2）熟知动车组的人员配备及各自的职责。

背景知识

随着中国高速铁路的蓬勃发展，行车密度越来越高，运营情况日趋复杂，动车调度工作在高铁系统中有着举足轻重的作用，因此在日常工作中，调度必须严格遵守、执行有关规章制度，牢固树立安全第一的思想，切实增强安全意识，把安全工作放在各项工作首位。

一、动车组调度工作的基本任务

动车调度是高铁运输调度体系的重要组成部分，承担动车组运用、检修生产的日常组织指挥工作。做好动车组运用、检修调度工作是提高动车组使用效率，保证动车组运行安全、维护铁路运输秩序的基础。调度工作的具体任务是：

（1）正确编制动车组日（班）计划，动车组周转图，并组织实施。

（2）与行车调度员密切配合，组织均衡开车，保证动车组供应。

（3）经济合理地使用动车组，提高动车组运用效率。

（4）及时正确地处理日常运输生产工作中出现的问题，维护安全正点。发生行车事故和重点列车运行晚点，要及时查明情况，并逐级上报。

（5）正确填记各种报表和台账。

（6）及时启动热备动车组，做好热备动车组接续工作。

（7）掌握回送动车组动态。

（8）加强与其他系统调度之间的联系，防止列车晚点和乘务员超劳。

（9）经常深入现场、添乘动车组、熟悉情况，不断提高工作能力和指挥水平。

二、动车组调度系统

动车调度是高铁运输调度体系的重要组成部分，为了满足日常运用、检修生产的需要，必须具有完善的信息系统。铁路动车调度部门建立了下级调度向上级调度报告的制度，以便及时掌握动车组日常运用生产过程中的各种有关信息，不误时机地处理有关问题。动车组运行状态和安全情况应及时汇报。

动车调度工作按照分级管理、逐级负责的原则，实行国铁集团、局集团公司、动车（客车）段三级管理。在动车调度工作中，下级动车调度必须服从上级动车调度的组织指挥。

在这三级机构中，国铁集团动车调度由国铁集团运输局车辆部管理，局集团公司动车调度隶属局集团公司调度所，局集团公司车辆处是局集团公司动车调度的专业管理部门，负责动车调度的专业技术培训和业务指导，对动车调度岗位设置提出建议，对动车调度人员的招聘（选拔）进行专业把关。如图 1-11 所示为动车调度组织结构。

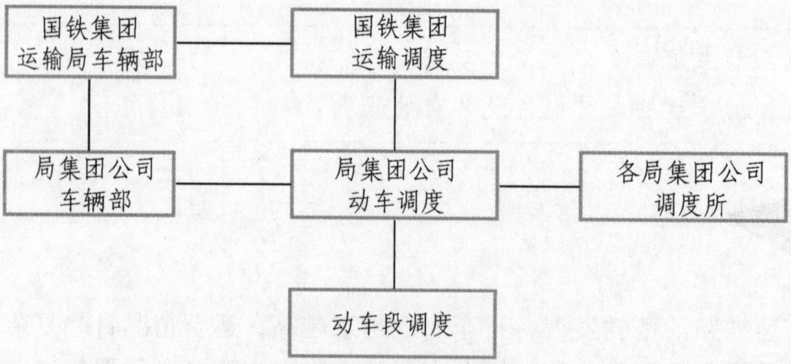

图 1-11　动车调度组织结构

目前全路动车段主要是通过调度中心兼顾应急指挥职责，在组织日常动车组生产运用的同时负责线上动车组应急指挥工作。

各级动车调度应建立健全各项基本工作制度，并在日常工作中抓好落实，实现调度工作“管理规范化、作业标准化、检查常态化”。动车调度基本工作制度包括岗位责任、安全管理、交接班、工作报告、统计分析、工作会议、现场检查调研、工作联系、学习培训、资料管理等制度。其中岗位责任主要是指动车调度职责（主要包括调度命令发布、检修调度组织、运用调度组织、应急指挥），安全管理主要是安全工作、信息化工作、标准化工作、人员素质技能要求、基础资料管理。

三、动车组调度人员配备及职责

1．人员配备

各级调度员应从思想作风好、业务能力强，从事车辆调度工作或动车组检修、运用现场工作不少于 2 年的人员中，或在现职调度员中逐级选拔。新任用的调度员必须经过调度专业知识的培训。各级调度员的任命和调离，必须征得同级运用部门的同意。

2. 主要人员职责

（1）国铁集团动车调度主要职责。

① 贯彻执行铁路运输、生产、安全和动车组制造、检修、运用的规章制度。

② 与相关工种调度加强联系，协调做好运输生产过程中与动车组有关的工作。

③ 监督、检查、指导局集团公司、动车（客车）段动车调度工作，维护调度纪律，严肃调度命令，通报违章、违令、不服从指挥的单位和人员，提出整改要求。

④ 收集、报告和反馈与动车组有关的铁路交通事故、行车设备故障和人身伤亡、火灾、爆炸、自然灾害等事件信息及动车组检修、运用中发生的问题，组织指挥、协调处理，并按规定响应应急预案。及时收取动车组运行故障分析报告。

⑤ 发布跨局动车组列车临时变更车底（车型、定员不变）调度命令和根据文件、电报、调度命令等确定的临时跨局动车组列车确定车底调度命令。会签国铁集团有关调度命令。

⑥ 掌握和了解全路动车组的新造、配属、转属、租用等动态情况；掌握动车组高级检修计划、当日跨局动车组车底变更和热备动车组情况；了解动车组当日开行及备用情况。

⑦ 了解有关重点动车组整备及运行情况，及时协调和处理动车组的有关问题。

⑧ 掌握动车组造修单位生产、维修资质，了解维修单位检修、运用能力。

⑨ 发布动车组高级检修月度计划，了解检修进度，督促局集团公司、造修单位按计划兑现，通报计划兑现情况。

⑩ 协调动车组跨局回送、试运行、异地检修等工作。

⑪ 及时了解反馈、协调处理车辆运行安全监控系统报警及设备故障信息。

⑫ 监督检查动车组管理信息系统有关数据的维护，定期汇总、统计、分析动车组制造、运用、检修数据，并通报有关情况。

⑬ 提出动车调度工作信息化需求。

⑭ 检查指导局集团公司、动车（客车）段动车调度标准化工作。

⑮ 提出动车调度培训需求，组织开展相关技术业务培训。

⑯ 完成领导交办的其他工作。

（2）局集团公司动车调度主要职责。

① 贯彻执行国铁集团和局集团公司运输、生产、安全和动车组制造、检修、运用的规章制度、调度命令和指示。

② 与上下级动车调度加强沟通，与外局集团公司动车调度和本局集团公司相关工种调度加强联系，协调做好运输生产过程中与动车组有关的工作。

③ 监督、检查、指导动车（客车）段动车调度工作，维护调度纪律，严肃调度命令，通报违章、违令、不服从指挥的单位和个人，提出整改要求。

④ 收集、报告和反馈与动车组有关的铁路交通事故、行车设备故障和人身伤亡、火灾、爆炸、自然灾害等信息及动车组检修、运用中发生的问题。组织指挥、协调处理，并按规定响应应急预案。协调处理动车组在外局集团公司的临时运用检修。

⑤ 掌握本局集团公司管内动车组的配属、转属、借用等动态情况，当日动车组检修、运用、热备、备用、试运行、回送等计划及完成情况，了解动车组随车机械师乘务信息。

⑥ 负责审核动车（客车）段提报的动车组相关命令申请，并按时向局集团公司计划调度提报次日动车组车底运用方案及重点事项，并组织落实。遇天气影响、设备故障等造成列车运行秩序不畅时，及时协调组织调整车底运用计划。

⑦ 对掌握的重点动车组列车了解其整备、始发及运行情况，协调解决与动车组有关的问题，同时按规定及时报告。

⑧ 掌握运用动车组的故障及处理情况，协调组织回送工作。督促动车（客车）段修复故障动车组，分析原因并上报。

⑨ 按有关规定及时处置动车组运行故障动态图像检测系统（TEDS）的预报信息。

⑩ 掌握造修单位生产、维修和动车段维修动车组的资质和行政许可；掌握造修单位和动车（客车）段动车组的生产、检修、运用能力。

⑪ 掌握动车组高级检修月度计划，检查督促动车段合理制订动车组在段检修计划；督促动车（客车）段按计划组织出入厂、出入段；了解配属动车组在厂（段）检修进度、检修计划兑现及调整情况；了解管内造修单位动车组出厂计划；协调动车组回送工作。

⑫ 负责与担当局集团公司动车调度协商确定临时调整运行交路变更车底方案，向本局集团公司计划调度提报申请；会签局集团公司有关调度命令。

⑬ 负责向国铁集团动车调度提报跨局动车组列车临时变更车底（车型、定员不变）调度命令申请和根据文件、电报、调度命令等确定的临时跨局动车组列车确定车底调度命令申请。

⑭ 监督检查动车（客车）段动车组管理信息系统有关数据的维护情况，定期汇总、统计、分析和上报动车组检修、运用数据。

⑮ 提出本局集团公司动车调度技术业务培训需求，开展相关技术业务培训。

⑯ 推进标准化管理，检查指导动车（客车）段动车调度标准化工作。

⑰ 落实、推进动车调度信息化工作。

⑱ 完成领导交办的其他工作。

（3）动车段动车调度主要职责。

① 贯彻执行各项规章、安全管理制度，遵守调度纪律，认真执行调度命令和落实上级指示。

② 与上级动车调度和相关单位、部门协调联系，做好铁路运输生产过程中与动车组有关的工作。

③ 检查指导车间生产组织工作，监督规章制度和调度命令的执行情况，通报、考核违章、违令、不服从调度指挥的车间和人员。

④ 收集、报告和反馈与动车组有关的铁路交通事故、行车设备故障和人身伤亡、火灾、爆炸、自然灾害等信息及动车组检修、运用中发生的问题。组织指挥、协调处理，并按规定响应（启动）应急预案，协调处理动车组在外段的临时运用检修。

⑤ 掌握本段动车组配属、转属、租用等动态情况；负责组织落实动车组配属、转属、租用及检修出入厂（段）的回送工作。掌握并组织落实动车组运用、检修、热备、备用、试运行、回送等计划。

⑥ 负责向局集团公司动车调度上报次日动车组车底运用建议计划，执行高铁（普速）调度日计划，无法执行时及时申请变更。使用外局集团公司动车组时提前与配属段联系确认车底和随车机械师情况。

⑦ 掌握本段担当重点列车的动车组整备情况，盯控出库，了解始发及途中运行情况，协调解决与动车组有关的问题，同时按规定及时报告。

⑧ 掌握运用动车组的故障及处理情况，协调组织回送。督促尽快修复，将调查处理情况及时上报局集团公司动车调度。

⑨ 组织车间对动车组运行故障动态图像检测系统（TEDS）预报动车组故障进行全数复核。

⑩ 掌握本段动车组的维修资质、维修行政许可和检修运用能力。

⑪ 参与编制动车组高级检修建议计划，组织回送，掌握在厂（段）检修进度、检修计划兑现及调整情况。

⑫ 依据国铁集团下达的动车组高级检修月度计划编制动车组在段高级检修计划，组织召开动车组高级检修生产协调会，协调解决生产组织中的关键问题。

⑬ 参与编制动车组二级检修计划，督促计划兑现。掌握动车组运用检修计划和兑现情况。

⑭ 负责统计动车组检修计划兑现率，对检修计划未兑现的情况组织分析，提出整改意见。

⑮ 负责向局集团公司动车调度提报动车组相关调度命令申请，发布段调度命令。

⑯ 掌握本段关键生产设备、设施的情况，出现故障及时组织处理。

⑰ 负责动车组管理信息系统有关数据的维护，监督检查有关车间的维护情况，定期对动车组检修、运用的数据进行汇总、统计、分析和上报。

⑱ 完成领导交办的其他工作。

（4）应急指挥人员职责。

① 熟练掌握动车组车上配置的应急备品情况。

② 熟练掌握动车组应急故障处理手册及限速要求。

③ 熟练掌握动车组供电、牵引、制动、供风的基本原理和结构，掌握相关图纸资料的使用方法。

④ 熟练掌握动车组主要设备构造和应急处理常用开关、阀的位置。

⑤ 熟练掌握动车组常见故障的应急处理方法。

⑥ 掌握动车组远程监控系统的使用方法。

⑦ 掌握动车组故障应急处置要点和异常状况下随车机械师监控要点。

⑧ 掌握本局集团公司主要应急救援装备的配备情况。

⑨ 了解动车组过分相原理和 ATP 控车基本原理。

⑩ 掌握本属动车组受电弓视频监控装置、撒砂装置的装车情况。

⑪ 掌握机械师常见操作（下车检查、登顶作业、机车救援准备、关门车及滚动试验、下车点温作业等）的用时情况，能够为局集团公司动车调度应急处置工作提供参考意见。

⑫ 掌握动车组重大改造升级对行车和应急指挥的影响。

⑬ 熟练使用应急电话会议系统。

⑭ 具有良好的沟通指导水平。

四、动车组调度室的设备

各级调度室应配置下列设备：

（1）良好的通信、照明、取暖、降温设备和与行车有关的直通电话、录音电话等。

（2）各级调度室应备有下列文件：

①《铁路技术管理规程》《铁路交通事故调查处理规则》《铁路运输调度规则（高铁、普速）》《铁路动车调度暂行规则》《铁路旅客运输管理规则》《高速铁路行车组织细则》《普速铁路行车组织规则》《铁路局车辆调度工作细则》《铁路局动车调度实施细则》《动车组运用维修规程》《动车组应急故障处理手册》，以及与行车有关的规章、命令、文件、电报等。

② 全国铁路客运营业站示意图、局集团公司线路示意图、列车运行图、列车时刻表、动车组周转图、动车组图纸资料及有关技术资料。

③ 管内动车组运用所、车站平面示意图，列车操纵示意图，救援列车编组和停放位置等。

④ 常用的技术业务参考书籍。

（3）各级调度的微机联网系统、铁路运输调度管理系统（TDMS5.0）、传真设备、动车组管理信息系统、车辆调度应急指挥信息系统、应急指挥电话会议系统、可靠的远程影音传输手段、打印机等。

（4）动车组动态牌，运行揭示栏、天气预报板、安全成绩和动车组运用指标完成情况显示板，动车组运用计划公布板，动车组随车机械师名牌及动态板等。

（5）调度室必须设有监控装置数据处理微机系统。

（6）各级动车调度应配齐动车调度岗位作业指导书、关键作业流程图、安全管理手册等业务资料。

五、动车组调度命令

动车调度发布的命令分为动车调度命令、动车调度工作命令和动车段调度命令 3 类。

（1）动车调度命令：指国铁集团、局集团公司动车调度根据动车组检修和运用工作需要发布的调度命令（含电报、通知）。

（2）动车调度工作命令：指国铁集团、局集团公司运输调度（调度所）根据运输组织工作需要发布的调度命令（含电报、通知）。

（3）动车段调度命令：指段调度为了及时组织和指挥动车组的检修、运用工作及其他紧急情况下，根据工作需要，发布的郑州动车段调度命令。

调度命令申请主要包括：动车组确定车底命令申请、车底变更命令申请、动车组回送命令的申请、动车组试运命令的申请、动车组车底换向命令的申请。

因动车组途中运行故障、库内检修故障影响正常出库须启用热备（备用）或更换车底时，热备动车组的启动命令由动车段调度提报。

调度命令下达之前，应充分了解现场实际情况，做出合理、正确的判断。各级调度之间的命令传递必须直接接受，并履行复诵制度。

任务检测

1. 查找《铁路动车调度暂行规则》，并自主阅读其中内容。
2. 请思考在动车组运行中导致列车晚点的因素有哪些？作为调度员应如何处理？
3. 如果你想成为一名合格的应急指挥人员，你需要具备哪些素质？

拓展阅读一

讨论：高铁的快速发展为我们的生活带来了哪些变化？

项目二 动车组运行及组织计划编制

项目描述：

通过本项目学习列车运行的基本知识，能识读列车运行图的类型、分类及列车运行图的表示方法；分析动车组的运行方式，学习动车交路、运转制度、乘务制度和乘务方式的基本知识，能编制简单的列车周转图，并会依据列车周转图计算主要的列车运用指标。

项目任务：

（1）列车运行基本知识；

（2）识读列车运行图；

（3）编制动车组周转图，并计算动车运用指标。

任务一 列车运行基本知识

任务描述

（1）学习列车运行基本概念；

（2）识读列车线路分界点；

（3）认知行车闭塞相关知识。

背景知识

中国用 15 年完成了国际上 40 年高速铁路的历程，拥有了世界上最大规模及最高运营速度的高速铁路网。高铁在逐步成为中国客运的主流，成为铁路运输的“主力军”。高速铁路运输设备是完成高速铁路运输任务的物质基础。高速铁路主要由下列几类技术设备组成。

一、列车运行基本知识

凡已编成并连挂在一起的车列、挂有机车或动车、具备应有的信号（即边灯或尾灯）、乘务组及车长者叫作列车。发往区间的单机、动力车及重型轨道车，也都按列车办理。动车组属于列车，为自走行固定编组列车。

1. 列车分类

列车按照运输的性质和用途可分为：旅客列车、军用列车、混合列车、运输人员列车、快运货物列车、其他货物列车及路用列车等。

（1）旅客列车按其速度和用途又可分为直通旅客特别快车、直通旅客快车、旅客快车、直通旅客列车、旅客列车及市郊旅客列车等。

（2）军用列车是专门运送部队及军用物资的列车。

（3）混合列车是客货车辆混合编组的列车。

（4）运输人员列车是在临时有大量人员需要运送时新组织的列车。

（5）快运货物列车用于运输需要快速运输的易腐货物及牲畜等。

（6）其他货物列车包括直达、直通、区段、摘挂及小运转列车等的列车。

（7）路用列车是为装运路用材料、事故救援及其他公务需要所开行的列车。

2. 车次编号

为便于组织列车运行，所有在铁路各区段运行的列车都必须编定列车号码，称为车次。车次编号的原则为：凡干线上的列车向国铁集团所在地的方向行驶者称为上行，编成双数；反之为下行，编为单数。支线上的列车向连接干线的车站行驶者为上行，编为双数；反之为下行，编为单数。每一对往返列车，以两个连续数字编号。同一昼夜，同一区段内车次编号不得重复。各线的列车运行方向，以国铁集团的规定为准，但枢纽地区的列车运行方向，由局集团公司规定。在个别区间，使用直通车次时，可与规定方向不符。

3. 列车编组中开行列车种类

（1）始发直达列车——在一个车站装车后直接编组或在相邻几个车站装车后编组，通过一个及其以上编组站不进行改编作业的列车。

（2）技术直达列车——在技术站编组，通过一个及其以上编组站不进行改编作业的列车。

（3）直通列车——在技术站编组，通过一个及其以上区段站不进行改编作业的列车。

（4）区段列车——在技术站编组，开行距离为一个区段，在中间站不进行摘挂车作业的列车。

（5）沿零摘挂列车——在技术站（或中间站）编组，在区段内中间站进行零担货物装卸和车辆摘挂作业的列车。

（6）枢纽小运转列车——在枢纽内的几个车站之间开行的列车。

二、线路分界点

为了保证铁路行车安全并具备必要的通过能力，铁路上每隔一定距离需要设置一个车站。车站把每一条铁路线划分成若干个长度不等的线段，每一段线路叫作一个区间。车站成为相邻区间之间的分界点。

线路分界点

1. 分界点分类

分界点是车站、线路所及自动闭塞区间的通过色灯信号机的通称，分为有配线和无配线两种，有配线的分界点叫车站，没有配线的分界点叫线路所或自动闭塞分区的通过色灯信号机，如图 2-1 所示。区间和分界点是组成铁路线路的两个基本环节。

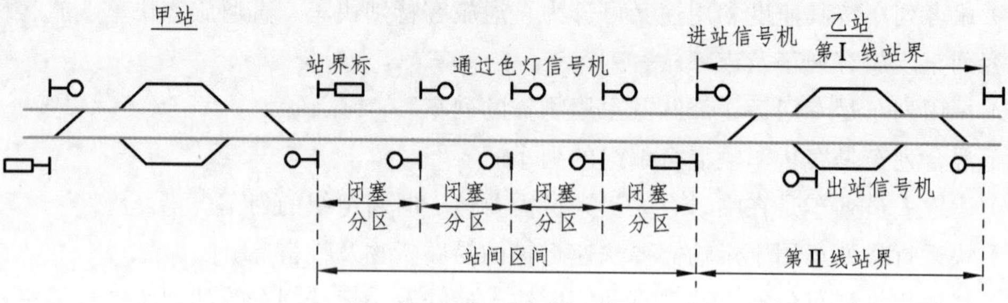

（a）车站

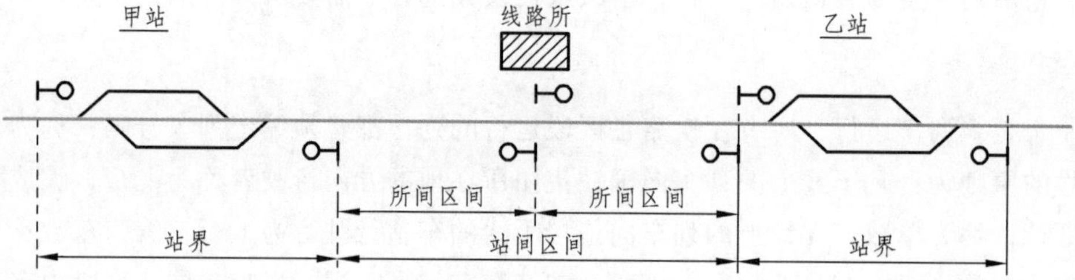

（b）线路所

图 2-1 分界点

2. 区间分类

区间分为站间区间、所间区间及闭塞分区 3 类。

（1）站间区间。

站间区间指两端的分界点均为车站的区间。在单线上，车站与车站间以进站信号机柱的中心线为车站与区间的分界线；在双线或多线上，车站与车站间分别以各该线的进站信号机柱或站界标的中心线为车站与区间的分界线。

（2）所间区间。

所间区间指两端的分界点为线路所，或线路所与车站间的区间，是在非自动闭塞区段上为了提高铁路线的通过能力而设置的最简单的分界点。在线路所设有通过色灯信号机，用以划分区间，并有专人办理接发列车的工作。两线路所间或线路所与车站间，以该线上的通过信号机柱的中心线为所间区间的分界线；设有进站信号机的线路所，所间区间的分界方法与站间区间相同。

（3）闭塞分区。

通过色灯信号机是自动闭塞区段上的分界点，只设有色灯信号机，它将站间区间划分为几个闭塞分区，以提高通过能力并自动指示列车的运行。线路所及其通过信号机，仅做调整列车运行之用，目的在于保证行车安全，以及必要的线路通过能力。自动闭塞区间同方向相邻的两架色灯信号机或区间信号标志牌间，以该线上的通过信号机或区间信号标志牌机柱的中心线为闭塞分区的分界线。

三、行车闭塞

1. 闭塞的基本概念

列车在区间（闭塞分区）内运行的特点：列车的运行速度高，质量重，制动距离长，不能避让。鉴于这些特点，为了确保列车在区间内的运行安全，列车由车站向区间发车时，必须确认区间（分区）内没有列车，并需遵循一定的规律组织行车，以免发生列车正面冲突或追尾等事故。这种按照一定规律组织列车在区间内运行的方法，称为行车闭塞法，简称闭塞。办理闭塞所用的设备称为闭塞设备。由车站值班员或列车调度员来完成上述闭塞。对司机来说，必须由车站值班员给出行车凭证后才能占用区间。

为保证列车在区间内行车安全，列车由车站驶向区间运行需要 3 个必要条件：一要验证区间空闲；二要有进入区间的凭证；三要实行区间闭塞。

准许占用区间的凭证通常为车站的出站信号机和区间通过信号机的进行信号显示。自动闭塞区段应装设信号集中监测系统，对信号设备运用状态进行实时监测，实现故障及超限告警。当出站信号机或通过信号机的进行信号显示作为准许占用区间的凭证时，在列车进入区间后信号机应自动关闭。

在同一区间只准许一列列车运行，一旦列车占用区间，即实行闭塞。在闭塞解除之前，不许其他列车驶入。在单线区段还必须防止两个车站同时向一个区间发车，杜绝发生追尾或正面冲突事故。

2. 闭塞的方法

行车闭塞法的作用是控制列车与列车之间保持一定距离，以保证列车安全运行。闭塞的方法主要有两种：一是时间间隔法，二是空间间隔法。

（1）时间间隔法。

时间间隔法是指在一个区间里，用规定的时间将同方向运行的列车，彼此间隔开运行。即在同一区间内第一个列车发车后，经过一定时间再发出下一个列车的行车制度。

由于用时间间隔列车，没有设备上的控制，可能导致一个区间进入两列列车，容易发生人为的事故，安全性较差。采用这种间隔开行列车时，要求的条件也比较复杂，如区间内的坡道和瞭望条件都会影响和限制列车的运行速度。所以，在我国原则上已经不准采用。只有在特殊情况下，如在列车堵塞、事故起复后的车流疏散、战时行车、一切电话中断等情况下，才采用时间间隔法行车。

（2）空间间隔法。

在铁路正线上通过线路分界点（车站、线路所或自动闭塞色灯信号机）把线路分成若干线段（区间或闭塞分区），在同一时间、同一空间内只准许一个列车运行的方法，称为空间间隔法。这种行车方法也是我国目前所采用的闭塞法。

空间间隔法的优点如下：

① 铁路线可划分很多的区间（或闭塞分区），在一定时间内每一区间都可开行列车，可

提高行车能力。

② 在各个车站上都有为列车到、发、会让、越行而铺设的配线，可保证列车安全运行。

③ 在一个区间里只准许一列列车运行，列车可按规定的速度在区间内运行，既能提高列车行车速度，又能加速机车车辆（动车组）周转。

④ 在有的区段干线上设立线路所，对提高干线的通过能力也能起到一定作用。

使用空间间隔法时，列车由车站驶向区间的条件是：

① 验证区间空闲：主要设备有轨道电路、计轴设备等。

② 有进入区间的凭证：出站信号机，区间通过信号机；特殊情况下的凭证（路票、调度命令等）。

③ 实行区间闭塞：同一区间只准许一列列车运行，一旦列车占用区间，即实行闭塞。在闭塞解除之前，不准许其他列车驶入。

3．实现区间闭塞的制度

（1）人工闭塞。

人工闭塞是采用电气路签或路牌（路票）作为列车占用区间的凭证，由接车站值班员检查区间是否空闲。这种方法在交接凭证和检查区间状态时全部依靠人来完成。

（2）半自动闭塞。

半自动闭塞是利用装在区间两端车站行车室内的半自动闭塞机和两站相对出站信号机实现相互控制的一种闭塞方法。一部分由人工操作（办理闭塞及开放出站信号机），另一部分靠列车自动完成（列车发车后，出站信号机自动关闭）。

（3）自动闭塞。

自动闭塞是国内外大量应用的较为先进的行车闭塞方法。它可以在确保安全运行的条件下，增加列车运行密度，提高列车在区间内的运行速度。所谓自动闭塞就是根据列车运行状态及有关闭塞分区状态，自动变换通过信号机的显示，而司机凭信号显示行车的闭塞方法。这种方法由于不需要人工操纵，所以叫作自动闭塞。

利用通过信号机将一个区间划分为若干个闭塞分区（三显示自动闭塞其长度一般不小于1 200 m），每个闭塞分区内都装有轨道电路（或列车检测设备），通过轨道电路将列车和通过信号机的显示联系起来，使信号机的显示按照列车运行或区间状态自动变换的系统（或制式）称为自动闭塞系统。

按轨道信息的编码方式，自动闭塞分为交流计数电码自动闭塞、极频自动闭塞、移频自动闭塞等；按信号显示方式，自动闭塞分为三显示和四显示自动闭塞。三显示自动闭塞信号机颜色为红、黄、绿，分区长度为 1 200 ~ 3 000 m，如图 2-2 所示。

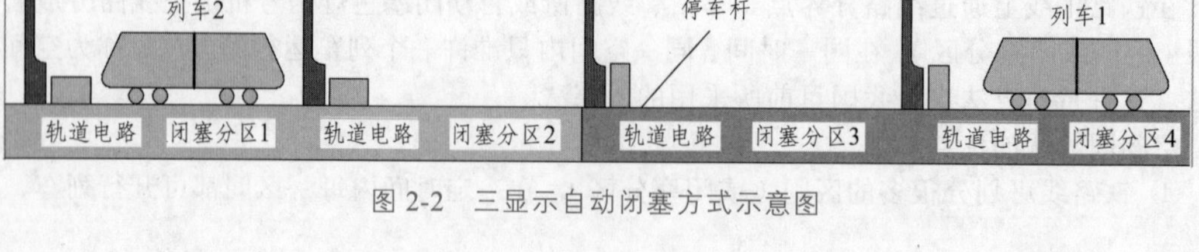

图 2-2　三显示自动闭塞方式示意图

三显示自动闭塞区间通过信号机的显示意义如下：

绿灯 ——准许列车按规定速度运行，表示运行前方至少有两个闭塞分区空闲。

黄灯 ——要求列车注意运行，表示运行前方有一个闭塞分区空闲。

红灯 ——列车应在该信号机前停车。

三显示自动闭塞的特点：

① 通过信号机的显示随列车所在位置而自动改变，当显示绿灯，机车前方至少有两个闭塞分区空闲。

② 禁止信号（红显示）是利用轨道电路传送，而其他命令可以利用轨道电路，也可利用其他通信道传送。另外对三显示自动闭塞必须传递 3 种以上的信息。

③ 若利用轨道电路传送信息时，在每一个信号点处不但有接收本信号点信息的接收设备，同时还具有向前方信号点发送信息的发送设备。

四显示间隔三个闭塞分区，其闭塞分区长度定为适应低速列车的制动距离，为 600 ~ 1 000 m；并在三显示的基础上，增加一种显示，即除红、黄、绿 3 种信号外，再增加一种黄绿显示（即黄闪）。这种闭塞方式能预告列车前方 3 个闭塞分区的状态，要求高速列车按规定速度越过黄绿显示的通过信号机后必须减速，保证能在显示红灯的信号机前停车。而对于低速运行的列车，越过黄绿显示的通过信号机时则不必减速。对于低速列车来说，黄绿显示的意义实际上相当于绿灯显示，可不减速通过；而对于高速列车来说，则是将两个闭塞分区作为一个制动距离来对待，将黄绿显示视为注意信号，在越过黄绿灯后准备在红灯前停车。这样就可以解决线路上不同速度运行列车的行车要求，运输效率明显优于三显示方式。四显示自动闭塞方式示意图如图 2-3 所示。

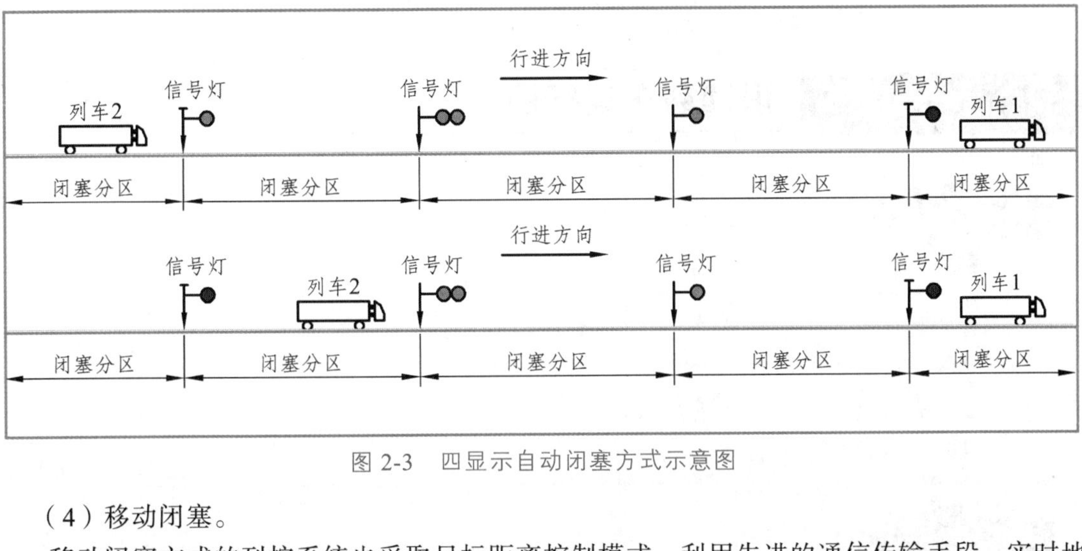

图 2-3　四显示自动闭塞方式示意图

（4）移动闭塞。

移动闭塞方式的列控系统也采取目标距离控制模式。利用先进的通信传输手段，实时地或定时地进行列车与地面间的双向通信联络，在两列车间自动地调整运行间隔，使之保持一定的安全距离。其闭塞原理如图 2-4 所示。这种方法突破了固定闭塞的局限性，摆脱了利用地面轨道电路设备判别列车占用闭塞分区与否的束缚，不需要将区间划分成固定的若干闭塞分区，地面实时地向车载信号设备传递车辆运行前方线路限速情况，指导列车按线路限制条件运行，提高了列车运行安全性。这种方法的关键技术为列车的精确定位技术和车地间的双向通信问题技术。高一级的移动闭塞还要考虑前行列车的速度。

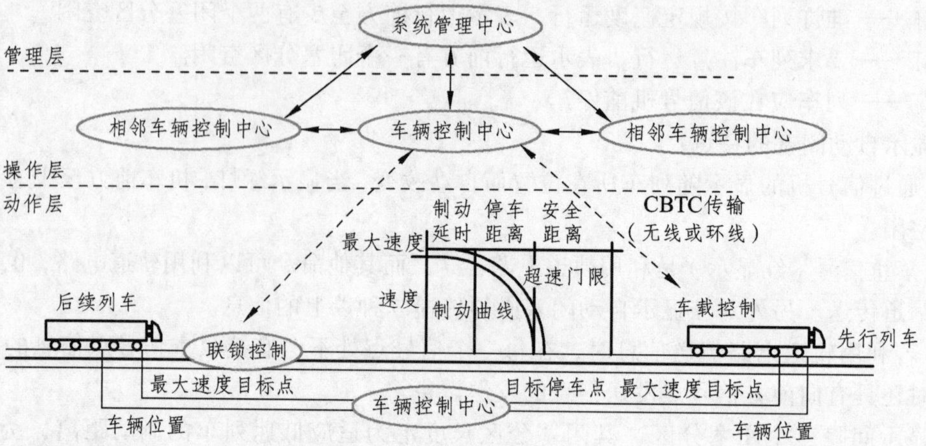

图 2-4　移动闭塞原理

任务检测

1. 查找《铁路技术管理规程》，并自主阅读其中内容。

2. 请分析动车组车号和车次的关系。

3. 分析闭塞方法中的时间间隔法和空间间隔法的优缺点以及各自适用的环境。

4. 在四显示自动闭塞线路上，低速列车和高速列车分别看到何种显示信号机后开始减速？

任务二　识读列车运行图

任务描述

（1）掌握列车运行图的作用、分类；
（2）了解列车和车次的分类；
（3）能描述列车运行图的要素；
（4）能识读列车运行图。

背景知识

工欲善其事，必先利其器。铁路沿线有序行驶的列车，离不开列车运行图的保障，列车运行图是行车组织的基础，也是铁路运输工作的综合计划。优质的运行图就像是铁路运行的神经网络，是一项极其精细的工作，牵一发而动全身，检验着优化运输的供给，体现了运输效能的“基本功”，展现着国家提升客货运输能力的决心与信心、勇气与底气。

一、列车运行图的作用

列车运行图是用以表示列车在铁路区间运行及在车站到发或通过时刻的技术条件，它规定各次列车占用区间的程序，列车在每个车站的到达和出发（或通过）时刻，列车在区间的运行时间，列车在车站的停站时间以及机车交路、列车重量和长度等，是全路行车组织工作的基础。列车运行图不仅规定了列车的运行，而且也规定了铁路技术设备（线路、站场、机车、车辆等）的运用。同时，还规定了与列车运行有关的保证部门（如车站、车务段、客运段、机务段、工务段、电务段、供电段、列车检修所、车辆段等）的工作。所有与列车运行有关的铁路各部门，都必须按列车运行图的要求，组织本部门的工作，以保证列车按列车运行图运行。

列车运行图的主要作用：将所有与列车运行有关的铁路部门（如机务、车务、车辆、工务、电务、水电等单位）的工作人员同铁路的运输生产活动统一组织起来，并按照规定的程序协调一致地工作，保证列车按运行图运行。列车运行图应表明如下内容：

（1）根据客、货运量确定列车对数和列车车次。

（2）规定各次列车占用区间的程序。

（3）列车出发、到达和通过各分界点的时刻。

（4）列车在区间内的运行时分和站停时间标准。

（5）列车运行速度、牵引重量和长度标准。

列车运行图

二、列车运行图的图解表示方法

列车运行图是运用坐标原理对列车运行时间、空间关系的图解表示，因而实际上它是对列车运行时空过程的图解。

对列车运行时空过程的图解可以有两种不同的形式：一种是以横坐标表示时间，纵坐标表示距离，列车运行图上的水平线表示分界点的中心线，水平线间的间距表示分界点间的距离，垂直线表示时间；另外一种是横坐标表示距离，纵坐标表示时间，列车运行图上的水平线表示时间，垂直线表示分界点中心线，垂直线间的间距表示分界点间的距离。目前我国铁路列车运行图采用第一种图形表示形式。

在列车运行图上，用纵坐标表示车站中心线的位置有以下两种确定方法。

（1）按区间实际里程的比率确定，即按整个区段内各车站间实际里程的比例确定横线位置。

采用这种方法，运行图上的站间距离完全反映实际情况，能明确地表示站间距离的大小。由于各区间线路平面的纵断面互不一样，列车运行速度也有所不同，列车在整个区段的运行线往往是一条折线，既不整齐，也不易发现列车区间运行时分上的差错，所以一般不采用这种方法。

（2）按区间运行时分的比率确定，即按整个区段内各车站间列车运行时分的比例来确定横线位置。

采用这种方法时，可以使列车在整个区段的运行线基本上是一条斜直线，既整齐美观，也易于发现列车区间运行时分上的差错，所以一般采用这种方法。如图 2-5 所示，*AB* 区段下行方向货物列车运行时分共计为 170 min，确定横线位置时，首先确定技术站 *A*、*B* 的位置，在代表 *B* 站的横线上向右截取等于 170 min 的 *BF* 线段，得 *F* 点，同时按 *Aa*、*ab*、*bc*、*cd* 和 *dB* 区间的列车运行时，将 BF 线划分为 5 个时间段，连接 A、F 两点，画一斜直线。过 5 个时间段站点作垂直线，在 AF 斜直线下可得交点，过各交点作水平线，即为代表 a、b、c、d 车站的横线。

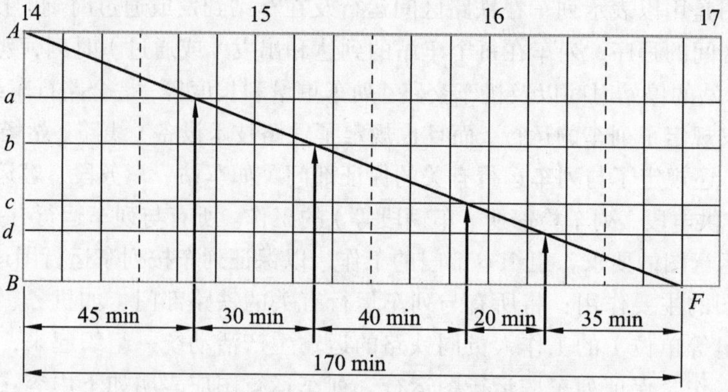

图 2-5　按区间运行时分确定车站位置示意图

为适应使用上的不同需要，列车运行图按时间划分方法的不同有如下 3 种格式。

（1）二分格运行图：它的横轴以 2 min 为单位，用细竖线加以划分；小时格用较粗的竖线表示，如图 2-6 所示。二分格运行图主要在编制新运行图时使用。

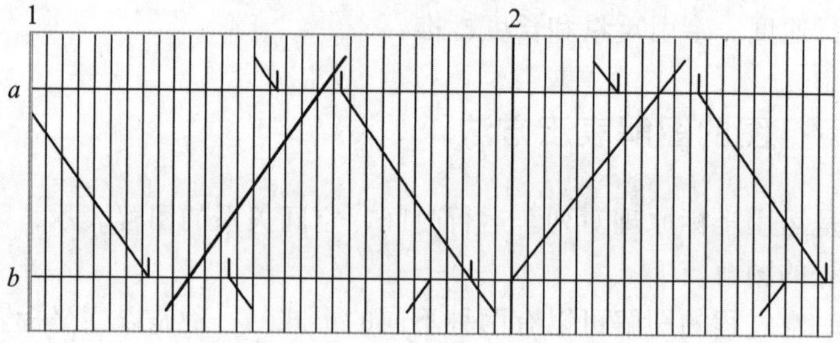

图 2-6　二分格运行图

（2）十分格运行图：它的横轴以 10 min 为单位，用竖线加以划分；半小时格用虚线表示，小时格用较粗的竖线表示，如图 2-7 所示。十分格运行图主要供列车调度员在日常调度指挥工作中编制调度调整计划和绘制实绩运行图时使用。

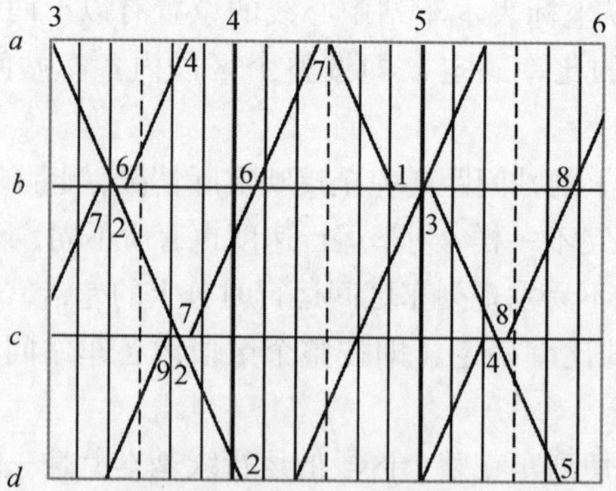

图 2-7　十分格运行图

（3）小时格运行图：它的横轴以 1 h 为单位用细竖线加以划分，如图 2-8 所示。小时格运行图主要在编制旅客列车方案图和机车周转图时使用。

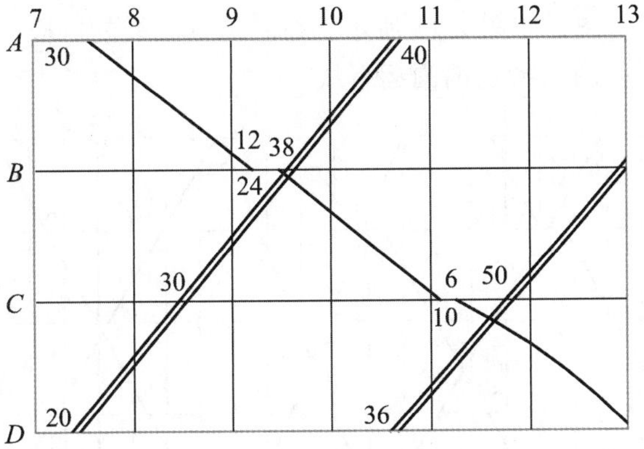

图 2-8　小时格运行图

三、列车运行图的分类

按使用范围、铁路线路的技术设备（如单线、复线）和列车运行速度、上下行方向的列车数量、列车的运行方式等条件，列车运行图可分为多种类型。

1. 按照区间正线数目不同分类

（1）单线列车运行图，如图 2-9 所示。在单线区段，上下行方向列车都在同一正线上运行，因此，两个方向的列车必须在车站上进行交会。

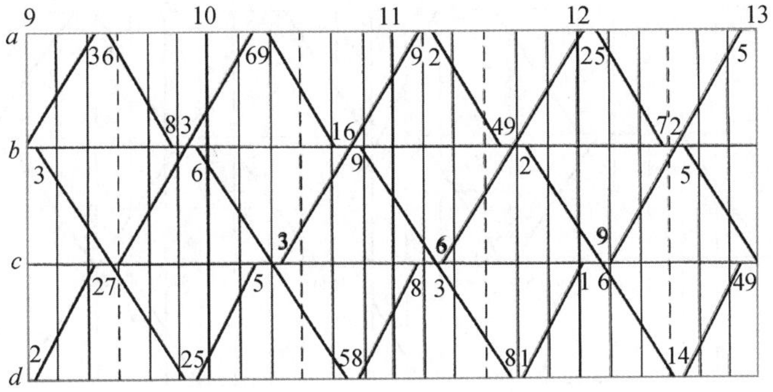

图 2-9　单线成对平行运行图

（2）双线列车运行图，如图 2-10 所示。在双线区段，上下行方向列车在各自的正线上运行，因此，上下行方向列车的运行互不干扰，可以在区间内或车站上交会。但列车的越行必须在车站上进行。

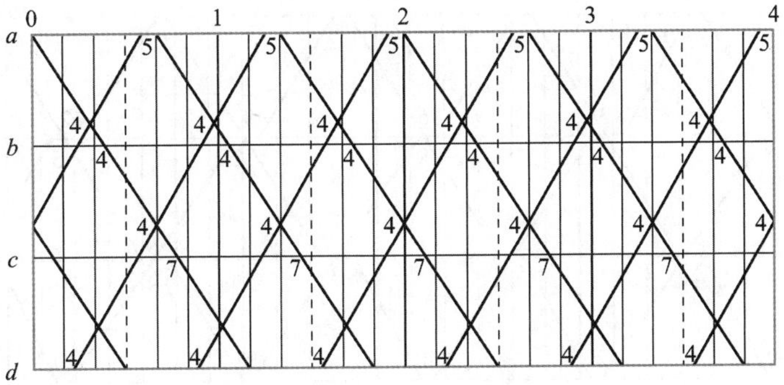

图 2-10　双线成对平行运行图

（3）单双线列车运行图，如图 2-11 所示。在有部分双线的区段，单线区间和双线区间各按单线运行图和双线运行图的特点铺画运行线。

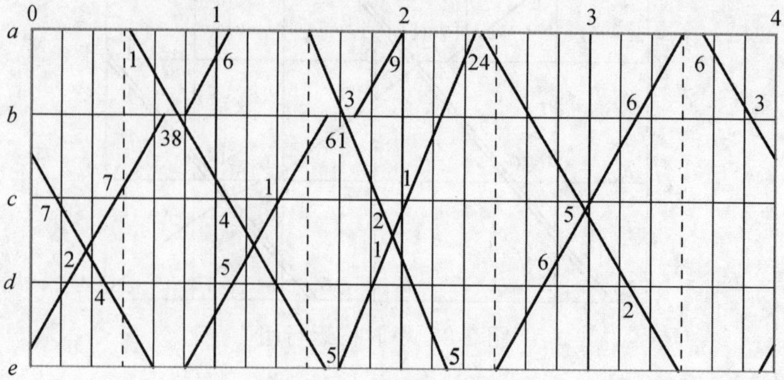

图 2-11　单双线运行图

2．按照列车运行速度分类

（1）平行列车运行图，如图 2-9 和图 2-10 所示。在同一区间内，同一方向列车的运行速度相同，且列车在区间两端站的到、发或通过的方式也相同，因而列车运行线相互平行。

（2）非平行列车运行图，如图 2-12 所示。在列车运行图上铺画有各种不同速度的列车，且列车在区间两端站的到、发或通过的运行方式不同，因而列车运行线不相平行。

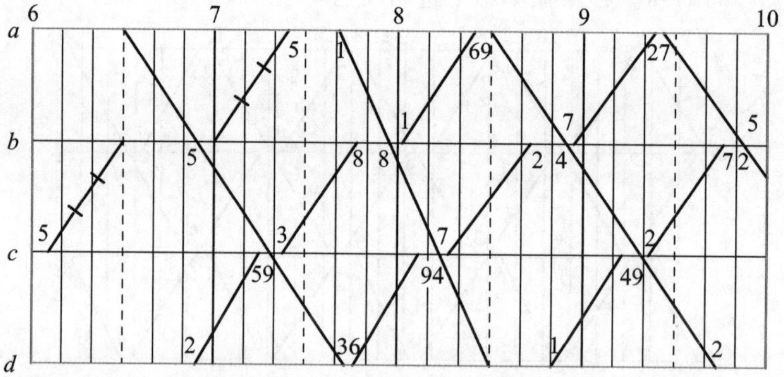

图 2-12　单线非平行运行图

3．按照上下行方向列车数分类

（1）成对运行图，如图 2-13 所示。上下行方向列车数相等的列车运行图为成对运行图。

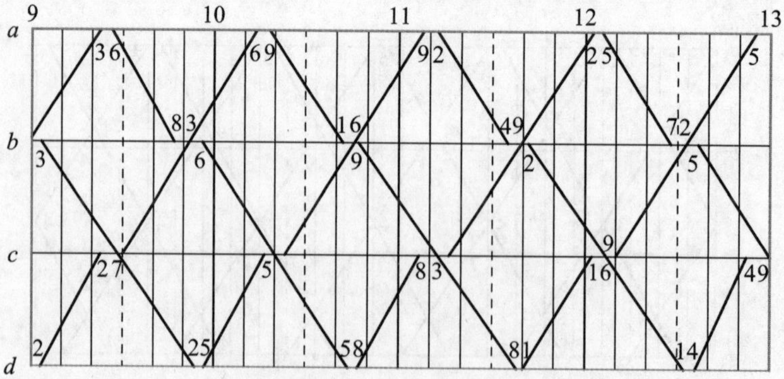

图 2-13　单线成对平行运行图

（2）不成对运行图，如图 2-14 所示。上下行方向列车数不相等的列车运行图为不成对运行图。

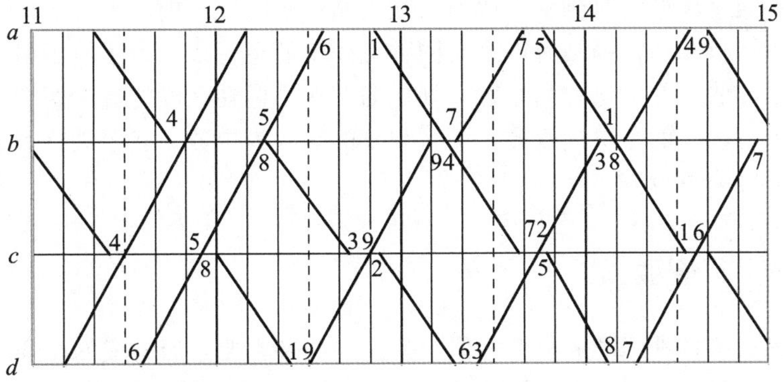

图 2-14　单线不成对运行图

4．按照同方向列车运行方式分类

（1）连发运行图，如图 2-14 所示。在同方向列车以站间区间为间隔运行。单线区段采用这种运行图时，在连发的一组列车之间不能铺画对向列车。

（2）追踪运行图，如图 2-15 所示。在同方向列车以闭塞分区为间隔运行，在装有自动闭塞的单线或双线区段上采用这种运行图。

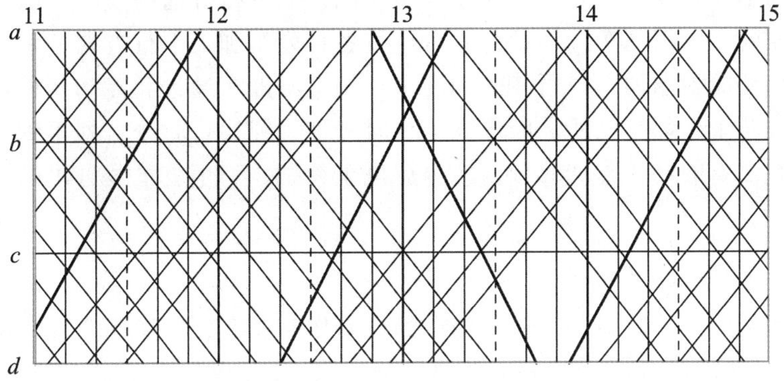

图 2-15　追踪运行图

上述分类都是针对列车运行图的某一特点而加以区别的。实际上，每张列车运行图都具有多方面的特点，例如某一区段的列车运行图（见图 2-15），它既是双线的、非平行的，又是追踪的。

四、识别列车运行图

（1）列车运行图的横、纵坐标如前所述。

（2）列车运行图中的斜线表示列车的运行，斜线的斜率表示列车运行速度的高低，斜率越大，列车运行速度越高。

（3）列车运行图上的列车运行线（斜线）与车站中心线（横线）的交点，即为列车到、发或通过车站的时刻。根据列车运行图的格式，到、发时刻有不同的表示方法。在二分格图上，以规定的标记符号表示，不需填写数字；在十分格图上，填写 10 min 以下数值；在小时格运行图上，填写 60 min 以下数值，所有表示时刻的数字，都填写在列车运行线与横线相交的钝角内。列车通过车站的时刻，一般填写在出站一端的钝角内。

（4）在列车运行图上，铺画有许多不同种类列车的运行线，为了便于识别，对各种列车采用不同的表示方法，并对每一列车冠以规定的车次，标在区段的首末两端区间相应列车运行线的上方。上行列车的车次为双数，下行列车的车次为单数。我国铁路规定向首都的方向为上行方向，反之为下行方向。

五、列车运行图要素

列车运行图虽有各种不同的类型，但它是由一些基本要素所组成的。列车运行图要素包括：列车区间运行时分；列车在中间站的停站时间；机车（动车）在基本段和折返段所在站的停留时间标准；列车在技术站、客运站和货运站的技术作业过程及其主要作业时间标准；车站间隔时间；追踪列车间隔时间。

1．列车区间运行时分

列车区间运行时分是指列车在两相邻车站或线路所之间的运行时间标准，它由机务部门根据《牵引计算规程》，采用牵引计算和实际试验相结合的方法进行查定。

由于旅客列车和货物列车的运行速度各不相同，上下行方向的线路平面、纵断面条件和列车重量也不相同，所以列车区间运行时分应按各种列车和上下行方向分别查定。此外，列车区间运行时分还应根据列车在每一区间两个车站上不停车通过和停车两种情况分别查定。列车不停车通过两个相邻车站所需的区间运行时分称为纯运行时分。列车到站停车的停车附加时分和停站后出发的起动附加时分，应根据机车类型、列车重量及进出站线路平面、纵断面条件查定。

2．列车在中间站的停站时间

列车在中间站的停站时间，主要由列车的技术作业及客、货运作业等在车站上所需要的最小停站时间标准决定，如：列车甩挂作业，摘、挂补机，更换机车，车辆技术检查，试风，旅客乘降，行李包裹装卸，零担货物装卸，快运货物列车加冰，旅客列车上水等。

对车站作业要最大限度地考虑平行作业的可能性，以尽量缩短停站时间，提高列车旅行速度和铁路区间通过能力。

车站的停站时间标准，由各个车站用分析计算和实际查标相结合的办法确定。

3．机车（动车）在基本段和折返段所在站停留时间标准

机车（动车）在折返段所在站应办理的作业有：在到发线上的到达作业，包括到达试风、摘机车、准备入段进路等；入段走行；在段内作业；出段走行；在到发线上的出发作业，包括挂车、出发试风等，如图 2-16 所示。该时间取决于动车组的周转方式、机务、车站设备条件、动车组经路和作业方式等，由车、机两部门在车站和机务段共同进行查定。

缩短动车组在本段（站）、外段（站）的折返停留时间，有利于加速动车组的周转，提高其运用效率。

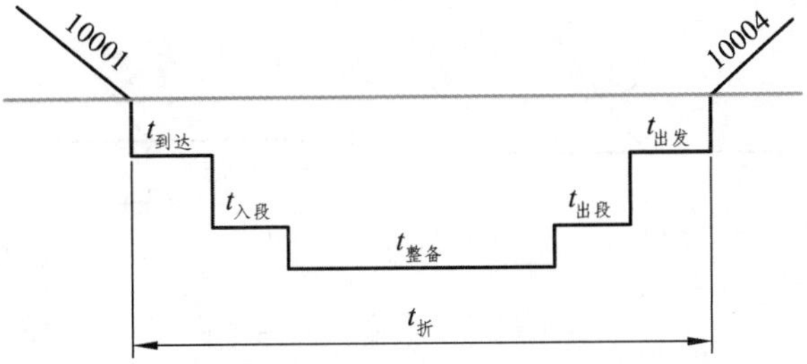

图 2-16　机车（动车）在折返段所在站作业过程

4．列车在技术站和客货运站的技术作业时间标准

在编制列车运行图时，需具备技术站、客货运站技术作业过程的主要作业时间标准，必须编制与车站技术作业过程相配合的列车运行图。它包括：

（1）在到发车场内办理各种列车作业的时间标准。

（2）在驼峰或牵出线上解体和编组列车的时间标准。

（3）旅客列车车列在配属段、折返段所在站的停留时间标准。

（4）货物站办理整列或成组装卸作业时间标准。

上述标准，一般根据《车站行车工作细则》确定。

5．车站间隔时间

车站间隔时间是在车站上办理两列车的到达、出发或通过作业所需要的最小间隔时间。常用的车站间隔时间包括不同时到达间隔时间（见图 2-17 中 $\tau_{不}$）、会车间隔时间（见图 2-17 中 $\tau_{会}$）、相对方向列车不同时通过间隔时间（见图 2-17 中 $\tau_{通}$）、同方向列车连发间隔时间（见图 2-18 中的 $\tau_{连}$）、同方向列车不同时发到间隔时间和不同时到发间隔时间（见图 2-19 中的 $\tau_{到发}$、$\tau_{发到}$）等几种，其值大小与车站信号、道岔操纵方法、车站邻接区间的行车闭塞方法，车站类型、接近车站线路的平、纵断面情况，以及动车组类型、列车重量和长度等因素有关。在查定车站间隔时间时，应遵守有关规章的规定及车站技术作业时间标准，以保证行车安全和最有效地利用区间通过能力。

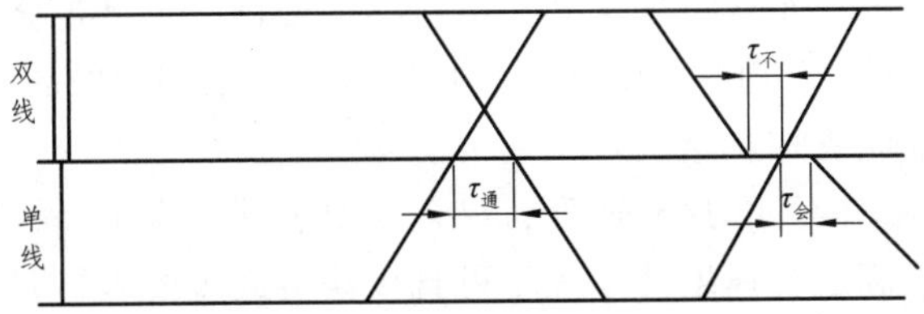

图 2-17　车站间隔时间示意图

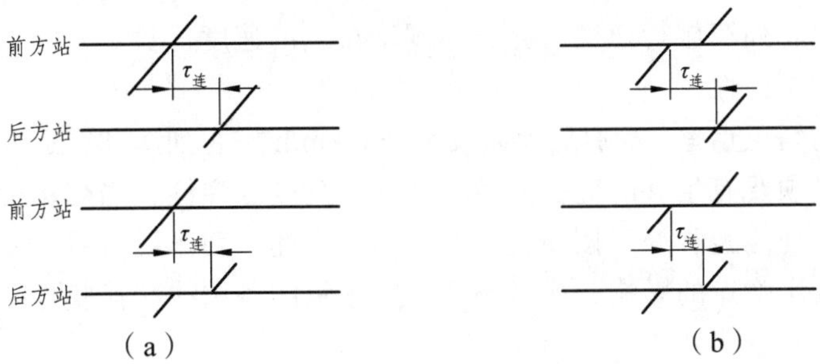

图 2-18　追踪列车间隔时间图

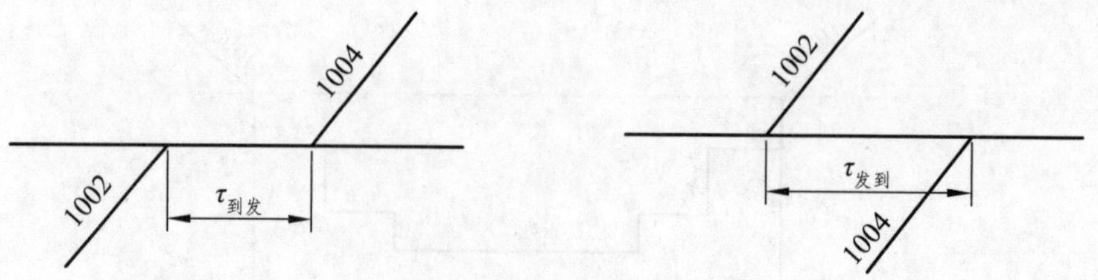

图 2-19　有效时间带示意图

6. 追踪列车间隔时间

在自动闭塞区段,一个站间区间内同方向可有两列或两列以上列车以闭塞分区间隔运行,称为追踪运行。追踪运行列车之间的最小间隔时间，称为追踪列车间隔时间（见图 2-18)。追踪列车间隔时间取决于同方向列车间隔距离、列车运行速度及信联闭设备类型。

六、高速铁路的列车运行图

1. 高速铁路列车运行图的特点

动车组运行线路列车运行图一般有以下特点：高峰时段更加突出；旅行速度的限制更加严格；列车运行线的安排要求有更大的弹性；注意充分利用有效时间带。

（1）高峰时段更加突出。

为旅客旅行提供快捷、舒适的旅行条件是高速铁路运输组织工作的出发点，高速铁路的列车运行图中，列车运行线的安排必须满足旅客出行规律的要求。我国铁路对于 200 km/h 提速线路而言，不仅运行一定数量的货物列车，还有多种类型和相当数量的旅客列车，有些级别较高的列车在合理的时间带内连续开行，形成了高峰时段。200 km/h 列车高峰时段要求更加突出，应优先满足 200 km/h 动车组运行线路的要求。

对于客运专线来说，高峰时段的旅客列车，尤其是短途旅客列车几乎是按最小追踪列车间隔密集到发。由于高峰时段大量列车密集到发，造成运力资源利用极不均衡，高峰时段全部投入运用。客运专线的列车运行图上列车运行线的安排必须满足旅客出行规律的要求，这样，早（6:30—9:30)、晚（17:00—20:00）将形成列车密集到发的高峰时间带。

（2）旅行速度的限制更加严格。

提速线路或客运专线的列车最高速度，综合反映了其技术水平，也为缩短旅客途中旅行时间提供了保障。但最高运行速度并不等于可直接获得最短的旅行时间，只有旅行速度与旅行时间才存在这种直接关系。因此，对于 200 km/h 的提速线路和客运专线来说，应尽可能提高使用动车组的旅客列车旅行速度，充分体现动车组的速度优势。

（3）运行线的高弹性。

为保证列车的高正点率，特别是提速线路 200 km/h 旅客列车和客运专线高速列车的正点率，列车运行图必须要有足够的应变能力，即具有高度的弹性；当列车运行紊乱时，要能尽快恢复正常，以保证能经常处于按图行车的状态。为此，列车运行线间要预留一定的冗余时间，以减少个别列车晚点的影响；或者预留一定数量的备用线，让晚点列车按就近的备用线运行。

（4）有效时间带和“三角区”的出现。

高速铁路一般把 00:00—06:00 作为“天窗”时间，即线路及牵引供电设备的养护维修时间。由于“天窗”多采用矩形，列车只能在 6 点及其以后出发，0 点及其以前到达，因此对不同运行距离的列车就形成了有效时间带，如图 2-20 所示。设列车运行在 *AB* 间，平均旅行时间为 4 h，则 6 点自 *A* 站发出的列车，10 点到 *B* 站，0 点到 *B* 站的列车必须在 20 点自 *A* 站发出。该列车只能在 06:00—20:00 间铺画列车运行线，而如图 2-20 所示的三角区域对该列车是无效的，只能铺画运行时间较短的列车，因此在铺画列车运行线时必须注重这一点。

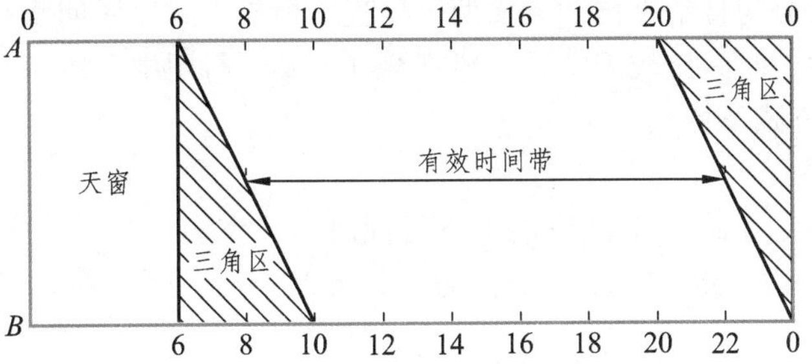

图 2-20　有效时间带示意图

2．列车运行图中的维修天窗

铁路天窗

1）天窗的定义

高速客运专线的综合维修主要是指对线路、供电和信号等固有设备进行日常维护和检修。通常将在列车运行图上预留的用于维修施工所需要的行车“空隙”称为天窗。它是解决列车运行与设备维修施工之间矛盾的技术措施。在高速度、高密度的行车条件下，综合维修天窗开设方式和维修时间的确定，对客运专线的通过能力和行车组织方式有很大的影响。

2）天窗的种类

（1）工务维修天窗。

工务维修的关键在于轨道维修。轨道维修的质量对于行车安全和旅客舒适度都非常重要。随着运行速度目标值越来越高，对轨道维修质量的要求也随之提高，难度也越来越高。因此工务维修天窗实际上是指对轨道维修和行车设备改造等预留的行车“空隙”。根据维修工作类型可分为以下几种。

① 行车设备改造施工天窗：主要用于修建第二线及行车闭塞类型和信号设备改造施工时。此类“天窗”对施工的影响很大，在施工方案中应加以注意。

② 线路大修天窗：又分为换轨大修和不换轨大修两类。由于线路大修作业内容较为复杂，占用线路时间较长，对线路经营有较大影响。另外，施工结束，即天窗时间结束后，为保证线路维修质量和行车安全，还要求部分列车限速运行。

③ 线路中修天窗：对路基进行彻底清筛，清除脏物、板结，恢复道床的弹性及保持良好的排水洼，高速铁路基本都采用整体道床，因此基本不需要预留中修天窗。

④ 线路日常维修天窗：用于线路维修、养护及重点病害的整治，施工时间较短，需要经常开设。

（2）电务维修天窗。

电务维修天窗主要是对信号设备的维护和检修，分为日常维修、中修和大修 3 类。虽然日常维修工作量较大，但相对来说较为简单，而且只有少部分的作业需要开设天窗，一般与其他线路维修作业同时进行，以减少对线路运营的影响。这类天窗只在日常运营中灵活安排。

（3）接触网维修天窗。

接触网的定期检修分为日常维修和大修两个修程。主要项目是对接触网和附加导线进行较详细的检查、锚段的更换，对接触网参数进行预测，结合日常巡视检测，发现缺陷后集中力量进行检修。检修分为日常维修和大修两个修程，检修方式以周期修和状态修为主。这种天窗开设距离比较大，时间比较固定，一般都会在方案运行图中预留。

3）天窗的开设方式及特点

（1）矩形天窗。

在列车运行图中一个或几个区段内上下行同时形成空白，将其作为维修时间，通常设置在 0:00—6:00 时段内。由于该维修天窗的形状类似矩形，因此称为矩形天窗，如图 2-21 所示。

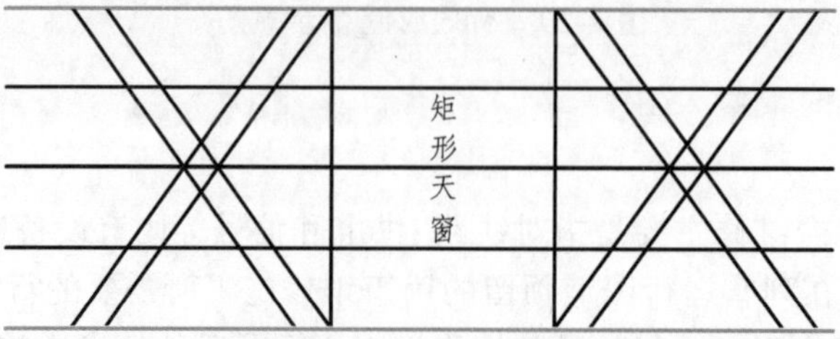

图 2-21　矩形天窗

矩形天窗的特点：

① 在夜间 0:00—6:00 上、下行两线同时开行矩形天窗，能够同时满足工务、接触网、信号综合维修施工的要求，可以连续提供 5 ~ 6 h。若利用天窗外空费时间，甚至可以提供更长的维修作业时间，能够极大地提高维修机组的作业效率。

② 两线重合开设矩形天窗，对于一些相邻渡线等需两线同时封锁维修的设备提供了良好的条件。在维修施工过程中，不会受到相邻线路行车的干扰。

③ 矩形天窗会影响区段始发、终到车站一定时间范围的发车时段，使其在影响时段内无法发车。

（2）V 形天窗。

在整个区段内，按上、下行分别形成运行图空白，一条线维修施工时，另一条线组织双向运行。该维修天窗的形状类似字母“V”，因此称为 V 形天窗，如图 2-22 所示。

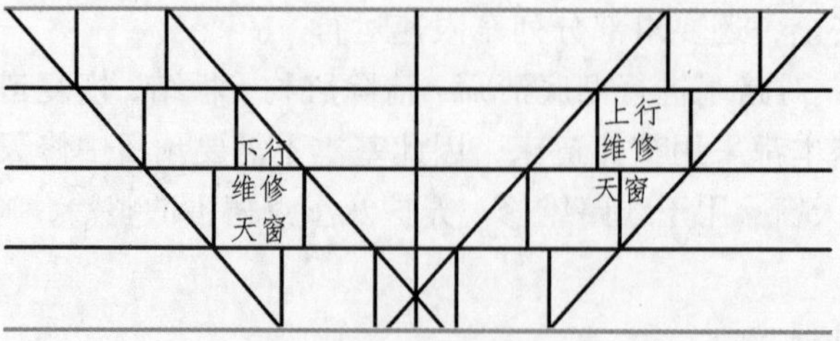

图 2-22　V 形天窗

V 形天窗的特点：

① 不论是在上行天窗还是在下行天窗内，都需要组织列车反向运行。因此需要具有组织双向列车运行的能力。

② 当车站间距较大时，应设置区间过渡线。

③ 牵引供电系统需安装分段开关，维修时应保证上、下行线路分别供电，且保持同相位。

④ 通信、信号设备保证双向行车的安全。

⑤ 一线维修时，另一线的行车速度一般限定不高于 160 km/h。

⑥ 应制定一套完善的确保作业安全的规章制度。

4）高速铁路综合维修天窗的设置方式

（1）大型养路机械综合施工天窗应不少于 180 min，维修天窗不少于 90 min。

（2）维修天窗在时间安排上应与施工天窗重叠套用，不得铺画列车运行线。

（3）天窗时间应尽量安排在无缝线路允许的作业轨温范围内。

（4）有条件时，昼间应安排检查天窗，检查天窗也可与维修天窗共用。

（5）一般采用矩形天窗，时间设置在 0:00—6:00。

3. 高速列车运行图图示风格

与传统普通列车运行图图示方式有所不同，高速列车运行图需要精确到秒，因此计算机铺画和打印出的高速列车运行图通常以分带秒的方式，表示在目前使用的二分格列车运行图上，且偶数分或偶数分带秒的标点符号画在二分格的格线上，奇数分或奇数分带秒的标点符号画在两格线的中间。

为了在高速列车运行图上能简明地表示出分和秒来，采用标点符号和数字相结合的记录方法。如下行列车时刻可表示成如图 2-23 所示。

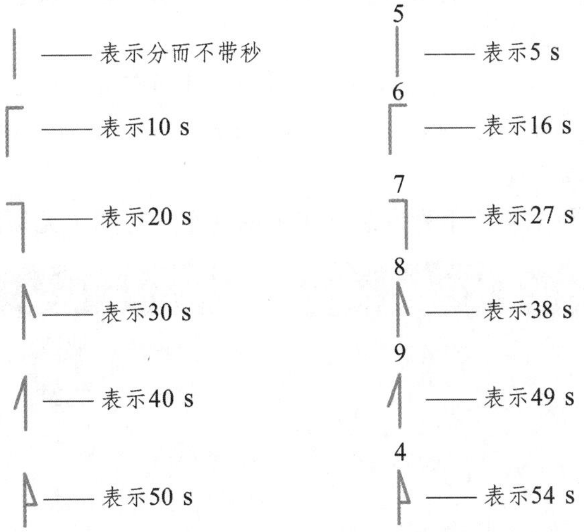

（上行可将以上标点符号倒过来表示）

图 2-23　带分秒的下行列车时刻表示法

也就是整数秒（即 0、10、20、30、40、50 s）用单一的标点符号表示，每个 10 数倍中间的 1 ~ 9 s 用该 10 数倍秒的标点符号上加该秒数表示，这样在图上即能准确看出所在站的精确时刻了。

4．高速客运专线列车运行图的基本要素

列车运行图基本要素在一定程度上影响着区间和车站通过能力的充分利用、运输设备的效率及列车的旅行速度。高速铁路列车运行图基本要素的确定应在保证列车运行安全的前提下，按先进的作业组织和操作方法进行确定。

（1）追踪列车间隔时间。高速列车的追踪列车间隔时间按 3 min 设计，近期按 4 min 使用；跨线中速列车按 4 min 设计和使用。

（2）列车区间运行时间。高、中速列车区间运行时间应采用牵引计算确定。

（3）列车起停车附加时间。起停车附加时间采用牵引计算结果，但高速及中速的起车附加时分均应不大于 2 min，停车附加时分均应不大于 1 min。

（4）列车在站停车时间。高速列车在枢纽客运站停车时间 2 ~ 5 min，在中间站停车时间 1 ~ 3 min；中速列车在枢纽客运站停车时间 4 ~ 6 min，在中间站停车时间 2 ~ 4 min。

（5）动车组折返时间。到站立即折返 20 ~ 25 min；入段作业 90 ~ 120 min。

（6）天窗时间内按单线行车时的车站间隔时间。不同时到达时间 $\tau_{不}$ = 3 min；会车间隔时间 $\tau_{会}$ =1 min；不同时通过连接双线和单线车站的时间 $\tau_{不通}$ =4 min。

任务检测

1. 分析两种车站中心线位置表示方法的优缺点，你认为哪一种表示方法更合理？

2. 请按描述画出各车站位置：

AB 区段下行方向列车运行时间共计为 170 min，其间有 *a*、*b*、*c*、*d* 4 个站，其中 *Aa*、*ab*、*bc*、*cd* 和 *dB* 区间的列车运行时间分别为 45 min、30 min、40 min、20 min 和 35 min，请画图确认各站点中心线位置。

3. 请选用合适的运行图画出下列两组动车组的列车运行图（无须画满 24 h）。

车站名称	车次	到点	开点	停时
南阳东	G1576	--:--	07:47	0分
方城	G1576	08:01	08:03	2分
平顶山西	G1576	08:21	08:23	2分
郏县	G1576	08:33	08:35	2分
郑州东	G1576	09:20	09:26	6分

车站名称	车次	到点	开点	停时
郑州东	G3203	--:--	07:00	0分
禹州	G3203	07:33	07:35	2分
郏县	G3203	07:48	07:50	2分
平顶山西	G3203	08:00	08:02	2分
方城	G3203	08:21	08:23	2分
南阳东	G3203	08:37	08:39	2分

4. 比较 V 形天窗和矩形天窗的特点，判断两种天窗各适用在哪种线路上，为什么？

任务三　编制动车组周转图并计算动车运用指标

任务描述

（1）认知动车组周转图的基本概念、表示方法及分类；
（2）能编制简单的动车组周转图；
（3）根据动车组周转图计算主要的动车运用指标。

背景知识

一、动车组交路

目前，中国铁路动车组运用的主要方式为固定方式（包括站间固定和套跑）。动车组的交路是指动车组担当运输任务的固定周转区段，即动车组从动车段或运用所所在站到折返段所在站之间往返运行的线路区段。动车组交路的确定是组织运用工作，确定运用所设施和配置、车型分配、运用指标的重要依据，图 2-24 为动车组交路示意图。

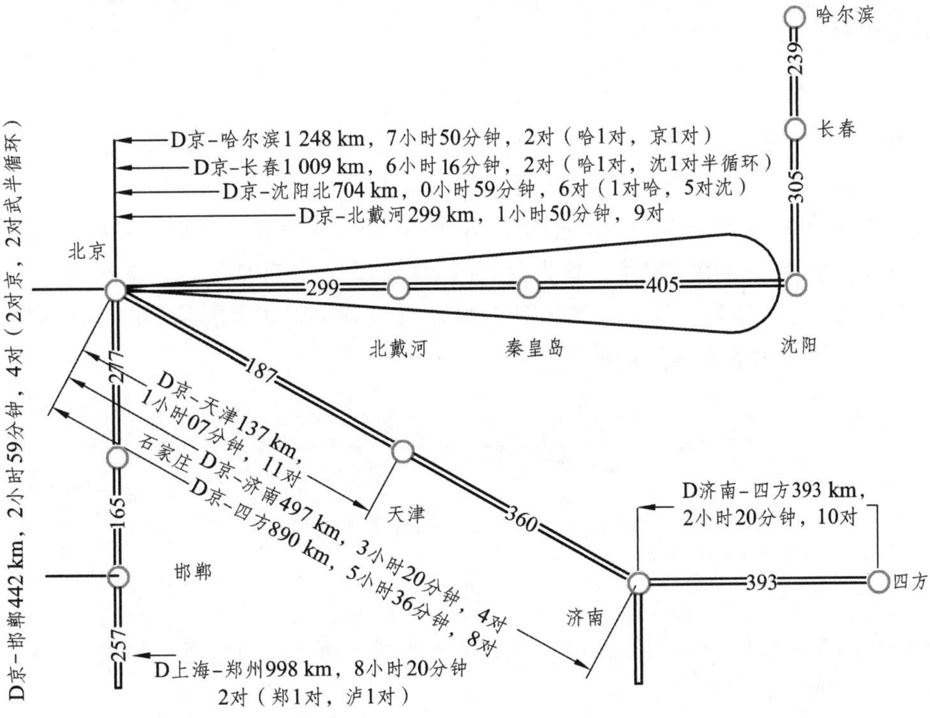

图 2-24　动车组交路示意图

从图中可以看出，交路以千米数表示长度，如北京到天津的交路长度为 187 km，到北戴河的交路长度为 299 km 等。一个运用所（动车段）担当动车组交路的数量，根据其在路网中的位置及运输任务可为一个或几个，如北京所，担当天津、北戴河等几个交路的运输任务。显而易见，担当的交路数多、交路长，对减少铁路建设投资和铁路运输费用，以及提高动车组的运用效率是非常有益的。确定交路是一个比较复杂的工作，必须同时考虑到现有线路情况、动车组的类型、行车组织的特点及客流情况、沿线的自然条件和生活条件等因素。

确定交路的基本原则：

（1）适应铁路发展的需要，本着节约投资的方针，有利于提高线路通过能力。

（2）考虑运输组织的分工，合理发挥动车组长距离运行的优势。

（3）统筹安排乘务员劳动和休息时间，合理利用动车组性能，提高运用效率。

（4）近期与远期相结合，适应铁路发展的远期规划。

动车组的交路按区段长度不同分为一般交路和长交路。对于长交路，在乘务组采用换乘的乘务制度条件下，交路按方向又可分为直线形交路（或称双向交路）和多边形交路（或称多向交路）。

二、动车组运转制度

动车组在交路上从事列车运输作业的方式称为运转制度。它是组织动车组运用、确定动车组整备设备布置、决定动车组全周转时间并影响铁路运输工作效率的重要因素。动车组运转制可分为肩回运转制、半循环运转制、循环运转制和环形运转制。

动车组
运转制度

1. 肩回运转制

动车组由本段（所）出发，从本段（所）所在站执行列车运输任务到折返段（所）所在站，进入折返段（所）进行整备及检查作业，然后担当另一次运输任务回本段所在站，进入本段进行整备及检查作业。按照动车组的运行方向，可分为单肩回和双肩回两种方式。图 2-25 中，动车组担当两个方向相反交路，称为双肩回运转制。在这种情况下，动车组在一个区段内往返一次，就要进入本段（所）一次；图 2-24 中北京到沈阳实行的是单肩回运转制。这种运转制下，动车组使用效率是最低的。

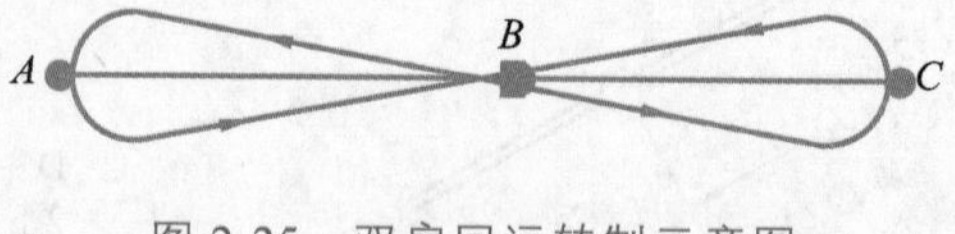

图 2-25　双肩回运转制示意图

2. 半循环运转制

动车组在两个牵引区段上周转循环一次后进入本段（所）进行整备、检查一次的，称为半循环运转制，如图 2-26 所示。

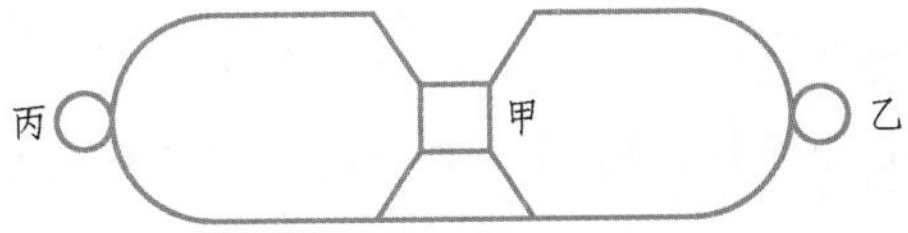

图 2-26　半循环运转制示意图

3. 循环运转制

动车组从本段（所）所在站出发，在一个牵引区段（如甲—乙间）上往返担当列车运输任务后回到本段（所）所在站（甲站），仍继续担当其他车次，运行到另一牵引区段（如甲—丙间）的折返段所在站（丙站），再从丙站以某一车次返回乙站。这样，动车组在两个牵引区段上循环运行，平时不进本段（所），直到需要进行检修时才入本段（所），这种方式称为全循环运转制，如图 2-27（a）所示。

图 2-27（b）是乘务员在折返段（所）进行调休的循环运转制。

图 2-27　循环运转制示意图

循环运转制的优点是：动车组运用效率较高，能够加速动车组的周转，并减轻车站咽喉的负担。缺点是：占用到发线时间较长，站内可能需要设整备设备，对动车组质量要求较高。

4. 环形运转制

动车组出段（所）后，在一个或几个方向担当若干次往返作业后，直到进入修程或需要整备作业时，机车才入本段（所）进行作业的，称为环形运转制，如图 2-28 所示。这种方式适合于距离短而运量大的交路（如广深线）。

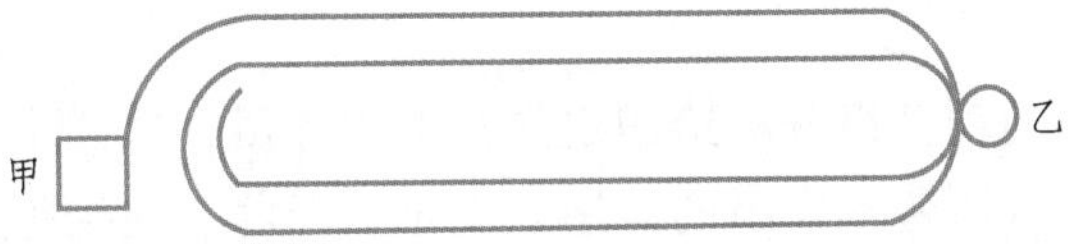

图 2-28　环形运转制示意图

三、动车组乘务制度

动车组的乘务组由司机、随车机械师、客运服务人员、车长组成。动车组司机担当列车驾驶工作；随车机械师担当动车组设备维护及故障处理工作；客运服务人员负责车内客运服务；车长指客运车长，负责列车员的工作安排，及时处理乘务工作中突发的各种情况，以及车容卫生工作的管理检查，确保创造良好的乘车环境。目前我国动车组实行单司机乘务制度，即由一个司机担当列车驾驶任务，在折返段（所）或本段（所）进行换班作业。

1. 随车机械师的定员和配属

动车组随车机械师的定员和配备，由局集团公司负责。按劳动定员标准核定定员时，应考虑下列因素：

（1）动车组列车需设置动车组随车机械师乘务组，按担当交路确定乘务班制，每 8 辆编组每班配备 1 名动车组随车机械师。

（2）按车型、运行线路设置乘务队，每个乘务队应不超过 20 名动车组随车机械师，配备 1 名乘务指导。

（3）考虑在职培训、后备培养等因素，合理设置动车组随车机械师预备率，一般不低于 7%。

2. 乘务员的劳动和休息时间标准

为了保证行车安全，要求乘务员在工作时要精力充沛，注意力集中。为此，必须保证乘务员的充分休息。原铁道部制定的《运规》中，规定了乘务员的劳动和休息时间标准。

（1）乘务员劳动时间。

一次连续工作时间标准（包括出、退勤工作时间，以下同），不得超过 8 h。乘务员的便乘时间，不计入连续工作时间内（随货运列车或无卧铺客运列车便乘时除外）。

（2）乘务员休息时间。

乘务员在本段休息时间不应少于 16 h，外段调休时间不得少于 5 h（其时间的计算为到达公寓签到休息至叫班时止，以下同）；在外段驻班休息时间不得少于 10 h；轮乘制外段换班继乘休息时间不得少于 6 h。

严格防止乘务员超劳。在编制列车运行图时，不准出现超劳。各级调度要根据列车实际运行情况，准确掌握叫班时间。密切注意列车运行情况，遇特殊情况超劳时，要尽快采取措施。

实行轮乘制的乘务员每月应有 1 ~ 2 次 48 ~ 72 h 的大休班时间。

3. 乘务制度

乘务制度是乘务员使用动车组的制度，分为包乘制、轮乘制和轮包结合制。

（1）包乘制。

实行包乘制时，将一列动车组分配给固定的几个乘务员，这几个乘务员是包乘组，每组设司机长一人。包乘组负责所包动车组的运用、安全、保养、交接等工作，以保证质量良好地完成运输生产任务。

（2）轮乘制。

将动车组全体乘务员和动车组统一组织，集中使用，按照歇人不歇车的循环轮乘管理体制，由乘务员轮流使用全部动车组。由于动车组和乘务员之间没有固定关系，动车组担当运输任务的工作时间不受乘务员的牵制，所以能更为合理和高效地使用人力和动车组。

（3）轮包结合制。

轮包结合乘务制度是轮乘制的另一种形式，它综合了包乘制和轮乘制的优点，更有利于发挥长交路的优势。

目前，我国均采用轮乘制，轮乘制与包乘制相比有突出的优越性，具体表现如下：

① 便于合理掌握机车乘务员的作息时间，提高乘务员的劳动生产率。

② 加快了动车组的周转，减少了运用台数，提高了动车组的运用效率，也间接地提高了线路通过能力。

4．乘务方式

乘务员如何换班出乘、担当动车组作业的方法称为乘务员的出乘方式，又称乘务方式。对于动车组，根据交路长度和乘务员的连续工作时间标准，乘务方式目前一般有以下 3 种。

（1）立即折返制。

乘务员由本段（所）出乘担当驾驶作业，到达折返段不需要换班，而接运最早的列车返回本段（所）后再退勤休息。这种乘务方式称为立即折返制，如图 2-29 所示。这种乘务方式适用于行车密度大的短交路，其优点是乘务员休息的时间较长，有利于参加段内的组织活动和业务学习，便于对乘务员的组织管理工作，动车组运用效率也比较高。

（2）驻班制。

采用驻班制乘务方式时，在折返段（所）预先派驻若干乘务员，当本段乘务员执乘动车组到达折返段休息时，由折返段（所）驻班乘务员接续执乘。如此轮流执乘，轮流在折返段休息。驻班制示意图如图 2-30 所示。

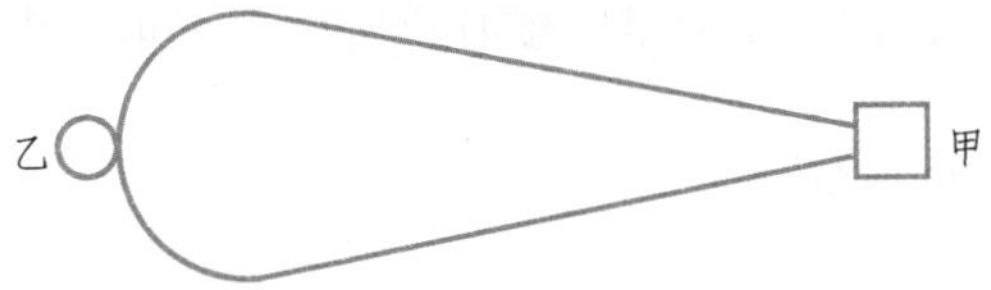

图 2-29　立即折返制示意图

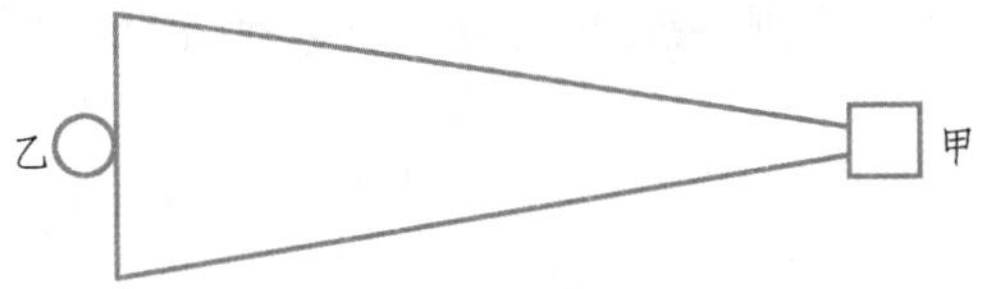

图 2-30　驻班制示意图

（3）随乘制。

随乘制是指没有固定的乘务组，挂有乘务员宿营车，可以根据实际情况随时进行乘务组的值乘安排。这种乘务方式适用于临时性运转制（专运、专列车、动车组回送车）或特殊区段（青藏线）。

上述动车组交路类型、动车组运转制度和乘务员的乘务方式，三者是互相配合、密切相关的，往往需要统筹兼顾。

四、动车组的周转图

1. 动车组的全周转时间

动车组从本段（所）出发，完成运输任务后回到本段（所），称为动车组的一次全周转，每周转一次所消耗的全部时间（非运用时间除外），称为全周转时间。全周转时间是考核动车组运用效率的一个重要指标。动车组一次全周转过程如图 2-31 所示。

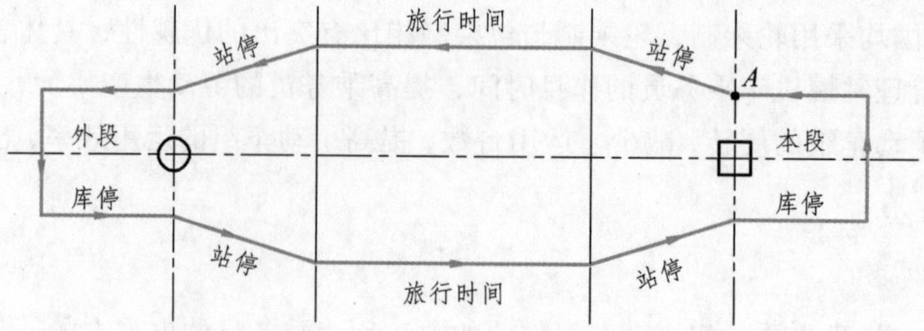

图 2-31　动车组全周转示意图

全周转时间包括以下几个部分：

（1）纯运转时间 ——动车组在区间内运行所占用闭塞分区的时间，包括区间内各种原因的停留时间。

（2）中间站停留时间 ——动车组在列车运行区段内中间站（线路所、信号所）的停留时间和调车时间。

（3）旅行时间 ——自动车组由始发站出发时起至到达终到站时止的全部时间。

（4）本段和折返段停留时间 ——自动车组入段时起至出段时止的时间（非运行时间除外）。

（5）本段和折返段所在站停留时间 ——动车组自出段时起至车站出发时止，以及完成运输到达本段、折返段所在站时起至入段时止的全部时间，其中包括转线、调车时间。

动车组的周转时间分为全周转时间和运用周转时间两种。运用周转时间是指动车组从出本段经过闸楼时起，担当一个交路的往返作业后，回到本段通过闸楼时止所用的时间。其计算方法为

运用周转时间=全周转时间 - 本段停留时间

2. 动车组周转图

动车组周转图是根据给定的列车运行图、所确定的动车组交路、动车组修程修制、检修基地的条件、乘务制度、乘务员换班方式和动车组在本外段（所）、站的技术作业标准编制的动车组工作计划。对动车组在什么时分、哪个车站、担当哪个车次、在何时何地进行哪个级别的维修等做出具体的安排。

动车组周转图是管理部门组织运输生产的基础，是动车组运用和维修计划的重要组成部分，不仅编制列车接续，动车组的日常维修计划和定期维修计划也同时编制，但一般不考虑大修计划。

动车组周转图与列车运行图是相互依存的，应该同时编制完成。正确地编制动车组周转图，对实施列车运行图、保证行车安全、提高运输生产效率和动车组运用效率、完成铁路运输计划具有重要意义。

3. 动车组周转图的表示方法

动车组周转图是以横坐标表示时间（使用小时格或十分格）、纵坐标表示距离、斜线表示列车运行线及列车接续连接线组成的图解。动车组周转图的整个横轴代表一天的时间，分成 24 h 等分格，每格代表 1 h，横轴的起终时刻一般以 18 点标注并顺序标注时刻。整个纵轴代表交路区段，距离的比例视使用的交路图图纸的大小而定，对本段、折返点和乘务员换乘所在站以不同横线标注，中间站以细横线标注。动车组周转图的左侧应注明乘务方式、区段公

里、动车组最短折返时间标准等，右侧标明站名。动车组周转图运行线与列车运行图运行线的表示方法相同，但只填写动车组折返（含乘务区段）区段站的始发和终到时刻，其分钟数标在相应小时的格内，以数字表示，列车车次和动车组型号标注在运行线的斜线上。如图 2-32 所示为一个动车组周转图示例。

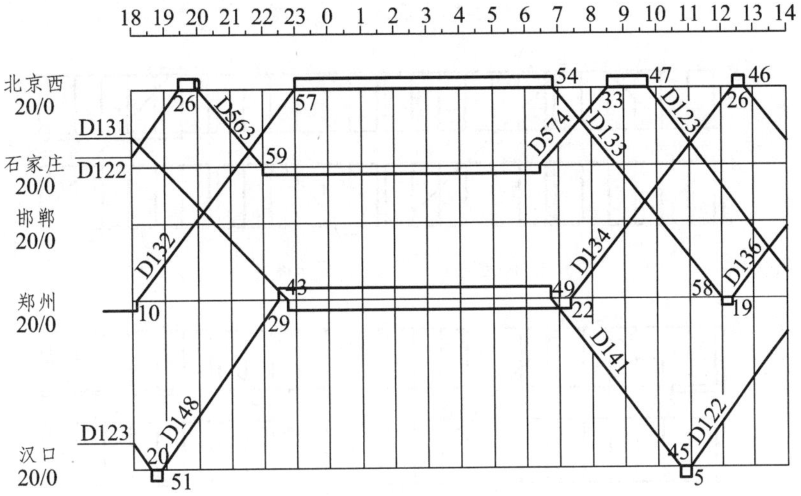

图 2-32　动车组周转图示例

列车开行密度较大的区段，为解决列车到、开时分标注困难的问题，可采用如图 2-33 所示的标注方法。

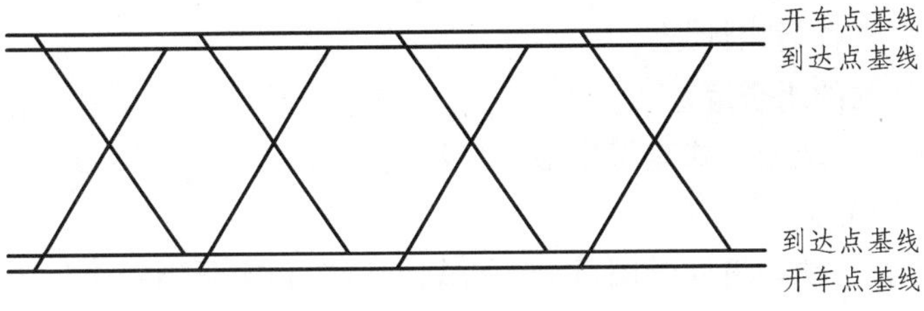

图 2-33　到开时分标注示意图

4. 动车组周转图的分类

（1）按适应运输的性质分类。

按适应运输的性质分类，动车组周转图分为：基本周转图，分号周转图（综合分号和独立分号）、旬间记名式周转图、日计划周转图。

基本周转图是对应基本列车运行图的，它适应一定时期的最大行车量，是一切周转图的基础。

分号周转图（包括综合分号和独立分号）是对应同名分号列车运行图的，它基本适应月计划行车量。旬、月计划周转图是按旬、月计划的行车量对分号周转图略加调整产生的。

（2）按运转制分类。

按运转制的不同，动车组周转图分为肩回制周转图、循环式周转图和半循环式周转图，如图 2-34 ~ 图 2-36 所示。

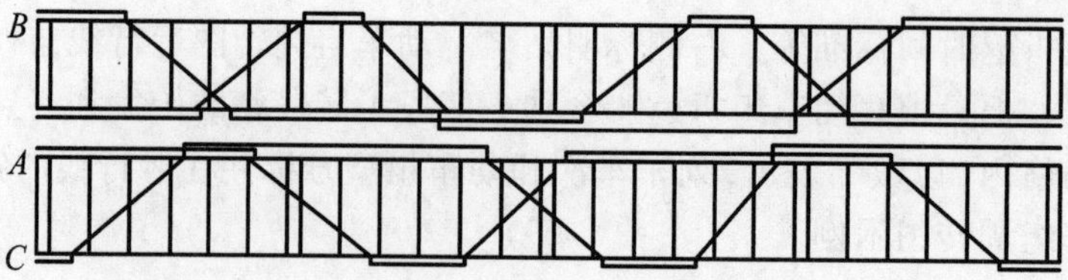

图 2-34　肩回式周转图

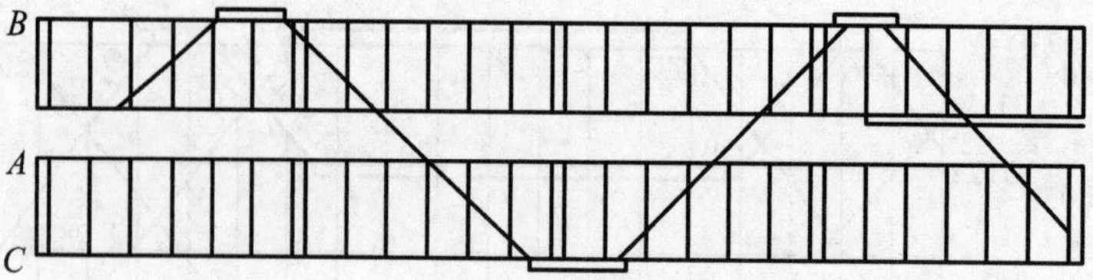

图 2-35　循环式周转图

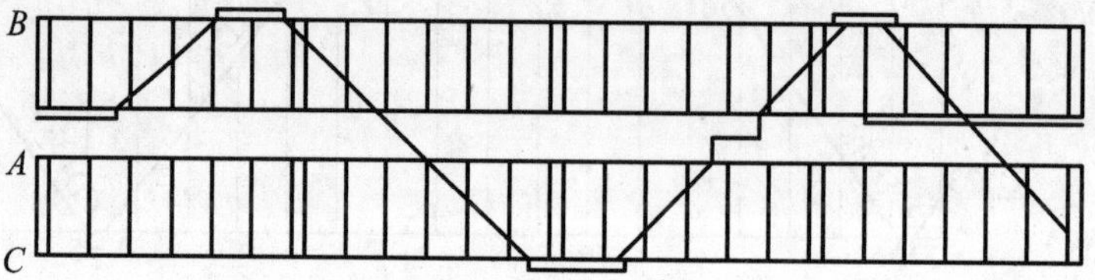

图 2-36　半循环式周转图

（3）按照检修基地、动车组型号分类。

① 单基地、多基地运用计划。

② 单车种、多车种运用计划。

③ 各种运用计划的组合。

其中，单车种单基地的形式是采用最为广泛的形式。

（4）按使用性质分类。

按使用性质分类，动车组周转图可分为计划周转图和实际周转图。上述各种周转图均属于计划周转图。实际周转图是指按动车组实际运行情况和列车运行线表示方法及列车运行整理符号绘制的周转图。其绘制内容除满足计划图标注要求外，还应绘制：

① 动车组检修扣车符号。

② 列车正点、晚点符号及晚点时分、原因。

③ 备用、检修后投入运用的符号。

④ 动车组出、入段时分。

⑤ 运行实际情况的简单记述等。

5. 动车组周转图的编制

为了提高周转图的编制质量，必须充分做好编制前的各项准备工作，在查定周转图的各项标准时，应贯彻改革、挖潜、提效、扩能的方针，在牵引电算、牵引试验和充分调查研究的基础上，保证各项技术标准和动车组使用方案先进、合理、可行。

（1）动车组周转图的编制资料。

技术人员在编制基本周转图前要认真检查和准备编制周转图所必需的各种资料和标准。一般来说，编制周转图时应准备下列资源和原始数据：

① 列车运行图或行车时刻表。

② 动车组运转制。

③ 乘务组的出乘方式。

④ 动车组在本段和折返段技术作业的时间标准。

⑤ 动车组走行公里、使用台数、全周转时间标准和检查停留时间标准。

⑥ 动车组日车公里、旅行速度、技术速度、使用系数等技术指标。

⑦ 乘务员需要人数及补充计划等。

⑧ 电气化区段检修“天窗”时间标准。

（2）动车组周转图的编制过程。

根据列车运行图、周转图的编制规则和中国铁路总公司安排，动车组周转图的编图工作一般分为 4 个阶段进行：

第一阶段，查定、整理上述各种资料。

第二阶段，运输编图人员根据机务提供的编图资料和标准，草画列车运行方案。

第三阶段，列车运行图完成雏形后，机务、车辆编图人员草画动车组周转图，针对运行图中的问题与运输编图人员研究协商，合理调整运行线，保证机务编图确定的各项技术标准，初步确定使用动车组列和乘务班数。

第四阶段，完成动车组周转图的编制，计算各项技术指标，填写动车组周转图技术指标汇总比较表。

（3）动车组周转图的编制原则。

动车组周转图与列车运行图同时编制，编图人员要共同研究列车编组计划、列车对数和各项查定资料，制订列车运行图与动车组周转图的初步方案，然后进行具体编制。

机务编图人员与列车运行图编图人员应密切配合，及时发现和解决问题，做好以下工作：

① 认真细致地审定旅客列车方案，经济合理地使用动车组。

② 按照列车编组计划、列车对数和各项查定资料，同时安排好列车工作方案和动车组周转方案，尽量压缩非生产时间，提高速度系数。

③ 正确查定核心及各分号列车车次，编制好分号周转图。

④ 旬间记名式周转图编制出后，还应同时编制出旬间乘务员工作详细表。

（4）列车运行图与周转图的协调。

在旅行速度、本外段（所）技术作业时间和本外段所在站作业时间标准确定的前提下，应设法使动车组在本外段的待发时间减小至最低限度，以提高动车组的运用效率。然而，动车组周转图是按列车运行线编制的，因此只有在编制列车运行图的工作过程中充分考虑动车组周转的因素，才能实现经济合理地使用动车组的目的。为此，机务编图人员要在运行图编制前向运行图编图人员提供各区段动车组的运用和乘务员作业标准，编制完草图后，从图中检查乘务员一次作业是否超劳，并及时和运行图编图人员研究调整。

五、计算动车组周转图的主要运用指标

1. 动车组周转时间

（1）一套动车组的周转时间（$\theta_{车底}$）：

$$\theta_{车底} = T_{基} + T_{折} + 2T_{旅} \tag{2-1}$$

式中 $T_{基}$、$T_{折}$ ——分别指车底在基本段、折返段的作业时间标准，h；

$T_{旅}$ ——列车途中单程旅行时间，h。

（2）动车组日总周转时间（$T_{总}$）：

$$T_{总} = T_2 + (T_1 + T_3) \times (1 + \alpha) \tag{2-2}$$

式中 T_1 ——全天所开行的动车组总运行时间（含中间停站时间，h），既可以通过动车组牵引计算得出，也可以根据具体的列车开行及停站方案，划定动车组平均旅行速度，由日总走行里程数计算得出；

T_2 ——在动车组有效运行时间段 18 h 内所发生的日检作业和一级修作业时间之和，h；

T_3 ——动车组终到、始发在站停留时间，h；

α ——列车运行图备用系数，一般取值 0.1。

2. 车组需要量的影响因素

（1）与车底运用的作业时间标准及途中旅行时间有关。

（2）与客流决定的行车量的大小成正比。

（3）与列车铺画方案、运行线的位置有关。

（4）与车底长、短途套用程度有关，当长、短途列车拉通运行时，可节省车底需要数。

3. 车组需要量的计算

车组需要量 $N_{车底}$ 可以用图解法和分析计算法两种方法确定，在运行方案不详的情况下，可用分析计算法进行计算。

（1）列车所需的车底量，按下式计算：

$$N_{车底} = \theta_{车底} \times K_{h} \tag{2-3}$$

式中 $\theta_{车底}$ ——按（2-1）计算；

K_{h} ——平均每小时发出的列车数。

（2）对于不同类型列车所需的车底量，按下式计算：

$$N_{车底i} = \theta_{车底i} \times n_i \tag{2-4}$$

式中 $\theta_{车底\,i}$ ——i 类车底周转时间，h；

n_i ——单位时间内发出 i 类列车数，列。

（3）动车组配属套数的确定。

配属动车底按下式确定：

$$N_{\text{配属}} = N_{\text{运用}}+N_{\text{检修}}+N_{\text{备用}} \tag{2-5}$$

其中运用动车底、检修动车底、备用动车底分别按下式确定：

$$N_{\text{运用}}=T_{\text{总}}/18 \tag{2-6}$$

$$N_{\text{检修}}=N_{\text{二级修}}+N_{\text{三级修}}+N_{\text{大修}} \tag{2-7}$$

$$N_{\text{备用}}=0.06N_{\text{运用}} \tag{2-8}$$

通过适当调整列车始发或终到时刻，或者压缩列车在基本段或折返段的停留时间，或者组织长、中、短列车间的套跑运行等，都可能减少车组需要数。

六、动车组运用的数量与质量指标分析

动车组本身比较昂贵，完成同样的列车运行图，所使用的动车组数量越少越好；虽然一些回送列车的设置是不可避免的，但回送列车不能运送旅客，不能直接带来收入而且需要消耗人力、电力等资源，因而回送列车开行的次数越少越好；定期检修和日常检修需要人力、时间、费用等，在满足法律规定要求的情况下，一般进行的次数越少越好；对于多组别问题，各组间平均走行公里越平衡越好。因此，一般采用下面几个指标评价运用方案：① 使用的动车组数量少；② 定期检修次数和日常检修次数尽量减少；③ 回送列车的次数尽量少和回送里程尽可能缩短；④ 各组之间平均走行公里的偏差越小越好。

任务检测

1. 对比 4 种动车组运转制度，分析各自的优缺点。
2. 思考铁路部门为保证乘务员的休息都采取了哪些措施？
3. 对比 3 种动车组乘务方式，分析各自的优缺点。
4. 如何提高动车组的运用效率？请你为提高动车组运用效率出谋划策。

任务四 动车段对动车组检修计划的管理

任务描述

（1）认知局集团公司及站段对动车检修计划编制的原则；
（2）掌握运用计划、高级修计划及送修计划的编制流程；
（3）能编制简单的日生产计划。

背景知识

高速动车组检修系统是保障高速动车组安全、高效运营的重要因素。建立高速动车组检修系统对于提高检修作业效率，保证动车组运行安全以及为旅客提供舒适的乘车环境十分重要。在高速动车组检修系统中，最关键的技术之一就是以严谨的科学态度，合理制订动车组检修计划。

一、动车组检修计划的分类

动车组计划分为运用计划、高级检修生产计划、配属动车组高级检修送修计划。

运用计划分为运输类计划及检修类计划。运输类计划主要指日班计划、临时车底变更计划、动车组回送计划、动车组试运计划以及阶段性编组调整计划等。检修类计划主要指一级检修（含整备）计划、二级检修计划及其他专项修计划。

高级检修生产计划包括高级检修阶段检修计划、高级检修日检修计划。

配属动车组高级检修送修计划主要包括高级检修年度轮廓计划、高级检修月度建议计划。

二、动车组运用计划的管理

动车组日检修计划按日班计划进行管理，每日编制。

1. 日班计划编制的内容

（1）动车组车底运用方案：包括运用动车组车型、车组号、定员和担当交路。

（2）热备动车组：包括车型、车组号、定员和停放位置。

（3）其他重点事项。

2. 日班计划编制、审核、上报、签收、执行及存档程序

（1）动车运用车间调度根据列车运行图、次日动车组列车开行方案、有关文电、调度命令和动车组检修运用实际情况编制日班计划。

（2）动车运用车间调度每日 10:00 前将日班计划形成《客调命令申请单》，电子版发安全生产指挥中心值班调度，同时于 10:00 前将《客调命令申请单》相关内容通过铁路运输调度管理系统（TDMS）进行提交。

（3）安全生产指挥中心值班调度对各动车运用车间提报的日班计划调度命令申请进行审核，确认无误后，于 12:00 前通过铁路运输调度管理系统（TDMS）将命令申请提交到集团公司动车调度。

（4）安全生产指挥中心值班调度通过铁路运输调度管理系统（TDMS）对上级下发的《客调命令》进行签收、打印。

（5）安全生产指挥中心值班调度确认下发的《客调命令》无误后，将签收的《客调命令》以传真的形式（记名式）传达至相关动车运用车间、乘务车间执行。

（6）安全生产指挥中心及各动车运用车间、乘务车间值班调度将收到的《客调命令》扫描、归类、存档，并组织具体执行。《客调命令》保存期 1 年。

3. 日班计划编制的要求

日班计划上报的责任主体为安全生产指挥中心，执行主体为运用车间。安全生产指挥中心有权更改运用车间提报的用车计划并督促运用车间执行，对运用车间错误提报计划或拒不执行计划有通报、考核权。

4. 临时车底变更

在动车组日班生产中，经常会遇到由于发现临时故障扣修导致的临时车底变更，发生临时车底变更的程序如下：

（1）动车组因检修需要或其他原因确定不能担当交路时，运用车间调度将具体情况向安全生产指挥中心值班调度汇报。

（2）动车运用车间调度通过铁路运输调度管理系统（TDMS）申请临时变更调度命令，并提交安全生产指挥中心审核。安全生产指挥中心值班调度将变更情况向集团公司调度所汇报后，通过铁路运输调度管理系统（TDMS）将车间提报的申请上报集团公司动调。

（3）安全生产指挥中心值班调度接收调度命令并向相关车间调度传达并执行。

（4）车底变更计划应符合动车运用车间动车组实际，运用车间不可无恰当理由随意提报车底变更申请。

（5）临时车底变更时，优先使用同型号（车型、定员、顺位一致）动车组，要求替换车组各级检修周期不超期，动车组无影响运行的故障，具体替换线路运行条件（含速度等级、车底本身状态及 ATP 允许条件等）。

（6）临时车底变更时优先采用替换交路的方式，使用当日同车型后续出库的动车组；时间充足时可使用备用车组或调节次日一、二级检修车组进行检修作业后替换。

5. 动车组回送计划管理

动车组由于新造、高级检修或者借用时不能载客运行，不纳入日常运行图管理，需要制作动车组的回送计划，动车组回送计划包括局管内回送、自管内向管外回送计划和配属动车组自管外回送管内计划 3 大部分。

（1）动车组管内回送计划申请包括配属（含代管、借用）动车组运用期间发生的管内回送、配属动车组送段高级检修（修竣）等。

（2）段安全生产指挥中心与集团公司调度所协调、对接回送相关车组信息、车次、时间、径路等基本信息后通知配属车间提报回送申请。

（3）动车组配属车间通过铁路运输调度管理系统（TDMS）提报回送申请，安全生产指挥中心值班调度进行审核，并通过系统将车间提报的申请上报集团公司动调。

（4）动车组自管内向管外回送计划包括动车组运用期间发生的回送、配属动车组送高级检修等。段承修外属动车组竣工验收完成后，安全生产指挥中心需及时向配属单位进行沟通，协调配属单位在规定日期内派人接车，并办理出段手续。

（5）动车组配属车间（外属在我段高级检修动车组由检修车间负责）将回送需求及车组基本信息向安全生产指挥中心汇报。

（6）安全生产指挥中心根据有关部门发布的动车组回送通知（通知公告、电报等）要求及车组信息，填报《动车组回送命令申请表》，将回送计划申请提报至集团公司动车调度。

（7）配属动车组自管外回送管内计划申请时，运用状态动车组由安全生产指挥中心向集团公司动车调度及车组所在地动车段（所）提报回送需求，具体计划提报由动车组所在地动车段（所）提报。

（8）高级检修修竣的动车组由接车人员向施修单位提报回送需求及申请，具体回送计划由施修单位提报。

三、动车组高级检修计划管理

动车组进行到期高级检修时，修时较长，且一般要送厂回送，对动车运用的影响较大，因此需提前做好高级检修送修计划。动车段根据当年动车组日均走行情况，每年 9 月技术科根据本段高级检修阶段的检修实际情况，向集团公司车辆部上报次年三、四、五级修最大检修能力测算。

高级检修阶段检修计划是指入我段施修的高级检修动车组入修至修竣期间的检修计划，关于动车组高级检修阶段检修计划管理如下：

（1）每列动车组入段高级检修（包括三、四、五级检修）前，安全生产指挥中心组织技术科、高级检修相关车间、维保中心编制该动车组实施检修的阶段检修计划。阶段检修计划须在动车组入段当日前编制完成，经检修副段长批准后下发各相关科室、车间。

（2）高级检修阶段检修计划应包含以下内容：

① 动车组检修关键工序的起止日期和占台计划。

② 转向架检修计划及起止时间。

③ 其他需要注明的要求等。

（3）技术科应在每列动车组相关作业开始前两天发布动车组周转件使用及相关检修配台方案。

（4）动车组高级检修日检修计划管理应包括如下内容：

① 高级检修生产车间依据安全生产指挥中心下发的高级检修动车组的阶段检修计划，结合检修实际，制订《高级检修日检修计划》并发送至相关车间、科室以及维保中心等相关单位。《高级检修日检修计划》应明确各工位检修节拍、检修量和交检交验计划，并于日交班会布置给各班组及一体化单位执行。其中四、五级检修日检修计划暂由安全生产指挥中心下发。

② 日检修计划应明确车组号、车号、工位、数量、时间、作业部门等具体信息。

③ 安全生产指挥中心应对车间次日检修计划进行审核，确保符合阶段检修计划安排。

④ 高级检修生产车间调度确定当日检修计划不能完成时：需由高级检修生产车间应及时向安全生产指挥中心书面汇报原因、具体进度，并提报调整计划。安全生产指挥中心核准后可调整当日检修计划，调整计划下发至相关车间、科室，如未核准仍按当日计划执行，针对高级检修生产车间当日检修计划不能完成的情况，安全生产指挥中心应组织车间进行分析，查找原因、制定措施，当高级检修生产车间当日检修计划未完成，短期内调整也不能满足段阶段检修计划时，安全生产指挥中心要根据实际检修进度调整阶段检修计划并下发相关车间执行。

四、生产计划的总结、分析

（1）每日完工后，动车运用车间调度要将当日检修完成情况纳入日报表并上报安全生产指挥中心，在报表中全面反映当日完成生产计划完成进度，以及生产过程中发现的问题。

（2）对未完成的生产计划，动车运用车间应具体说明设备故障、配件供应、故障处理等原因。

（3）动车运用车间每日对一、二级检修计划实施兑现情况及每日完成数量进行汇总，详细说明变更情况、未兑现情况、增加任务情况及原因等。每周形成周分析（上周日至本周六），于周日 16:00 前报安全生产指挥中心；每月形成月分析，每月 5 日前，将上月一、二级检修计划实施兑现情况、完成情况分析报安全生产指挥中心。

（4）每日完工后，高级检修生产车间调度要将当日检修完成情况以《调度日报表》的形式上报安全生产指挥中心，需全面反映当日完成检修进度、设备故障、配件供应、发现故障等情况。

（5）当日检修计划未完成时，高级检修生产车间要组织分析，查找原因、制定措施并以书面形式报安全生产指挥中心。

（6）每组动车组高级检修修竣后，高级检修生产车间要对检修中存在的各类问题进行总结，分析影响检修进度的原因，在高级检修修竣后 3 日内将分析总结以书面形式报安全生产指挥中心。

（7）针对高级检修阶段检修计划完成情况，安全生产指挥中心每月组织高级检修生产车间召开动车组检修分析会，对高级检修中影响修时的原因进行分析、制定下步整改措施，行车分析报告，并对责任人或部门进行分析定责。

任务检测

1. 简述动车组计划的分类。
2. 动车组日班计划编制的内容有哪些？
3. 简述动车组临时车底变更的程序。

拓展阅读二

讨论：讲讲你知道的高铁故事。

项目三 动车组运行组织管理

项目描述：

通过本项目学习，使学生了解动车组各专业主要岗位职责，熟悉动车组专业接口管理规定；熟悉动车组安全管理规定以及发生火灾爆炸事故应急处置预案；掌握动车组行车组织规则，熟悉动车组接发及运行方面的要求，熟知各种应急预案的规定；了解动车组停放防冻管理办法。

项目任务：

（1）动车组专业管理规定；

（2）动车组运行安全管理规定；

（3）动车组行车组织；

（4）动车组停放防冻管理办法。

任务一 动车组专业管理规定

任务描述

（1）了解动车组各专业主要岗位职责；

（2）熟悉动车组专业接口管理规定。

背景知识

动车组是现代化的铁路运输装备，动车组检修人员应树立超强的岗位责任意识，严格遵守规章制度，严守铁的纪律，时刻把铁路运输安全放在第一位。这就需要先进的管理理念，科学的管理办法，为落实专业管理和安全管理的各项要求，动车组各专业管理区域都有相应的划分规定。

一、动车组编号基本知识

1. 动车组的型号和列车编号构成

动车组型号分技术序列代码命名方式和速度目标值命名方式两种。

（1）技术序列代码命名方式如图 3-1 所示。

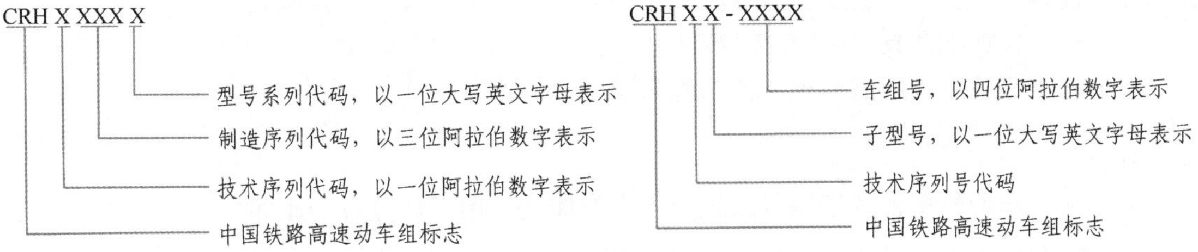

图 3-1　动车组的型号和列车编号构成（一）

各型动车组型号和车号的技术序列代码分配如下：

1——青岛四方庞巴迪铁路运输设备有限公司动车组

2——青岛四方机车车辆股份有限公司动车组

3——唐山轨道客车股份有限公司动车组

5——长客轨道客车股份有限公司动车组

6——青岛四方机车车辆/南京浦镇车辆有限公司动车组

子型号以一位大写英文字母表示，由 A 开始顺序如下：

A——运营速度 200~250 km/h、8 辆编组、座车

B——运营速度 200~250 km/h、16 辆编组、座车

C——运营速度 300~350 km/h、8 辆编组、座车

D——运营速度 300~350 km/h、16 辆编组、座车

E——运营速度 200~250 km/h、16 辆编组、卧车

（2）速度目标值命名方式如图 3-2 所示。

主要针对 CRH380 系列动车组，动车组型号及车号示意如下：

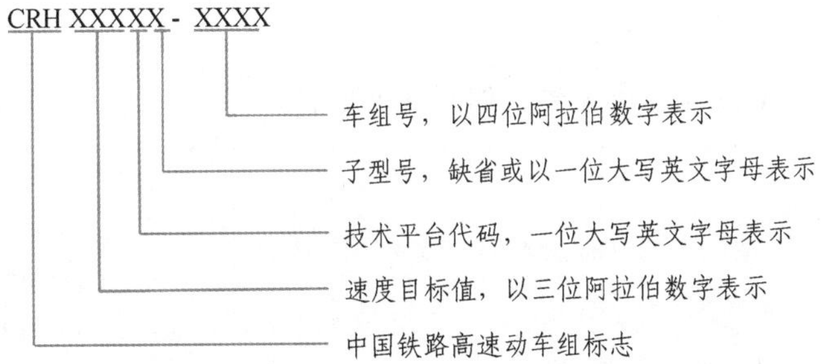

图 3-2　动车组的型号和列车编号构成（二）

动车组设计的最高运行速度目标值由三位阿拉伯数字表示，如 380 代表设计最高运行速度目标值为 380 km/h。

技术平台代码含义如下：

A——青岛四方机车车辆股份有限公司、8 辆编组、座车

B——唐山轨道客车有限公司/长春轨道客车股份有限公司、8 辆编组、座车

C——长春轨道客车股份有限公司、8 辆编组、座车

D——青岛四方庞巴迪铁路运输设备有限公司、8 辆编组、座车

子型号以一位大写英文字母表示，由 G 开始顺序排列，缺省时为基本型。子型号代码与技术序列代码命名方式下的子型号保持完全一致。新增 L、M 两项含义如下：

L ——基本型号的 16 辆编组动车组

M ——更高速度等级试验列车改为综合检测动车组

2. 动车组各车厢编号构成（见图 3-3）

动车组中车辆的车种及车辆号标识于各个车厢上，用于区分各个车厢。

车辆车种及车辆号定义如下：

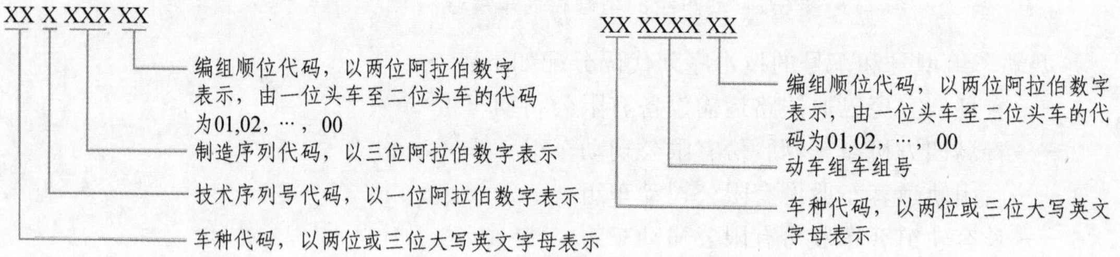

图 3-3　动车组各车厢编号构成

动车组编组中的车辆车种代码是车种名称的汉语拼音缩写，车种代码、车种名称及英文如表 3-1 所示：

表 3-1　动车组车种代码、车种名称

车种名称	车种代码	车种名称	车种代码	车种名称	车种代码	车种名称	车种代码
一等座车	ZY	软卧车	RW	餐车（含酒吧车）	CA	餐车卧车合造车	CW
二等座车	ZE	硬卧车	YW	二等座车/餐车	ZEC	一等/商务座车	ZYS

3. 动车组编号示例

示例 1：动车组的型号和列车编号，如图 3-4 所示。

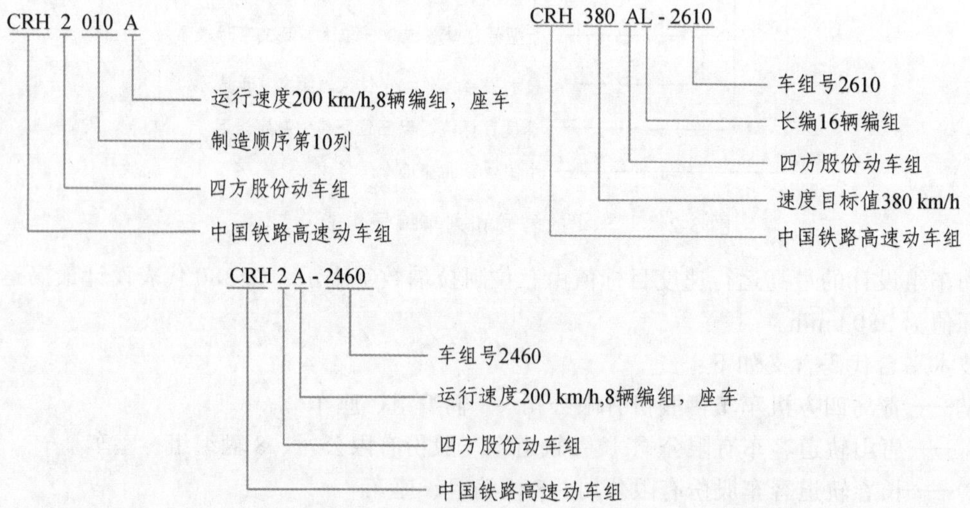

图 3-4　动车组的型号和列车编号示例

示例 2：动车组各车厢编号，如图 3-5 所示。

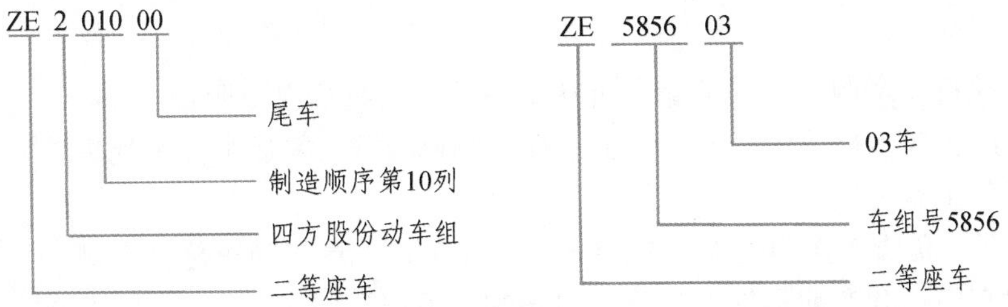

图 3-5 动车组各车厢编号示例

为适应不同的运输需求，中国中车股份有限公司在消化吸收国外技术的基础上，自主研发了 16 辆长编组卧铺车型 CRH2E、CRH1E；适应高速铁路 350 km/h 运行的 CRH380A、CRH380AL、CRH380B、CRH380BL 及各型复兴号动车组。

二、动车组各专业人员配备与隶属

（1）动车组本务司机、地勤司机隶属机务段管理。

（2）随车机械师、存放点车辆调度人员、地勤机械师隶属动车段管理。

（3）客运乘务人员（列车长、列车员）隶属客运段管理。

（4）动车组人员配备与隶属关系如图 3-6 所示。

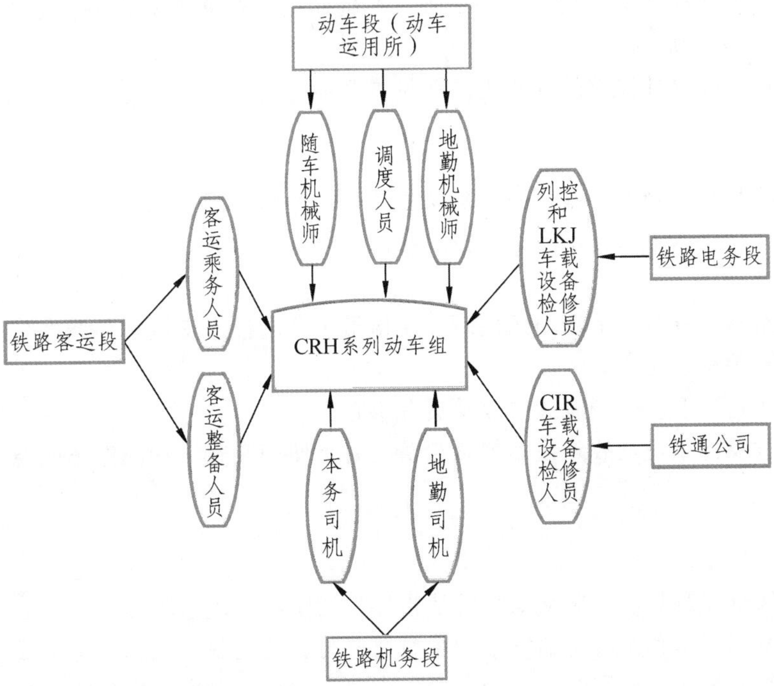

图 3-6 动车组人员配备与隶属关系

三、主要岗位职责

1. 本务司机

（1）认真执行规章制度，服从命令听从指挥，切实履行规定职责。

（2）动车组在区间被迫停车时，负责指挥随车机械师、客运乘务组处理有关事故救援等事宜。

动车组上的人员配备

（3）出所后，负责动车组的车门集控开关。在车站负责将列车停稳在规定位置，开启车门；开车前根据客运乘务组通知，关闭车门。

（4）动车组运行中出现故障时，按车载信息监控装置的提示，按步骤及时处理；需要由随车机械师配合处理时，通知随车机械师。

（5）负责在运用所内（或存放点）在动车组操纵端司机室与地勤司机办理动车组驾驶、列控车载设备、LKJ、CIR 设备及制动系统技术状态、主控钥匙、司机室门钥匙及列控车载设备柜钥匙交接。

2. 地勤司机

（1）认真执行规章制度，服从命令听从指挥，切实履行规定职责。

（2）动车组出入运用所（存放点）时，负责与本务司机办理动车组驾驶、列控车载设备、LKJ、CIR 设备及制动系统技术状态、主控钥匙、司机室门钥匙及列控车载设备柜钥匙交接。

（3）动车组出所时，负责确认行车安全设备技术状态，与相关行车安全设备检修单位办理行车安全设备合格证交接；负责与动车所质检员办理驾驶设备技术状态交接。

（4）负责动车组调车作业。

（5）负责检修库以外停放的动车组防溜设置及撤除。

3. 随车机械师

（1）认真执行规章制度，服从命令听从指挥，切实履行规定职责。

（2）负责在运行途中监控动车组的技术状态，发现故障及时将有关信息通知司机，并采取措施，妥善处理。

（3）动车组出入所时，负责与运用所（质检员）办理技术交接；与调度员或地勤机械师办理车门集控开关钥匙交接。

（4）在司机指挥下，处理有关事故救援等事宜。

（5）发生危及行车安全故障或其他紧急情况时，使用紧急制动阀停车或通知司机采取停车措施。

4. 客运乘务员

（1）认真执行规章制度，服从命令听从指挥，切实履行规定职责。

（2）发生危及行车和旅客生命安全的紧急情况时，使用紧急制动阀停车或通知司机采取措施；需要组织旅客撤离列车时，通知司机，由司机向列车调度员报告或通知就近车站值班员；在司机指挥下，处理有关事故救援等事宜。

5. 动车组存放点车辆调度人员

（1）负责按照作业计划组织、协调各专业作业，传达命令和作业前后的登记。

（2）负责随车机械师出退乘报到及动车组主控钥匙、司机室门钥匙、车门集控开关钥匙及列控车载设备柜钥匙等管理。

（3）负责组织协调处理动车组相关事宜并及时报告。

6. 动车组存放点地勤机械师

（1）负责动车组设备使用及管理。

（2）负责配合存放点的调车、客运整备、保洁、吸污作业，检查吸污作业质量。

（3）负责动车组防冻。

（4）负责与存放点的动车组随车机械师办理交接。

四、动车组专业接口管理

（1）动车组运用管理。

车辆（动车）段运用所按规定的修程、修制，完成动车组的运用检修，确保动车组出所时技术状态达到标准要求。机务段在动车运用所设派班室和待乘室，安排本务司机按计划出乘。

（2）动车组车载设备管理。

电务段负责列控车载设备和 LKJ 设备，铁通公司负责 CIR 设备，车辆段负责车载广播设备的检修。在运用所内设上述设备的检修点，负责相关出入所检测、检查及维护工作。

（3）车内设备使用和管理。

动车组配电盘、车内空调、照明及旅客信息系统设备由随车机械师操作。自动广播装置的广播内容由客运段负责按规定要求录制，车辆段负责输入自动广播装置。客运乘务员发现设备故障时，通知随车机械师及时处理。运行中发生设备损坏时，随车机械师与列车长共同确认，并填写上部设施破损记录，双方签字。

（4）动车组的整备和保洁管理。

动车组的客运整备和车内保洁由客运部门负责，动车组外皮清洗和吸污作业由车辆部门负责。

（5）动车组看管，由局集团公司指定部门负责。

（6）动车组作业管理。

车载行车安全设备（列控车载设备、CIR 设备、LKJ 设备）的检修、客运整备及保洁作业，须统一纳入动车组运用检修计划，由运用所统一管理。作业前，地勤司机、地勤机械师、客运整备人员、吸污作业人员、看管人员等有关作业人员，应向运用所调度人员报到，接受命令；各专业作业结束后，应到调度人员处进行登记，填写检修竣工单。

（7）动车组调车管理。

动车组出入所（存放点）的操纵由各局集团公司根据具体情况自定；动车组转线及所内（或存放点）调车等作业，根据动车所的安排，地勤司机负责操纵。各局集团公司根据具体情况制订详细的调车作业办法。

（8）动车组存放点管理。

① 局集团公司设置的动车组存放点须具备动车组存放条件，并报部核准。

各局在动车组存放点应设调度人员、地勤机械师及地勤司机，并建立作业登记制度、钥匙交接管理制度、出退乘签到制度。根据原铁道部《关于铁路第六次大面积提速调图有关动车组劳动组织职工培训和工资分配问题的意见》铁劳卫〔2007〕67号文件，动车组存放点所需调度人员、地勤机械师由局集团公司内部调整解决。

② 存放点的作业管理。

对不进行检修作业的外属停放动车组，由停放地局集团公司指定有关单位负责动车组的吸污、防冻、客运整备、保洁等作业及看管，安排乘务人员待乘休息及接送条件；对不进行检修作业的本属动车组管理比照外属动车组执行。

（9）动车组的交接管理。

① 动车组入运用所或存放点，本务司机与地勤司机办理驾驶设备和行车安全设备的状态交接及主控钥匙、司机室门钥匙及列控车载设备柜钥匙交接，并提交动车组运行状态交接单。

地勤司机与调度人员办理主控钥匙、司机室门钥匙及列控车载设备柜钥匙交接，并与行车安全设备检修单位人员办理列控车载设备及LKJ、CIR运行技术状态交接。动车组入动车所，随车机械师与调度人员办理动车组技术状态交接及车门集控开关钥匙交接，填写交接记录。动车组入存放点，随车机械师与地勤机械师办理动车组技术状态交接及车门集控开关钥匙交接，填写交接记录；随车机械师持交接记录到调度人员处签到；地勤机械师与调度人员办理车门集控开关钥匙交接。

② 动车组出运用所前，由动车所质检员组织地勤司机、客运人员、随车机械师及列控车载设备、LKJ、CIR检修单位进行出库联检，填写出库联检记录单。

客运人员负责车厢内服务设施完好状况的检查确认，与质检员办理交接；随车机械师负责动车组技术状态的检查确认，与质检员办理交接；行车安全设备检修单位负责对列控车载设备、LKJ、CIR设备进行出库检查确认后，填写行车安全设备合格证，地勤司机确认行车安全设备技术状态，与检修单位办理合格证交接；本务司机与地勤司机办理行车安全设备合格证和驾驶设备技术状态的交接。

③ 动车组出存放点前，地勤机械师、随车机械师、地勤司机到调度人员处签到。

地勤司机向调度人员领取主控钥匙、司机室门钥匙及列控车载设备柜钥匙，负责确认行车安全设备技术状态；地勤司机撤除防溜，本务司机签认防溜撤除记录；双方在操纵端驾驶室办理主控钥匙、司机室门钥匙及列控车载设备柜钥匙交接，本务司机负责驾驶设备技术状态的确认，填写交接记录。地勤机械师向调度人员领取车门集控开关钥匙，与随车机械师办理动车组技术状态及钥匙交接，填写交接记录。地勤司机、地勤机械师将交接记录交调度人员。

④ 动车组继乘，由本务司机、随车机械师按规定交接。

⑤ 列控车载设备柜钥匙交接管理。列控车载设备及LKJ出入所检测时，由设备检测单位与运用所办理钥匙交接。

（10）动车组本务司机要认真填写《动车组运行技术状态交接单》。

根据动车组专业管理规定，动车组的安全运行需要铁路系统各个部门之间协同作业，所设计的各部门之间的接口管理关系可总结为图 3-7 所示。

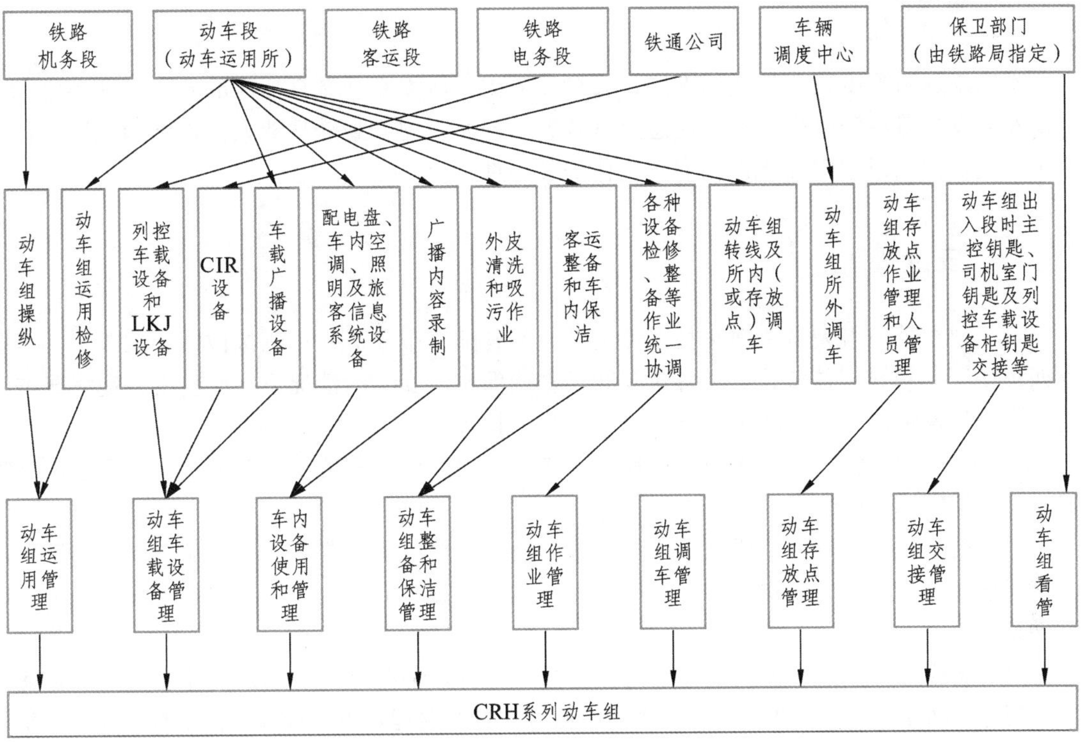

图 3-7　动车组运用维修各部门接口管理关系图

任务检测

1. 请写出下列编号中所有元素所代表的含义：

CRH380AL-2610、CRH380B-5861、ZEC259409、CR400AF-2004。

2. 地勤司机和本务司机的区别是什么？其各自的工作职责是什么？

3. 你认为动车组的管理中还存在哪些不足之处？

任务二　动车组运行安全管理规定

任务描述

（1）熟悉动车组安全管理办法；

（2）认知动车组的配属使用及管理分类。

背景知识

动车组运行速度快，作业标准高，安全压力大，所以必须制订相应的安全管理办法，以及动车组发生各种安全事故时的应急处置预案。同时，树立高铁从业人员正确的人生观，价值观，使他们从思想深处认识到安全工作的重要性。

一、安全规则

（1）列车乘务组人员（列车员、保洁员、配餐师、服务员、车辆机械师、乘警）应当接受列车长统一领导，各负其责、各司其职，在确保旅客安全的情况下，质量良好地完成本岗位工作。特殊情况下，按规定也要服从司机统一指挥。

（2）客运乘务组人员上岗前必须通过局集团公司培训，段劳动安全考试合格后，由局集团公司统一颁发上岗证后，方能上岗。

（3）列车长、列车员主要承担服务旅客、查验车票、处理票务、危险品卡控、突发事件应急处理等工作。发生影响旅客安全问题时，客运乘务组应当立即采取有效措施，保护旅客生命和财产安全。

（4）旅客乘降按照“前门下，后门上”分工，特殊情况可通报车站具体变更组织方案。

到达中间站前，列车通过列车广播组织旅客在各车厢运行方向前端车门等候下车。车站开车前提前 5 min 停止检票，始发站提前 20 min 检票放客，列车长提前 20 min（折返站 10 min）按规定通知司机、司机通知机械师开门。到站为低站台时，到站前由列车长组织提前打开车门翻板，并提示附近旅客安全注意事项，开车后及时放平、扣锁翻板；到站为高站台时，车门翻板免开。发车前，由列车长确认旅客乘降完毕后，通知司机关闭车门（始发站为开车前 2 min），用语为“动车××次司机，旅客乘降完毕，请关闭车门”，司机听到后回答“动车××次司机明白”。如自动开关门装置故障时，由司机通知随车机械师和列车长，列车长负责组织手动开关车门，随车机械师负责处理相关故障。动车组到站停稳后，司机负责开启车门。按钮不在司机操作台的，由司机通知机械师开关车门。动车组重联运行时，两列车长同时确认旅客乘降完毕，二组列车长和一组列车长呼应乘降完毕，用语为“××次后部旅客乘降完毕”，由运行前方列车长第一组的列车长负责确认旅客乘降情况并通知司机，呼叫用语同发车呼叫用语。

（5）列车乘务人员应当配备无线对讲机，及时通报各种信息，但不得用对讲机从事与工作无关事情。

动车组列车配备两支长度 1.5 m、杆把为绝缘材料的钩具，定位放置，及时协助旅客捡拾掉入站台下的行李物品。

（6）动车组列车乘务室只能用于放置班组资料和办公用品，不得储物或改作他用。

（7）全列车除指定车厢吸烟处外，其他车厢一律禁止吸烟。列车乘务员要加强宣传，对吸烟的旅客做好解释引导工作。

（8）列车销售的食品、饮品必须为全国名优产品，并实行统一采购、统一进价、统一销售价格，严把食品、饮品进货渠道，防止旅客食物中毒。

（9）列车乘务人员在列车运行中应当注意对列车安全设备的管理，制止旅客搬动、触碰安全设备等不安全行为。严禁任何人在列车运行中打开气密窗。除工作需要列车长或列车长指定的工作人员准许进入司机室外，其他人员一律不得进入司机室。

（10）电气化线路上，接触网的各导线相连部件，通常均带有高压电，禁止直接或间接（通过任何物件如：棒条、导线、水流）与上述设备接触。

为保证人身安全，除专业人员按规定作业外，任何人员所携带的物品（包括长杆、导线等）与接触网设备的带电部分必须保持 2 m 以上距离。动车组需要外皮洗刷作业时，必须在接触网断电区域进行。严禁保洁人员用水冲洗车顶受电弓、高压电缆头连接器，上述部位的清洁应采用湿抹布擦抹方式。同时登高作业要采取安全防护措施。内部保洁严禁用水冲洗地板、墙板和车辆连接处。

（11）全列车门的开启和关闭由司机操控。

列车乘务人员在车门关闭后，不得随意开启车门；遇特殊情况必须开启车门时，须先由列车长确认列车未启动，得到司机同意后方可开启车门；再次关闭后，由列车长逐辆确认车门状态，通知司机已关闭车门，由司机确认车门状态后方可动车。列车运行中如车门发生故障，危及人身安全时，现场发现人员应立即采取临时安全防护措施，并通知机械师处理。列车停车时车门发生故障，列车乘务人员可采取手动开关车门。

（12）列车运行中发生影响列车正常运行时，列车长应向司机询问原因，并应按照晚点处置有关规定向旅客说明情况，做好安全宣传，稳定旅客情绪。防止旅客擅自开启车门。

（13）因接触网临时停电或列车故障造成列车途中停车或中断行车时，列车长应组织列车乘务人员启动动车组发生行车中断应急处置预案，各岗位乘务员要坚守工作岗位，加强车内巡视，照顾好重点旅客，并向旅客做好宣传解释，不得擅自开启车门，防止发生　意外。

（14）列车运行中遇有旅客因伤、病必须临时停车抢救时，列车长应通过司机向所在局列车调度员报告情况请求临时停车。

列车长应组织列车乘务人员启动动车组旅客人身伤害或急病事件应急处置预案，及时编制客运记录并做好交接准备。列车长应及时将现场情况报告段调度室及所在车队负责人。列车乘务人员不得下车参与处理。

（15）列车运行中发生火灾爆炸时，列车长应组织列车乘务人员启动动车组发生火灾爆炸事故应急处置预案。列车乘务人员应当立即按动报警按钮和紧急停车按钮，将旅客疏散到安全车厢，有防火隔断门的，应当关闭防火隔断门，及时将情况通报司机及列车长，并及时将现场情况向段调度室报告。

（16）列车运行及途中作业安全：

① 客车运行中工作人员严禁向车下扔、扫垃圾；列车运行中严禁旅客向车下扔东西或杂物；餐车防护栏必须入槽加锁牢固；列车方向牌必须入槽加锁牢固；餐桌、茶桌、空酒水饮料瓶必须及时清理；果皮盘及其他垃圾必须及时清理。

② 运行在提速区段的列车方向牌必须具有锁闭装置，悬挂方向牌前要进行安全状态检查，锁闭装置失灵的严禁悬挂，挂牢方向牌后，必须确认处于锁闭状态。

③ 对列车垃圾处理的管理。客车运行中若工作人员往车下扔、扫垃圾（未造成严重后果的），责任人转岗培训 6 个月，直接责任班组长撤职并转岗培训 6 个月，领导责任班组长转岗培训 3 个月，直接责任干部记过，领导责任干部警告。

二、动车组应急处置及组织机构职责

1. 组织机构及职责

应急处置领导组工作职责是：

（1）根据铁路沿线线桥设备、地质地形、气象水文等条件，确定可能发生的灾害类型，加强危险源的监控，对可能引发事故的重要信息进行汇总并制定相应应急处置的方针、政策、制度、办法。

（2）加强与地方水利、气象、地震、国土资源等相关部门的联系，建立应急联络机制，做好防灾工作。

（3）指挥、指导、监督应急处置指挥组启动应急预案，全面掌握应急预案的实施。

（4）听取应急处置指挥组汇报，对应急处置指挥组的工作提出指导意见。

（5）需要应急处置领导组解决、协调的其他重大事宜。

应急处置指挥组工作职责是：

（1）旅客列车发生火灾、爆炸、灾害、事故危及旅客和职工生命财产安全时，组织启动实施旅客列车安全应急处置预案。

（2）负责制定旅客列车安全应急处置预案，并组织实施。

（3）指挥现场启动安全应急预案，对安全预案在执行中出现的问题，提出指导意见。

（4）需要安全突发事件应急处置指挥组解决、协调的其他问题。

乘务组织突发事件应急处置指挥组工作职责是：

（1）旅客列车发生食物中毒事件及旅客人身伤害或急病、死亡等突发事件时，组织启动旅客列车乘务组织应急处置预案。

（2）负责制定旅客列车乘务组织应急处置预案并组织实施。

（3）针对预案执行中出现的问题，提出指导性意见。

（4）需要乘务组织突发事件应急指挥组解决、协调的其他问题。

现场应急处置组工作职责是：

（1）现场应急处置组组长负责所有应急预案的启动、报告、组织、指挥、实施。

（2）各副组长在列车长的统一指挥下，按照应急处置预案中的职责分工，带领应急处置小组组织实施预案。

（3）应急处置组成员按照预案具体分组的职责，实施预案。

2. 应急处置原则

快速反应、正确处置；先行扑救、统一指挥；站车协同、以站保车；依靠科学、减少损失。

3. 应急处置要求

成立现场处置组；现场反应迅速、信息传递准确、善后处理妥当；分工明确、步调一致、统一指挥；强化培训，提高救治技能。

4. 参考依据

（1）《中华人民共和国铁路法》。

（2）《铁路运输安全保护条例》。

（3）《铁路旅客运输规程》。
（4）《铁路旅客运输办理细则》。
（5）《铁路旅客列车晚点处置办法》。
（6）《中华人民共和国食品卫生法》。
（7）《突发公共卫生事件应急条例》。
（8）《铁路突发公共卫生事件应急处理办法》。
（9）《铁路突发公共卫生事件应急处理预案》。
（10）《铁路车站、旅客列车卫生监督管理办法》。
（11）《铁路食物中毒调查处理技术规程（试行）》。

三、动车组应急处置预案

1．动车组发生电器初始火灾的应急处置预案

（1）动车组发生电器设备冒烟起火时，最先发现、到达现场的乘务人员应立即关闭电源，使用灭火器灭火。同时应当立即按动报警按钮和紧急停车按钮，并立即使用无线对讲机通知列车长及全体乘务员。列车长应立即组织全体乘务人员参加扑救。

（2）接到通知后的全体乘务人员在列车长、乘警的统一指挥下，各负其责，各司其职，全力以赴进行扑救灭火，动车司机坚守岗位，协同处理。

（3）根据火情启动动车组发生火灾爆炸事故的应急处置预案。全体乘务员到达现场后，在列车长、乘警的统一指挥下集中列车所有的灭火器材，根据火灾现场实际情况，采取有效的灭火方案和扑救措施展开扑救，控制火势，扑灭火源。

（4）车辆机械师根据火情要求司机彻底关闭电源。动车司机应立即停止向车内通风。

2．动车组发生初起明火的应急处置预案

（1）动车组设施或旅客携带品发生初始明火时，最先发现、到达现场的乘务员应立即使用灭火器灭火或可以用来灭火的物品迅速扑救，并立即通知全体乘务员参加扑救。

（2）接到通知后的乘务人员在列车长的统一指挥下，各负其责，各司其职，全力以赴进行扑救灭火。

（3）根据火情启动动车组发生火灾爆炸事故的应急处置预案，同时列车长应立即使用无线对讲机通知全体乘务员。全体乘务员立即到达现场，在列车长、乘警的统一指挥下集中列车所有的灭火器材，根据火灾现场实际情况，采取有效的灭火方案和扑救措施展开扑救，控制火势，扑灭火源。

（4）动车司机立即停止向车内通风，做好停车准备。如果火情不能迅速有效控制，立即启动动车组发生火灾爆炸事故的应急处置预案。

3. 动车组发生火灾爆炸事故的应急处置预案

火灾应急处理措施预案

（1）运行途中的处置：

① 动车组发生火灾爆炸事故时，最先发现、到达现场的乘务人员应立即按动报警按钮和紧急停车按钮，并迅速将情况通报司机及列车长，同时使用灭火器灭火或

可以灭火的物品迅速扑救。列车长接到通知后应立即使用无线对讲机通告全体乘务员参加扑救，动车司机坚守岗位，立即停止向车内通风，协同处理。

② 在列车长、乘警的统一指挥下，应本着先人员后财产的原则，有序组织人员、灭火器材和可以灭火的其他物品，按预案分工，根据火灾现场实际情况，采取有效的灭火方案和扑救措施迅速展开扑救，控制火势，扑灭火灾。

③ 如衣物、棉絮、地板上的杂物等发生燃烧时，应首先选择用水或就地取材的方式扑救，不得打开车窗通风，如需使用灭火器时应果断使用，以免延误扑救时机；如电源支线处冒烟时，首先将电源关闭或断开保险，使用灭火器向冒烟或烧坏处喷射。

④ 未关闭电源前组织扑救时，应事先确认燃烧物体与接触网带电设备的距离，车厢上部着火处距接触网不足 4 m 时，不得用水灭火，灭火人员所站位置要距离接触网 2 m 以外，用水和一般灭火器灭火必须断电。

⑤ 根据需要动车司机通知就近车站向电力调度员要求切断接触网电源。

⑥ 在扑救火灾的同时，乘务员应迅速有序指挥旅客向车下及相邻安全的车厢疏散，解救被围困的旅客。对已经疏散的旅客，严禁其返回事故车厢。

⑦ 根据旅客伤害程度及是否危及生命情况，有计划地实施抢救，对仍处在危险中的旅客要首先抢救使其脱离危险。组织动员旅客中有医护经验的人员参加抢救伤员。对伤员要根据具体情况采取止血、简易固定、包扎等初期现场救护措施，为医院救治创造条件。

⑧ 要加强宣传，维持好车内秩序，防止旅客跳车和混乱等意外情况发生。火灾处理完毕后，指派专人监护，防止复燃。

⑨ 列车长和机车司机要在最短时间内向事故发生地局集团公司客运、行车调度员报告情况，根据火势情况，提出请求车站、当地消防部门或当地政府、驻军救援的要求。报告内容要简明扼要，主要包括车次、时间、区间、事故概括，火势情况要报告清楚。

（2）停车后的处置：

① 列车停车后动车司机立即打开侧门或由机械师、乘务人员启动侧门紧急开门装置打开侧门，向地面安全地带疏散旅客。车内产生浓烟危及人员生命安全的情况下，应立即使用安全锤击碎侧窗玻璃，必要时可利用侧窗作为紧急出口，向地面疏散旅客。

② 列车在区间停车时，动车司机应立即使用列车无线调度电话通知两端站、追踪列车和列车调度员，并根据需要做好列车防护工作。在区间向地面疏散旅客时，动车司机还应通知过往列车。

③ 须分解列车时，司机、车辆机械师要密切配合，如使用重联车组时，与重联的动车司机、机械师及时沟通、密切配合，按照先摘后、后摘前的方法将着火车组分解分离，即：先将着火车辆与后部车列分离，并将着火车辆尽量转移到线路平坦处，再将前部车列与着火车辆分离，切断火源，防止火势蔓延。

④ 列车分解时，对尾部车厢腰门要加锁，防止意外情况发生。列车分离后，动车司机应迅速做好列车（包括列车分解后区间遗留的车辆）防护工作。

⑤ 乘警长要采取措施，维护现场秩序，防止发生混乱，视情况设置警戒区，禁止实施救援以外的人员进入现场，不得擅自移动现场任何物品，对事故现场痕迹、物证有关证据材料要采取有效措施妥善保护。列车乘务人员在扑救火灾的同时，要配合乘警工作，注意保护好火灾现场，采取多种形式做好宣传工作，稳定旅客情绪，共同维护秩序以免发生混乱。在有

条件的情况下，应尽可能地对旅客车票及住址进行登记，以备查证。

⑥ 救援部门到达后，列车长要详细介绍火灾爆炸原因、火势、人员伤亡、疏散情况，协助救援部门灭火。

（3）善后处置：

① 列车长要认真了解伤员人数及伤害程度，登记旅客姓名、性别、年龄、单位、地址、车票、身份证号码、其他证件及随身携带物品，并作详细记录，为车站处置善后事宜提供依据、做好准备。

② 乘警要及时进行调查取证，证据材料要客观、翔实，为现场勘察、认定火灾原因创造有利条件。列车乘务人员要积极帮助公安人员了解情况，提供线索。同时，要积极协助公安机关调查事故情况。

③ 列车长要将掌握的伤亡人员情况和旅客财产损失情况及相关记录，及时移交车站，以便车站尽快处理善后事宜。

4. 车站发生火灾、爆炸事故时的应急处置预案

（1）车站工作人员发现或接到旅客反映站内有爆炸、明火、冒烟或消防设施报警时，应立即报火警并向车站值班干部报告。车站值班干部通知有关人员立即到现场确认和处置，同时赶赴现场。

（2）在确认火灾、爆炸后，车站值班干部负责现场指挥救援，并将事故情况首先上报局集团公司客运调度，之后将事故情况逐级上报。

（3）车站工作人员应迅速切断火灾、爆炸区域的电源，防止火势蔓延。根据火灾、爆炸区域范围，及时打开全部进出站检票机闸门（由集团公司客服综控台控制车站闸机应及时通知局客服综控台打开闸机）和安全应急通道门，组织旅客安全有序撤离，疏散到站外安全区域，同时做好受伤人员的紧急救护和重点旅客的服务工作。应急处置过程中要保持车站各通道畅通。

（4）车站工作人员应配合公安部门保护好事故现场，并积极协助调查取证。

（5）车站发生火灾、爆炸，燃烧物、爆炸碎片溅落至线路上时，发现人员应在第一时间报告列车调度员（车站值班员），列车调度员（车站值班员）接到报告后，不得向该站放行列车。列车调度员（车站值班员）组织工务、电务人员现场确认，根据现场检查的情况汇报，确定行车方案。

5. 动车组发生食物中毒事件应急处置预案

（1）动车组发生疑似旅客食物中毒时，列车长、乘警应立即赶赴现场，及时了解中毒旅客主要症状，掌握中毒旅客人数、发病时间等情况，准确判断毒物根源或确定怀疑导致食物中毒的食物，判明病人基本情况。

（2）列车长要向前方停车站、前方卫生防疫部门、段生产调度室报告。段生产调度室应立即上报局集团公司卫生、客运主管部门和列车所在地及本地区铁路疾病防控中心。怀疑投毒导致食物中毒时，还应同时向所在地铁路公安机关报告。报告的内容包括：日期、车次、运行区段、发病时间、地点、病人主要症状、发病人数（包括危重人数及死亡人数）、可能引起中毒的食物等，要求车站组织采取的措施。

（3）由列车救护员利用列车配备的医疗救护药箱，采取应急救治措施，采取催吐导泄等方法和应急救治措施，进行初步救治，积极组织抢救中毒旅客，同时通过广播寻找医生帮助抢救治疗，控制病情进一步发展。按照上级的指示，与有关车站办理交接，对中毒较严重危及生命需立即停车急救的，由列车长立即向所在地路局客调汇报或立即用运转车长电台与调度取得联系，在就近具有抢救条件的停车站临时停车，同时组织急救人员做好与中途车站交接的准备工作，协助车站将病人尽快送往就近医院。

（4）发生 3 人以上具有疑似旅客食物中毒症状时，除按上述要求救治外，列车长立即向前方停车站通报，并汇报所属单位，怀疑投毒导致食物中毒时，还应同时向铁路公安机关报告。并做好相关记载，依据《铁路旅客人身伤害及自带行李损失事故处理办法》（中华人民共和国铁道部令第 12 号）的相关规定处理，需要时编写客运记录交前方停车站处理。做好车站移交的准备工作。必要时列车长与行车调度联系，在前方经过的大站停车抢救。

（5）列车长、乘警长应及时调查发病的原因，搜集证据材料，了解旅客发病症状、进食史并做成记录，形成第一手资料。对中毒病人的基本情况做好登记，以便协助卫生防疫等部门，最终调查确定诊断。

（6）列车长、乘警要组织相关人员认真做好稳定旅客情绪工作，防止造成混乱，追回售出的可疑食物，并在低温下封存可疑食物、原材料，保留造成食物中毒或可能导致食物中毒的包装、器皿，采集呕吐物、排泄物样品，封闭被污染厕所，等待卫生检疫人员查验。如不能排除食物中毒是站车列车供应食品所致，要立即停止食品供应，防止继续食用可疑食物扩大中毒事态。

6. 动车组列车发生行车中断应急处置预案

（1）动车组因故发生行车中断，列车长应与司机或列车停留地车站、局集团公司调度联系，掌握情况，做到心中有数。并及时向旅客做出解释，通过广播向旅客表示歉意。

（2）动车组不能继续运行时，列车长应及时与司机或列车停留地车站、调度联系，随时掌握晚点情况，需要时用专用数字通信设备与局集团公司客调统一电话联系，掌握晚点时间、原因、预计到达时间等情况，做到心中有数。根据掌握的情况，及时部署下一步应做好的重点工作。列车乘务人员应及时向旅客作出解释，如实说明晚点的时间和原因，并通过广播向旅客表示歉意。

（3）列车晚点通告用语为：旅客们，我是××列车列车长，本次列车因××原因晚点，现在大约晚××小时××分。因列车晚点给您造成不便，我代表铁路部门向您表示诚挚的歉意。晚点或线路中断原因按照以下内容表述：自然灾害（暴雨、大雾、大雪、山体滑坡、泥石流……）、事故影响、设备故障。

（4）线路中断，列车不能继续运行时列车员、乘警要安抚旅客，加强车厢巡视，随时向旅客做好解释和服务工作的同时，稳定车内秩序，保证车内治安秩序良好。

（5）在列车长的统一指挥下，列车乘务人员各负其责，做好安全、服务等各项工作。列车乘务人员必须清楚旅客列车晚点情况，及时向旅客通报预计晚点时间和调整列车运行方案等信息。遇旅客问讯时，应耐心细致回答，不得使用“不知道”“没点”等不负责任语言或有不耐烦表现，以免引起旅客不满而激化矛盾。

（6）如列车停留时间较长时，尽量不要让旅客下车，在车站旅客下车活动时，应将旅客组织到安全地带，确保旅客安全。列车长应组织好对旅客的服务、饮水、饮食供应等工作，尽最大的努力为旅客提供方便，保证旅客生活需要。如饮用水不足时，及时与车站联系上水或补充饮用水，食品不足时应及时与车站或所在地地方政府联系，组织采购，车站应帮助列车解决食品、餐料、饮用水等问题，保证旅客需要或与上级联系，组织供应配餐。

（7）列车停留给旅客生活带来不便或引起旅客不安时，列车乘务人员应主动了解走访旅客，在保证旅客安全的前提下，尽最大的努力为旅客提供方便，尤其是要加强对重点旅客的服务，设法减少因晚点给旅客带来的诸多生活等方面的不便，维护铁路运输企业信誉。

（8）列车必须在中途停留时，应当尽量将旅客列车停留在办理客运较大车站或城镇所在地车站，以方便解决旅客的饮食和急病救治。列车要采取各种措施，保证滞留旅客的生命财产安全。

（9）列车长应积极与局集团公司客调联系，汇报车内情况，尽早恢复运行。同时了解掌握继续停留的时间，随时向调度和单位应急领导小组汇报车内旅客、秩序、供应、安全等情况及请求协助解决的问题，让调度随时掌握车内情况，列车长应根据情况积极提出列车迂回、折返运行等建议。

（10）因故中断停运、折返的动车组旅客列车，对中途下车要求退票、换乘、延长有效期及绕道、返回的旅客，列车长应在车票背面注明日期、车次、原因、返回站，加盖名章，作为旅客免费返回、办理退票、换乘或延长有效期的凭证。

7. 发生旅客人身伤害或急病事件应急处置预案

1）勘查现场，了解伤情、病情，组织抢救、检查车票、采集证言

（1）旅客列车发生旅客人身伤害或急病时，列车长应会同乘警勘查现场，查看旅客受伤程度及发病情况，收集旁证、物证，调查事故发生原因，根据受伤及发病旅客具体情况，积极采取抢救措施。同时检查旅客所持车票的票种、票号、发到站、车次、有效期及加剪情况等；收集不少于两份同行人或见证人的证言和有关证据并保护好证据材料。

（2）收集证人证言时，应当记录证人姓名、性别、年龄、地址、联系方式、身份证号码等内容。证言、证据应当准确、真实，并能够证明事故发生的过程和原因（路局补充规定：证人证言，以非铁路工作人员为最有法律效力）。此外事故发生后，要在第一时间取证，如无目击证人，要尽量采集本人的自述材料。采集证言材料后，有条件时，可将证言复写或复印，一份存查，另一份则必须在三日内移交处理站。

（3）旅客在列车上突发急病生命垂危时，当班列车员要立即向列车长报告，列车长要在第一时间内赶赴现场，并通知广播员利用列车广播找寻医务工作人员到场，在医务人员未到现场或列车上无医务人员时，列车救护员要立即赶赴现场，询问了解旅客病史，根据旅客患病情况，采取措施，做好应急救护工作。

（4）在紧急救护过程中，列车工作人员要将其他旅客疏散到其他席位，维护好车内秩序，确保患病旅客所在位置空气流通，状况良好。

2）编制客运记录或旅客伤亡事故记录，办理移交

（1）列车上受伤及急病旅客需交车站处理时，必要时应提前通知车站做好救护准备工作，将受伤及急病旅客移交三等以上车站（在区间停车处理时为就近车站）处理，车站不得拒绝

受理。发生旅客伤亡人数较多的事故，列车认为必要时，应请求地方政府协助组织抢救。列车向车站办理移交手续时，编制客运记录一式两份（一份存查，一份办理站、车交接），连同车票、旅客随身携带品清单、证据材料一起移交。旅客人身伤害事故系因斗殴等治安或刑事案件所致，列车乘警应在客运记录上签字。

（2）因特殊情况来不及编写记录的，列车长必须指派专人下车与车站办理交接，并必须在三日以内向事故处理站补交有关材料。

（3）如受伤人员伤情及病情较严重，须立即下车治疗时，列车长应立即向所在地路局客调报告请示，准备非图定停车站停车移交，并迅速做好移交准备工作，同时向段生产调度室汇报。

3）报告程序

（1）发生旅客人身伤害或急病时，要在第一时间拍发事故速报，主送责任单位或发生单位（正常意外伤害主送事故处理站、段），抄送路局客运营销处，发生无票人员伤亡时还要抄送路局安全监察室。事故速报内容包括：①事故种类；②发生日期、时间、车次；③发生地点、车站、区间里程（线别、站名、区间、公里、米）；④伤亡旅客姓名、性别、国籍、民族、年龄、职业、单位、住址，车票种类、发到站、票号、身份证号码；⑤事故及伤亡简况（描述直观伤害及发病程度）。

（2）条件允许时，应当先用电话向段生产调度室报告事故概况。

8. 动车组列车发生重大疫情时的应急处置预案

（1）动车组列车发现疑似新冠肺炎、鼠疫、霍乱等重大疫情的病例或接到动车组列车上有疑似病例的通知时，列车长应立即向司机和上级主管部门报告，司机向列车调度员报告，列车调度员立即向值班主任报告，值班主任立即向铁路疾控部门报告。

（2）列车调度员根据局集团公司有关部门确定的处置方案，安排动车组在指定地点停车。列车长接司机指定站停车的通知后，做好疾控人员上车和疑似病例交站等相关准备工作，车站及铁路疾控部门做好接车紧急处置准备。

（3）列车长应组织隔离传染病人、疑似病人和密切接触者，紧急疏散其他旅客，并对有关人员进行登记。

（4）列车长应组织封锁已经污染或可能污染的区域，同时做好被隔离人员的交站准备。

（5）列车长在指定停车站将传染病人、疑似病人、密切接触者和其他需要跟踪观察的旅客及相关资料移交车站和铁路疾控部门。

（6）乘警应维护好车内秩序，确保区域封锁、旅客隔离、站车移交等工作正常开展。

（7）铁路疾控部门应上车对已经污染或可能污染的区域进行消毒。铁路疾控部门确认处置完毕后，方可解除区域封锁。

（8）站车应积极配合现场的医疗和疾控部门工作。

9. 车站发生重大疫情时的应急处置预案

（1）车站发现疑似新冠肺炎、鼠疫、霍乱等重大疫情的病例或接到车站有疑似病例的通知时，应立即向铁路疾控部门报告。

（2）车站应隔离传染病人、疑似病人和密切接触者，紧急疏散其他旅客，并对有关人员进行登记。

（3）车站应封锁已经污染或可能污染的区域，由铁路疾控人员对该区域进行消毒。

（4）车站应将传染病人、疑似病人、密切接触者和其他需要跟踪观察的旅客及相关资料移交铁路疾控部门。铁路疾控部门确认处置完毕后，方可解除区域封锁。

（5）公安部门应维护好站内秩序，确保区域封锁、旅客隔离和疏散工作正常开展。

（6）车站应积极配合现场的医疗和疾控部门工作。

10. 动车组列车故障站内换乘热备动车组的应急处置预案

（1）遇车次变动时，车站应收回原票、换发新票，退还票价差额，旅客执电子客票时，应先办理换票。如时间较紧，无法换发新票时，旅客可凭原票直接上车，站车应做好交接工作，旅客执电子客票时，车站应与客票系统提供的售票信息核对确认。

（2）故障车停靠站台时，换乘时应尽可能安排在同一站台的两个站台面进行，不能在同一站台的两个站台面换乘时，车站应组织旅客通过天桥或地道或其他通道换乘，严禁跨越股道换乘；故障车在站内没有停靠站台时，换乘处置程序比照区间换乘热备动车组的处置程序办理。

（3）热备动车组定员少于故障动车组实际人数时，有条件时，使用定员能满足需要的其他动车组组织旅客换乘。如遇车型变动，路局客票管理所应做好票额调整和控制工作。车站要加强与路局客票管理所的联系，及时掌握席位发售情况，制定调整方案，配合列车并做好旅客席位调整和宣传解释工作。

（4）席位调整发生等级差额时，发生席位等级差时，由列车长编制客运记录，到站后退还票价差额。

（5）站、车应加强配合，共同做好旅客的宣传引导、席位安排、服务等工作，尽量满足旅客的合理需求。

（6）换乘时，车站要认真组织验票，严禁持其他车次车票旅客上车。

11. 动车组列车故障区间换乘热备动车组的应急处置预案

（1）动车组列车因故障在区间停车，司机报告列车调度员（车站值班员）停车位置及停车原因，通知列车长、随车机械师，车站值班员报告列车调度员。随车机械师确认动车组列车无法继续运行后通知司机、列车长，司机报告列车调度员。

（2）列车调度员报告值班（副）主任，值班（副）主任报经局集团公司主管运输领导批准后组织实施。列车调度员组织启用热备动车组担当换乘任务。

（3）列车长接司机转达因动车组故障需组织旅客区间换乘热备动车组通知后，应立即向列车工作人员传达，列车工作人员应检查车内情况，坚守岗位。列车长向旅客通告换乘决定，告知安全注意事项，并对列车不能如期运行给旅客出行造成的不便、列车长应代表铁路部门向旅客致歉，并感谢旅客的配合，做好后续服务工作，取得旅客的支持与谅解。

（4）列车调度员将救援方案通知申请换乘的动车组列车司机，司机通知列车长和随车机械师。

（5）在隧道内换乘时，由司机报告列车调度员，列车调度员通知设备管理单位或部门操作开启隧道内的应急照明装置，隧道内的应急照明装置应实施远动开关。

（6）列车调度员扣停有关列车，封锁邻线区间，确认故障动车组列车停车位置后，向担当换乘任务的动车组列车司机发布调度命令。

（7）担当换乘任务的动车组列车按调度命令指定的停车地点前 30 m 处一度停车，由担当换乘任务动车组列车与申请换乘动车组列车的列车长根据动车组车型等情况确定对准车门的方案，确定方案后担当换乘任务的列车长通知司机，司机按照列车长的指挥对准故障动车组的车门。

（8）对好车门后，司机向列车调度员报告，列车调度员通过申请换乘的动车组列车司机通知列车长组织旅客换乘。两动车组列车的列车长组织乘务组人员打开指定车厢车门（随车机械师配合），放置好应急梯或过渡板，并做好防护，组织旅客有序换乘。

（9）旅客换乘完毕后，担当换乘任务的动车组列车乘务组人员应将应急梯和过渡板收好定位存放并关闭车门，列车长确认旅客换乘完毕后通知司机，司机得到列车长通知，确认车门关闭，具备开车条件后起动列车，并向列车调度员报告。

12. 恶劣天气下客运组织应急处置预案

因恶劣天气（含暴雨、大雾、大雪、冰雹、台风等）影响动车组列车正常运行，客运（客服）调度应及时通知客运管理部门及沿线车站及滞留列车，客运管理部门应了解现场情况，指挥应急处置，站车及时公告旅客并致歉。

1）动车组列车应急措施

（1）列车长接到客运（客服）调度或上级主管部门动车组列车因恶劣天气影响非正常运行的通知后，应立即了解车内情况，加强对重点旅客的服务。出现异常情况及时向客运（客服）调度或上级主管部门报告。

（2）列车长应与司机或滞留地所在路局客运（客服）调度保持联系，了解动车组列车的运行情况，及时向旅客通报。

（3）动车组列车应备足餐食和饮用水，确保供应。需要补充餐食和饮用水时，列车长应向滞留地所在路局客调所客运（客服）调度或通过司机向列车调度员报告，由滞留地所在路局客运（客服）调度指定车站为动车组列车补充餐食和饮用水。

2）车站的应急措施

（1）车站应及时公告动车组列车因恶劣天气影响非正常运行情况。售票处、候车室、问询处等服务处所做好旅客宣传和服务工作。

（2）车站应及时增开退票和改签窗口，为旅客办理退票、改签等手续。

（3）车站公安派出所应协助客运部门维护好售票、候车、乘降等秩序。

（4）车站应根据安排，及时为动车组列车提供餐食和饮用水。

技能考核

一、动车组发生食物中毒事件应急处置

（一）考核任务

学生 3 人 1 组（分别扮演列车长、乘警和列车救护员）完成动车组发生食物中毒事件应急处置。

（二）考核要求及评分标准

1. 考核要求

（1）赶往现场迅速，判断正确。

（2）汇报流程正确。

（3）能正确寻求和配合治疗。

（4）正确做好病因查询和登记。

（5）正确做好乘客情绪安抚工作。

2. 考核内容及评分标准

动车组发生食物中毒事件应急处置实作单

班级		姓名	
项目	考核内容及评分标准	配分	扣分情况
赶赴现场、判断情况	列车长、乘警应立即赶赴现场，及时了解中毒旅客主要症状，掌握中毒旅客人数、发病时间等情况，准确判断毒物根源或确定怀疑导致食物中毒的食物，判明病人基本情况。	20	
要求停车、报告情况	列车长要向前方停车站、前方卫生防疫部门、段生产调度室报告。段生产调度室应立即上报铁路局卫生、客运主管部门和列车所在地及本地区铁路疾病防控中心。怀疑投毒导致食物中毒时，还应同时向所在地铁路公安机关报告。报告的内容包括：日期、车次、运行区段、发病时间、地点、病人主要症状、发病人数（包括危重人数及死亡人数）、可能引起中毒的食物等，要求车站组织采取的措施。	20	
寻找医生、配合治疗	列车救护员利用列车配备的医疗救护药箱，采取应急救治措施，采取催吐导泄等方法和应急救治措施，进行初步救治，积极组织抢救中毒旅客，同时通过广播寻找医生帮助抢救治疗，控制病情进一步发展。按照上级的指示，与有关车站办理交接，对中毒较严重危及生命需立即停车急救的，由列车长立即向所在地路局客调汇报或立即用运转车长电台与调度取得联系，在就近具有抢救条件的停车站临时停车，同时组织急救人员做好与中途车站交接的准备工作，协助车站将病人尽快送往就近医院。	20	
查明原因、登记记录	列车长、乘警长应及时调查发病的原因，搜集证据材料，了解旅客发病症状、进食史并做成记录，形成第一手资料。对中毒病人的基本情况做好登记，以便协助卫生防疫等部门，最终调查确定诊断。	20	

续表

班级		姓名	
项目	考核内容及评分标准	配分	扣分情况
安抚旅客、食物处理	列车长、乘警要组织相关人员认真做好稳定旅客情绪工作，防止造成混乱，追回售出的可疑食物，并在低温下封存可疑食物、原材料，保留造成食物中毒或可能导致食物中毒的包装、器皿，采集呕吐物、排泄物样品，封闭被污染厕所，等待卫生检疫人员查验。如不能排除食物中毒是站车列车供应食品所致，要立即停止食品供应，防止继续食用可疑食物扩大中毒事态。	20	
总计	100	得分	

二、动车组列车发生传染病疫情的应急处置

（一）考核任务

学生5人1组（分别扮演列车长、司机、调度员、值班主任和疾控部门）完成动车组列车发生新冠疫情应急处置。

（二）考核要求及评分标准

1. 考核要求

（1）各岗位人员能够及时向正确的部门上报疫情情况。

（2）各岗位人员能够正确进行交接和配合。

（3）各岗位人员能够正确按照应急处置方案进行处理。

（4）能够处理突发事件。

2. 考核内容及评分标准

动车组列车发生新冠疫情应急处置实作单

班级		姓名	
项目	考核内容及评分标准	配分	扣分情况
各岗位人员逐级上报	动车组列车发现疑似传染病疫情的病例或接到动车组列车上有疑似病例的通知时，列车长应立即向司机和上级主管部门报告，司机向列车调度员报告，列车调度员立即向值班主任报告，值班主任立即向铁路疾控部门报告。	25	
确定方案、做好准备工作	列车调度员根据铁路局集团公司有关部门确定的处置方案，安排动车组在指定地点停车。列车长接司机指定站停车的通知后，做好疾控人员上车和疑似病例交站等相关准备工作，车站及铁路疾控部门做好接车紧急处置准备。	25	
疏散、隔离与交接	列车长应组织隔离传染病人、疑似病人和密切接触者，紧急疏散其他旅客，并对有关人员进行登记。组织封锁已经污染或可能污染的区域，同时做好被隔离人员的交站准备。在指定停车站将传染病人、疑似病人、密切接触者和其他需要跟踪观察的旅客及相关资料移交车站和铁路疾控部门。	30	
消杀和解除封锁	铁路疾控部门应上车对已经污染或可能污染的区域进行消毒。铁路疾控部门确认处置完毕后，方可解除区域封锁。	20	
总计	100	得分	

任务三 动车组行车组织

任务描述

（1）熟知 CTCS-2、CTCS-3 级列车控制系统下的控车模式，动车组接发及运行方面的特殊要求；

（2）掌握列控限速调度命令的发布及取消，以及各种行车应急预案的规定。

背景知识

2008 年 8 月 1 日，中国第一条具有自主知识产权、具有国际一流水平的高速城际铁路——京津城际铁路正式运营，速度 300 ~ 350 km/h 的新型“和谐号”动车组以每秒近 100 m 的高速驰骋在北京与天津两大城市之间，标志着中国进入高速铁路时代。

速度 200 ~ 250 km/h 和速度 300 ~ 350 km/h 动车组的开行，为旅客的出行带来了更大的便利，2009 年 4 月 1 日铁路调整列车运行图后，“和谐号”动车组高峰值的开行密度达到了 690 列。公交化、大容量、高速度的运营模式有效地缓解了运输能力与运量增长需求的矛盾。高速动车组的安全开行给调度指挥带来了新的课题和挑战，本任务主要学习速度 200 ~ 250 km/h 与速度 300 ~ 350 km/h 的“和谐号”动车组的运行组织。

一、中国列车运行控制系统（Chinese Train Control System, CTCS）

随着我国铁路既有线 200 ~ 250 km/h 动车组列车、京津城际 350 km/h 高速动车组列车的开行，石太、合宁、合武客运专线的开通和高速铁路的开工建设，动车组列车速度在不断提高，这也使铁路信号技术发生了巨大变化。当速度超过 160 km/h 后，仅依靠地面信号和列车司机人工控制列车已不能保证行车安全，必须由对列车的开环控制变为闭环控制。我国的列车运行控制系统（CTCS）就是在此背景下开始实施的。

1. 列车运行控制系统

列车运行控制系统是一种可以根据列车在铁路线路上运行的客观条件和实际情况，对列车运行速度及制动方式等状态进行监督、控制和调整的技术装备。系统包括地面与车载两部分：①地面设备产生出列车控制所需要的全部基础数据，例如列车的运行速度、运行许可等；②车载设备通过媒体将地面传来的信号进行信息处理，形成列车速度控制数据及列车制动模式，用来监督或控制列车安全运行。系统改变了传统的信号控制方式，可以连续、实时地监督列车的运行速度，自动控制列车的制动系统，实现列车的超速防护。列车控制方式可以为人工驾驶，也可由设备实行自动控制，使列车根据其本身性能条件自动调整追踪间隔，提高线路的通过能力。

2. CTCS 概述

CTCS 是为了保证列车安全运行，以分级形式满足不同线路运输需求的列车运行控制系统。所谓列车运行控制系统是由列控中心、闭塞设备、地面信号设备、地车信息传输设备、车载速度控制设备构成的用于控制列车运行速度、保证行车安全和提高运输能力的控制系统。

1）CTCS 的基本功能

（1）安全防护。

① 在任何情况下防止列车无行车许可运行。

② 防止列车超速运行包括：防止列车超过进路允许速度运行；防止列车超过线路结构规定的速度运行；防止列车超过机车车辆构造速度运行；防止列车超过临时限速及紧急限速运行；防止列车超过铁路有关运行设备的限速运行。

③ 防止列车溜逸。

④ 测速环节应保证：一定范围内的车轮滑行和空转不影响 ATP（Automatic Train Protection）的功能，并具有轮径修正能力。

（2）人机界面。

① 能够以字符、数字及图形等方式显示列车运行速度、允许速度、目标速度和目标距离。

② 能够实时给出列车超速、制动、允许缓解等表示以及设备故障状态的报警。

③ 机车乘务员输入装置应配置必要的开关、按钮和有关数据输入装置。

④ 具有标准的列车数据输入界面，可根据运营和安全控制要求对输入数据进行有效性检查。

（3）检测功能。

① 具有开机自检和动态检查功能。

② 具有关键数据和关键动作的记录功能及监测接口。

（4）可靠性和安全性。

① 按照信号故障导向安全原则进行系统设计。

② 采用冗余结构。

③ 满足电磁兼容性相关标准。

2）CTCS 的分级

列车运行控制系统包括地面设备和车载设备，根据系统配置按功能划分为 5 级。

（1）CTCS-0 级。CTCS-0 级为既有线的现状，设备构成为通用机车信号+列车运行监控装置。一般自动闭塞设计仍按固定闭塞方式进行。

（2）CTCS-1 级。CTCS-1 级是面向 160 km/h 以下的区段，由机车信号（JT-C 系列）+加强型运行监控装置构成（LKJ2000）。在既有设备基础上强化改造，增加点式设备，实现列车运行安全监控功能。

（3）CTCS-2 级。CTCS-2 级是基于轨道电路传输信息的列车运行控制系统。采用目标距离控制曲线，面向提速干线和高速新线，采用车—地一体化设计；CTCS-2 级适用于各种限速区段，地面可不设通过信号机，机车乘务员凭车载信号行车。

（4）CTCS-3 级。CTCS-3 级是基于无线传输信息（如 GSM-R）并采用轨道电路等方式检查列车占用的列车运行控制系统。CTCS-3 级面向提速干线、高速新线或特殊线路，基于无线通信的固定闭塞或虚拟自动闭塞；CTCS-3 级适用于各种限速区段，地面可不设通过信号机，机车乘务员凭车载信号行车。

（5）CTCS-4 级。CTCS-4 级是完全基于无线传输信息的列车运行控制系统。面向高速新线或特殊线路，CTCS-4 级由地面无线闭塞中心（RBC）和车载设备共同完成列车定位和列车完整性检查；CTCS-4 级地面不设通过信号机，机车乘务员凭车载信号行车。

速度在 250 km/h 以下铁路宜采用 CTCS-2 级列控系统，而速度在 300 km/h 及以上铁路采用 CTCS-3 级列控系统。

（6）CTCS 级间关系：

① 符合 CTCS 规范的列车超速防护系统应能满足一套车载设备全程控制的运用要求。

② 系统车载设备向下兼容。

③ 系统级间转换应自动完成。

④ 系统地面、车载配置如具备条件，在系统故障条件下应允许降级使用。

⑤ 系统级间转换应不影响列车正常运行。

⑥ 系统各级状态应有清晰的表示。

二、CTCS-2 级列车运行控制系统

CTCS-2 级列控系统是基于轨道电路加点式应答器传输列车运行许可信息，并采用目标距离模式监控列车安全运行的列车运行控制系统，包括车载设备和地面设备。

1. CTCS-2 技术特点

（1）满足既有线列车运行速度 200 ~ 250 km/h，适应最高列车运行速度：350 km/h。

（2）列车运行追踪最小间隔时间：3 min。

（3）列车安全监控模式：连续速度控制。

（4）闭塞方式：准移动闭塞，在同一闭塞分区内不依前行列车的走行而变化，而制动的起点是随线路参数和列车本身性能不同而变化的。

（5）轨道检查：ZPW-2000（UM）系列轨道电路。

（6）列车定位：应答器、轨道电路。

（7）地车信息传输媒介：轨道电路+应答器。

（8）地车信息传输控制：车站列控中心。

（9）系统兼容性：与我国既有信号系统完全兼容。

2. CTCS-2 系统结构

CTCS-2 列控系统由车载设备和地面设备两部分组成。

（1）车载设备：车载 ATP 设备，包括：车载安全计算机（VC）、轨道电路信息接收单元（STM）、应答器信息接收单元（BTM）、人机界面（DMI）、数据记录单元、机车接口单元、测速单元、轨道电路信息接收天线、应答器信息接收天线、LKJ 监控装置。

动车组车载设备根据地面提供的信号动态信息、线路静态参数、临时限速信息及有关动车组数据，生成控制速度和目标-距离模式曲线，控制列车运行。同时，记录单元对列控系统有关数据及操作状态信息实时动态记录。

（2）地面设备：车站列控中心，地面电子单元 LEU 和有源应答器；无源应答器、ZPW-2000（UM）系列轨道电路。地面设备由轨道电路、车站电码化设备传输连续列控信息，由点式应答器、车站列控中心传输点式列控信息。

3. 车站（中继站）列控中心

车站（中继站）列车控制中心（Train Control Center, TCC），简称列控中心，设于各车站（中继站），根据调度命令、进路状态、线路参数等产生进路及临时限速等相关控车信息，通过有源应答器及轨道电路向列车动态传送，从而实现对列车运行的动态控制。列控中心主要功能：车站列控中心是在 CTCS-2 级条件下实现应答器报文选择和发送的重要信号设备，是 CTCS-2 级系统地面控制部分的核心设备，它依据调度指挥系统下达临时限速命令和信号联锁系统当前的进路状态实时计算，选择相应的应答器报文数据，控制有源应答器向列车动态传送，从而实现对列车运行的动态控制。应答器报文信息根据不同的临时限速和进路条件预先编码生成并存储于列控中心系统中，列控中心根据临时限速命令和进路状态，选择相应的应答器报文，LEU 按照列控中心产生的应答器报文通过有源应答器发送给列车车载系统。

4. 临时限速命令

（1）分挡位的临时限速命令设置。

当铁路线路因维修施工等作业要求或发生自然灾害等情况时，列车调度员需要向通过该区段的列车下达临时限速命令，保证列车按照规定的运行速度通过限速区段。高速运行的动车组，同样需要根据临时限速命令计算列车运行速度控制模式曲线，实现列车目标点、目标速度的控制。

车站列控中心系统的主要功能就是要将临时限速的有关信息，适时地发送给列车。为保证应答器报文在发送过程中的安全，需要将原始报文进行严格的加扰算法，出于安全和实时性的考虑，报文需要预先生成并存储于列控中心系统中，由列控中心根据情况选择适当的报文进行发送。为减少应答器报文总数，并考虑到工作实际的需要，《既有线 200 km/h 车站列控中心运用技术原则（暂行）》对临时限速的起点距离、限速区长度、限制速度等进行了合理的挡位划分，车站列控中心应根据临时限速的实际设置情况选择适当挡位的临时限速报文向列车发送。

（2）实现应答器报文自动选择和发送每次临时限速的设置范围是不确定的，限速区的位置和长度均存在随机性。

列控中心必须对命令中的限速信息进行计算和分析，确定合理的限速位置、长度、速度等参数，并依据这些参数完成应答器报文的检索，保证检索过程的正确性，及时向应答器发送报文信息，同时将临时限速的设置情况反馈给调度员。在临时限速状态发生变化后，列控中心应及时改变应答器报文。

（3）临时限速信息预告为提高整个系统的可用性，在满足安全条件下，应答器设置应考虑到适当的信息冗余覆盖，满足在丢失一组应答器信息的情况下列车仍能够正常运行。

（4）联锁信号降级显示动车组的运行受信号显示和应答器信息双重控制。

当临时限速设置位置距离信号机较近，而受通讯距离等限制条件又无法在有效的制动距离以外设置应答器并通知列车提前制动的情况下，就需要将联锁信号降级显示，通过轨道电路信息通知列车提前制动，从而保证列车以规定的安全速度进入临时限速区。列控中心根据临时限速的设置位置等信息，计算信号降级显示的条件，满足条件时通过联锁系统控制信号机降级显示。

（5）与地面外部设备的接口 CTC（TDCS）和联锁系统是车站列控中心系统的信息输入来源，而 LEU 是车站列控中心系统的输出设备。

微机监测是监视铁路信号设备安全、可靠运行，及时发现和排除潜在隐患，进行事故分析的重要设备。列控中心必须实现与上述所有设备的通讯连接，并考虑适当的通讯冗余措施。

5. 应答器

应答器设备是一种高速数据传输设备，在 CTCS-2 系统中采用欧洲标准点式应答器向车载设备传输线路的坡度、闭塞分区或轨道电路长度、载频、线路固定限速、临时限速等点式信息。应答器部分的地面设备包括有源应答器、无源应答器、LEU（地面电子单元）和应答器读写工具。

（1）应答器分类。应答器从用途上可分为有源应答器和无源应答器。

无源应答器与有源应答器外观结构相同。无源应答器与外界无物理连接，负责向列车传送地面固定信息，这些信息预先存在应答器内。有源应答器通过电缆与 LEU 连接，负责向列车传送实时可变信息，这些信息来自 LEU，当电缆断线时发送自身预存信息。无源应答器在图形中用△表示，有源应答器用▲表示。

（2）应答器工作过程。应答器的工作过程可分为 3 个步骤：

① 首先，当列车高速通过应答器时，应答器接收车载天线发送的电磁能量。

② 当应答器收到车载天线发送的频率为 27.095 MHz 的无线电信号时，通过电磁耦合转换成电能，建立起工作电源并开始工作。

③ 不间断循环串行发送 1 023 位传输报文，直至能量消失。上行数据的中心频率为 4.234 MHz。

（3）应答器设置原则。

CTCS-2 级区段应答器主要设置在进站信号机处、车站出站口处及区间，出站信号机处（含股道）原则上不设应答器。如果应答器所需传输的数据量较大（有效数据超过 772 bit），一个应答器不能满足要求，可以使用一组（最多 8 个）应答器来完成。

① 区间间隔 3 ~ 5 km（今后不大于 3 个闭塞分区）设置无源应答器，提供正向运行前方的线路参数，原则上设置在闭塞分区分界处（距绝缘 16 ± 0.5 m，间隔 5 ~ 6 m）。正线的线路参数要交叉覆盖。

② 进站口处应答器组由无源应答器加上一个有源应答器组成。

当列车进站时，应答器向列车提供地面应答器编号、接车进路线路参数，包括：目标距离、线路坡度、线路限速、信号机类型和轨道电路载频等信息及接车进路区域限速信息。当接车股道具有直股发车进路时，应同时提供直股发车进路及前方一定距离内的线路参数和临时限速信息。当办理正线通过进路时，进站口应答器需同时给出前方区间的临时限速信息。此处的无源应答器与有源应答器结合，通过对应答器编号从小到大设置规律的判断，确定列车运行方向。

③ 车站发车端设置无源应答器和有源应答器。无源应答器提供前方一定距离内的线路参

数等信息，有源应答器提供前方一定距离内的临时限速等信息。

④ 根据需要可设置特殊用途的无源应答器（如 CTCS 级间转换等）。

6. 动车组的控车模式

动车组在 CTCS-2 级区段按列控车载设备方式行车；在 CTCS-0/1 级区段和列控车载设备故障（机车信号故障除外）、列控地面设备故障情况下的 CTCS-2 级区段，按 LKJ 方式行车。按列控车载设备方式行车时，LKJ 仍应有线路数据、运行状态和司机操纵等显示记录功能。列控车载设备有完全监控模式（FS）、部分监控模式（PS）、目视行车模式（OS）、调车模式（SH）、隔离模式（IS）和待机模式（SB）6 种。

（1）完全监控模式。

完全监控模式是列车在区间（含车站正线通过和侧进直出）和车站接车作业时的正常运行模式，列车按高于允许速度 2 km/h 报警（对于道岔侧向限速和临时限速，达到允许速度值时报警）、5 km/h 常用制动、10 km/h 紧急制动设置。列控车载设备根据控车数据（轨道电路信息、应答器信息、本列车位置、来自轨道电路显示信息、车上列车参数等）自动生成目标距离模式曲线，司机依据人机界面（DMI）显示的列车运行速度、允许速度、目标速度和目标距离等控制列车运行。

（2）部分监控模式。

部分监控模式是列车侧线发车和引导接车时的模式；当列控车载设备接收到轨道电路允许行车信息，而缺少应答器提供的线路数据或限速数据时，也进入部分监控模式。在部分监控模式下，列控车载设备给出如下限速值：

① 侧线发车，列控车载设备接收到的轨道电路信息为 UU 码时，DMI 显示固定限速值 45 km/h；接收到的轨道电路信息为 UUS 码时，DMI 显示固定限速值 80 km/h。

② 引导接车，列控车载设备接收到的轨道电路信息为 HB 码时，DMI 显示固定限速值 20 km/h。

③ 当列控车载设备接收到轨道电路允许行车信息，而缺少应答器提供的线路数据或限速数据时，最高限速值为 45 km/h。

（3）目视行车模式。

目视行车模式是司机控车的固定限速模式，限速值为 20 km/h。列控车载设备显示停车信号停车后，司机按压专用按钮使列控车载设备转入目视行车模式。列车在列控车载设备监控下运行，司机对安全负责。

（4）调车模式。

调车模式是动车组进行调车作业的固定模式，限速值为 40 km/h。司机按压专用按钮使列控车载设备转入调车模式。只有在列车停车时，司机才可以选择进入或退出调车模式。

（5）隔离模式。

隔离模式是列控车载设备控制功能停用的模式。列车停车后，根据调度命令，司机操作隔离手柄使列控车载设备转入隔离模式。若列控车载设备能提供机车信号，可采用 LKJ 控制列车运行。

（6）待机模式。

待机模式是列控车载设备上电后的默认模式。待机模式不由司机选择，列控车载设备执行自检和外部设备测试后，自动处于待机模式。在待机模式下，列控车载设备正常接收轨道电路及应答器信息，同时无条件输出制动，司机不得移动列车。

4. CTCS-2 级区段的限速

用于车站列控中心限速设置的调度命令称为列控限速调度命令（数据格式）。列控限速调度命令由列车调度员拟定，并输入限速参数（包括相关受令车站、限速位置、限速值、限速执行方式、限速开始和结束时间等内容），及时发送至相关车站。相关车站（无人车站由列车调度员）按规定程序签收、发送至车站列控中心，由列控系统执行。

车站列控中心从 TDCS/CTC 获得列控限速调度命令并反馈限速设置情况。遇列车调度员在 TDCS/CTC 终端不能设置列控限速调度命令时，列车调度员须向车站值班员下达限速调度命令，由车站值班员在车务终端上设置列控限速调度命令并发送至车站列控中心执行。

车站列控中心根据列控限速调度命令、线路参数、轨道电路及进路状态等产生控车信息，通过轨道电路及有源应答器传送给列控车载设备。

1）列控限速调度命令的设置原则

（1）限速设置。车站列控中心控制的每个有源应答器只管辖一定范围内的限速设置，在一个有源应答器的管辖范围内只允许设置一处限速。限速区可以设置在区间、站内正线或区间跨站内正线。

（2）速度等级列控系统分 45 km/h、60 km/h、80 km/h、120 km/h、160 km/h 5 个速度等级，以不高于限速值的原则选择限速等级进行设置。

（3）限速长度。限速长度分 200 m、500 m、1 000 m、1 500 m、2 000 m、3 000 m、4 000 m、6 000 m 共 8 个等级，超过 6 000 m 时应按区间限速办理。在非正常（设备故障、自然灾害等）情况下，一个有源应答器限速管辖范围内必须设置两处及以上限速地段时，列车调度员应根据实际情况将限速地段合并，按最低限速要求，设置发布列控限速调度命令。

（4）特殊情况处理：

① 遇施工实际限速与运行揭示调度命令限速相符，而列控限速归档造成列控限速调度命令与运行揭示调度命令限速不符时，列车调度员不再向动车组司机发布限速调度命令。如调度命令的限速值低于列控车载设备显示的目标速度时，司机应按调度命令人工控制列车运行速度。

② 车站侧向接发车进路范围内有限速时，以及站内（正线除外）经 18 号及以上道岔侧向发车至离去之间有限速时，如限速低于道岔侧向允许速度，司机应按调度命令的限速人工控制列车运行速度。

③ 按列车运行方向，限速区段起点在某一站或两站列控中心限速管辖范围内，列控限速调度命令需要发送给相邻的车站。列车调度员应根据限速区段两端里程位置，满足列车正反方向运行的需要，将列控限速调度命令同时发送给相邻的车站。

④ 在 CTCS-2 区段，在下列情况下，可根据调度命令，动车组由列控车载设备方式改为按 LKJ 方式运行。

a. 一个有源应答器的管辖范围必须设置两处及以上限速地段时，或者限速长度超过 6 000 m 时；

b. 低于 45 km/h 的限速时。

2）车站列控中心限速的设置和取消流程及发送和取消时机

（1）设置流程：

① 列车调度员拟定列控限速调度命令。

② 列车调度员校核、下发。

③ 车站值班员校核、签收。

④ 车站值班员择机发送至车站列控中心，并监视限速的命令是否有效。

（2）取消流程：

① 车站值班员确认取消限速的条件具备，并报告列车调度员。

② 列车调度员拟定取消限速的列控限速调度命令。

③ 列车调度员校核、下发。

④ 车站值班员校核、签收。

⑤ 车站值班员取消车站列控中心的限速，并监视取消限速的命令是否有效。

（3）发送时机由车站值班员按照限速调度命令规定及动车组列车运行情况，按如下所列的时机要求将列控限速调度命令发送至车站列控中心，严禁迟设、漏设、错设。

① 区间限速的列控限速调度命令，应在限速区间上一站办理对应动车组列车向该区间的通过或发车进路前发送。

② 本站站内限速的列控限速调度命令，应在本站办理对应动车组列车的通过或接车进路前发送；若限速在本站站内正线接车进路范围内，须同时在上一站办理该动车组列车向本站的通过或发车进路前发送。

（4）限速取消时机由车站值班员按照取消限速调度命令规定及动车组列车运行情况，在确认限速动车组出清对应进路并确认进路解锁后、后续动车组列车相关进路办理前发送。严禁提前发送取消限速的列控限速调度命令。

三、CTCS-3 列车运行控制系统

CTCS-3 级列车运行控制系统是我国铁路速度 300 ~ 350 km/h 客运专线的重要技术装备，是我国铁路技术体系和装备现代化的重要组成部分，是保证高速列车运行安全、可靠、高效的核心技术之一。

CTCS-3 级列控系统是基于 GSM-R 无线通信实现车-地信息双向传输、无线闭塞中心（RBC）生成行车许可的列控系统，系统采用先进的技术手段对高速运行下的列车进行运行速度、运行间隔等实时监控和超速防护，以目标距离连续速度控制模式、设备制动优先的方式监控列车安全运行，并可满足列车跨线运营的要求。

1. CTCS-3 技术特点

（1）CTCS-3 级列控系统满足运营速度 350 km/h、最小追踪间隔 3 min 的要求。

（2）CTCS-3 级列控系统满足正向按自动闭塞追踪运行，反向按自动站间闭塞运行的要求。

（3）CTCS-3 级列控系统满足跨线运行的运营要求。

（4）CTCS-3 级列控系统车载设备采用目标距离连续速度控制模式、设备制动优先的方式监控列车安全运行。

（5）CTCS-2 级作为 CTCS-3 级的后备系统。无线闭塞中心（RBC）或无线通信故障时，CTCS-2 级列控系统控制列车运行。

（6）全线 RBC 设备集中设置。

（7）GSM-R 无线通信覆盖包括大站在内的全线所有车站。

（8）动车段及联络线均安装 CTCS-2 级列控系统地面设备。

（9）300 km/h 及以上动车组不装设列车运行监控装置（LKJ）。

（10）在 300 km/h 及以上线路，CTCS-3 级列控系统车载设备速度容 限规定为超速 2 km/h 报警、超速 5 km/h 触发常用制动、超速 15 km/h 触发紧急制动。

（11）RBC 向装备 CTCS-3 级车载设备的列车，应答器向装备 CTCS-2 级车载设备的列车分别发送分相区信息，实现自动过分相。

（12）CTCS-3 级列控系统有统一接口标准，涉及安全的信息采用满足 IEC62280 标准要求的安全通信协议。

（13）CTCS-3 级列控系统安全性、可靠性、可用性、可维护性满足 IEC62278 等相关标准的要求，关键设备冗余配置。

2. CTCS-3 系统结构

CTCS-3 级列控系统包括地面设备和车载设备两部分。地面设备由无线闭塞中心（RBC）、列控中心（TCC）、ZPW-2000（UM）系列轨道电路、应答器（含 LEU）、GSM-R 通信接口设备等组成；车载设备由车载安全计算机（VC）、GSM-R 无线通信单元（RTU）、轨道电路信息接收单元（TCR）、应答器信息传输模块（BTM）、记录单元（JRU/DRU）、人机界面（DMI）、列车接口单元 （TIU）等组成。

（1）RBC 根据轨道电路、联锁进路等信息生成行车许可，并通过 GSM-R 无线通信系统将行车许可、线路参数、临时限速传输给 CTCS-3 级车载设备；同时通过 GSM-R 无线通信系统接收车载设备发送的位置和列车数据等信息。

（2）TCC 接收轨道电路的信息，并通过联锁系统传送给 RBC；同时 TCC 具有轨道电路编码、应答器报文储存和调用、站间安全信息传输、临时限速等功能，满足后备系统需要。

（3）应答器向车载设备传输定位和等级转换等信息；同时向车载设备传送线路参数和临时限速等信息，满足后备系统需要。应答器传输的信息与无线传输的信息的相关内容含义应保持一致。应答器的设置原则：

① 进站信号机处：设置由 1 个有源应答器和 1 个无源应答器组成的应答器组，用于列车定位；同时发送线路参数和临时限速。

② 反向进站信号机处：设置由 1 个有源应答器和 1 个无源应答器组成的应答器组，用于列车定位；同时发送线路参数和临时限速。

③ 出站信号机处：设置由 1 个有源应答器和 1 个无源应答器组成的应答器组，用于列车定位；同时发送线路参数、临时限速和绝对停车信息。

④ 区间线路：每个闭塞分区入口处设置由两个及以上无源应答器组成的应答器组，用于列车定位；同时发送线路参数。

⑤ 中继站处：上下行线各设置两组由 1 个有源应答器和 1 个无源应答器组成的应答器组，用于发送临时限速信息，两组应答器之间的距离为（100 ± 5）m。

⑥ 为保证调车作业不危及正线运行列车的安全，可根据需要设置由 1 个有源应答器和 1 个无源应答器组成的应答器组，用于提供调车危险信息。

⑦ 等级转换分界：设置预告点和转换点用于提供等级转换信息。在进入 CTCS-3 级区域时，在预告点前方适当距离根据需要设置无线连接点。无线连接点、预告点和转换点设置由两个及以上无源应答器组成的应答器组。

⑧ RBC 切换点：在两个相邻的 RBC 的边界处设置两个无源应答器组成的应答器组，用于提供 RBC 切换命令、接收 RBC 的 ID 及电话号码。

⑨ 利用牵引供电换相点前一定距离设置的两个无源应答器组成的应答器组提供过分相信息。

⑩ 在 18 号（不含）以上道岔前第二个闭塞分区入口处应设置由 1 个源应答器和 1 个无源应答器组成的应答器组，根据道岔区段及列车运行前方轨道区段空闲条件，向后备系统提供道岔侧向允许列车运行的速度。

⑪ 当用于定位的应答器组间隔超过 1 500 m 时，中间应增设无源应答器用于列车定位。

（4）车载安全计算机根据地面设备提供的行车许可、线路参数、临时限速等信息和动车组参数，按照目标距离连续速度控制模式生成动态速度曲线，监控列车安全运行。

3. CTCS-3 系统设备组成

（1）列控车载设备。车载设备采用分布式结构。设备包括车载安全计算机（VC）、应答器信息传输模块（BTM）、轨道电路信息接收单元（TCR）、测速测距单元（SDU）、人机界面（DMI）、列车接口（TIU）、司法记录器（JRU）、GSM-R 无线通信单元（RTU）、动态监测接口等。

车载设备与动车组的接口采用继电器或 MVB 总线方式。

（2）RBC 设备。RBC 的配置原则重点考虑三大重要因素：控制能力、接口能力及维护适应性。RBC 及其他关键设备应采用冗余配置。每台 RBC 的控制能力包括：① 同时登录的列车数量；② 同时设定的进路数量；③ 同时激活的临时限速数量；④ 同时激活的紧急区域数量；⑤ 同时激活的临时调车区域数量。综合考虑各种限制条件和运行调试、维修维护的便利性，RBC 主机宜集中设置。

RBC 硬件采用冗余安全结构，设备包括：无线闭塞单元（RBU）、协议适配器（VIA）、RBC 维护终端、司法记录器（WJRU）、ISDN 服务器、操作控制终端和交换机等设备组成。

（3）GSM-R 通信网络。GSM-R 核心网包括移动交换子系统、GPRS 子系统、智能网子系统，应按照全路核心网建设规划建设，各条客运专线接入相关节点。

（4）信号数据通信网络。信号数据通信网络由 RBC/联锁安全数据通信以太网、TCC/联锁安全数据通信局域网、CTC 数据通信以太网、信号监测数据通信以太网构成，实现联锁、TCC、CTC、监测系统及系统间的安全数据通信和非安全数据通信。

RBC/联锁安全数据通信以太网是由专用光缆构成，满足信号安全信息传输要求的冗余工业以太网，用于实现 RBC 与车站联锁设备、RBC 与邻线 RBC 之间的信息交换。

（5）TCC。TCC 是 CTCS-2 级列控系统地面子系统的核心部分。根据轨道区段的占用信息、联锁进路信息、线路限速信息等，产生列车行车许可命令，并通过轨道电路和有源应答器，传输给车载子系统，保证其管辖内的所有列车的运行安全。

TCC 采用 2×2 取 2 安全计算机平台，具有技术成熟、可靠等特点。

TCC 之间通过安全局域网进行连接，实现 TCC 之间、与车站联锁之间安全信息传输。

CTCS-3 级列控系统各车站、线路所及中继站均设置一套 TCC，中继站距离一般不超过 15 km，特殊困难地段不能超过 20 km。

（6）轨道电路。

① 区间轨道电路。区间采用计算机编码控制的 ZPW-2000（UM）系列无绝缘轨道电路，轨道电路的传输长度满足相关技术条件的要求。

轨道电路的正常码序为：L5-L4-L3-L2-L-LU-U-HU，满足 CTCS-2 级 300 km/h 速度列车安全运行的要求。

② 站内轨道电路。

复杂大站：正线及股道区段采用计算机编码控制的 ZPW-2000（UM）系列有绝缘轨道电路，其他区段采用 25Hz 轨道电路。

一般车站：全站采用与区间同制式的、由计算机编码控制的 ZPW-2000（UM）系列有绝缘轨道电路。

为避免邻线轨道电路的干扰，当站内横向相邻同方向载频的轨道电路长度超过 650 m（线间距不小于 5 m）时，应对轨道电路进行分割。

（7）应答器。应答器用于向 CTCS-3 级列控系统车载设备提供位置、等级转换、建立无线通信等信息，同时对 CTCS-2 级列控系统车载设备提供线路速度、线路坡度、轨道电路、临时限速等线路参数信息。

应答器报文信息格式采用铁路部门统一的技术标准，应答器设置满足 CTCS-3 级系统、兼容 CTCS-2 级系统的要求。

① 无源应答器。无源应答器存储固定信息，当列车经过无源应答器上方时，无源应答器接收到车载天线发射的电磁能量后，将其转换成电能，使地面应答器中的电子电路工作，把存储在地面应答器中的数据循环发送出去，直至电能消失（即车载天线已经离去）。

② 有源应答器。有源应答器通过专门电缆与地面电子单元（LEU）连接，可实时发送 LEU 传送的数据报文。

当列车经过有源应答器上方时，有源应答器接收到车载天线发射的电磁能量后，将其转换成电能，使地面应答器中的发射电路工作，将 LEU 传输给有源应答器的数据循环实时发送出去。直至电能消失（即车载天线已经离去）。

当与 LEU 通信故障时，有源应答器变为无源应答器工作模式，发送存储的固定信息（默认报文）。

（8）车站联锁。车站联锁采用高可靠性硬件和冗余结构，符合故障-安全的实时控制系统。硬件和软件结构实现了模块化和标准化。

车站联锁软件的安全完整性等级满足 SIl4 级，有关电源、电磁环境、外部接口、人机接口（考虑操作失误）等环境条件和使用条件的设计与安全完整性等级相适应。

车站联锁与 RBC 设备接口，向其提供进路状态信息、紧急状态消息、紧急停车区以及限速消息等，接收传来的行车许可状态、列车相关状态等消息。

车站联锁与车站 TCC 系统接口，向其提供接车进路状态信息，接收传来的列车占用轨道信息、临时限速信号降级显示命令并予以执行。车站联锁通过安全局域网连接实现车站联锁与 TCC 之间的安全信息传输。

车站联锁与 CTC 系统接口，向其提供车站状态和表示信息，接收 CTC 传来的操作和控制命令并予以执行。

车站联锁设置车站维修终端：主要用于联锁系统的维护、运行及操作记录、各种故障记录报警等，维护终端提供故障分析参考。与信号集中监测系统接口，实现对室内外联锁设备的监测功能。

（9）临时限速服务器及操作终端。调度中心设列控系统专用临时限速服务器及临时限速操作终端。用于临时限速的下达与取消。为了提高临时限速命令的安全性，保证 RBC 和 TCC 临时限速命令的一致性、完整性、有效性，以及冲突检测等功能，在调度中心设列控系统专用临时限速服务器。临时限速服务器的功能如下：

① 对限速命令进行安全存储，验证限速命令来源的合法性、限速数据的有效性，校核发往两个目标系统（RBC 和 TCC）的临时限速一致性。

② 执行命令时检查两个目标系统的临时限速执行情况，当发生一致性冲突或其他异常情况下，向目标系统发送导向安全的恢复指令，同时向操作员终端发送报警信息，提醒操作员处理。

③ 记录限速命令的操作和状态变化日志，供查询和分析。

④ 临时限速服务器直接与 RBC/联锁安全数据通信以太网连接，通过该网络实现与 RBC 和 TCC 的通信连接，传输临时限速相关信息。

临时限速服务器对安全性要求很高。数据存储必须采用特定的安全存储方式，数据传输必须采用安全传输协议，逻辑处理必须采用安全计算和输出。因此，临时限速服务器应采用高可靠性和高安全性计算机系统，同时与其他子系统之间的数据交换也应采用安全通信协议。

在调度中心 CTC 施工调度台，放置一台临时限速专用操作终端，用于施工调度员进行临时限速的相关操作。

（10）CTC。CTC 系统由调度中心系统、车站设备、调度中心与车站、车站与车站之间的网络系统组成。

调度中心系统包括：中心机房设备和调度所设备。中心机房设备包括：数据库服务器、应用服务器、通信前置服务器、网络设备、电源设备、防雷设备、网管工作站、电务维护工作站等。调度所设备包括：调度员工作站、助理调度员工作站、值班主任工作站、计划员工作站、综合维修工作站等，调度大厅设置大屏显示系统用于宏观显示。

车站设备包括：车站自律机、车务终端、必要的网络设备、防雷设备、联锁系统接口设备、列控系统接口设备和无线系统接口设备等。

（11）信号集中监测。信号集中监测系统由综合维修段部分、站机部分、终端部分，以及广域网数据传输部分组成。

各综合维修段分别设置双机热备服务器、终端、维护工作站各 1 套以及相应的数据网络通信设备及通信防雷器件。

信号集中监测主要实现对站场表示状态、外电网输入（相电压/线电压/电流/频率/功率/相位角）、信号电缆回线（对地绝缘）、电源输出（对地漏泄电流）、25 Hz 轨道电路（接收端交流电压/相位角）、道岔转辙机（动作电流）、道岔表示线（交/直流电压）、列车信号机（点灯回路电流、灯丝断丝）、排架熔丝（断丝报警）的监测。

（12）信号电源。

CTCS-3 级列控系统采用一级负荷贯通线（10 kV）作为主供电源，综合电力贯通线作为备用电源直接为车站、中继站、线路所等处信号设备提供可靠电力电源。

各车站、区间信号中继站、线路所、动车所、调度中心均设置智能电源屏，为列控、联锁、CTC、信号集中监测等所有信号设备提供统一的信号电源。

各车站、区间信号中继站、线路所、动车所和调度中心设置双套不间断电源 UPS，为信号系统中计算机设备及通信网络设备提供断电保护。车站、区间信号中继站和 CTC 调度中心配置纯在线式双机并联 UPS，蓄电池总备用时间为 30 min。

综合维修段、综合维修工区配置纯在线式单机 UPS，蓄电池备用时间为 10 min。

4. 主要工作模式

CTCS-3 级列控车载设备（含 CTCS-2 级功能）有 9 种主要工作模式，其中通用的模式有完全监控模式（FS）、目视行车模式（OS）、引导模式（CO）,调车模式（SH）、隔离模式（IS），待机模式（SB）和休眠模式（SL）等 7 种模式；仅适用 CTCS-2 级的模式有部分监控模式（PS）和机车信号模式（CS）。

（1）完全监控模式（FS）。当车载设备具备列控所需的全部基本数据（包括列车数据、行车许可和线路数据等）时，列控车载设备生成目标距离连续速度控制模式曲线，并通过人机界面（DMI）显示列车运行速度、允许速度、目标速度和目标距离等信息，监控列车安全运行。

（2）目视行车模式（OS）。当地面设备故障、列控车载设备显示禁止信号且列车停车后需继续运行时，根据行车管理办法，经司机操作，列控车载设备按固定限制速度 40 km/h 监控列车运行，列车每运行一定距离（300 m）或一定时间（60 s）司机需确认一次。

（3）引导模式（CO）。当开放引导信号或出站信号机开放且列车前端距离出站信号机较远（大于 250 m）发车时，列控车载设备生成目标距离连续速度控制模式曲线，并通过 DMI 显示列车运行速度、允许速度、目标速度和目标距离等，车载设备按固定限制速度 40 km/h 监控列车运行，司机负责在列车运行时检查轨道占用情况。

（4）调车模式（SH）。当进行调车作业时，司机按压调车按钮，列控车载设备按固定限制速度 40 km/h（顶棚）监控车列前进或折返运行。

当工作在 CTCS-3 级时，经 RBC 同意，列控车载设备转入调车模式（SH）后与 RBC 断开连接，退出调车模式（SH）后再重新与 RBC 连接。

（5）隔离模式（IS）。当列控车载设备停用时，需在停车情况下，经操作隔离列控车载设备的制动功能。在该模式下，车载设备不具备安全监控功能。列控车载设备应能够监测隔离开关状态。

（6）待机模式（SB）。当列控车载设备上电时，执行自检和外部设备测试正确后自动处于待机模式，车载设备禁止列车移动。

当司机开启驾驶台后，列控车载设备中的 DMI 投入正常工作。

（7）休眠模式（SL）。该模式用于非本务端列控车载设备。在该模式下，列控车载设备仍执行列车定位、测速测距、记录等级转换及 RBC 切换信息等功能。

列车立折，非本务端升为本务端后，车载设备可自动进入正常工作状态。

（8）部分监控模式（PS）。该模式仅用于 CTCS-2 级控车。在 CTCS-2 级，当车载设备接收到轨道电路允许行车信息，而缺少应答器提供的线路数据时，列控车载设备产生一定范围内的固定限制速度，监控列车运行。

（9）机车信号模式（CS）。该模式仅用于 CTCS-2 级控车。当列车运行到地面设备配置未装备 CTCS-3 级/CTCS-2 级列控系统的区段时，根据行车管理办法（含调度命令），经司机操作后，列控车载设备按固定限制速度 80 km/h 监控列车运行，并显示机车信号。

当列车越过禁止信号时触发紧急制动。

四、接发动车组

1. 接发动车组“五固定”

为确保动车组列车运行安全、旅客乘降有序，提高动车组行车组织和旅客服务水平，接发动车组列车必须坚持“五固定”。

（1）“五固定”内容：

① 固定进路：接发动车组列车必须固定在基本进路上办理。

② 固定到发线：接发动车组列车必须在固定的到发线上办理。动车组按列控车载设备方式行车时，禁止在未设置 CTCS-2 信息的到发线及进路上接发动车组。

③ 固定站台：接发办理客运业务的动车组列车必须停靠固定站台。

④ 固定停车位置：车站应根据动车组不同车型、不同编组，分别设置动车组停车位置标，固定动车组停车位置。司机对标停车。

⑤ 固定接发车人员：接发动车组人员必须由对动车组相关知识进行专门培训、考试合格的人员担任，并在固定位置接送动车组列车。

（2）接发动车组“五固定”的有关内容应纳入《车站行车工作细则》。接发动车组的固定进路、固定到发线以及动车组变更进路，应列表放置在有关行车调度台、信号楼（行车室）。

（3）调度集中区段，在设备具备条件的情况下，各站接发动车组的固定到发线应纳入基本列车运行图数据。

（4）遇动车组接发不能在基本进路办理时，须经局集团公司调度所值班主任准许并发布调度命令。遇办理客运业务的动车组变更到发线接车时，除须经局集团公司调度所值班主任准许并发布调度命令外，行车人员应提前通知相关客运人员，做好接车准备。遇接发车人员需临时换班时，应指派经考试合格的胜任人员办理动车组接发作业。

2. 动车组接发车作业办法

（1）动车组发车前，列车长确认旅客上下完毕后，通知司机关闭车门；动车组到站停稳后，司机开启车门。按钮不在司机操作台上的，由列车长确认旅客上下完毕后，通知随车机械师关闭车门；动车组到站停稳后，由随车机械师开启车门。如自动开关门装置故障时，由司机通知列车工作人员手动开关车门。

（2）动车组司机在确认出站（进路）信号机显示或占用区间行车凭证正确，车门已关闭，即可起动列车。出站信号机开放或占用区间行车凭证已交付后，如需取消发车进路，车站值班员应确认列车尚未起动，通知司机，收回行车凭证后，再取消发车进路。

（3）在接发动车组时，车站助理值班员应站在规定地点接送列车。

（4）动车组进站时，在信号机外制动距离内，若进站方向为超过 6‰的下坡道，而接车线末端无隔开设备时，禁止办理相对方向同时接车和同方向同时发接列车（仅运行动车组列车的区段除外）。

（5）动车组进路相对方向不能同时接车时，应先接不适于在站外停车的列车、停车后起动困难的列车或后面有续行列车的列车。遇两列车不能同时接发时，原则上应按列车运行计划顺序接发。

（6）动车组在不满足 5 min 列车追踪间隔的处所，经国铁集团总公司批准，允许在出站信号机显示黄色灯光时，办理动车组由车站通过。

（7）动车组通过车站时，车站须提前停止通过进路上的作业和对列车运行安全有影响的作业。提前时间由局集团公司规定。

3. 动车组调车作业的规定

（1）动车组调车作业原则上采用自走行方式，凭地面信号机的显示运行。

（2）禁止通过驼峰、溜放调车、手推调车、连挂其他机车车辆调车（救援、附挂回送过渡车以及动车组无动力调车时的调车机、公铁两用牵引车除外）和跟踪出站调车，禁止向动车组停留线路溜放调车和手推调车。

（3）调车作业时，司机必须在动车组运行方向的前端操作。在不得已情况下必须在动车组运行方向的后端操作时，应指派随车机械师或其他胜任人员站在动车组运行方向的前端指挥，发现危及行车或人身安全时，应立即使用紧急停车按钮（紧急制动装置）或通知司机停车。动车段（动车运用所）设动车组地勤司机，负责动车组在动车段（动车运用所）内调车、试运行等移动车组作业。

（4）采用机车调车作业时，动车段（动车运用所）人员负责过渡车钩、专用风管和电气连接线的连接和分解并打开车门，调车人员负责车钩摘解、软管摘结。

（5）动车组检修过程中通过检修及检测设备的限速规定：经过踏面诊断设备，通过限速 45 km/h，检测限速 8 ~ 12 km/h；自走行经过洗车机时，通过限速为 3 ~ 5 km/h；牵车机牵引动车组时，通过限速为 1.5 ~ 3 km/h；通过轨道桥时，通过限速为 10 km/h；通过不落轮镟床，转向架更换及落轮设备时，通过限速为 5 km/h。

五、动车组运行

1. 基本要求

（1）动车组设司机、随车机械师、客运乘务组，不设运转车长。

（2）单列动车组为固定编组，运用状态下不得解编；两列同型动车组可重联运行。两列动车组重联时各升 1 架受电弓运行，但不得采用前车升后弓、后车升前弓的模式，采用前后车均升前弓或前后车均升后弓的模式时，工作受电弓间距为 200 ~ 215 m。动车组禁止加挂各型机车车辆；动车组禁止与其他列车混编。超过检修周期的动车组严禁上线运行。

（3）动车组上线运营前，必须达到运用状态，符合动车组运用技术标准要求，运行途中不进行客列检作业。动车组设备故障不能继续运行时，不得拆解、甩车。

（4）两列动车组重联或摘解时，由动车组随车机械师负责引导，司机确认。重联或摘解后的动车组由随车机械师配合司机做相关试验。摘解操作时，主动车组必须一次移动 5 m 以上方可停车。

（5）动车组正常运行中，严禁打开气密窗。

（6）动车组运行遇发生影响行车的设备故障（列车设备故障除外）时，原则上应先处理故障，后组织行车。设备故障暂时无法修复时，确需组织行车时，应根据有关行车限制条件组织行车。

（7）动车组在车站无动力停留时，由车站进行防溜；无停放制动装置的动车组在区间无动力停留时，由动车组司机通知随车机械师进行防溜。防溜时应使用止轮器牢靠固定。在车站站线停留时，应将线路两端的道岔扳向不能进入该线路的位置。

（8）动车组不得通过半径小于 180 m 的曲线，不得侧向通过小于 9 号单开道岔和 6 号对称双开道岔。

（9）动车组通过高度为 1 100 mm 及以上高站台时，速度不得超过 70 km/h。

（10）动车组应能由救援机车连挂运行并实施制动，列车管压力采用 600 kPa。

（11）动车组在 CTCS-2 级区段运行时，禁止在区间与超限货物列车交会。

2. 行车闭塞

（1）在 CTCS-2 级区段，动车组在完全监控模式、部分监控模式下运行时，进入闭塞分区的行车凭证为列控车载设备显示的允许运行的信号（允许运行的速度值，以下同）。在 CTCS-0/1 级区段行车，动车组按特快旅客列车办理。

（2）在调度集中区段，由列车调度员办理接发列车，遇基本闭塞法停用或出站、进站（进路）信号机故障停用时，以调度命令作为行车凭证，列车调度员须确认发给行车凭证的依据及附带条件。

（3）在 CTCS-2 级区段，出站（发车进路）信号机故障时，动车组的行车凭证为绿色许可证，列控车载设备应转入目视行车模式；当列控车载设备收到允许运行的信号时，按列控车载设备显示运行。基本闭塞法停用按电话闭塞法行车或列控车载设备故障时，司机应根据调度命令将列控车载设备转入隔离模式，按 LKJ 方式行车。动车组按 LKJ 方式行车，遇机车信号或 LKJ 故障时，按《铁路技术管理规程》第 270 条有关规定办理。

（4）动车组列控车载设备转入和退出隔离模式以及列控车载设备与 LKJ 之间进行人工转换时，须经列车调度员向司机及有关车站发布调度命令，司机停车后人工操作。

（5）列车调度员使用无线传送系统向列车司机传递行车凭证、调度命令时，司机应及时签认接收。司机对其内容有疑问时，须立即使用列车无线调度通信设备向列车调度员询问。

3. 区间运行

（1）动车组在区间运行，列控车载设备显示停车信号时，列车必须立即停车，司机应使用列车无线调度通信设备通知随车机械师。列车停车等候 2 min，列控车载设备仍未收到允许运行的信号时，司机将列控车载设备转入目视行车模式，列车以遇到阻碍能随时停车的速度继续运行，最高速度不超过 20 km/h，直到列控车载设备收到允许运行的信号，按列控车载设备显示运行。在停车等候的同时，必须与列车调度员、车站值班员联系，如确认前方闭塞分区内有列车时，不得进入。

（2）动车组运行中遇列控车载设备故障并导致列车停车后，司机应使用列车无线调度通信设备报告列车调度员或车站值班员，并通知随车机械师将系统断电 30 s 后重新启动。若设备恢复正常，继续运行；若设备仍不能恢复正常，根据调度命令将列控车载设备转入隔离模式。

（3）动车组在区间被迫停车后须返回后方站时，列车调度员必须确认动车组至后方站间已空闲，方可发布调度命令。司机将列控车载设备转入隔离模式，按调度命令以不超过 20 km/h 的速度人工控制动车组返回。在不得已情况下，列车必须退行时，列车调度员须确认后方区间已空闲，随车机械师或指派的胜任人员应站在列车尾部司机室注视运行前方，发现危及行车或人身安全时，应立即使用列车无线调度通信设备通知司机，使列车停车。列车退行速度不得超过 15 km/h。

（4）动车组在救援、无动力回送连挂机车或回送过渡车时，应进行制动试验。

4. 动车组回送要求

（1）动车组回送按旅客列车办理，原则上采用自走行方式。无动力回送时可根据《回送技术条件》加挂回送过渡车，使用客运机车牵引。高铁线路与既有线并行时，尽可能安排高铁线路回送。两列同型短编动车组可重联回送。

（2）动车组回送运行时，须安排动车组司机及随车机械师值乘。随车机械师由配属局担当，动车组司机由机务部门安排，配属局负责更新 LKJ 数据。自走行回送时，非担当区段应指派带道司机。

（3）动车组回送不进行客列检作业。动车组（回送过渡车）与本务机车车钩摘解、软管摘结按《铁路技术管理规程》有关规定办理。过渡车钩、专用风管和电气连接线的连接和分解由随车机械师负责，动车组司机配合。

（4）动车组安装过渡车钩回送时，限速 120 km/h 运行，尽可能避免实施紧急制动。发生紧急制动后，本务司机必须通知随车机械师，经随车机械师检查过渡车钩状态良好后方可继续运行。

（5）动车组需加挂回送过渡车时，回送过渡车由该动车组使用单位与主机企业协商确定，回送过程必须派员押送，确保回送安全。

动车组回送时，列车调度员应根据相关动车段（动车运用所）提出的限速、回送方式（有、无动力）、可否折角运行等注意事项，发布有关调度命令。

5. 动车组连挂与摘解

（1）单列动车组实行固定编组，运行过程中不解编。

（2）两列型号代码相同的动车组可连挂运行，其连挂与摘解作业由动车组司机和随车机师负责。

（3）两列车连挂时应在站场内进行（尽可能选在直线路），对于需在线路上进行作业时，须按规定进行安全防护。作业过程中须按规定做好动车组的防溜保护。

（4）动车组连挂作业要求如下：

① 车站按规定办理进路，开通信号；司机确认信号正常后，开始连挂作业。

② 移动动车组在距被连挂车组 10 m 处停车，随车机师下车确认连接装置状态良好，向司机显示连挂信号。

③ 连接时，司机分别在连接端司机室按规定程序操纵，连挂速度为 3 ~ 5 km/h。

④ 连挂后，随车机师确认车下连挂状态良好后通知司机，司机确认车载信息显示正常，并按规定程序进行检测。

⑤ 司机确认动车组连挂作业完成后，转换司机室，进入运行方向前端司机室并检测车载信息，确认显示正常后即向车站报告。

（5）动车组摘解作业要求如下：

① 车站按规定办理进路，开通信号；司机确认信号正常后，开始解编作业。

② 摘解前，随车机师下车检查连接装置状态，确认可以摘解后向司机显示摘解信号。

③ 摘解时，司机分别在连挂端司机室按规定程序操纵，移动其中一列动车组，另一列动车组处于制动状态。动车组移动速度不超过 5 km/h，移动至距停留动车组 10 m 处停车。

④ 停车后，随车机师确认连接装置正常复位，并通知司机。

⑤ 司机接到通知后，按规定程序进行转换司机室作业并检测车载信息，确认显示正常，及时向车站报告。

6. 机车与动车组连挂及摘解

（1）机车与动车组连挂按以下要求作业：

① 连挂前，随车机师在动车组连挂端安装中间过渡车钩及风管、连接线；动车组司机在连挂端司机室按规定程序操作，做好动车组连接前准备，并通知机车司机。

② 机车司机确认符合连挂条件后，方可进行连挂。

③ 连挂时，机车限速 5 km/h。

④ 连挂后，动车组乘务组人员按规定程序进行作业，机车司机组织进行试风及供电状态检查，动车组司机在司机室确认车载信息正常，向机车司机报告。

⑤ 机车司机确认连挂作业完毕，向车站报告。

（2）机车与动车组摘解按以下要求作业：

① 摘解前，动车组处于制动状态，机车停止 DC 110 V 电源供电。动车组随车机师确认动车组制动及停电，摘解机车及动车组间风管、连接线及车钩，并通知司机。

② 机车司机确认具备摘解条件后方可开始摘解作业。

③ 摘解时，机车限速 5 km/h。

7. 动车组救援

救援与回送

（1）动车组在区间被迫停车后，不能继续运行时，司机应立即使用列车无线调度通信设备通知两端站、列车调度员及随车机械师，报告停车原因和停车位置，并迅速请求救援。司机实施停放制动，无停放制动动车组应指派随车机械师做好防溜工作。

（2）列车调度员接到动车组在区间被迫停车的救援请求后，按规定发布调度命令封锁区间，并立即向调度所值班主任报告，按就近最快的原则组织救援机车，开展救援工作，并将救援方案立即通知车站值班员和动车组司机。

（3）已请求救援的动车组，不得再行移动。动车组司机应了解救援列车开来方向，动车组随乘司机（无随乘司机时，由列车长指定人员）协助随车机械师在救援列车来车的一端安装过渡车钩、专用风管。具备升弓条件的，司机升弓前必须与救援机车保持联系，防止发生弓网事故。动车组被救援后，运行途中可关闭司机警惕装置。

（4）如需停电作业，必须按规定办理停电验电手续。

（5）随车机械师在安装完过渡车钩、专用风管后，应到救援机车来车一端不少于 300 m 处设置防护，并指挥救援机车进行连挂作业，确认救援机车与动车组连挂好以及动车组状态正常，将救援运行条件通知救援机车司机。

（6）救援机车司机在救援作业过程中，要严格遵守有关限速等规定，与动车组司机保持联系。救援运行中速度不得超过 120 km/h，并尽可能避免实施紧急制动。

（7）动车组由机车救援返回后方站转入隔离模式，取消机车救援后退出隔离模式，由动车组司机自行转换。

（8）动车组由机车牵引继续运行时，由列车调度员向救援机车司机发布限速 120 km/h 运行的调度命令。

（9）当故障动车组处理后可继续运行时，列车调度员应根据动车组司机的请求，发布取消动车组救援的调度命令。

（10）动车组被迫停在接触网分相无电区，换弓不能正常受流时，应尽量组织内燃机车在列车运行前进方向担当救援。

使用电力机车救援时，动车组司机应查明动车组前方无电区的长度（前方无电区长度的判明方法是动车组前端距“合”电标的距离减去 30 m），前部距离能满足执行救援任务的电力机车在列车前方升弓受流的条件时，动车组司机报告车站值班员或列车调度员“电力机车可以从前部救援”，否则报告“电力机车只能从尾部救援”。从尾部救援时，列车调度员应发布列车救援调度命令，动车组司机应在动车组尾部司机室，并与救援车司机保持联系。动车组拉出无电区后，应在距离分相断电标不少于 800 m 处停车，摘开救援车。动车组司机升弓受流恢复正常运行。列车被迫停于接触网电分相前方，不具备越过电分相条件时，不准退行；动车组司机应立即报告车站值班员或列车调度员，按其指示办理，并按规定指派随车机械师做好防溜、防护工作。

任务检测

1. 对比 2 级列控和 3 级列控系统的区别，分析 3 级列控比 2 级列控系统的优势在哪里？
2. 请画出轨道电路的作用原理图。
3. 你还能想出更先进的列车控制系统吗？

任务四 动车组停放防冻管理办法

任务描述

（1）掌握动车组停放防冻管理办法；
（2）熟悉动车组防冻排水作业办法。

背景知识

为防止动车组给排水及集便系统设备因存水冻结造成损坏，确保动车组完好，根据动车组的技术特点，动车组维修管理部门应该组织相关人员认真学习，严格落实各项停放防冻管理措施，执行相关防冻排水作业办法，确保动车组防冻工作顺利进行。

一、动车组停放防冻管理办法

动车组在气温低于 0 °C 停放时，为了防止部分设备（重点是高压牵引、空调采暖、供风及制动管系、车体密封、给排水卫生等设施）因存水冻结造成损坏，确保动车组完好，特制订本办法。

（1）气温低于 0 °C 时，动车组应停放于具备防冻保温功能的处所，停放处所应具备下列条件之一：

① 接触网供电。

② 外接单相 AC 400 V 地面电源供电。

③ 暖库。

（2）供电工况下的防冻：

① 确认动车组具备升弓或地面供电条件后，值班人员进行供电操作。

② 值班人员通过 MON 屏将动车组空调设置在供暖工况，并确认空调、司机室电加热、设备电伴热装置工作正常。

③ 允许间隔供电，当室内温度达到 18 ~ 20 °C 且保持 1 h 方可断电。供电时间间隔，视各地区具体情况由局集团公司自行确定。

（3）非供电工况下的防冻执行各型动车组防冻排水作业办法。

（4）动车组防冻工作由车辆部门负责，应成立防冻值班队伍。

（5）动车组进入高级检修前必须进行排空作业，高级检修期间的动车组防冻工作由施修单位负责。

（6）停放前应按照排水操作程序对动车组进行排水、吸污作业，并做好记录。在保持供电工况或暖库停放时动车组可不排水。

（7）供电停放时，值班人员随时掌握供电状态，不得擅自离岗；交接班时办理好动车组钥匙、设备备品交接，认真填写交接记录。

（8）供电期间，值班人员每小时对动车组车内的供电设备运行情况及车内温度进行巡视检查，做好记录。发现问题，及时处理并上报。

（9）停放的动车组，禁止使用坐式卫生间、蹲式卫生间设施。

（10）车辆部门应加强对防冻工作的领导，指定专人负责，定期开展防冻作业的演练，积极探索动车组防冻工作的规律。

二、动车组防冻排水作业办法

当外界环境温度低于 0 °C 时，动车组应供电防冻。动车段不具备防寒防冻条件时，动车组应进行排空作业。国铁集团已颁布了各型动车组防冻排水作业办法，详细规定了各型动车组防水作业的操作规程和操作步骤，以下为 CRH380A 统型动车组防冻排水作业办法：

1. 要　求

速度 350 km/h 速度级（CRH380A 统型）动车组在气温低于零度环境、非供电工况下停放时，为防止车辆存水结冰导致设备损坏，需提前进行动车组防冻排水作业。

2. 工艺流程（见图 3-8）

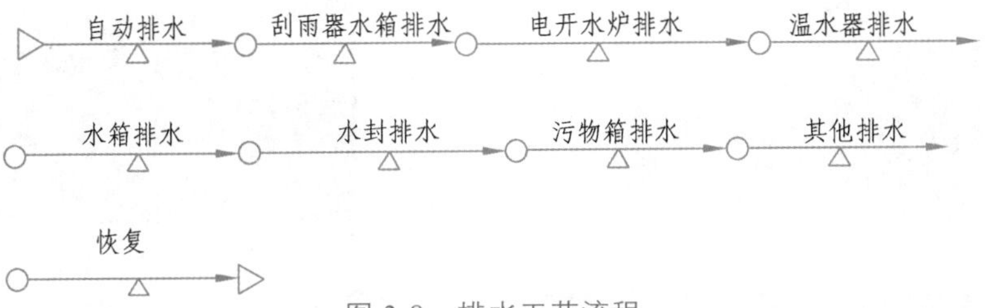

图 3-8　排水工艺流程

3. 排水办法

（1）准备。

① 排水设备分布，如表 3-1 所示。

表 3-1　排水设备分布

主要设备分布	车种							
	T1	M1	M2	M3	M4	M5	M6	T2
水箱分布情况及容量/L	700	车上 400	700	车上 400	700	车下 700	700	700
便器分布（座便、蹲便）	1 座	1 座 1 蹲	1 座 1 蹲	1 座 1 蹲	—	1 座 1 蹲	1 座 1 蹲	1 座
污物箱分布及容量/L	450	450	450	450	—	450	450	450
电开水炉分布/个	1	1	1	1	1	1	1	1
洗脸室	—	有	有	—	—	有	有	—
水封/个	2	2	2	2	1	1	1	1
刮雨器水箱/个	1（车下）	—	—	—	—	—	—	1（车下）

② 排水标准。打开排水阀门，待排水口在 1 min 内无水滴下时，认为设备存水排空，各设备存水排空后方可进行各阀门的恢复。

（2）自动排水。

① 自动排水条件：将车辆给水设施整备为正常工作状态，车辆通高压电。

② 排水范围：设有卫生间车供水主管路、水泵、水增压器及附属管路、便器、排污管路及中转箱；开水炉及餐车水泵及供水管路。

③ 自动排水方式：分为集控防冻排空和单车防冻排空两种，只需选择一种进行操作即可。

④ 集控防冻排空功能。动车组低压供电（DC 100 V），温水污物配电盘的【集便器控制】（餐车为【给水控制】）和【水泵电源】NFB 设为 ON（见图 3-9，图 3-10），且总风压力不低于 600 kPa 的条件下，右旋打开司机室的【停放】开关或逐车打开 DTC 的【防冻排空】按钮（餐车为【防冻排水】按钮），启动防冻排空功能（见图 3-11，图 3-12）。

图 3-9　温水污物配电盘

图 3-10　餐车温水污物配电盘

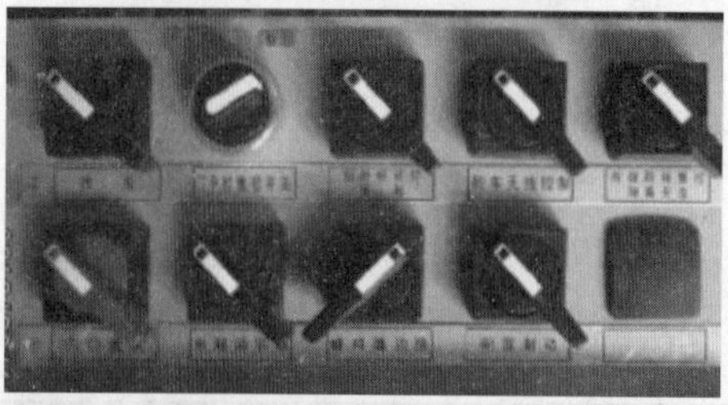

图 3-11　【停放】开关

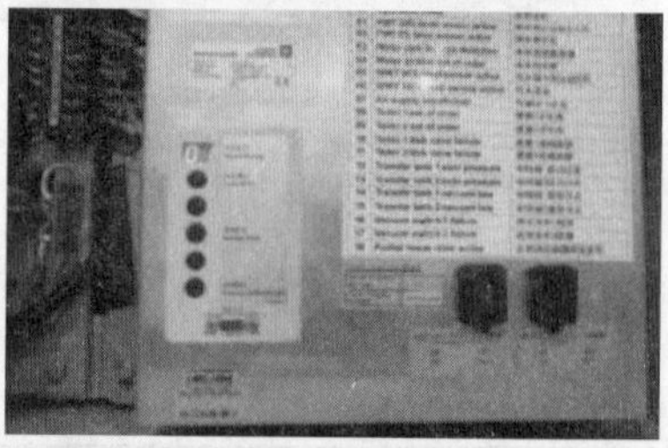

图 3-12　DTC

防冻排空动作过程如下：

a. 给水系统进水电磁阀失电关闭，水泵停止运转；

b. 给水系统排水电磁阀失电打开，排尽供水管路存水；

c. 给水系统供水管路排水 15 min 后，中转箱自动清空 1 次→便器自动冲洗 3 次→中转箱自动清空 3 次，以排尽便器、水增压单元及附属管路、中转箱的存水；

d. 给水卫生系统停止工作，便器禁用。

防冻排空动作完成之后，手动打开水增压单元的电磁阀，确认存水已排尽。

⑤ 单车防冻排空功能。按动设有卫生间各车【防冻排空】开关，对应本车按设定程序清空供水主管路、水泵、水增压器及附属管路、便器、排污管路及中转箱存水，排空程序与集控防冻排空相同。

排水完毕后，将集控防冻排空用【停放】开关或各车辆单车防冻排空用【防冻排空】开关恢复。

（3）车上设备排水。

① 电开水炉排水。打开电开水炉检查门，将电开水炉产水箱、储水箱、净水器排水塞门全部打开（旋塞与管路平行为开）进行排水，待水排尽后关闭各排水阀（见图 3-13）。

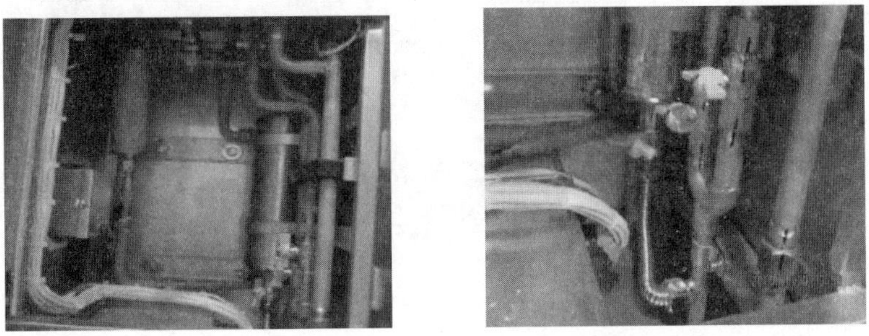

图 3-13　电开水炉储水箱、产水箱排水阀

② 温水箱排水。打开温水箱排水阀，卸下热水出水口螺堵和进水口螺堵，手动拔开膨胀水安全阀，待水排尽后恢复螺堵，关闭排水阀。其中因 E28 温水器下无接水盘及地漏，故在温水器排水期间需用干抹布放在两螺堵排水口下端，防止排水漏在地板上，同时在排完水后需将地板上的水迹擦干（见图 3-14，图 3-15）。

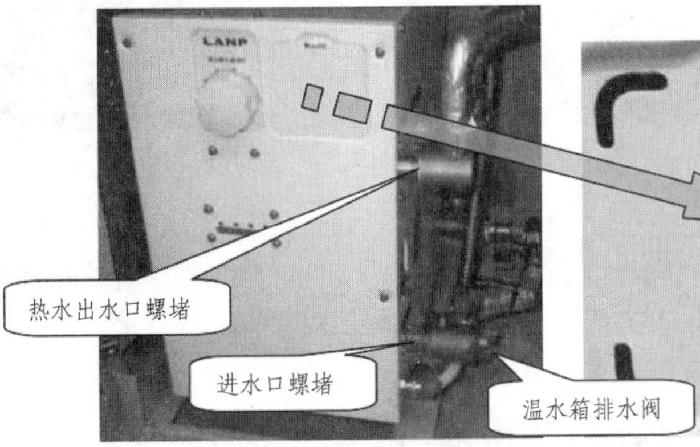

图 3-14　温水箱供水管路

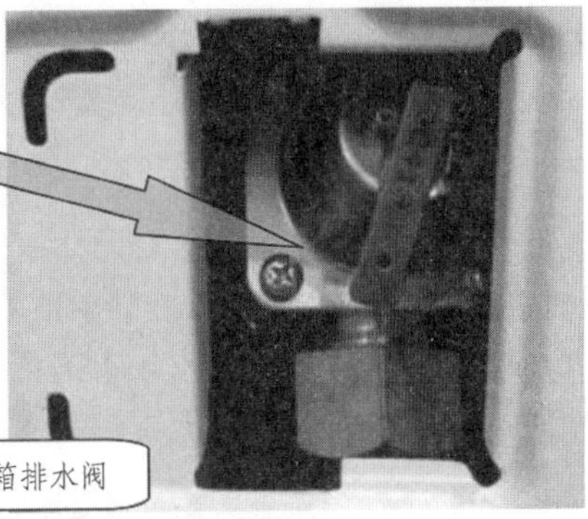

图 3-15　温水箱膨胀水安全阀

③ 水龙头、皂液器排水。反复按压水龙头和皂液器，直到排尽存水为止（见图 3-16）。

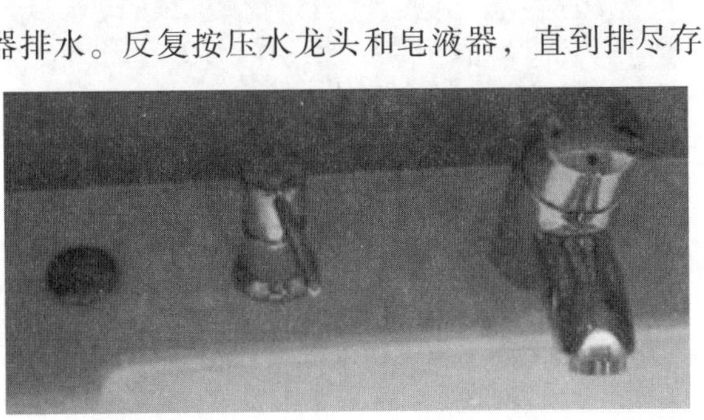

图 3-16　水龙头、皂液器

④ 车上水箱排水。打开车上水箱的检查门，打开车上水箱和水泵的排水阀（塞门与管路平行为开），进行车上水箱和水泵排水，阀门位置如图 3-17 所示。

图 3-17　车上水箱排水

⑤ 车上其他排水。旋转操作黑色手柄将洗水池内存水通过排水阀进行排空（见图 3-18）。同时将洗水池下端两红色阀打开进行排水（见图 3-19）。

图 3-18　车上洗水池排水

图 3-19　车上洗水池下端红色排水阀

（4）车下设备排水（无电状态下）。

① 刮雨器水箱排水。将车下刮雨器水箱排水口打开（见图 3-20 红圈处）对刮雨器水箱进行排水，直至刮雨器水箱液位处于最低处。为防止刮雨器喷水管路有存水，需在通电状态下，进行刮雨器排水动作。直至雨刷无水喷出为止。

图 3-20　刮雨器水箱

② 车下水箱排水。打开车下水箱外侧的排水阀和水泵清空阀，进行车下水箱及水泵排水，如图 3-21 所示。

图 3-21　车下水箱排水阀

③ 污物箱排水。打开污物箱的排污阀排尽污物箱存水（见图 3-22），必要时可采用吸污车进行排空。

图 3-22　污物箱排污阀

④ 水封排水。卸下水封的排水螺堵，排尽水后恢复螺堵（见图 3-23）。

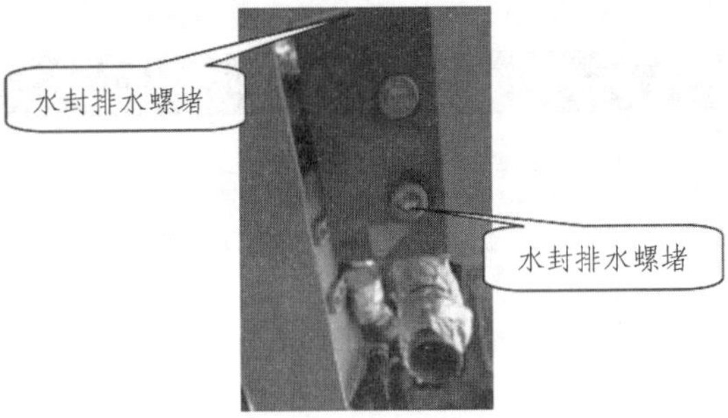

图 3-23　水封排水螺堵

（5）制动系统冬季存放。

① 辅助空气压缩机排水。断电后，打开辅助空气压缩机的油水分离器排水阀和辅助空压机排水阀，排尽存水（见图 3-24，图 3-25）。

图 3-24　油水分离器排水阀

图 3-25　辅助空压机排水阀

② 制动控制装置排水。断电后，打开 3 个风缸（主风缸、供给风缸、控制风缸）的排水旋塞排水（见图 3-26）。

图 3-26　MR、SR、CR 排水阀

（6）恢复。

各设备均排水完毕后，按次序逐项恢复各水阀、开关、排污阀等，并恢复各设备检查门及罩板。

注意事项：排水完毕，紧固件涂打防松标记，确认各部密封良好。

任务检测

在乘坐动车组列车时观察你所乘坐的动车组车型，并在车上观察各用水储水设备的数量及位置，或查找资料，完成下表：

XXX 型动车组用水储水设备分布

设备/车号	01 车	02 车	03 车	04 车	05 车	06 车	07 车	00 车
水箱								
污物箱								
坐便								
蹲便								
电茶炉								
洗面池								
刮雨器								

技能考核

动车组防冻排水作业技能考核

动车组防冻排水实作单

班级		姓名	
项目	考核内容及评分标准	配分	扣分情况
电开水炉排水	打开电开水炉检查门，将电开水炉产水箱、储水箱、净水器排水塞门全部打开（旋塞与管路平行为开）进行排水，待水排尽后关闭各排水阀。	7	

续表

班级		姓名	
项目	考核内容及评分标准	配分	扣分情况
温水箱排水	打开温水箱排水阀，卸下热水出水口螺堵和进水口螺堵，手动拔开膨胀水安全阀，待水排尽后恢复螺堵，关闭排水阀。其中因E28温水器下无接水盘及地漏，故在温水器排水期间需用干抹布放在两螺堵排水口下端，防止排水漏在地板上，同时在排完水后需将地板上的水迹擦干。	8	
水龙头、皂液器排水	反复按压水龙头和皂液器，直到排尽存水为止。	5	
车上水箱排水	打开车上水箱的检查门及车上水箱和水泵的排水阀（塞门与管路平行为开），进行车上水箱和水泵排水。	7	
车上其他排水	旋转操作黑色手柄将洗水池内存水通过排水阀进行排空。同时将洗水池下端两红色阀打开进行排水。	7	
刮雨器水箱排水	将车下刮雨器水箱排水口打开对刮雨器水箱进行排水，直至刮雨器水箱液位处于最低处。为防止刮雨器喷水管路有存水，需在通电状态下，进行刮雨器排水动作，直至雨刷无水喷出为止。	8	
车下水箱排水	打开车下水箱外侧的排水阀和水泵清空阀，进行车下水箱及水泵排水.	7	
污物箱排水	打开污物箱的排污阀，排尽污物箱存水，必要时可采用吸污车进行排空。	8	
水封排水	卸下水封的排水螺堵，排尽水后恢复螺堵。	7	
辅助空气压缩机排水	断电后，打开辅助空气压缩机的油水分离器排水阀和辅助空压机排水阀，排尽存水。	8	
制动控制装置排水	断电后，打开3个风缸（主风缸、供给风缸、控制风缸）的排水旋塞排水。	8	
恢复	各设备均排水完毕后，按次序逐项恢复各水阀、开关、排污阀等，并恢复各设备检查门及罩板，排水完毕，紧固件涂打防松标记，确认各部密封良好。	20	
总计	100	得分	

拓展阅读三

讨论：学习能力是一个新时代高铁青年的核心竞争力。

项目四 动车组非正常行车组织

项目描述：

通过本项目的学习，使学生掌握非正常情况下的行车组织办法，掌握动车组灾害天气行车作业办法，学会动车组突发事件的应急处理。

项目任务：

（1）非正常情况下行车作业；
（2）动车组灾害天气行车作业办法；
（3）动车组突发事件的应急处理办法。

任务一 非正常情况下行车作业

任务描述

（1）熟悉非正常情况行车时对动车组司机的要求；
（2）掌握非正常行车组织的相关规定。

背景知识

动车组发生非正常情况行车时，如何正确判断，并按照标准程序进行快速处理，尽量缩短影响时间，尽快恢复正常运行秩序，是确保动车组正常运营的根本手段。同时，要求作业人员具有强烈的责任心，认真负责的工作态度以及服务人民的大局意识。

一、非正常情况行车时对动车组司机的基本要求

（1）发生非正常情况行车时，动车组司机必须沉着冷静，仔细观察。发生非正常情况后，紧张、图快是大忌。任何的非正常情况，肯定有它最终的正确处理程序和方法，一旦过度地紧张而且盲目求快，对现象的观察就可能有漏项或者错误，对后面的判断处理就会

造成毁灭性的作用。如果说，非正常情况行车处理分三步走的话，这第一步的“观察”是至关紧要的，它直接影响第二步的“判断”和最后的“处理”，只要观察出错，判断和处理肯定跟着出错。

（2）根据现象和条件，要进行周密的分析判断。作为动车组司机，遇到非正常情况行车时，既要考虑设备条件，又要综合行车组织办法，而且还要进行车、机、供、电、辆等各专业的协调，这时候就必须结合观察到的非正常现象和所有行车条件，进行逐一的分析判断，进行正确的取舍，确保不错不漏。

（3）按规定程序标准进行处理。“观察”至关重要，是先决条件，跟着“判断”准确了，也还只是条件之一，更加重要的是结果 —— “处理”。处理方面，尽管有随车机械师从旁配合，但仅限于车组的设备质量方面，实际上还是动车组司机一个人，在没有互控的情况下，同样要求动车组司机必须按照程序标准进行，每一个程序都不能颠倒、不能出错、不能疏漏。

从作业层面上，要求动车组司机必须达到 3 个基本要求，但最主要还是要从管理层面入手，不断规范动车组非正常情况行车办法，同时强化动车组司机日常培训。只有双管齐下，才有可能达到非正常情况行车时的万无一失。

二、非正常行车组织

1. 动车组双线区间反方向行车

（1）列车在双线区间，应按左侧单方向运行；只有整理列车运行时，列车可反方向运行。若为旅客列车，仅在正方向区间的线路封锁、发生自然灾害、因事故中断行车，以及正方向设备故障严重影响列车运行秩序而反方向自动站间闭塞设备良好等特殊情况下，经调度所值班主任（值班副主任）准许，可反方向运行。

（2）列车反方向运行时，列车调度员应发布调度命令。列车调度员（车站控制时为车站值班员）确认反方向区间空闲后，发布相应调度命令。

（3）动车组列车在 CTCS-3 级区段反方向运行时，最高允许速度为 300 km/h；在 CTCS-2 级反方向运行时，最高允许速度为 250 km/h；其中在 CTCS-2 级区段，250 km/h 线路上最高允许速度为 200 km/h，200 km/h 线路上最高允许速度为 160 km/h。

2. 列车被迫停车后的处理

（1）列车在区间被迫停车不能继续运行时，司机应立即使用列车无线调度通信设备通知列车调度员（两端站）及随车机械师（车辆乘务员），报告停车原因和停车位置，根据需要迅速请求救援。

① 随车机械师（车辆乘务员）、客运乘务组均应听从司机指挥，处理有关行车、列车防护和事故救援等事宜。

② 列车调度员（车站值班员）接到司机通知后，通知司机区间内列车运行情况，并立即使用列车无线调度通信设备通知区间内后续列车停车，在停车原因消除前不得再向区间内放行列车。

③ 对已请求救援的列车，不得再行移动，并按规定对列车进行防护。

④ 列车在区间被迫停车后，应保证就地制动，防止列车溜逸。如遇自动制动机故障，动车组以外的旅客列车司机应通知车辆乘务员立即组织列车乘务人员拧紧全列人力制动机；其

他列车司机应立即采取安全措施，并向列车调度员报告。

⑤ 需要防护时，列车前方由司机负责，列车后方由随车机械师（车辆乘务员）负责，配备列车防护报警装置的列车应首先使用列车防护报警装置进行防护。

（2）列车被迫停车可能妨碍邻线时，司机应立即使用列车无线调度通信设备通知邻线上运行的列车和列车调度员（两端站），并与随车机械师（车辆乘务员）分别在列车头部或尾部附近对邻线来车方向轨道电路进行短路。配备列车防护报警装置的列车应首先使用列车防护报警装置进行防护。

列车被迫区间停车时，司机应亲自或指派人员沿邻线一侧对列车进行检查，发现妨碍邻线时，应立即报告列车调度员（两端站）。如发现邻线有列车开来时，应鸣示紧急停车信号。列车调度员（车站值班员）接到列车被迫停车可能妨碍邻线的通知后，应立即通知邻线有关列车停车，在停车原因消除前不得向邻线放行列车。

（3）列车在区间被迫停车后，需按规定做好防护。

① 列车已请求救援时，从救援列车开来方向（不明时，从列车前后两方向），距离列车不小于 300 m 处放置响墩防护；在仅运行动车组列车的线路上，列车在区间被迫停车后已请求救援时，由随车机械师在救援列车开来方向，距离列车不小于 300 m 处人工进行防护，不再放置响墩防护。

② 列车分部运行，机车进入区间挂取遗留车辆时，应从车列前方距离不小于 300 m 处放置响墩防护。

③ 防护人员设置的响墩在停车原因消除后，由防护人员撤除。

3. 列车在区间退行、返回

（1）列车特殊情况下必须在区间退行时，列车调度员须扣停后续列车，并确认退行距离内的闭塞分区空闲后，允许退行。随车机械师（车辆乘务员）或指派的专职人员应站在列车尾部注视运行前方，发现危及行车或人身安全时，应立即使用紧急制动装置（紧急制动阀）或通知司机，使列车停车。列车退行速度不得超过 15 km/h。

（2）列车若需退行至站内，列车调度员还应确认列车至后方站间已空闲。列车调度员（车站控制时为车站值班员）根据线路占用情况，可开放进站信号机或按引导办法将列车接入站内。动车组列车若需退行至站内，列车调度员应发布调度命令。

（3）动车组列车退行时，按隔离模式退行。

（4）在降雾、暴风雨雪及其他不良条件下，难以辨认信号时，列车不准退行。

（5）动车组列车在区间被迫停车后须返回后方站时，列车调度员必须确认动车组列车至后方站间已空闲，方可发布调度命令。司机根据调度命令，在动车组列车运行方向（折返）前端操作，列车按隔离模式返回，运行速度不得超过 40 km/h。

（6）列车在不得已情况下，必须分部运行时，司机应报告列车调度员（车站值班员），并组织做好遗留车辆的防溜和防护工作，车站值班员立即报告列车调度员。司机在记明遗留车辆辆数和停留位置后，方可牵引前部车辆运行至前方站，在运行中仍按信号显示运行。列车调度员应封锁区间，待将遗留车辆拉回车站，确认区间空闲后，方可开通区间。

（7）列车分部运行时，司机必须检查试验列车制动主管的贯通状态，确认具备开车条件后，方可起动列车。但在下列情况不准列车分部运行：

① 采取措施后可整列运行时。

② 对遗留车辆未采取防护、防溜措施时。

③ 遗留车辆无人看守时。

④ 司机与列车调度员及车站值班员均联系不上时。

⑤ 遗留车辆停留在超过 6‰坡度的线路上时。

4. 列车冒进信号机

（1）列车冒进信号机后，司机应立即停车报告列车调度员（车站值班员），并不得擅自动车，车站值班员报告列车调度员。列车调度员（车站值班员）接到司机冒进进站（接车进路）信号机报告后，立即通知已进入区间的后续列车停车，不再向该区间放行列车。

（2）列车冒进进站（接车进路）信号机时，列车调度员（车站控制时为车站值班员）在确认接车进路准备妥当和列车运行条件具备后，使用列车无线调度通信设备通知司机进站。

（3）列车冒进出站（发车进路）信号机时，列车调度员（车站控制时为车站值班员）应在具备条件后，布置列车后退。但对出发或通过列车，列车调度员（车站控制时为车站值班员）根据实际情况，可在确认发车进路准备妥当、第一个闭塞分区空闲（自动站间闭塞区段为区间空闲）、列车运行条件具备后，使用列车无线调度通信设备通知司机继续运行。

5. 列车运行晃车

（1）列车运行途中，司机发现晃车时，应立即减速运行并向列车调度员（车站值班员）报告晃车地点及晃车时列车运行速度，待本列无异常状况后恢复常速运行。车站值班员报告列车调度员。

（2）列车晃车并且运行速度为 160 km/h 以下时，列车调度员（车站值班员）立即通知已进入区间的后续列车停车，不再向该区间放行列车，并通知工务部门。列车调度员根据工务部门上道检查的申请，及时发布本线封锁、邻线限速 160 km/h 及以下的调度命令后，准许上道检查。工务检查设备后，根据现场具体情况，确定列车放行条件。

（3）列车晃车并且运行速度为 160 km/h 及以上时，列车调度员应向后续首列发布限速 120 km/h 的调度命令，限速位置按司机汇报的晃车地点前后各 1 km 确定。列车通过晃车地点后，司机应立即向列车调度员报告运行情况。若晃车持续，列车调度员立即通知已进入区间的后续列车停车，不再向该区间放行列车，通知工务部门，根据工务部门上道检查的申请，及时发布本线封锁、邻线限速 160 km/h 及以下的调度命令后，准许上道检查。工务检查设备后，根据现场具体情况，确定列车放行条件。若不再晃车，则按 160 km/h、250 km/h、常速逐级逐列提速。

在逐级逐列提速的过程中，再次发生晃车时，列车调度员应立即通知已进入区间的后续列车停车，不再向该区间放行列车，通知工务部门，根据工务部门上道检查的申请，及时发布本线封锁、邻线限速 160 km/h 及以下的调度命令后，准许上道检查。工务检查设备后，根据现场具体情况，确定列车放行条件。

6. 列车停在接触网分相无电区

（1）动车组列车停在接触网分相无电区不能继续运行时，司机应立即降弓，并报告列车调度员（车站值班员）。列车调度员（车站值班员）立即通知已进入区间的后续列车停车，不再向该区间放行列车。

（2）动车组具备采用换弓、退行闯分相等方式自救时，司机应准确报告动车组停车位置，由列车调度员、供电调度员、动车司机调度员共同根据动车组类型、停车位置、牵引供电设备状况等确定自救方案，组织自救。

（3）动车组不具备自救条件，但可以向中性区远动送电时，可在该分相后方接触网供电臂办理停电后，由列车调度员向供电调度员办理向中性区远动送电手续，通知停在该分相的列车升弓，待该列车驶出分相区后，再通知供电调度员恢复原供电方式并向后方接触网供电臂送电，恢复后续列车正常运行。

（4）动车组不具备自救条件且不能向中性区远动送电时，列车调度员发布邻线限速 160 km/h 及以下的调度命令，司机组织相关人员按规定对列车进行防护，并确认列车前、后方接触网无电区长度，向列车调度员报告。列车调度员根据司机有关前、后方接触网无电区长度的报告，确定救援方案，组织救援。

7. 列车碰撞异物

（1）列车运行中碰撞异物影响行车安全时，司机应立即采取停车措施，并向列车调度员（车站值班员）报告碰撞异物地点、碰撞异物情况及停车地点，动车组列车司机还应通知随车机械师。车站值班员报告列车调度员。列车调度员（车站值班员）立即通知本线已进入区间的后续列车停车，不再向该区间放行列车。需下车检查时，列车调度员根据司机请求及时发布邻线限速 160 km/h 及以下的调度命令，司机在接到列车调度员已发布相关调度命令的口头指示后，下车检查（动车组列车为通知随车机械师下车检查）。

（2）动车组列车经检查可以继续运行时，司机向列车调度员报告检查情况。如检查未发现异常情况，列车调度员向本线后续首列发布口头指示限速 160 km/h 运行，限速位置按碰撞异物地点前后各 2 km 确定，列车司机应加强瞭望，确认线路和接触网有无异常状态，在通过限速地点后立即向列车调度员报告，列车调度员在得到司机无异常的报告后，组织本线后续列车恢复正常运行；有影响行车异常情况时，列车调度员根据司机报告，扣停后续列车或组织后续列车限速运行，及时通知有关部门按规定上道检查处理。经下车检查确认不能继续运行时应及时请求救援，并按规定进行防护。

（3）动车组列车碰撞异物，异物侵入邻线影响邻线行车安全时，列车调度员（车站值班员）接到报告后，应立即通知邻线尚未经过该地点的列车停车，不再向邻线该区间放行列车，并通知有关部门按规定上道检查处理。

（4）动车组列车碰撞异物情况不明，不能确定是否影响邻线时，列车调度员接到报告后，应立即向邻线尚未经过该地点的首列发布口头指示限速 160 km/h 运行，限速位置按碰撞异物地点前后各 2 km 确定。

邻线首列列车司机应加强瞭望，确认线路和接触网有无异常状态，在通过限速地点后立即向列车调度员报告，列车调度员在得到司机无异常的报告后，组织邻线后续列车正常运行。有影响行车异常情况时，列车调度员根据司机报告，扣停后续列车或组织后续列车限速运行，及时通知有关部门按规定上道检查处理。

（5）工务、电务、供电部门应利用天窗时间对碰撞异物地点前后 2 km 范围内的设备进行重点检查。

任务检测

1. 如果你是一名动车组司机，在运行中遇到了非正常情况行车的状况，你需要具备哪些素质来进行应对？

2. 如果你是一名动车组司机，你所驾驶的动车组列车意外停在了接触网分相无电区，请问你该如何处置？

动车组灾害天气行车作业办法

任务描述

（1）熟悉灾害天气行车的行车作业办法；
（2）掌握灾害天气行车运用的技术设备。

背景知识

在遇到灾害天气与异物侵界的情况下，要综合运用各种技术设备，克服困难，团结协作，合理组织列车运行，完成旅客运输任务。灾害天气与异物侵界情况下的行车主要包括：大风天气、雨天、冰雪天气、异物侵界报警、地震检测报警及天气恶劣难以辨认信号等有关情况下的行车。

一、灾害天气行车作业原则

（1）遇发生影响行车的设备故障（列车设备故障除外）时，原则上应先处理故障，后组织行车。设备故障暂时无法修复，确需组织行车时，应根据有关行车限制条件组织行车。

（2）遇有暴风雨雪天气或地震，工务、电务、供电等设备管理单位应加强对重点地段和设备的检查。在天窗时间外，检查人员不得进入路肩和桥面范围内，必要时应封锁或限速，并做好防护后再检查。发现影响行车安全时，须及时通知列车调度员限速运行或封锁线路。

二、灾害天气行车组织

动车组恶劣天气行车作业办法

1. 大风天气行车

（1）接到自然灾害及异物侵限监测系统风速监测子系统大风报警信息时的处置。

遇风速监测子系统提示大风报警信息时，列车调度员根据报警提示向相关列车发布限速运行的调度命令。对来不及发布调度命令的列车，立即通知司机限速运行。司机接到调度命令或通知后，应立即采取措施。

（2）遇大风天气，当风速监测子系统发出禁止运行的报警信息时，列车调度员应及时关闭有关信号（车站控制时为通知车站值班员关闭有关信号）并通知司机停车。司机接到通知后，应立即采取停车措施。

（3）列车运行途中，遇大风，司机根据情况控制列车运行速度，并报告列车调度员。列车调度员通知后续首列列车司机在该地段注意运行；列车通过该地段后，司机应及时向列车调度员报告。

（4）遇大风天气，列车调度员按风速监测子系统报警提示发布限速调度命令，遇风速不稳或同一地段多处风速报警时，列车调度员可合并设置，按最低限速值发布限速调度命令。

（5）风速监测子系统限速报警解除后，列车调度员应及时取消前发限速调度命令，恢复正常行车。

（6）动车组列车遇大风行车限速的规定如下：

① 在环境风速不大于 15 m/s 时，可以正常速度运行；环境风速不大于 20 m/s 时，运行速度不大于 300 km/h；环境风速不大于 25 m/s 时，运行速度不大于 200 km/h；环境风速不大于 30 m/s 时，运行速度不大于 120 km/h；环境风速大于 30 m/s 时，严禁动车组列车进入风区。

② 在线路中心线距站台边缘为 1 750 mm 的正线、到发线办理动车组列车通过时，在环境风速不大于 15 m/s 情况下，速度不得超过 80 km/h；当环境风速超过 15 m/s 时，动车组运行速度不得超过 45 km/h，并注意运行。

（7）自然灾害及异物侵限监测系统风速监测子系统故障时的处置。

① 列车调度员发现风速监测子系统故障时，应立即通知设备管理单位，并在《行车设备检查登记簿》内登记；设备管理单位发现风速监测子系统故障时，应立即报告列车调度员，并在调度所《行车设备检查登记簿》内登记。

② 风速监测子系统故障期间，故障区段如遇天气预报 7 级及以上大风天气时，工务部门应及时向列车调度员提交天气预报信息，列车调度员按照天气预报的最大风级向相关列车发布限速调度命令。相关限速规定如下：当最大风速达 7 级时，运行速度不大于 300 km/h；8 级、9 级时，运行速度不大于 200 km/h；10 级时，运行速度不大于 120 km/h；11 级及以上时，禁止列车进入风区。限速里程由工务部门根据故障情况以及天气预报信息确定后，通知列车调度员。

2. 雨天行车

（1）接到自然灾害及异物侵限监测系统雨量监测子系统报警信息时的处置。

遇雨量监测子系统提示雨量监测报警信息时，列车调度员根据报警提示向相关列车发布限速运行的调度命令。对来不及发布调度命令的列车，立即通知司机限速运行。司机接到调度命令或通知后，应立即采取措施。

（2）列车通过防洪重点地段时，司机要加强瞭望，并随时采取必要的安全措施。

动车组列车运行中，司机发现积水高于轨面时，应立即停车，根据现场情况与随车机械师共同确认行车条件或请求救援，并立即报告列车调度员（车站值班员），车站值班员报告列车调度员。列车调度员（车站值班员）立即通知已进入区间的后续列车停车（避免停在隧道内），不再向该区间放行列车。

当洪水漫到路肩时，列车应按规定限速运行；遇有落石、倒树等障碍物危及行车安全时，司机应立即停车，排除障碍并确认安全无误后，方可继续运行。

列车遇到线路塌方、道床冲空等危及行车安全的突发情况时，司机应立即采取应急性安全措施，并立刻通知追踪列车、邻线列车及列车调度员（邻近车站）。配备列车防护报警装置的列车应立即使用列车防护报警。

（3）遇有降雨天气，重点防洪地段 1 h 降雨量达到 45 mm 及以上时，列车限速 120 km/h；1 h 降雨量达到 60 mm 及以上时，列车限速 45 km/h。当 1 h 降雨量降至 20 mm 及以下、且持续 30 min 以上时，可逐步解除限速。

列车调度员在得到工务及其他相关专业调度台检查无异常的报告后，及时取消限速或解除线路封锁。

（4）自然灾害及异物侵限监测系统雨量监测子系统故障时的处置。

列车调度员发现雨量监测子系统故障时，应立即通知设备管理单位，并在《行车设备检查登记簿》内登记；设备管理单位发现雨量监测子系统故障时，应立即报告列车调度员，并在调度所《行车设备检查登记簿》内登记。雨量监测子系统故障期间，由工务部门根据降雨情况在调度所《行车设备检查登记簿》内登记限速或封锁。

3. 冰雪天气行车

1）遇冰雪天气时的处置

（1）自然灾害及异物侵限监测系统雪深监测子系统报警雪深值达到警戒值时，列车调度员应根据报警信息和限速提示及时向相关列车发布限速运行的调度命令。对来不及发布调度命令的列车，应立即通知司机限速运行。

未安装雪深监测子系统的区段或雪深监测子系统故障时，工务、电务部门根据降雪情况和需要，在调度所《行车设备检查登记簿》内登记限速申请，并可根据积雪量变化情况，提出提速或进一步限速的申请，列车调度员要及时发布调度命令。

（2）安装动车组运行故障动态图像检测系统（TEDS）的区段，TEDS 监控中心要加强对动车组转向架结冰、积雪等情况的监测分析，发现动车组转向架结冰需限速运行时，应立即将车次及限速要求等按规定报告动车调度员。动车调度员通知列车调度员进行处置。

列车运行过程中，随车机械师发现动车组车底异响、动车组被击打等异常情况需要列车限速时，应立即通知司机限速。司机根据随车机械师的限速要求运行，并向列车调度员报告被击打地点里程，列车调度员不再发布限速调度命令。列车调度员通知动车调度员，提示后续首列列车司机、随车机械师在该被击打地点注意列车运行状态；动车调度员应立即通知前方 TEDS 监测点进行重点监测。列车通过该被击打地点后，司机、随车机械师应及时上报有关运行情况。

（3）降雪时，应根据线路积雪情况及时启用道岔融雪装置。降雪达到中雪及以上，车站道岔转动困难时，为减少道岔扳动，车站可采取固定接发车进路的方式办理接发列车作业，上下行各固定一条接发车进路。始发、终到列车较多的车站执行有困难时，可选择交叉干扰少、道岔位置改变少的几条线路相对固定办理接发车作业。较大客运站尽量停靠便于上水、吸污的线路。

（4）需人工上道除雪时，上、下道应执行登记签认制度。列车调度员应根据相关单位的申请，停止本线接发列车及调车作业，邻线列车限速 160 km/h 及以下。

（5）道床积雪、接触网结冰受电弓取流不畅时，司机应先采取减速措施，并及时向列车调度员汇报，列车调度员通知有关专业调度，专业调度及时通知有关设备管理单位，设备管理单位及时查明情况，按规定提出限速申请，列车调度员及时发布限速调度命令。

（6）供电部门应掌握接触网导线结冰情况，需要列车限速时，应立即登记《行车设备检查登记簿》，向列车调度员提出限速申请。需要接触网除冰时，供电部门提出除冰申请，列车调度员应及时安排接触网除冰车辆上线运行。

遇接触网导线覆冰时，可取消天窗停电作业，并在天窗时间内开行动车组、单机，进行热滑融冰。

（7）随车机械师在始发、折返站发现动车组转向架结冰、受电弓无法升起、动车组被击打等异常情况需要处理时，应及时通知司机，由司机报告列车调度员，列车调度员通知动车调度员，动车调度员根据随车机械师反映情况和车辆运用情况提出更换车底或限速申请，并组织入库动车组除雪融冰。

（8）降雪结束后，提出限速的设备管理单位应做好对有关行车条件的检查确认，及时恢复常速运行。在具备提速条件或限速情况消除时，应向列车调度员提出申请，列车调度员及时发布相关调度命令。雪后恢复常速运行的具体程序和办法由局集团公司规定。

（9）列车调度员发现雪深监测子系统故障时，应立即通知设备管理单位，并在《行车设备检查登记簿》内登记；设备管理单位发现雪深监测子系统故障时，应立即报告列车调度员，并在调度所《行车设备检查登记簿》内登记。

2）冰雪天气限速要求

（1）当运行区段降中雪或积雪覆盖轨枕板或道砟面时，无砟轨道区段限速 250 km/h 及以下，有砟轨道区段限速 200 km/h 及以下；当运行区段降大雪、暴雪时，无砟轨道区段限速 200 km/h 及以下，有砟轨道区段限速 160 km/h 及以下。中雪、大雪、暴雪的界定，以气象部门公布或观测为准。

当无砟轨道区段轨枕板积雪厚度 100 mm 以上时，限速 200 km/h 及以下；有砟轨道区段道砟面积雪厚度 50 mm 以上时，限速 160 km/h 及以下。

（2）接触网导线结冰受电弓取流不畅时，限速 160 km/h 及以下。

（3）动车组转向架结冰需要列车限速时，无砟轨道区段限速 250 km/h 及以下，有砟轨道区段限速 200 km/h 及以下。

4. 异物侵限报警

（1）列车调度员接到异物侵限子系统异物侵限灾害报警信息后，应立即通知区间内已进入报警地点及尚未经过报警地点的列车立即停车，不再向该区间放行列车，同时向调度所值班主任（值班副主任）汇报，值班主任（值班副主任）应立即通知设备管理单位赶赴现场检查处理。

（2）在设备管理单位检查人员到达报警点前，列车调度员通过视频监控系统查看现场情况，有异状或不能确认时，必须经设备管理单位检查处理并具备放行列车条件后，方可组织列车运行。无异状时，按下列规定办理：

① 列车调度员确认报警地点次一个闭塞分区空闲后，对区间内已进入报警地点及尚未经过报警地点的列车，口头通知司机逐列恢复运行，以遇到障碍能随时停车的速度（动车组列

车最高不超过 40 km/h，其他列车最高不超过 20 km/h）越过报警点所在闭塞分区，指示后列恢复运行前必须确认前列已完整越过报警点次一个闭塞分区并得到前列无异状的 报告。

② 司机在报警点所在闭塞分区通过信号机（区间信号标志牌）前停车等候 2 min 后，以遇到障碍能随时停车的速度（动车组列车最高不超过 40 km/h，其他列车最高不超过 20 km/h）越过该闭塞分区，按次一通过信号机显示（列控车载设备显示）运行。司机应加强瞭望，发现异状立即停车，并报告列车调度员；如无异状，司机确认列车完全越过报警点次一个闭塞分区后应及时报告列车调度员。司机在停车等候的同时，必须与列车调度员联系，如确认前方闭塞分区内有列车时，不得进入。

③ 区间空闲后，在报警点所在闭塞分区红光带取消前，按站间组织行车。

（3）经设备管理单位现场检查处理，列车调度员根据设备管理单位在《行车设备检查登记簿》内登记的行车限制条件组织列车运行。具备条件时，列车调度员根据设备管理单位允许取消报警点所在闭塞分区红光带的登记，使用临时行车按钮取消异物侵限灾害报警红光带。

（4）在故障未修复前，设备管理单位须派人在现场看守，并及时向列车调度员报告现场情况，在报警点所在闭塞分区红光带取消后，列车调度员应下达限速 120 km/h 及以下注意运行的调度命令，限速位置为报警点所在闭塞分区，司机应加强瞭望。

（5）故障修复后，列车调度员将自然灾害及异物侵限监测系统中复原按钮解锁，使系统恢复到正常状态，恢复正常行车组织。

（6）自然灾害及异物侵限监测系统异物侵限子系统一路电网断线报警时的处置。

当双电网的一路电网断线时，异物侵限子系统发出异物侵限传感器故障报警信息，自然灾害及异物侵限监测系统不向列控系统发送灾害报警信息，不影响正常行车。列车调度员接到异物侵限子系统一路电网断线报警信息后，应按正常组织行车，并立即通知设备管理单位检查处理。

（7）自然灾害及异物侵限监测系统异物侵限子系统故障导致系统不能反映现场情况时的处置。

① 列车调度员发现异物侵限子系统故障导致系统不能反映现场情况时，应立即通知设备管理单位，并在《行车设备检查登记簿》内登记；设备管理单位发现异物侵限子系统故障时，应立即报告列车调度员，并在调度所《行车设备检查登记簿》内登记。

② 异物侵限子系统故障未修复前，设备管理单位须派人在现场看守，并及时向列车调度员报告现场情况，列车调度员应下达限速 120 km/h 及以下注意运行的调度命令，限速位置为监测点所在闭塞分区，司机应加强瞭望。遇有异物侵限时，看守人员应立即通知列车调度员，列车调度员呼叫列车停车。

③ 在看守人员未到达异物侵限监测点前，列车调度员应下达限速 120 km/h 及以下（异物侵限监测点为隧道口时，限速 40 km/h 及以下）注意运行的调度命令，限速位置为监测点所在闭塞分区，司机在该处注意运行。

5. 地震监测报警

列车调度员接到地震监测子系统地震监控报警信息或接到现场地震报告后，应立即关闭有关信号（车站控制时为通知车站值班员关闭有关信号），通知相关列车停车。列车司机组织列车乘务人员根据现场实际情况，采取应急处置措施。

列车调度员立即报告调度所值班主任（值班副主任），通知工务、电务、供电、通信、房建等设备管理单位检查。设备管理单位检查处理后，根据设备管理单位登记的行车限制条件组织行车。

6. 天气恶劣难以辨认信号行车

（1）接到天气恶劣报告时的处置。

遇天气恶劣，信号机显示距离不足 200 m 时，司机或车站值班员须立即报告列车调度员。列车按地面信号显示运行时，列车调度员应及时发布调度命令，改按天气恶劣难以辨认信号的办法行车。

（2）天气恶劣难以辨认信号行车办法：

① 列车按机车信号的显示运行。当接近地面信号机时，司机应确认地面信号，遇地面信号与机车信号显示不一致时，应立即采取减速或停车措施。

② 当无法辨认出站（进路）信号机显示时，在列车具备发车条件后，司机凭机车信号的显示起动列车，在确认出站（进路）信号机显示正确后，再行加速。

③ 天气转好时，应及时报告列车调度员发布调度命令，恢复正常行车。

受电弓粘连应急处理方法

任务实施

受电弓在极端天气下，会因冰冻或高温产生粘连，受电弓粘连无法升起时的应急处理办法如表 3-2 所示。

表 3-2　受电弓粘连无法升起

<table>
<tr><td>现象</td><td colspan="2">列车在极端天气情况下，MON 屏显示升弓，闭合 VCB 后车辆无高压电，换弓无效</td></tr>
<tr><td>原因</td><td colspan="2">受电弓冰冻或高温粘连</td></tr>
<tr><td>处理</td><td colspan="2">需根据车辆状态，停车处理</td></tr>
<tr><td>注意</td><td colspan="2">DSA250 受电弓压力调节需先用开口扳手松掉上面的螺母，然后再旋转调节阀</td></tr>
<tr><td>步骤</td><td colspan="2">处理过程</td></tr>
<tr><td></td><td>图示</td><td>故障确认</td></tr>
<tr><td>
1</td><td>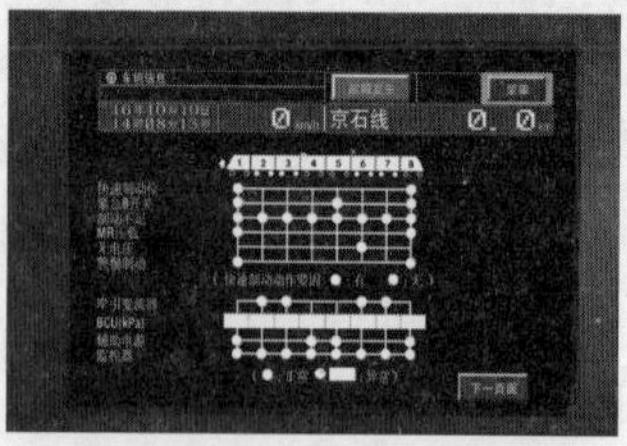

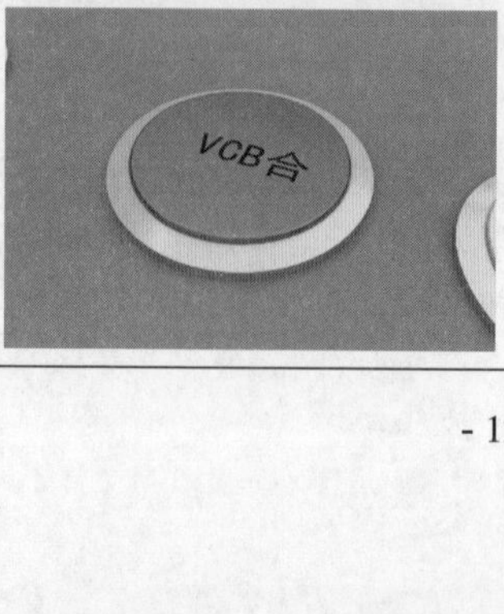
</td><td>MON 屏显示受电弓已升起

但闭合 VCB 后通过 MON 屏“车辆信息”“供电分类”页面确认车辆无高压电</td></tr>
</table>

续表

步骤	处理过程	
 1	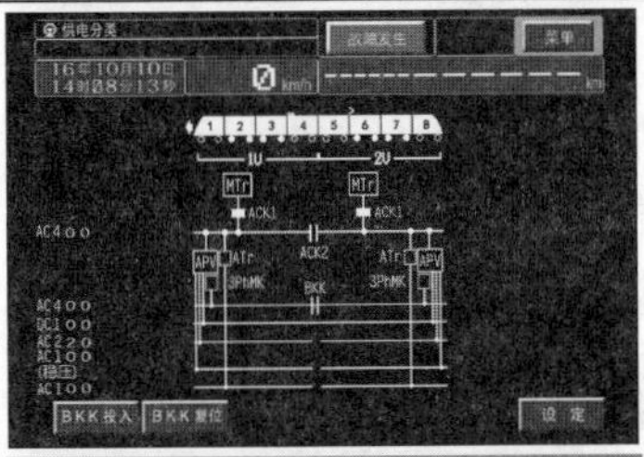 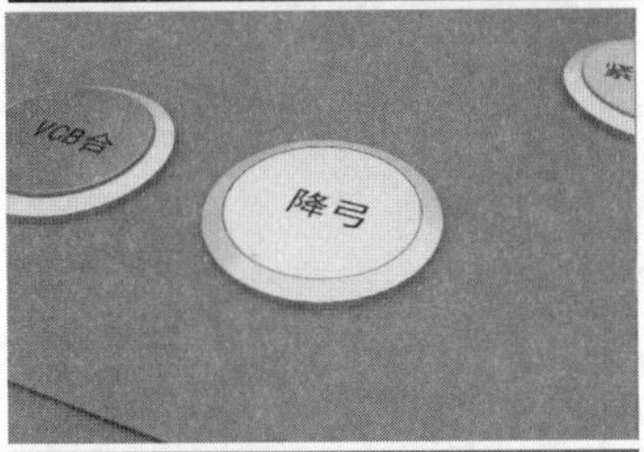 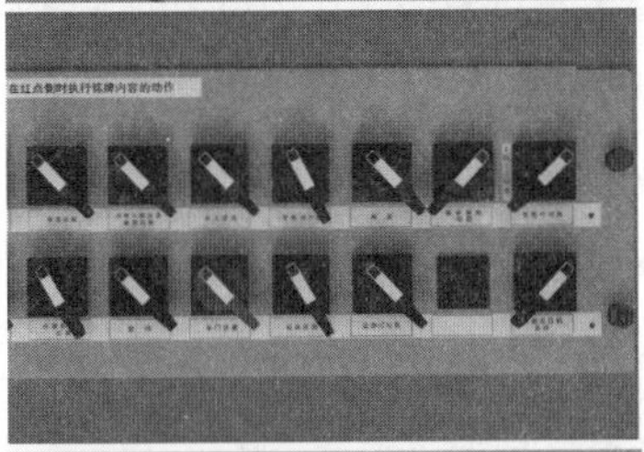   	司机降弓后换弓，闭合 VCB，若故障未消除，进一步确认弓网状态及受电弓状态 司机断开 VCB，电话联系调度确认接触网状态，若接触网有电则通知机械师对受电弓实际状态进行确认 机械师通过观察受电弓视频监控对受电弓状态进行确认，对于没有受电弓视频监控的车辆，机械师需下车观察

续表

步骤	处理过程	
 2		阀板减压阀压力调整：确认受电弓未升起后，司机先降弓再升弓，根据不同车型机械师需进行不同受电弓阀板减压阀压力操作
  3		若为 CRH2A 型动车组，机械师需标记减压阀调节旋钮初始位置，顺时针转动调节，直至阀板减压阀压力至 3.6 ~ 4.1 bar 之间，若过程中受电弓升起，则降弓再升弓，逆时针调节旋钮至标记的初始位置，闭合 VCB 后维持运行
 4		若为 CRH2C 型动车组，机械师需标记减压阀调节旋钮初始位置，顺时针转动调节，直至阀板减压阀压力至 4.0 ~ 4.2 bar 之间，若过程中受电弓升起，则降弓再升弓，逆时针调节旋钮至标记的初始位置，闭合 VCB 后维持运行
	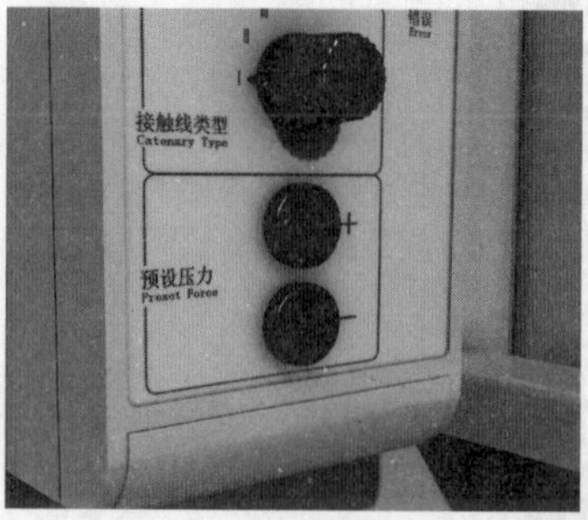	若为 CRH380AL 型动车组，机械师需调节减压阀预设压力加减按钮，先按压加号按钮若干次以增压，并记住实际按压次数，若过程中受电弓升起，则降弓再升弓，再以相同次数按压减号直至恢复初始气压值，闭合 VCB 后维持运行
		若受电弓仍未升起，则对另一位受电弓以相同处理步骤进行操作，若两位受电弓经上述步骤操作后仍无法升起则申请登顶检查或申请救援

技能考核

受电弓粘连无法升起应急处理

受电弓粘连无法升起应急处理实作单

班级		姓名	
项目	考核内容及评分标准	配分	扣分情况
故障确认	1. 确认 MON 屏显示受电弓已升起 2. 闭合 VCB 后通过 MON 屏“车辆信息”“供电分类”页面确认车辆有无高压电。(发现无高压电) 3. 司机降弓后换弓，闭合 VCB，若故障未消除，进一步确认弓网状态及受电弓状态。 4. 司机断开 VCB，电话联系调度确认接触网状态，若接触网有电则通知随车机械师对受电弓实际状态进行确认。 5. 随车机械师通过观察受电弓视频监控对受电弓状态进行确认，对于没有受电弓视频监控的车辆，机械师需下车观察。	50	
故障处理	1. 阀板减压阀压力调整：确认受电弓未升起后，司机先降弓再升弓，根据不同车型机械师需进行不同受电弓阀板减压阀压力操作。 2. 随车机械师调节减压阀预设压力加减按钮，先按压加号按钮若干次以增压，并记住实际按压次数，若过程中受电弓升起，则降弓再升弓，再以相同次数按压减号直至恢复初始气压值，闭合 VCB 后维持运行。 3. 若受电弓仍未升起，则对另一位受电弓以相同处理步骤进行操作，若两位受电弓经上述步骤操作后仍无法升起则申请登顶检查或申请救援。	50	
总计	100	得分	

任务三 动车组突发事件的应急处理办法

任务描述

(1) 掌握动车组发生各种突发事件的处理办法；
(2) 熟悉动车组限速运行的条件。

背景知识

高速铁路非正常行车组织工作必须坚持高度集中统一领导的原则。逐级负责，各尽其能，使各项工作环环相扣，紧密衔接，才能保证运输生产的有序进行。运行过程中，动车组发生故障等其他突发情况时，需综合运用各种技术设备，合理组织列车运行，完成旅客运输工作。

一、动车组故障及处置

（1）动车组运行中出现故障时司机应按车载信息监控装置的提示，按步骤及时处理；需要由随车机械师配合处理时，司机应通知随车机械师。经处置确认无法正常运行时，司机应按车载信息监控装置的提示和随车机械师的要求，选择维持运行或停车等方式，并使用列车无线调度通信设备报告列车调度员或车站值班员。

（2）动车组在区间被迫停车时随车机械师、客运乘务组均应听从动车组司机指挥，处理有关行车、列车防护和事故救援等事宜。

（3）动车组被救援时过渡车钩、专用风管和电气连接线的连接和分解由随车机械师负责，动车组司机配合。具备升弓供电条件的，允许动车组升弓供电。

（4）在 CTCS-2 级区段与 CTCS-0/1 级区段级间自动转换失败时，司机应立即向车站值班员、列车调度员报告，并按下述规定办理：

① 若由 CTCS-2 级向 CTCS-0/1 级运行，停车手动转换。

② 若由 CTCS-0/1 级向 CTCS-2 级运行，可维持按 LKJ 方式继续运行。

（5）列控车载设备发生故障且动车信号显示不正常时，司机应将列控车载设备转入隔离模式，按照动车信号故障办理。

（6）动车组司机或设备维护单位人员发现应答器故障时应及时报告邻近车站值班员，车站值班员应及时向列车调度员报告。

二、在下列情况下动车组限速运行

（1）动车组制动系统故障切除 25%制动力时，限速 160 km/h 运行；切除 50%制动力时，限速 120 km/h 运行。

（2）空气弹簧故障时，CRH2/CRH380A/AL 型动车组限速 120 km/h，其余车型限速 160 km/h。

（3）车窗玻璃破损导致车厢密封失效时，限速 160 km/h 运行。

三、热备动车组出动

1. 热备动车组的启用时机

动车组故障无法及时修复时，应及时启用热备动车组。启用备用动车组时首先考虑使用热备动车组。无热备动车组或热备动车组定员少于故障动车组实际人数时，应调整在线运行动车组交路，有条件时，利用其他动车组担当救援车底。上述措施无法实现时，就近利用空闲普通客车底担当救援车底。

2. 热备动车组的出动

热备动车组预备司机必须满足担当各线动车组任务配备，在机务段机车调度室出勤时，按照热备动车组担当各线任务办理出勤（包括传达调度命令和 IC 卡）。到动车所调度室报到后，在距动车组停留地点较近的行车公寓或机务段（动车组运用所）候班，充分休息，保证叫班后随时出乘担当任务。热备动车组出动救援跨局动车组时，由国铁集团调度统一指挥。

（1）国铁集团运输局调度部调度处动车组调度员应立即报告值班处长、调度处长、调度部主任（副主任），并根据需要通知国铁集团车辆、机务、供电、电务调度；由国铁集团车辆、机务、供电、电务调度分别通知客车处长、机车运用处长、供电处长、信号处长。

（2）国铁集团运输局调度部调度处值班处长接到应急救援指挥中心领导热备动车组出动的指示后，应立即布置动车组调度台向有关局集团公司下达热备动车组出动及开行的调度命令。

（3）热备动车组配属局调度所接到动车组出动命令后，立即（3 min 内）向有关单位下达热备动车组出动的调度命令，有关单位必须在接令后 10 min 内完成热备动车组的调车、整备、司乘人员配备等各项工作，具备发车条件。热备动车组救援出动时本务司机、随车机械师、客运乘务由配属局担当。

（4）热备动车组和预备司机担当非本局集团公司动车组担当区段的车次时，由原担当局集团公司动车组司机担当，车型不符时，由预备司机担当，原担当任务局集团公司司机负责带道，并负责提供动车组司机携带列车时刻表。

（5）对担当换乘任务的动车组列车应优先放行，确保及时到位及返回归位。在站内组织旅客换乘时，应尽量安排在同一站台的两个站台面进行。在区间组织旅客换乘时，列车调度员组织担当换乘任务的动车组列车进入邻线指定位置停车。担当换乘任务的列车到达邻线指定位置停妥后，司机向列车调度员报告。列车调度员通过申请换乘的列车司机通知列车长组织旅客换乘。担当换乘任务的列车长确认旅客换乘完毕后通知司机，司机得到列车长通知，确认车门关闭，具备开车条件后起动列车，并向列车调度员报告。

（6）局集团公司应细化热备动车组备用及出动管理办法，明确热备动车组、人员、备品、日常管理和出动各项作业时限标准，确保设备完好和准时出动。

3. 热备动车组运行及返回归位

（1）热备动车组出动在始发站至接续站间运行及返回归位车次在所接续的列车车次前加“R”，行车用语为：“热备动车组××（次）”，行车有关事项按动车组办理。接续后的车次仍使用原车次。

（2）非热备动车组车底出动在始发站至接续站间运行及返回归位车次应根据客车底车型，在所接续的列车车次前加“T”或“K”，行车用语为：“特快动车组××（次）”“快速动车组××（次）”。

（3）对热备动车组和临时替换故障动车组的客车底应优先放行，确保及时到位及返回归位。

四、动车组故障情况下旅客的组织

1. 动车组因故障组织旅客换乘

（1）使用热备动车组组织旅客换乘时，车站应加强站车组织，按规定做好换乘旅客的饮食供应和后勤服务工作，两列换乘车底应尽量安排在同一站台方便旅客换乘。此时，站段应急领导小组应立即赶赴现场，必要时，局集团公司应急领导小组成员应赶赴现场组织指挥。

（2）使用非动车组热备车底替换动车组开行旅客列车时，车次应当相对固定（原则上将原动车组车次改为特快或快速旅客列车车次），开车命令必须在开车 1 h 前下达，跨局旅客列车由国铁集团、局管内由局集团公司客运调度下达停运动车组，开行旅客列车的调度命令。客调命令中须明确停运动车组列车车次、车底所属局、开行车次、编组顺位、车种、型号、定员、停车站到开时刻、乘务担当单位等。

（3）车站接到热备车开车命令后，应按票价差备足零款，指定专人到指定地点组织引导旅客收回动车组旅客原票，换发新票并退还票价差额。旅客要求改乘其他列车时，车站应及时办理改签手续，并尽可能地改签为有席位车票。退票、改签不收手续费。

（4）换乘时，站车要认真组织验票，严禁持其他车次车票的旅客上车，持有停运动车组列车车票的旅客，必须换新票后方可上车。

2. 动车组因故障晚点和旅客滞留

（1）局集团公司调度所应按规定做好动车组晚点信息的预报和通报工作。

（2）动车组在始发站晚点 30 min 以上时，车站应及时通知旅客，旅客在始发站乘车前要求退票或改签时，车站应及时办理退票或改签；始发站局集团公司客运处或客运段须派科长或车队长级干部添乘，组织列车乘务组做好服务、解释和安抚旅客工作。

（3）动车组途中晚点时，列车长要及时联系局集团公司客运调度，了解晚点原因等，报告车内情况和请求协助解决的问题，组织乘务员积极主动做好服务。晚点 30 min 以上时，应做好向旅客致歉、解释工作。乘警应与列车长密切配合，经常巡视车厢，维持好车内治安秩序。

（4）接到动车组终到晚点 30 min 及以上的通知后，车站站长、派出所所长须带领客运、公安有关人员到站台接车，组织旅客下车出站，并做好向旅客致歉、解释工作。到站是局集团公司所在地的，局集团公司客运处、铁路公安局（处）领导要到站台接车，帮助指导车站做好应急处置工作。

（5）发生旅客以滞留列车的方式向铁路要求晚点或空调故障赔偿时，站车工作人员应当以说服劝解、诚恳道歉为主，耐心细致地做好解释和相关法律法规的宣传工作，稳定情绪、化解怨气，力争取得旅客的理解和配合。

（6）公安部门要积极配合客运部门，认真开展滞留旅客的说服劝离工作，争取理解与支持。同时，要向旅客宣讲法律知识，告知旅客可以通过其他合法渠道和方式维护其合法权益，劝说旅客听从车站工作人员的安排到指定地点协商解决，并协助车站工作人员引导旅客下车。公安部门在协助劝离过程中，严禁携带枪支。

客运部门在宣传和说服旅客离开车厢时，现场应有公安人员维持秩序；经反复工作劝离无效时，公安人员应宣布国铁集团、公安部《关于维护铁路运输秩序保证列车正常运行的通告》，并组织足够的公开警力，对拒不下车的人员依法采取措施带离车厢。对煽动旅客滞留车厢和扰乱列车治安、破坏铁路运输秩序、用暴力手段对抗执法的个别人员，要认真调查取证，依法追究其法律责任。劝阻中要依法依规，有理有节，文明执法。

3. 动车组无法接入高站台线路

（1）正常情况下，办理客运营业的动车组必须在高站台上接发，因特殊情况无法接入高站台时，局集团公司列车调度员必须通知值班主任，经调度所副主任准许后，列车调度员与车站共同确定接车股道，并要求车站做好准备，在动车组到达车站 15 min 前由列车调度员通知司机。司机要及时通知列车有关工作人员做好准备。

（2）局集团公司应制订动车组因故不能在高站台上接发组织办法，明确包括车站信息通报反馈程序、站台服务、应急移动梯使用、管理和车站干部到场指挥等有关要求，确保旅客上下车绝对安全。

4. 空调故障的应急处理

（1）空调失效超过 20 min 不能恢复但列车能够正常运行时，列车长可视情况通知司机向列车调度员提出在前方最近客运站停车的请求，列车调度员安排列车在前方最近客运站停车。列车在停车站安装好防护网、打开部分车门后，列车调度员根据司机的报告，向司机（救援时还包括救援司机）及沿途各站发布打开车门限速 60 km/h（通过邻靠高站台的线路时限速 40 km/h）运行的调度命令。

（2）列车因故停车不能维持运行且空调失效超过 20 min 不能恢复时，列车长应及时与司机、随车机械师沟通，视情况做出打开车门决定，并通知司机转报列车调度员。

（3）安装防护网、打开车门由列车长组织列车乘务员进行，司机、随车机械师配合。防护网的安装需在列车停车状态下进行，安装位置为运行方向左侧（非会车侧）车门处。防护网安装完毕，打开车门后，由列车长组织列车工作人员值守，直到车门关闭。列车长确认防护网安装牢固、看护到位后报告司机。

（4）需要组织旅客下车或换乘其他列车时，应在车站站台进行。必须在站内不邻靠站台的线路或区间组织旅客下车或换乘时，需经局集团公司主管运输副局长（总调度长）批准。

五、动车组设备故障的应急处置

1. 动车组牵引动力设备故障

（1）牵引系统故障但动力未完全丢失时，应利用自身动力维持运行，并使用列车无线调度通信设备报告列车调度员或车站值班员，列车调度员不再下达有关限速运行的调度命令。

① 有一个动力时，CRH1 型动车组限速 100 km/h 运行，CRH2 型动车组限速 170 km/h 运行，CRH5 型动车组限速 150 km/h 运行。

② 有两个动力时，CRH1 型动车组限速 100 km/h 运行，CRH2 型动车组限速 220 km/h 运行，CRH5 型动车组限速 200 km/h 运行。

③ CRH1 型动车组有 3 个动力时，限速 180 km/h 运行；有 4 个动力时，限速 200 km/h 运行。

④ CRH2、CRH5 型动车组有 3 个及以上动力时，不限速。

（2）特殊情况下，遇最前端司机室不能正常操纵，而最后端司机室操纵正常，双司机值乘或有具备乘务知识的机务干部添乘，前后端司机室通信设备作用良好及天气良好时，准许凭调度命令改为最后端司机室操纵维持运行，列车按站间闭塞行车，列车最高运行速度不得大于 120 km/h，前端司机或添乘干部用车内通信系统指挥后端司机操纵。

（3）动车组受电弓故障时：单列动车组一架受电弓故障，可更换另一架受电弓受流，正常运行；两架均故障时，司机应立即停车降弓，按规定请求救援；两列重联运行时，每列动车组均升弓受流（即双列双弓模式）。当一列动车组无法升弓受流时，可采用单列单弓维持运行至前方站后，停车处理。两列动车组均无法升弓受流时，请求救援。

2. 动车组车辆设备发生故障

（1）动车组到站停稳后，遇自动开关门装置故障时，司机应及时通知列车长、随车机械师，改为手动开关门。

（2）遇通风口冒烟时，司机根据情况立即停车或及时报告列车调度员安排在最近前方站停车检查防尘网有无异物。

（3）当轴承温度超过温度报警时，立即停车请求处理，并用列车无线调度通信设备呼叫两端站或列车调度员，报告停车原因和停车位置。随车机械师下车检查故障车轴，根据实测轴温和检查情况向司机报告，司机向列车调度员提出限速运行请求，列车调度员根据司机请求，发布限速运行命令。

（4）根据随车机械师要求，对轮对踏面缺陷停车检查时，司机应及时转报列车调度员，要求前方站停车检查。轮对踏面缺损超出限度时，列车调度员根据司机请求，发布限速运行命令。

（5）当得到轮对因齿轮箱、连接轴卡滞造成抱死运行的报告时，司机应立即停车，并指派随车机械师下车检查处理，无法消除抱死故障时，及时请求救援。

（6）运行中走行部、风挡连接部有异声、异味、异状需要停车检查时，随车机械师根据具体情况向司机报告，并提出停车请求。司机根据随车机械师报告的故障情况立即停车或转报列车调度员，请求前方站停车检查。经停车检查确认无碍或应急处理后方可继续运行。

（7）当得到空气弹簧发生故障的报告时，列车调度员应发布限速 160 km/h 运行的调度命令。

（8）制动系统故障时，列车调度员应按照下列要求发布调度命令：

① 基础制动装置故障抱死车轮不缓解时，司机应立即停车，用列车无线调度通信设备呼叫两端站、追踪列车、列车调度员，报告停车原因和停车位置。随车机械师下车检查处理，切除本车制动运行。

② 动车组制动系统故障切除 25%制动力时，限速 160 km/h 运行；切除 50%制动力时，限速 120 km/h 运行。

（9）当得到车窗玻璃破损导致车厢密封失效报告时，列车调度员应发布限速 160 km/h 运行的调度命令。

3. 列控车载设备故障

（1）动车组出库前发现 ATP 车载设备故障，应采取以下应急措施。

① 电务部门应备齐各种备件及检修工具，立即组织抢修，若故障不能及时排除，应联系车辆及调度部门，启用备用动车组。

② 若备用动车组不能及时到达发车地点，电务及车辆部门应根据动车组重联情况采取相应的应急措施：

a. 发生车载设备故障的动车组是重联动车组，应摘解动车组，倒换动车组连接顺序后，重新重联，将故障 ATP 车载设备置于重联动车组中间部位，也可根据售票情况，临时甩挂发生故障的动车组。

b. 发生车载设备故障的动车组非重联动车组，具备掉头条件的，应安排动车组掉头，将故障 ATP 车载设备置于动车组非操纵端，同时在该动车组立折车站安排备用动车组。不具备掉头条件的，临时改按 CTCS-0 级运行。

（2）车载设备显示动车组限速运行时但无法判明故障原因时，动车组司机应报告车站值班员或列车调度员，并按车载设备显示的速度值继续运行。

（3）动车组运行中遇列控车载设备故障且触发制动停车时，司机应使用列车无线调度通信设备报告列车调度员或车站值班员，并通知随车机械师将设备断电 30 s 后重新启动（一般不超过两次），及时将设备恢复情况报告列车调度员。而后由列车调度员根据设备恢复情况下达相应调度命令，按下列方式运行：

① 车载设备断电重启恢复正常后，将进入部分监控模式。若列车位于站内，按该模式限速 45 km/h 出站后，自动转为完全监控模式。若列车位于区间，可按该模式限速 45 km/h 运行至下一个车站后，自动转为完全监控模式；也可改按 CTCS-0 级、160 km/h 运行至下一个车站后，再停车转回 CTCS-2 级运行。

② 车载设备断电重启后，但未恢复正常，若仍需使列车前行，应将车载设备转入隔离模式，若此时动车信号、LKJ 正常，可改按 LKJ 控车运行。

（4）动车组在 CTCS-2 级区段按 LKJ 方式行车，遇动车信号或 LKJ 故障时，司机应立即使用列车无线调度通信设备报告车站值班员或列车调度员，司机凭调度命令、按地面信号运行至前方站，等待救援。遇特殊情况，根据国铁集团调度命令，采取应急性措施，维持动车组继续运行。

（5）车载设备触发异常常用或紧急制动后，影响列车继续运行，司机不能确定故障原因时，列车调度员可向司机发布转为隔离模式的调度命令，运行途中加强与司机联系，接到司机列控车载设备恢复正常，退出隔离模式的请求后，安排列车前方站停车退出隔离模式。

4. 列控地面设备故障

（1）列控中心、LEU 故障时，在 CTC/TDCS 车务终端报警，车站值班员应立即通知信号维修人员。若确认设备不能很快恢复时，应立即报告列车调度员，由列车调度员下达“列控地面设备故障”调度命令，在进站信号机前从 CTCS-2 级转 CTCS-0 级，待列车运行进入下一设备正常的车站后，再按调度命令转回 CTCS-2 级运行。

（2）车站进站端应答器（组）故障，动车组司机发现异常后，应立即通知车站值班员和列车调度员。故障期间，列车调度员应通知后续动车组，以不高于 45 km/h 通过车站或转 CTCS-0 级运行。

（3）车站出站端应答器（组）（含电缆）故障时，动车组司机在发现异常后，应立即通知车站值班员或列车调度员。故障期间，列车调度员应通知由到发线发车的列车司机，在发车前转 CTCS-0 级，待列车运行进入下一设备正常的车站后，再按调度命令恢复 CTCS-2 级运行。

（4）车站进、出站端应答器（组）皆故障时，动车组司机发现异常后，应立即通知车站值班员和列车调度员，并立即报告列车调度员，按规定执行。

（5）级间转换应答器故障导致级间转换失败并经司机确认后，在无限速命令、确保行车安全的情况下，如不能自动由 CTCS-2 级向 CTCS-0 级转换，应停车手动转换；如不能自动由 CTCS-0 级向 CTCS-2 级转换，可维持 CTCS-0 级模式继续运行，并及时向列车调度员报告。

（6）动车组司机发现 DMI 显示屏连续收到两条“应答器信息缺失”时，应人工及时将速度控制在 120 km/h 以下，避免车载设备触发制动，并及时报告邻近车站值班员和列车调度员。列控车载设备将自动切换为部分监控模式，动车组将根据地面轨道电路信息生成的目标距离模式曲线继续运行，此时对低于 120 km/h 的线路实际限速由司机人工控制运行，当动车组接收到新的应答器信息时将自动恢复完全监控模式。当连续多个区间应答器信息缺失时，列车调度员应根据情况发布列控地面设备故障的调度命令，在进（出）站信号机前从 CTCS-2 级转 CTCS-0 级，待列车运行进入下一设备正常的车站后，再按调度命令转回 CTCS-2 级运行。

5. 接触网停电

（1）动车组运行遇接触网停电时，司机应立即停车并降弓，报告列车调度员（车站值班员）停车原因及停车位置，通知随车机械师（车辆乘务员）、列车长，车站值班员报告列车调度员。供电调度员发现接触网停电时，应立即确认停电范围并通知列车调度员。

（2）列车调度员（车站值班员）接到接触网停电的报告后，应立即扣停未进入停电区域的相关列车，对已进入停电区域的列车应通知司机停车。列车调度员并立即通知供电调度员确认停电范围，通知供电部门检查处理，在 CTC 上设置停电标识。

（3）电力机车牵引的旅客列车因接触网停电在区间停车后，司机应采取保压措施，长时间停车风压不足时，司机通知车辆乘务员组织客运乘务组拧紧全列人力制动机。

（4）接触网跳闸重合或送电成功，原因不明时，供电调度员应立即将接触网跳闸情况、故障标定装置指示地点的里程及限速要求通知列车调度员。列车调度员立即向尚未经过该地点的本线及邻线首列列车发布口头指示限速 80 km/h 注意运行，限速位置原则上按故障标定装置指示地点前后各 2 km 确定。司机应注意观察接触网设备状态，发现影响行车异常情况时应立即停车并向列车调度员报告，列车调度员立即通知尚未经过异常地点的后续列车停车，不得再向该区间放行列车，并立即通知供电部门检查处理，列车调度员按供电部门登记的行车限制条件组织行车；无异常时，司机在通过限速地点后立即向列车调度员报告。列车调度员根据本线司机确认本线无异常的报告，组织本线后续列车正常运行，根据邻线司机确认邻线无异常的报告，组织邻线后续列车正常运行。

（5）供电调度员应立即组织供电人员登乘本线或邻线列车巡视检查设备。供电人员根据需要及时向列车调度员提出利用动车组列车运送人员处理故障的申请，列车调度员应及时安排。

6. 影响动车组运行的信号、联锁、闭塞设备

（1）闭塞设备发生故障。

① 在 CTCS-2 级区段，遇基本闭塞法停用按电话闭塞法行车时，列车调度员应布置动车组停车，并向司机发布调度命令将列控车载设备方式控车转入隔离模式，按 LKJ 方式行车。

② 在按电话闭塞法行车的终止站，列车调度员应布置动车组停车，并向司机发布调度命令将隔离模式退出，转换为列控车载设备方式控车。

③ 若按电话闭塞法行车的终止站且前方交路皆为 CTCS-0 级区段时，动车组不需停车，列车调度员不再发布调度命令。待动车组按图定停车后，司机应及时将列控车载设备主机隔离开关置于“正常”位。

（2）区间通过信号机故障。动车组在区间运行，列控车载设备显示停车信号时，列车必须立即停车，司机应使用列车无线调度通信设备通知随车机械师。列车停车等候 2 min，列控车载设备仍未收到允许运行的信号时，司机将列控车载设备转入目视行车模式，列车以遇到阻碍能随时停车的速度继续运行，最高速度不超过 20 km/h，直到列控车载设备收到允许运行信号，按列控车载设备显示运行。在停车等候的同时，必须与列车调度员、车站值班员联系，如确认前方闭塞分区内有列车时，不得进入。

（3）出站（发车进路）信号机故障。在 CTCS-2 级区段，出站（发车进路）信号机故障时，动车组的行车凭证为绿色许可证，人工选择列控车载设备目视行车模式运行；当收到允许运行的信号时，按列控车载设备显示运行。

（4）进站（接车进路）信号机故障（机械引导）。列控车载设备接收到的轨道电路信息为 HB 码时，越过进站信号机后，自动转入引导模式运行。

（5）车站电码化故障。遇车站电码化故障或其他原因，造成动车组在进站、出站、进路信号机前收不到允许行车的信息时，应立即停车。动车组停车后，司机向车站值班员和列车调度员报告，按调度命令转入目视行车模式运行；当列控车载设备收到允许运行的信号时，按列控车载设备显示运行。

7. 自动过分相地面设备故障

（1）司机发现不能自动过分相时，应立即报告列车调度员（车站值班员），列车调度员（车站值班员）接到报告后，通知后续列车注意运行，通知设备管理单位检查处理；设备管理单位发现自动过分相地面设备故障时，应立即报告列车调度员（车站值班员）。

（2）车载自动过分相装置故障修复前，列车调度员（车站值班员）根据设备管理单位的登记，通知司机采用手动过分相。动车组运行至过分相绝缘区前，司机应提前确认升起受电弓的车号，运行至电分相绝缘区时，要集中精力，加强瞭望，及时切除牵引力并“断电”，确认网压上升并稳定后再“合电”。

（3）车站值班员得到自动过分相“感应器装置”故障通知后，应及时通知临近的动车组（电力机车牵引的列车）并向列车调度员报告。列车调度员应立即使用列车无线调度通信设备向动车组（电力机车牵引的列车）司机、车站按规定发布自动过分相系统停用的调度命令，并向有关设备管理单位和公安机关通报。自动过分相“感应器装置”修复后，列车调度员应及时发布自动过分相系统恢复使用的调度命令，恢复正常行车组织。

8. 运行途中自动降弓

（1）列车在运行途中，因不明原因降弓，司机应立即切断主断路器并停车，同时查看降弓地点公里标，向列车调度员（车站值班员）报告，车站值班员报告列车调度员。列车调度员（车站值班员）应立即通知区间内后续列车停车，不再向该区间放行列车，列车调度员将降弓情况转报供电调度员。动车组列车随车机械师应根据故障信息记录，及时向司机反馈故障发生时间等信息，由司机报告列车调度员，列车调度员及时转报供电调度员。

（2）列车调度员根据司机（动车组列车为随车机械师通过司机提出的）下车检查或登顶作业的请求，发布邻线列车限速 160 km/h 及以下调度命令；需登顶作业时，列车调度员还应通知该供电臂内的列车停车并降弓，与供电调度员办理接触网停电手续，得到供电调度员接触网已停电的通知后，发布准许登顶作业的调度命令。

（3）司机在接到邻线列车限速 160 km/h 及以下调度命令已发布的口头指示后，下车检查（动车组列车为司机通知随车机械师下车检查）。司机根据准许登顶作业的调度命令和邻线列车限速 160 km/h 及以下调度命令已发布的口头指示，方可登顶作业（动车组列车为司机通知随车机械师登顶作业）。

（4）经检查处理，列车恢复运行后，司机应立即报告列车调度员，列车调度员应立即向本线尚未经过该地点的首列列车发布口头指示限速 80 km/h 注意运行，限速位置原则上按司机汇报故障地点前后各 2 km 确定。司机应注意观察接触网设备状态，发现影响行车异常情况时应立即停车并向列车调度员报告，列车调度员立即通知尚未经过异常地点的后续列车停车，不再向该区间放行列车，并立即通知供电部门检查处理，列车调度员按供电部门登记的行车限制条件组织行车。无异常时，司机在通过限速地点后立即向列车调度员报告，列车调度员根据司机确认无异常的报告组织后续列车正常运行。

（5）供电调度员接到报告后，应立即组织供电人员登乘本线或邻线列车巡视检查设备。供电人员根据需要及时向列车调度员提出利用动车组列车运送人员处理故障的申请，列车调度员应及时安排。

任务实施

空调故障失效的处理流程

空调失效应急处理预案

1. 信息处理

（1）旅客列车空调故障时，列车长应立即通知随车机械师（车辆乘务员）处置。随车机械师（车辆乘务员）接通知后应迅速判明原因，并及时将处理情况报告列车长。随车机械师还需按规定及时报告所在地局集团公司动车调度员和本段生产调度指挥中心。

动车组列车列车长接随车机械师空调故障处理无效的通知后，应立即通知司机，由司机立即报告列车调度员。

列车长接随车机械师（车辆乘务员）空调故障处理无效的通知后，应立即向所在地客运

（客服）调度员报告，并向全体工作人员传达，及时通过广播向旅客通报情况、致歉。同时，列车长组织工作人员到空调失效车厢做好安抚解释、服务和巡视车厢等工作，妥善调整旅客座席，稳定旅客情绪，解决旅客困难，避免矛盾激化。乘警（安全员）负责维护车内秩序。

列车长还应及时向郑州客运段生产调度指挥中心汇报情况。客运段生产调度指挥中心在接到列车长的报告后，按有关规定逐级上报。

（2）接触网故障停电导致旅客列车空调失效时，司机应立即报告列车调度员（车站值班员），并通知列车长和随车机械师（车辆乘务员）。

（3）局集团公司列车调度员、客运（客服）调度员、动车调度员接到旅客列车空调失效报告后，应立即向调度所值班主任报告，值班主任按规定及时向局应急办和国铁集团报告，积极开展救援组织等工作，并及时通知路局分管运输副局长（或总调度长）和相关部门。空调失效超过 1 h 时，还应通知局集团公司主要领导。

（4）局集团公司宣传部门在接到局调度所、应急办通知后，会同客运部门加强与现场联系，密切关注、妥善处置社会舆情，并及时通过官方微博、新闻媒体等渠道对外发布信息。

（5）车站根据客运（客服）调度员的通知或指示，做好旅客列车空调失效后车站客运组织应急工作，并配合列车乘务人员做好旅客换乘工作。

2. 处置流程

（1）旅客列车空调失效需组织旅客换乘或疏散时，可根据不同场景，采取机车救援、动车组救援、换乘至热备动车组或其他旅客列车、停运等处置方式。

（2）旅客列车空调失效超过 20 min 不能恢复且列车不能维持运行时，列车长应及时与司机、随车机械师（车辆乘务员）沟通，视车内温度和旅客舒适度作出动车组列车开门、其他旅客列车（含速度 160 km/h 动力集中动车组）开窗的决定，并通知司机转报列车调度员（车站值班员）。列车调度员根据现场实际情况，确定救援方案并组织实施。

需邻局出动热备动车组、应急热备内燃机车时，要立即与邻局调度协商，并向国铁集团调度提出申请。

（3）旅客列车空调失效超过 20 min 不能恢复但列车能够正常运行时，列车长可视车内温度和旅客舒适度通知司机向列车调度员（车站值班员）提出在前方最近客运站停车的请求，列车调度员安排列车在前方最近客运站停车。列车在停车站安装好防护网、打开部分车门后可继续限速运行，具备条件时也可组织旅客换乘其他列车。

（4）动车组列车开门运行基本要求。

① 动车组列车在停车站安装好防护网、打开部分车门后，列车调度员根据司机的报告，向司机（救援时还包括救援司机）及沿途各站发布打开车门限速 60 km/h（通过临靠高站台的线路时限速 40 km/h）运行的调度命令。

装有外开式塞拉门的动车组开门运行时，列车进入（通过）车站或由车站出发前应关闭车门。开车前由随车机械师向本列司机提出沿途各站进站前需停车关闭车门的申请，司机在进站前停车并通知列车长，列车长通知各看护人员手动关闭车门，确认关门完毕后报告司机。若列车进站后需继续运行时，列车长向司机提出出站后停车安装防护网、打开部门车门的申请，司机报告列车调度员（车站值班员）。列车出站后停车，司机通知列车长，列车长通知各看护人员安装防护网、打开部分车门，确认作业完毕后报告司机。使用动车组、机车救援时，故障列车司机负责故障列车随车机械师、列车长与救援司机间的通知。

② 动车组列车安装防护网、打开车门由列车长组织列车乘务人员进行，司机、随车机械师配合。防护网安装位置为运行方向左侧（非会车侧）车门处。车门开启数量应根据车内情况及列车乘务人员数量决定。各型动车组原则上按照单侧全部车门数量配备防护网。

防护网安装完毕，打开车门后，由列车长组织列车乘务人员按照“一人一门”值守，直到车门关闭，严禁旅客靠近防护网和自行下车。列车长确认防护网安装牢固、看护到位后报告司机。

（5）动车组列车旅客换乘基本要求。

① 需要组织旅客下车或换乘其他列车时，应在车站站台进行，两列换乘车底应尽量安排在同一站台方便旅客换乘，车站与列车一起组织旅客乘降。必须在站内不邻靠站台的线路或区间组织旅客下车或换乘时，需经分管运输副局长（总调度长）批准，同时要做好安全防护，以防发生意外。

② 在站内不邻靠站台的线路或者区间，组织旅客疏散时，列车长通知司机报告列车调度员，请求扣停邻线列车，并通知随车机械师。司机得到邻线列车已扣停的通知后，转告列车长组织旅客疏散。列车长要根据线路两侧自然地形及人员走行条件，组织列车员选择从列车运行方向右侧或左侧将旅客有序疏散到安全地带。

组织旅客换乘时，列车长可根据现场实际情况，采用搭设紧急渡板或应急梯的方式进行换乘。条件允许时，优先选择搭设紧急渡板方式换乘。搭设紧急渡板或应急梯后，应先确认安装牢固后再组织旅客换乘。换乘时，应重点做好列车两端的卡控，防止旅客从两端进入区间线路。

（6）动车组以外机车、发电车故障影响旅客列车空调正常工作时：

① 牵引直供电旅客列车的机车发生故障时，就近组织牵引非直供电列车的直供电机车救援（供电制式等需一致）。

② 牵引直供电旅客列车的机车发生故障（非走行部和制动系统故障），不能牵引运行，但仍能向列车供电时，调度所就近组织机车挂于故障机车前部担当牵引任务，由故障机车供电维持运行。救援机车按图定交路接续至具备更换直供电机车的车站。

③ DF11G 型机车担当牵引直供电旅客列车任务时，一台机车发生故障时，应保持两台发电机向列车供电，维持运行。一台发电机故障时，应及时通知车辆乘务员，由车辆乘务员转为减负荷状态，维持运行。

④ 外局集团公司担当直供电列车牵引任务的机车在我局发生故障无法修复时，调度所机车调度员要及时通知配属局组织单机接运，来不及时要安排我局直供电机车担当牵引任务。

⑤ 因发电车发生走行、制动故障等需甩车，发电车乘务员应通知司机报告车站值班员，由车站值班员转报列车调度员，通知有关单位和就近的车辆段。郑州车辆段接到发电车故障的通知时，应立即组织有关人员赶赴现场进行处理，同时要准备好备用发电车；当判明必须甩车时，应立即报告调度所组织换挂。

（7）旅客列车空调失效后，相关部门应积极进行故障诊断和抢修，空调设备恢复正常工作、车内温度达标后，应关闭车门、车窗。列车长组织工作人员在动车组车门关闭后，适时撤除防护网。司机确认动车组车门关闭良好后，恢复门——牵引联锁功能。

任务检测

1. 动车组发生哪些情况需组织乘客换乘？

2. 动车组故障无法修复时需启用热备动车组，热备动车组的数量是不是越多越好，为什么？

3. 思考分别在什么情况下需要请求动车组救援、电力机车救援和内燃机车救援？

拓展阅读四

讨论：只有奋斗的人生才称得上幸福的人生。

项目五

动车组随车机械师作业规程

项目描述：

通过本项目学习动车组随车机械师的岗位职责，熟知动车组随车工具与备品项目和数量；能够按照标准完成随车机械师一次往返作业，并填写有关记录；能够按照车载信息系统提示应急处理动车组突发故障。

项目任务：

（1）动车组随车机械师作业标准；

（2）动车组随车机械师应急故障处置。

任务一 动车组随车机械师作业标准

任务描述

（1）熟知动车组随车机械师岗位职责及要求；

（2）能够按照动车组随车机械师一次往返作业标准进行作业。

背景知识

随车机械师是动车所安全生产运用工作的重要岗位，动车组在运行途中出现故障和突发情况，需要随车机械师能够迅速做出反应、判断、处置、汇报，所以要求随车机械师不但要有较高的业务技术水平和敬业负责的工作态度，还要具备沉着冷静的心理素质和对铁路运输相关规章制度的熟练掌握和运用。

一、动车组随车机械师岗位职责

作为一名随车机械师主要担负动车组运行（运营、试验、接送等）随车乘务工作，负责保证动车组安全的运行状态，维护正常的车内硬件环境，掌握和传递动车组设备的动态运行信息，应急处理和维修运行中的设备故障，对动车组上部设施进行日常状态检查和质量交接。具体职责如下：

1．监控动车组运行技术状态

（1）运行中在乘务（监控）室通过车载信息系统监控动车组运行及设备工作状态。

（2）在运行中巡视检查车辆设备时，发现问题正确判断、果断处理。

（3）始发和折返站进行技术检查作业。

（4）及时准确向上级部门反映动车组故障情况和异常环境情况，危及行车安全时可直接向司机提出限速或停车要求。

2．管理和操作动车组设备

（1）按规定操作动车组设备设施。

（2）配合客运部门，控制车内空调换气装置，设置调节空调及换气装置运行模式；控制车内客室照明，设置调节照明工况；按规定开启旅客信息系统和车次设定信息。

（3）指导客运服务人员正确使用车内设备。

（4）在出乘作业时，按动车组定置管理图对动车组的车载工具、材料、行车备品、安全防护用品存放的位置进行检查，不得私自移动，发现有缺少、损坏、到期（需要校验）的备品及时上报所属车间，车间组织补齐、更换、校验。

3．应急处理途中突发故障

（1）运行中发生突发故障时，积极进行应急处理。发现或接到车辆设备故障通知后，应及时判明故障，按《动车组途中应急故障处理手册》及有关规定进行处置；非正常运行或停车时，随车机械师立即向故障发生地所在集团公司动车调度员报告。

（2）动车组突发故障分为3类：属司机独立处置的，需加强与司机联系，了解故障处理情况；属与司机协作处置的，在司机指挥下，共同处理；属随车机械师独立处置的，处理完成后及时将情况和运行要求通报司机。

（3）发现危及行车安全的故障或其他紧急情况时，随车机械师可使用紧急制动装置停车或通知司机采取停车措施。动车组发生紧急制动开车后，加强动车组巡视检查，注意监听轮对运行状态。

（4）动车组随车机械师途中故障应急处置，区间超过20 min、站内超过30 min，仍无法判明故障原因或无法处置不能继续运行时，通知司机请求救援。请求救援后，动车组随车机械师须立即向发生地所在集团公司动车调度员报告，服从发生所在地集团公司调度的指挥，按要求做好救援准备或故障应急处置工作。

（5）遇冰雪恶劣天气，列车运行过程中，随车机械师发现动车组车底异响、动车组被击打等情况需要限速时，应立即通知司机限速。

4．信息报告

（1）动车组列车因动车组故障非正常运行或停车时，随车机械师及时将信息向事发地有调度指挥权的集团公司动车调度报告，并按照规定程序及时向动车段调度汇报。

（2）动车组因故障停车，应认真检查确认动车组各部状态，不能正常运行时应及时处理，需限速运行或请求救援的，立即向司机报告，并按规定汇报。

（3）做好与动车组司机、客运出乘人员信息的沟通。

5．动车组在外存放出、退乘交接

（1）动车组入外所（存放点）后，到调度室（值班室）交接随车钥匙、《CRH 型动车组随车机械师乘务日志》(见附表 1)、《动车组故障交接记录单》(见附表 2)。

(2)动车组出库前 2 h，随车机械师到当地车间值班室(存放点值班室)接受酒精含量测试，在《随车机械师出退乘记录表》(见附表 3)上登记，并按规定办理交接。

(3)随车机械师在存放点按照接车作业要求对动车组进行检查，重点是过夜作业内容的复查，对存在的问题及时向当地车间值班室(存放点值班室)通报，及时进行处理，并做好记录。

(4)负责检查外地存放动车组的保温、卸污等工作是否进行、作业质量是否合格，存在问题时及时向所在地车间值班室和本属车间值班室报告。

6. 承担部分行车组织职能

(1)动车组在出库前，由随车机械师通知司机通过监控屏远程切除当日不用的受电弓，再升当日所用受电弓。动车组入库后，由随车机械师通知司机通过监控屏远程恢复切除的受电弓。

(2)为保证同一动车组受电弓使用时间均衡，受电弓升弓可按照单日升前弓，双日升后弓的原则(异地过夜动车组在异地出库时应选用前日未使用的受电弓)。

(3)运行中因动车组故障或其他原因在区间被迫停车时，加强与司机联系，掌握情况，及时向所在地集团公司动车调度员报告，并在司机指挥下，做好行车及安全防护相关工作。

(4)动车组被救援时，负责过渡车钩和专用风管的拆装、列车机车与动车组过渡车钩的连结与摘解、软管摘结、电气连接线的连接与摘解，引导救援联挂，联挂状态确认，司机配合。

7. 冬季受电弓操作

(1)当外温低于 – 5 °C 时，在动车所内、存放场、始发站、折返站，动车组均不进行换弓操作，当天运行使用同一受电弓。

(2)动车组出现受电弓不能升起、自动降弓、列车无网压等故障，按照《动车组途中应急故障处理手册》操作，根据情况进行换弓操作。

二、动车组随车机械师岗位管理

因动车组随车机械师在动车运行期间责任重大，为确保其工作规范，动车段设置动车组乘务管理机构对随车机械师的出乘、交接、退乘、作业等工作进行检查、监督、管理。具体要求如下：

(1)动车组随车机械师须持证上岗；工作时须佩戴胸牌(见图 5-1)，凭胸牌及工作证拍发铁路电报、在公寓或招待所食宿、进出车站。

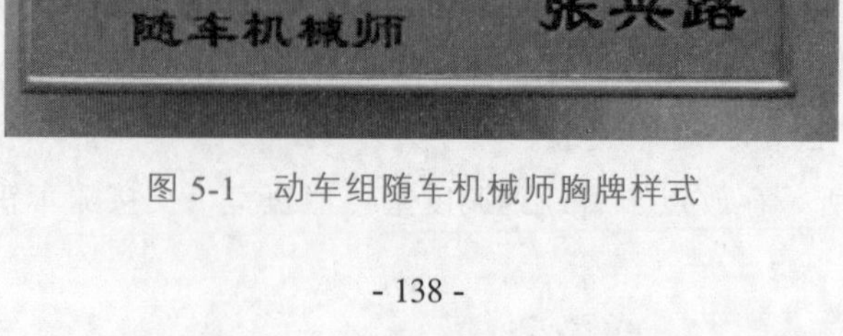

图 5-1　动车组随车机械师胸牌样式

（2）动车段要统一规范《CRH 型动车组随车机械师乘务日志》和《动车组故障交接记录单》填写的标准，字迹要工整，项目要完整，内容要具体。动车段要根据实际明确乘务指导、管理乘务工作的主任（所长）、副主任（副所长）检查《CRH 型动车组随车机械师乘务日志》的周期频次并签字。

（3）随车机械师值乘过程中发生的异常信息通过电话及时准确反馈。反馈信息应包含以下内容：

① 动车组非正常停车、晚发晚到信息。

② 影响动车组设备功能和运行安全的设备故障。

③ 运行途中车内车外突发、重大事件。

④ 动车组运行区段的恶劣天气（风、雪、雨）状态及限速运行信息。

⑤ 国铁公司、局集团公司有关领导上车添乘检查工作情况。

（4）随车机械师乘务工作质量要求：

① 严格执行《铁路技术管理规程》《铁路交通事故调查处理规则》《铁路交通事故应急救援规则》《铁路动车组运用维修规则》《CRH 型动车组途中应急故障处理手册》等规章制度的规定和要求。

② 出乘前应充分休息，确保精力充沛。出乘时按规定着装并携带工具，认真听取、记录值班员及各级领导传达部署的工作要求，严格执行作业标准，对值乘动车组进行全面技术检查，确保达到出库质量标准。

③ 严格按规定监控动车组运行状态，认真按作业标准巡视车厢，及时准确地反馈运行途中动车组安全和故障信息。

④ 对动车组故障能够准确判断、快速处理，确保动车组设备设施正常使用。对动车组运行中出现的突发故障及时正确地进行应急处理，保证动车组运行安全。

⑤ 加强动车组上部设施监管工作，发现损坏和不正确使用动车组设备设施的情况立即制止。

⑥ 各种报表、台账填写应及时、准确、不错、不漏。

⑦ 自觉遵守劳动安全的有关规定，防止自身和他人受到伤害。

⑧ 无责任事故，无违章违纪。

三、动车组随车机械师一次出乘作业标准

1. 出　乘

（1）出乘前，随车机械师应充分休息，严禁饮酒。

（2）出乘时，随车机械师应按规定着装，佩戴胸卡并携带相应证件及随身工具，到动车所调度室（存放点值班室）接受酒精测试，按规定领取《动车组固定服务设施状态检查记录》（见附表 4）、《动车组出所质量联检记录单》（见附表 5）、《动车组随车机械师乘务日志》、《动车组故障交接记录单》、随车钥匙、GSM-R 手持终端、无线对讲设备等，听取命令、任务、要求及注意事项，了解动车组检修、故障处理及前次运行情况。

2. 接车作业

（1）作业前，按规定设置安全防护措施。

（2）检查确认动车组头罩锁闭到位、重联端车钩连接状态良好，两侧裙板及盖板锁闭到位、空气弹簧无漏风、车端连接管线无脱落。

（3）作业完毕，撤除安全防护措施。

（4）动车组供电后，开启空调、照明、旅客信息系统等，确认工作状态。

（5）检查随车工具、材料及行车备品。

（6）巡视动车组运转情况，确认非操纵端司机室门窗锁闭，发现异常及时处置。

（7）确认重点故障处置情况。

3．始发作业

（1）到达车站后，在站台侧检查确认侧门、车外显示器、受电弓状态良好。

（2）到乘务（监控）室，与列车长交接《动车组固定服务设施状态检查记录》，监视车载信息系统。

（3）始发时，在司机室监控动车组运行情况。

4．途中作业

（1）发车后，巡视检查车内主要服务设施技术状态，监视列车运行状态。

（2）运行途中，必须按规定巡视，并在乘务（监控）室监控列车运行及设备状况，发现故障及报警时，按规定程序处置，并做好记录。

（3）动车组司机继乘前，动车组随车机械师应向动车组司机了解运行情况。动车组司机继乘后，与接班司机交接司机室驾驶操纵设备技术状态并在《动车组故障交接记录单》上签认。

5．折返站作业

（1）列车到站前，动车组随车机械师到司机室了解运行情况并做好记录。

（2）列车到站后，在站台侧检查确认侧门、车外显示器、受电弓状态良好。

6．换乘作业

（1）继乘动车组随车机械师提前 15 min 到换乘站接车

（2）列车到达换乘站前，退乘动车组随车机械师填写《CRH 型动车组随车机械师乘务日志》《动车组故障交接记录单》，整理交接物品。

① 折返站换乘时，继乘动车组随车机械师在折返始发端立岗接车，监听列车运行声音，检查受电弓等可见部位状态，列车停稳后到乘务（监控）室与退乘动车组随车机械师办理出勤时领取的物品及列车运行状态交接。

② 通过站换乘时，继乘动车组随车机械师立岗接车，继、退乘动车组随车机械师在乘务（监控）室办理出勤时领取的物品及列车运行状态交接。

（3）交接后退乘动车组随车机械师在站台侧立岗送车。

（4）折返站换乘后、始发前，继乘动车组随车机械师到乘务（监控）室监视车载信息系统，等待发车。

（5）折返站换乘作业过程中遇有动车组故障需要应急处理时，退、继乘动车组随车机械师要协同配合，共同处理。

7. 终到作业

（1）列车到站前，向动车组司机了解运行情况并做好记录。

（2）列车到站后，会同列车长巡视车厢，办理车内固定服务设施状态交接并填写《动车组固定服务设施状态检查记录》，填写《CRH 型动车组随车机械师乘务日志》，整理交接物品。

（3）重点故障提前预报动车所，在乘务（监控）室等待随车进入动车所。

（4）进入动车所途中，通过车载信息系统监控动车组运行状态。

（5）进入本动车所后，按规定接受酒精测试，交接随车钥匙及相应记录单。不入本所时，按所在地集团公司有关管理办法执行。

8. 退　勤

四、动车组随车机械师值乘工作用语

1. 工作联系用语

（1）动车组正常运行中，随车机械师需进入主控端司机室时，联系用语如下：

机械师：×××次司机，机械师进行司机室巡视。

（2）因供电、工务、通信、信号等设备故障，动车组在区间或车站站内临时停车后，司机立即报告列车调度员停车原因。使用手持电台通知列车长及随车机械师停车原因，联系用语如下：

司　机：×××次列车长、机械师，因×××故障或原因造成列车区间或站内停车。

列车长：×××次列车长明白。

机械师：×××次机械师明白。

（3）因发生动车组设备故障，在区间或车站站内临时停车后，司机立即报告列车调度员停车原因。并根据车辆状态显示屏报出的故障信息，使用手持电台通知列车长及随车机械师停车原因和故障信息，联系用语如下：

司　机：×××次列车长、机械师，因×××故障造成列车区间（或站内）停车，请机械师查找处理。

列车长：×××次列车长明白。

机械师：×××次机械师明白，立即处置。

（4）设备故障处置完毕或采取非正常行车时，司机报告列车调度员具备开车条件后，司机使用手持电台通知列车长及随车机械师具备开车条件，联系用语如下：

司　机：×××次列车长、机械师，具备开车条件。

列车长：×××次列车长明白。

机械师：×××次机械师明白。

（5）动车组故障处理完毕后，机械师使用手持电台通知司机故障处理完毕（或无法处理请求救援），司机将情况汇报列车调度员，联系用语如下：

机械师：×××次司机，×××故障处理完毕具备开车条件（或故障无法修复请求救援）。

司　机：×××次司机明白。

（6）动车组营业站滞留期间临时开门时，列车长使用手持电台通知机械师和司机。司机并立即报告列车调度员或车站值班员。联系用语如下：

列车长：×××次机械师、司机，需开启×车×位车门。

机械师：×××次机械师明白。

司　机：×××次司机明白。

（7）动车组营业站滞留期间相关作业完毕后，列车长使用手持电台通知机械师和司机。司机并立即报告列车调度员或车站值班员。联系用语如下：

列车长：×××次机械师、司机，×车×位车门已关闭。

机械师：×××次机械师明白。

司　机：×××次司机明白。

（8）其他情况下的联系用语，由随车机械师与司机根据实际情况进行联系，应力求规范、准确、简洁。

2. 发生行车信息后汇报用语

动车组列车因动车组故障非正常运行或停车时，随车机械师及时将信息向事发地有调度指挥权的局集团公司动车调度报告，并按照规定程序及时向动车段调度汇报。报告用语为：

机械师："我是×××次随车机械师×××，××点××分，××区间，××动车组出现××情况，汇报完毕"。

五、动车组随车工具与备品

动车组随车工具和行车、应急、客运备品应根据车型结构特点随车配备、定置定量存放（见表5-1）。各部门须加强动车组备品的维护管理，定期检查、维护保养，保持技术状态良好。

表5-1　随车工具与备品

类别	序号	名称	数量/列	单位	备注
随车工具	1	钳形电流表	1	支	
	2	红外线测温仪	1	支	
	3	动车组车轮轮缘踏面便携式检查器	1	个	
	4	38件套工具	1	套	
	5	9件套梅花扳手	1	套	
	6	活扣扳手	1	把	
	7	克丝钳	1	把	
	8	卷尺	1	把	
	9	管子钳（12英寸）	1	把	
	10	管子钳（18英寸）	1	把	
	11	圆锉	1	把	

续表

类别	序号	名称	数量/列	单位	备注
随车工具	12	半圆锉	1	把	
	13	组套螺丝刀	1	套	
	14	手锤	1	把	
	15	撬棍	1	根	
	16	扁铲	1	把	
	17	笔记本电脑	1	台	根据车型需要
行车备品	1	响墩	6	个	
	2	火炬	2	支	
	3	短路铜线	2	副	
	4	手信号灯	2	盏	
	5	信号旗	2	套	
	6	防护信号灯	2	盏	
应急备品	1	过渡车钩	2	模块	本车适配模块及机车适配模块各 1（前端为 AAR 车钩的车型仅配本车适配模块 1 个）
	2	救援风管	2	个	
	3	铁丝	20	m	
	4	接地杆	2	套	
	5	验电杆	1	套	
	6	绝缘靴	1	双	
	7	绝缘手套	1	副	
	8	安全帽	1	顶	
	9	安全带	1	套	
	10	登顶梯	1	架	
	11	铁鞋	根据车型按规定配置	个	
	12	止轮器	根据车型按规定配置	个	
	13	受电弓绑扎用品	根据车型需要	套	
客运备品	1	紧急用渡板	2	块	
	2	应急梯	2	架	
	3	车门防护网	根据车型配置	套	单侧全部车门数量配备
	4	应急灯（手电筒）	6	只	
	5	扩音器	1	台	
	6	紧急破窗锤	根据车型配置	个	

任务实施

CRH380AL 型动车组一次出乘作业标准视频

一、CRH380A 型动车组随车机械师一次出乘作业指导书

适用车型	CRH380A 统型动车组	系统	整车
车厢号	01—08 号车	供电条件	无/有
作业人数	1 名（重联时两名）机械师		

序号	作业项目	作业内容、标准及图示
1	出乘作业	
1.1	本地出乘作业	（1）随车机械师按规定着装，佩戴胸卡并携带相应证件及随身工具，于动车组出库前 2 h 到动车所值班室签到并接受酒精含量测试。 （2）随车机械师指定地点领取工具物品，检查随车钥匙、GSM-R 手持终端、450 MHz 手持终端等，对各物品状态进行确认并拍照。【看】 （3）领取《动车组固定服务设施状态检查记录》《动车组出所质量联检记录单》《CRH 型动车组随车机械师乘务日志》《动车组故障交接记录单》。 （4）听取命令、任务、要求及注意事项，了解动车组检修、故障处理及最近一次运行情况
1.2	异地出乘作业	（1）出乘时随车机械师按规定着装，佩戴胸卡并携带相应证件及随身工具，于动车组出库前 2 h 到存放点值班室签到并接受酒精含量测试。 （2）随车机械师认真检查《动车组固定服务设施状态检查记录》《动车组出所质量联检记录单》《CRH 型动车组随车机械师乘务日志》《动车组故障交接记录单》GSM-R 手持终端、450 MHz 手持终端等备品，对各物品进行确认并拍照。【看】
1.3	继乘随车机械师出乘作业	（1）继乘随车机械师出乘时按规定着装，佩戴胸卡并携带相应证件及随身物品，于接车时间点前 2 h 到车间值班室（或驻站派班室）签到并接受酒精含量测试，随车机械师在驻站派班室签到时应主动向本属车间值班室电话签到。 （2）随车机械师向本属车间值班室询问动车组运行情况，了解动车组检修、故障处理及最近一次运行情况，并联系值乘机械师确认交接时间
2	接车作业	车下检查
2.1	作业流程	（1）随车机械师确认车组号后在出库方向端开始进行接车作业，按规定设置安全防护措施（重联时由主控车随车机械师设置）。 （2）车下作业： ①单编动车组：随车机械师到达动车组出库端，面对司机室左侧沿下部绕行，作业后自出库端司机室上车检查。 ②重联动车组：两名随车机械师分别到达动车组出库端及重联端，面对司机室左侧沿下部绕行作业动车组后，自出库端及重联端一侧司机室上车检查。车内检查完毕后，主控车随车机械师到达主控端司机室等待司机上车，非主控车随车机械师在监控室监控动车组状态，等待联控。 （3）按规定撤除安全防护措施（重联时由主控车随车机械师撤除），结束车下作业

续表

序号	作业项目	作业内容、标准及图示
2.1	作业流程	（4）车内设备检查：从一端司机室开始，到达另一端司机室检查完毕后返回，途中沿走行方向认真检查两侧车门、车窗、卫生间、盥洗室等各设备状态。 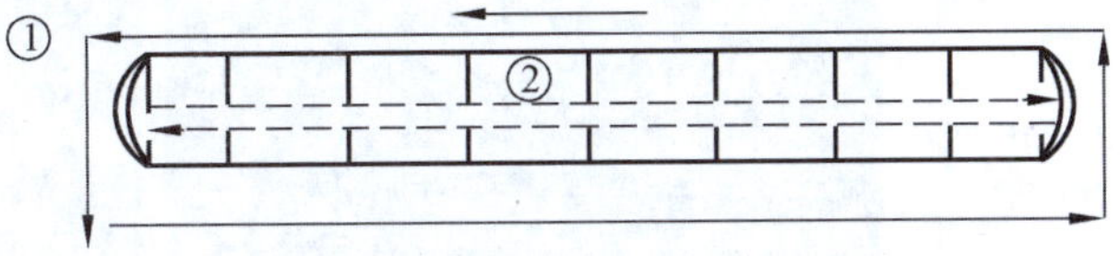 ①下部两侧作业路线；②车内上部检查作业线路 单编动车组随车机械师接车作业路线 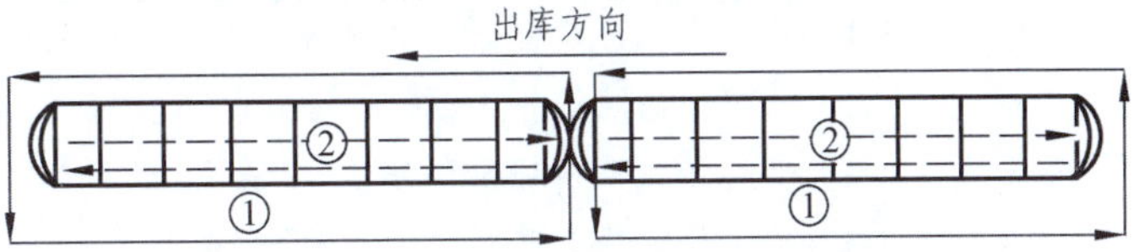 ①下部两侧作业路线；②车内上部检查作业线路 重联动车组随车机械师接车作业路线
2.2	动车组确认	（1）出库前 1.5 h 对动车组进行出库技术状态确认作业。核对《动车组故障交接记录单》上登记故障的处理填写情况，检查发现影响出库质量问题时，及时向车间值班室进行汇报。 （2）到达存车股道后确认车组号，口述接车车次、股道，并对车组号进行拍照。【看】 （3）按规定设置安全防护措施，开始车下作业
2.3	车下双侧检查作业	不临靠站台等其他影响车下作业时：
2.3.1	车端检查	（1）头车外观及前罩安装状态良好，锁闭到位。刮雨器组件外观良好，司机室窗玻璃齐全完整安装牢固。【看】 （2）确认车体排障器底部、辅助排障器外观及安装状态良好。【看】   【注】对车头外观摄像视频不少于 3 s，动车组重联时需在车下作业时对重联端车钩状态认真确认，车钩摄像视频不少于 3 s
2.3.2	车体检查（全程摄像）	（1）检查确认各导流罩（裙板）安装状态良好，安装螺栓无松动。【看】 （2）检查确认设备通风装置格栅无变形、破损，活动格栅门锁闭装置锁闭良好。【看】 （3）注水口、排污口固定金属件无损伤。门总活门、注水口、排污口活门等

续表

序号	作业项目	作业内容、标准及图示
		外观状态良好，锁闭到位。【看】  
2.3.3	走行部检查（全程摄像）	（1）制动夹钳可视部分外观良好，管路无漏风声音。【听】【看】 （2）轴箱油压减振器无漏油，外观状态良好，轴端接地装置良好。【看】 （3）轴箱弹簧可视部位无异常。【看】 （4）轴箱外观状态良好，无漏油。【看】 （5）轴箱定位装置外观状态良好。【看】 （6）传感器安装牢固。【看】 （7）停放制动检查停放制动缓解拉手位置正确（1、3、7、8车）。【看】 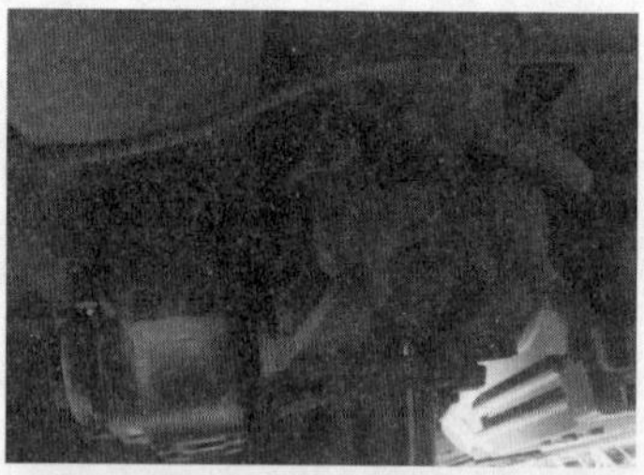     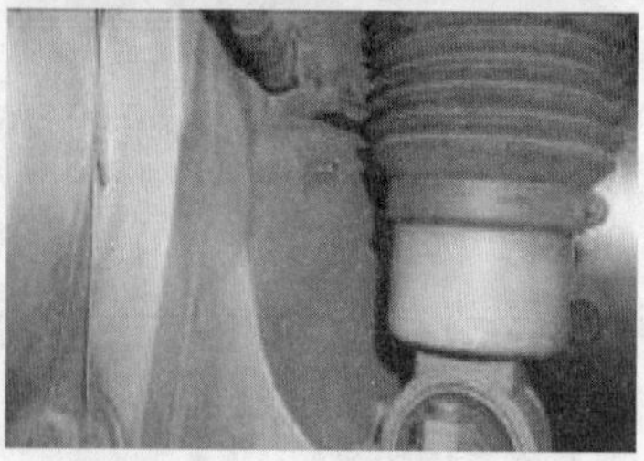 （8）供风系统各管路无漏风声音，可视部位阀门状态正常。【听】【看】 （9）空气弹簧可视部位外观状态良好，无漏风声音。【听】【看】 （10）抗蛇行油压减振器无漏油，外观状态良好。【看】

续表

序号	作业项目	作业内容、标准及图示
2.3.3	走行部检查（全程摄像）	（11）转向架排障器外观及安装状态良好。【看】 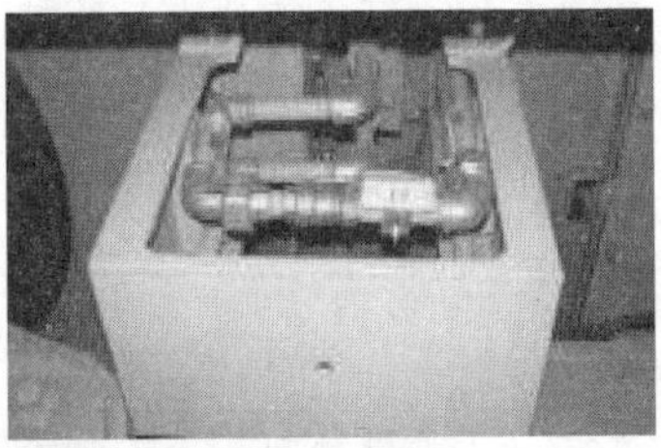    （12）在对装配有撒砂装置的动车组接车作业，检查已安装撒砂装置的撒砂装置砂箱盖扣到位，砂箱刻度正常，撒砂口、撒砂软管、电缆软管、加热管等配件可视部位外观正常（1、2、7、8车）。 （13）检查转向架其他可视部位确认无异常
2.3.4	车端连接设备检查（全程摄像）	（1）车端连接管线可视部位无脱落，外观无异状。【看】 （2）外风挡外观状态良好。【看】 （3）车间减振器外观状态良好，无漏油。【看】  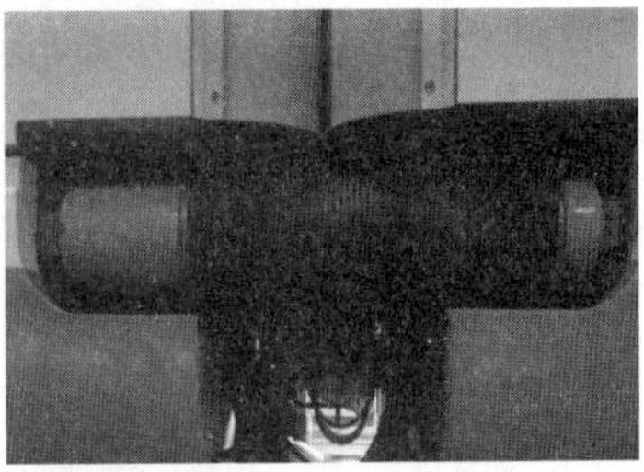
2.4	靠站台停放时车下作业	非高铁车站停放且有站台等其他影响检查的物体时
2.4.1	车下检查流程	（1）动车组在存车场（如郑州客整所I场存车线）单侧靠站台停放时，接车作业前需与司机沟通，下车对非站台侧进行下部检查，检查完毕上车后及时通知司机。【联】 （2）存车线存放动车组双侧均有站台时，随车机械师接车作业时只需在站台进行两侧检查巡视。【看】 （3）下站台对车下检查时按规定做好安全防护措施，注意人身安全。如有异常时及时告知司机及调度部门，按规定处理。【联】 （4）在站台侧检查作业时注意车体与站台间缝隙，注意人身安全。
2.4.2	检查内容	（1）动车组在单侧靠站台停放时，按规定巡视路线进行检查，因站台侧走行部检查困难，随车机械师只需在站台上巡视检查可视部分有无异常，认真听取有无异音。其他检查范围及要求与2.3项目相同。【巡】【看】【听】

续表

序号	作业项目	作业内容、标准及图示
		（2）动车组双侧均有站台时，随车机械师在站台上按规定路线进行检查巡视，对车侧、车下按 2.3 项目范围对可视部位进行检查并摄像。【巡】【看】
2.5	车下检查完毕	（1）车下检查完毕后撤除安全防护措施，从主控端上车。（重联动车组时由主控车随车机械师撤除，从控车随车机械师从重联端上车）。 （2）动车组靠站台停放时，车下两侧检查完毕后与司机联控。【联】
2.6	车内巡视作业	
2.6.1	车内检查流程	（1）随车机械师上车后，随车机械师从主控端司机室向非主控端方向开始进行检查，检查完毕后返回主控端；从控车（重联时）随车机械师从重联端上车，并开始向尾部司机室方向进行检查，检查完毕后返回监控室。 （2）巡视途中认真检查巡视方向两侧卫生间门、洗手池、电茶炉、车窗玻璃、安全锤、灭火器、车内旅客信息显示器、影视屏等客室设施。 （3）随车机械师巡视完毕后回主控端司机室盯控司机试验过程，从控车（重联时）随车机械师巡视完毕后回监控室密切监控 MON 屏显示状态
2.6.2	司机室检查	（1）在车内巡视时，在开始端、结束端分别对车厢号进行确认并拍照。【看】 （2）检查司机室设备舱和司机座椅下工具箱内工具备品，检查过渡车钩、连接软管、铁鞋等随车备品状态良好、数量齐全。【看】 （3）确认司机警惕按钮及相关旋钮、空开状态正常。司机室操纵台各手柄、开关、按钮、旋钮外观状态正常、标识清晰，各压力表外观及功能正常、在校验期内。司机台各显示器显示状态正常，颜色及时钟统一、符合要求。窗、刮雨器外观无异常、破损等异常。【看】 （4）确认司机室隔断门安装牢固、外观良好、无破损、变形、污损，各部合页、螺钉、门锁、密封条、锁舌防撞垫等配件齐全、紧固；开关顺畅无卡滞、异音，锁闭良好，锁闭后无异常晃动、摇动无异常声音。【看】 （5）检查监控屏“司机”模式下所有状态页面，并对“车辆信息”（两个页面）、“切除状态”“制动信息”（制动）、“空转滑行”“电源电压”（第 1 页面）、“光传输状态”“供电分类”页面进行拍照。【看】 （6）在司机室操纵车门集控开关将两侧的侧门打开、关闭，通过 MON 屏查看各侧门开、闭良好，对车门关闭状态进行拍照留存。【看】 （7）检查轴温实时监控页面，并拍照。【看】 （8）检查“列车员”模式下所有状态页面，开启空调、照明、旅客信息系统，设置空调温度（冬季采暖 20 °C，夏季制冷 26 °C），设置出库车次，确认空调、照明、旅客信息系统显示正常。对“空调”、“乘客信息显示（第 1 页面）”进行拍照。【看】
2.6.3	车内巡视	（1）检查车上备品用具（信号旗、止轮器、响墩、火炬等）外观及状态良好，铅封状态正常。【看】 （2）检查各车灭火器安装良好、铅封正常、压力正常，不过期。安全锤配置齐全，安装良好。【看】 （3）进入吧台内部检查餐车设备（冰箱、展示柜、插座、电茶炉、水龙头、灯具等设备）状态。【看】

续表

序号	作业项目	作业内容、标准及图示
		（4）检查随车工具、备品、材料齐全，定检不过期，并按定置图整齐摆放（对 3、5、7 车备品柜各拍照 1 张）。【看】   （5）检查确认电茶炉、洗手台水龙头及卫生间内各设备正常。 （6）目视车窗玻璃状态正常，墙壁安全锤安装正常。【看】 （7）核对每车的车内显示器显示状态，打开影视系统，并确认每车的视频显示正常，确认空调、照明、旅客信息系统正常。【看】 （8）用手轻按检查配电柜锁闭状态，并对配电柜锁闭状态进行确认。（运行途中若无故障处理需要，不再打开配电柜）【看】 （9）检查动车组所有监控屏（MON 屏、弓网监控屏等设备）各页面的状态。校对弓网监控屏摄像方位，确保监控画面良好（校对后本次运行不应再自行调整），并对弓网监控屏受电弓检测情况进行拍照。【看】 （10）对遗留故障处理情况进行再次确认，发生故障时应及时向调度室进行汇报。【联】
2.6.4	动车组停放期间作业状态确认	（1）冬季动车组接车作业时，随车机械师应注意确认车内温度，动车组供电时，应通过信息监控屏确认车内温度，并对卫生间出水情况进行确认。 （2）动车组异地存放抽污时，随车机械师在接车作业期间重点对下部吸污口盖板进行检查，通过信息监控屏确认污物箱状态，并与作业部门进行抽污工作量签认。
2.7	车内作业结束	巡视完毕后，随车机械师回主控端司机室盯控司机试验、联控，并通知司机通过 MON 屏远程切除当日不用的受电弓，升当日所用受电弓。从控车（重联时）随车机械师在监控室监控动车组 MON 屏显示状态并做好联控。【联】
3	出库作业	（1）动车组出库时，随车机械师自主控端司机室盯控 5 min 或动车组通过第一个分相区后，开始车内巡视，（重联时）从控车随车机械师巡视后 8 编组车内情况，认真听取动车组各部位有无异音，发现异常及时向调度报告，并按规定及时处理。【巡】【听】【联】 （2）动车组在通过有过分相试验区的地方（如郑州客整所），随车机械师（主控端）注意动车组通过过分相试验区时的状态，及时与司机联控确认动车组在过分相区试验区试验是否正常，过分相试验异常时及时汇报调度室。【联】
4	始发作业	
4.1	作业流程	（1）动车组（单编组）到达始发站后，随车机械师设置始发车次，从进站端站台侧开始站台侧巡视，巡视至另一端。随车机械师站台巡视作业完毕后，随车机械师返回动车组始发方向主控端司机室，盯控司机换乘（有换乘时）作业及始发站动车组运行状态。 （2）重联动车组到达始发站后，进站端随车机械师从进站端开始站台侧巡视到重联端，另一车随车机械师从重联端开始巡视站台侧至进站方向尾部。巡视

续表

序号	作业项目	作业内容、标准及图示
4.1	作业流程	完毕后，始发方向主控车随车机械师回主控端司机室进行盯控，盯控司机换乘（有换乘时）作业及始发站动车组运行状态，始发方向从控车随车机械师回 05 车监控室进行盯控。 （3）在站台侧检查作业时注意车体与站台间缝隙，注意人身安全。 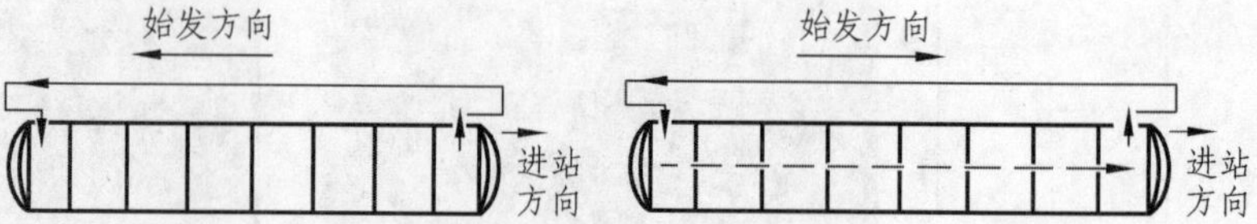 动车组单编组运行时随车机械师巡视路线（始发方向与进站方向相反、相同） 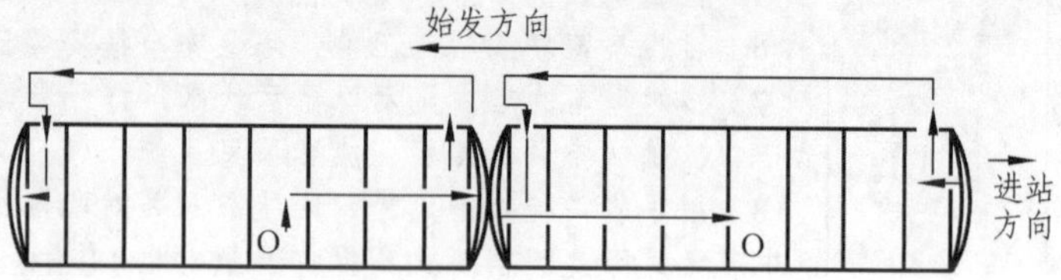 动车组重联运行时随车机械师巡视路线（始发方向与进站方向相反） 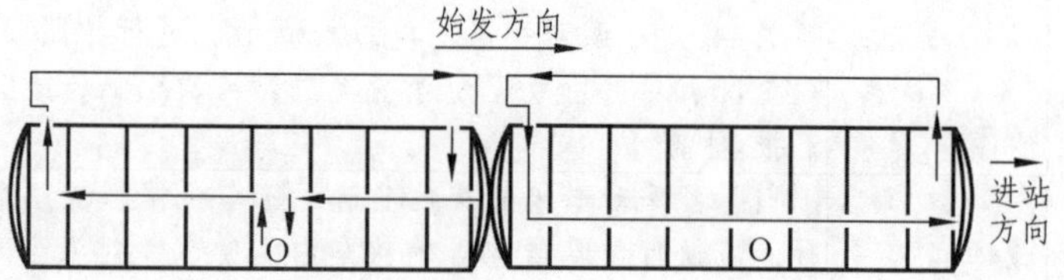 动车组重联运行时随车机械师巡视路（始发方向与进站方向相同）
4.2	作业内容	（1）设置当前运行车次，对 MON 屏“故障一览”（第一页面）及“空转滑行”页面进行确认并拍照。【看】 （2）对靠站台侧车体进行检查，发现车体异常时，按规定进行拍照、记录和上报。【巡】【联】 （3）检查车顶受电弓、绝缘子、隔离开关等高压设备可见部分外观良好，安装牢固，无杂物，确认可见电缆及接头外观及安装状态良好。使用摄像手电筒拍摄两受电弓可见部分。【看】 （4）确认车外显示屏外观状态良好，车次显示正确（对两头车拍照）；检查两车端标识灯状态，显示正常（主控端大灯亮）。对状态进行拍照。【看】  

续表

序号	作业项目	作业内容、标准及图示
4.3	作业盯控及交接	（1）检查完毕后，随车机械师返回主控端司机室盯控司机作业。重联时始发方向主控车随机械师返回主控端司机室，从控车随车机械师返回监控室监控动车组状态。 （2）动车组始发出站后，随车机械师自主控端司机室盯控 5 min 或速度达到 100 km/h 或盯控动车组通过第一个分相区后，然后开始途中车内（第 1 次）巡视。重联时，从控车随车机械师巡视后 8 编组车内情况，发现异常及时向调度室报告，并按规定及时处理。【看】【巡】【联】 （3）随车机械师作业完毕后回监控室，与列车长交接《动车组固定服务设施状态检查记录》后，将信息显示屏切换至“车辆信息”（第 1 页面），盯控动车组状态。【看】【联】
5	途中巡视作业	
5.1	作业流程	（1）动车组始发、折返及机械师换乘站开车后随车机械师需在主控端司机室（重联时从控端随车机械师在监控室盯控）监控 5 min 或动车组速度达到 100 km/h 以上或盯控动车组状态通过第一个分相区后，在车内开始进行第一次巡视检查，其后按规定进行途中巡视检查，连续 3 次途中巡视的时间间隔误差不得超过 10 min。 （2）动车组运行中应每 2 h 全列巡视 1 次，其中单程运行不足 2 h 且大于 1 h 时应巡视 1 次，站停超过 40 min 时应增加 1 次车内巡视。单程运行不足 1 h 时每两个单程巡视 1 次，此时途中巡视作业可从监控室至一端司机室，相邻两次巡视覆盖全列。 （3）动车组担当综合检测、联调联试、回送、试运行、动检等空载交路时，随车机械师应加大车内巡视力度，按每 1 h 时巡视一次，单程运行不足 1h 时每个单程巡视 1 次，有紧急制动等情况时按规定增加巡视作业。【巡】【联】 （4）巡视过程中需要监控动车组运行中的异音、异味、异状，发现异常按照应急处置办法做好联控和应急处理。【巡】【联】 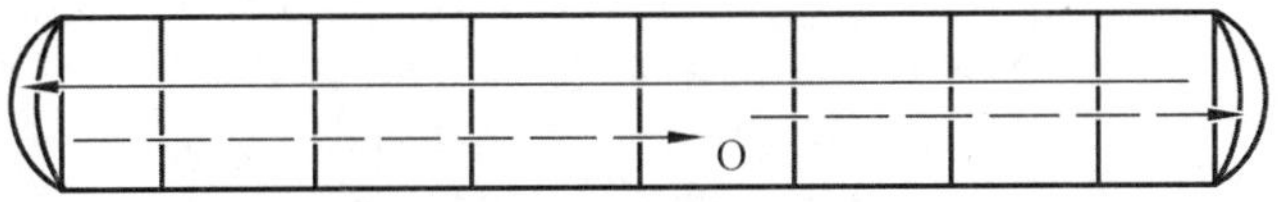 动车组运行途中车内巡视大致路线：从一端司机室开始到另一端司机室结束，巡视完毕后回监控室。（带箭头实线表示巡视线路，带箭头虚线表示行走路线） 动车组单编组运行时车内巡视路线 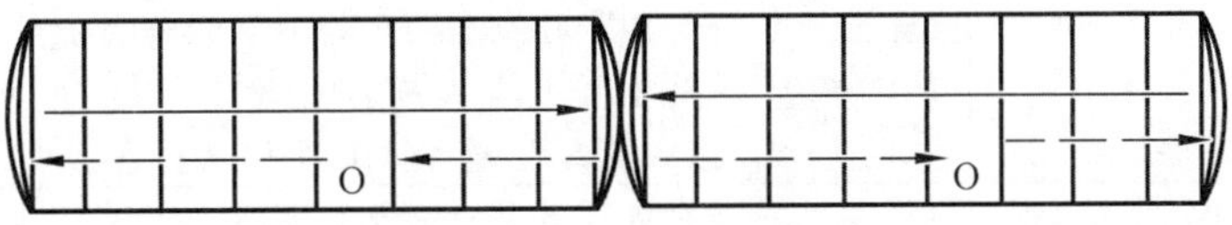 动车组运行途中车内巡视大致路线：从一端司机室开始到另一端司机室结束，巡视完毕后回监控室。（带箭头实线表示巡视线路，带箭头虚线表示行走路线） 动车组重联运行时车内巡视路线

续表

序号	作业项目	作业内容、标准及图示
5.2	途中巡视作业	（1）随车机械师目视巡视方向两侧各侧拉门、柜门锁闭状态、灭火器外观状态、车窗玻璃、安全锤铅封等，并检查电茶炉、洗手池状态正常等，确认卫生间（未关闭时）内部设施功能正常，注意配电柜等易发火灾部位有无异味情况。【听】【看】【闻】 （2）①车内巡视检查空调、照明、旅客信息系统状态，重点检查餐车厨房各用电设备状态及使用情况，发现异味、异音及其他异常情况时果断采取措施，确保动车组运行安全；②巡视确认客运使用插线板情况——使用接线板数量不超过 1 个（重联动车组前后组各配置不得超过 1 个）、插线板必须有 3C 标识、有功率过载保护装置、延长线不得超过 2 m 等，确认充电设备总功率不得超过插座标识牌标识功率，若有不符合规定的情况应立即制止，要求立即整改；③巡视时及时关闭非主控端司机室内空调、照明等设施。【听】【看】【闻】 （3）途中巡视到主控端司机室时，询问司机动车组运行状态是否正常，同时检查 MON 屏各页面显示状态。每次巡视时须检查司机室设备，主要检查司机室隔断门锁闭情况、操纵台设备情况、各开关、各仪表是否正常，并在检查完毕后及时锁闭司机室隔断门（进入操纵端司机室检查联控用语如："××次司机，机械师进行司机室巡视"）。【联】【看】 （4）确认非操纵端司机室门、窗及各操纵开关、手柄均应处于断开或锁闭位，确认非操纵端司机室 CIR 等设备电源关闭。【看】 （5）随车机械师巡视检查时，依照行走线路对 01、00 车的车号进行依次拍照，每次巡视司机室及回到监控室时对信息显示屏的"司机""列车员"模式所有页面进行检查确认，并对"车辆信息"（第 1 页）信息页面进行拍照。【巡】【看】 （6）随车机械师在巡视途中认真听取动车组运行各部位情况，发现异音异响时及时汇报。随车机械师第一次巡视完毕时使用对讲机询问客运列车长动车组上部服务设施是否良好。【听】【联】 （7）每次途中巡视时需进入吧台对餐车设备状态、使用情况和温度设定情况进行检查，并督促餐服人员按要求设定设备温度；餐车设备使用高峰时段（11:00—13:00 和 17:00—19:00）分别对餐车设备设定温度进行一次（至少）检查并拍照。【看】【联】 （8）运行中每 1 h 对信息显示器各页面进行检查，并对"空转滑行"页面进行检查确认，并拍照留存。【看】 （9）巡视完毕，回监控室检查信息监控屏各页面后，切换监控屏至"车辆信息"（第 1 页）信息界面盯控动车组运行及设备工作情况，每次站停时切换监控屏至"车门信息"盯控车门状态直至动车组行车后车门被压紧后，再切换至"车辆信息"（第 1 页）信息界面。【看】 （10）运行途中认真盯控弓网监控信息页面，发现异常时及时汇报。【联】
5.3	办客站车门盯控	随车机械师在办理客运站停时，盯控 MON 屏车门状态信息页面，对动车组车门的开、关、压紧状态进行盯控，发现异常时及时按规定处理
5.4	行车信息处理	（1）接动车组发生设备故障或遇其他减速、限速、停车等行车信息时，严格按相关规定程序及时汇报、妥善处理。【联】 （2）将巡视作业发现的故障在《动车组故障交接记录单》上进行记录，必要时电话通知段调度室。【联】

序号	作业项目	作业内容、标准及图示
5.5	办客站车次转换及盯控	（1）动车组在单趟运行中有停靠站需要变更车次时，随车机械师在动车组到达该站前在最近动车组信息监控屏（MON 屏）处盯控，待动车组站停开门后通过 MON 屏确认车次转换情况，核对动车组当前站信息，并在站台侧确认外部显示器显示情况。 （2）若车次未自动变更或显示错误时需要手动设置车次，随车机械师需立即通过 MON 屏手动设置当前车次、当前站，并在站台上确认外部显示器显示情况，开车后注意盯控下一站语音报站情况
6	司机换乘作业（盯控）	（1）途中需要司机换乘时，在司机换乘前，随车机械师（主控端）应在进站前 5 min 赶到司机室监控动车组运行情况及时盯控司机换乘，向司机了解运行情况并做好记录。 （2）随车机械师（重联时由主控车随车机械师负责）应盯控司机交接过程，对动车组实时状态进行盯控，发现异常及时汇报并按调度指示做好沟通。【联】 （3）主控端随车机械师对司机继乘司机接车后的实验操作进行盯控，对主控端 ATP 屏状态进行确认并拍照。对相关显示屏进行拍照时注意与司机协调，以司机作业优先，避免交叉作业。【看】 （4）与接班司机交接司机室驾驶操纵设备技术状态并在《动车组故障交接记录单》上签认
7	司机换端作业（盯控）	（1）动车组运行期间司机需要换端时，进站前主控端（重联时由主控车）随车机械师需掌握司机换端情况，有特殊要求时，向接车司机进行说明，并即时回报段调度。【联】 （2）随车机械师（重联时由出站的主控端随车机械师）对司机换端完毕后的试验操作进行盯控，对主控端 ATP 屏状态进行确认并拍照。对相关显示屏进行拍照时注意与司机协调，以司机作业优先，避免交叉作业。【看】 （3）司机换端时，应在司机操作后对司机台状态进行一次拍照、对司机操作的配电柜（电务控制）状态进行一次拍照。【看】  司机换端作业时随车机械师作业路线
8	折返站作业	
8.1	作业流程	（1）动车组单编组运行时，随车机械师赶往进站端司机室向司机详细了解动车组运行情况，对发生的故障要详细记录，并对司机换乘（有换乘作业时）、换端操作进行盯控。盯控司机作业完毕后，随车机械师设定车次，并对车次进行核对，下车开始站台侧对车外进行巡视到另一端，巡视完毕后在司机室盯控司机操作及折返站始发作业。 （2)动车组重联运行进站时由主控车随车机械师负责赶往进站端向司机详细了解动车组运行情况，对发生的故障要详细记录，并对司机换乘（有换乘作业时）、换端操作进行盯控。盯控司机作业完毕后，随车机械师设定车次，并对车次进行核对，下车开始站台侧对车外进行巡视到另一端，巡视完毕后回监控室盯控动车组状态；进站时的从控车随车机械师在站台侧重联端开始进行车外巡视至本动车

续表

序号	作业项目	作业内容、标准及图示
		组另一端，巡视完毕后在司机室盯控司机换端及折返站始发作业。 （3）站停时间超过 40 min 时，随车机械师除按规定对车体外侧、两头车进行巡视外，还要在车厢内进行巡视，巡视要求按“途中巡视”作业执行。 （4）在站台侧检查作业时注意车体与站台间缝隙，注意人身安全。 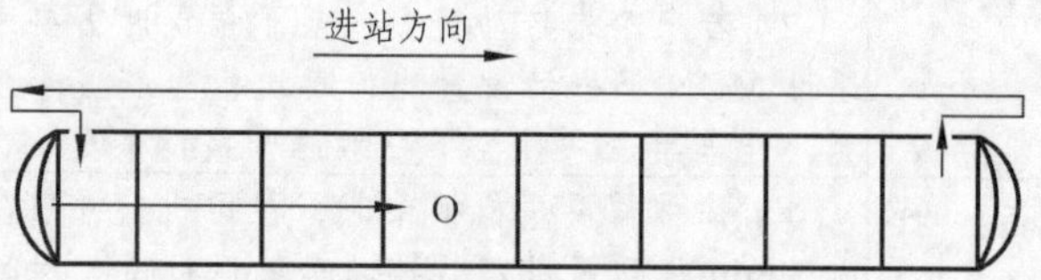 动车组单编组运行时折返站作业巡视路线 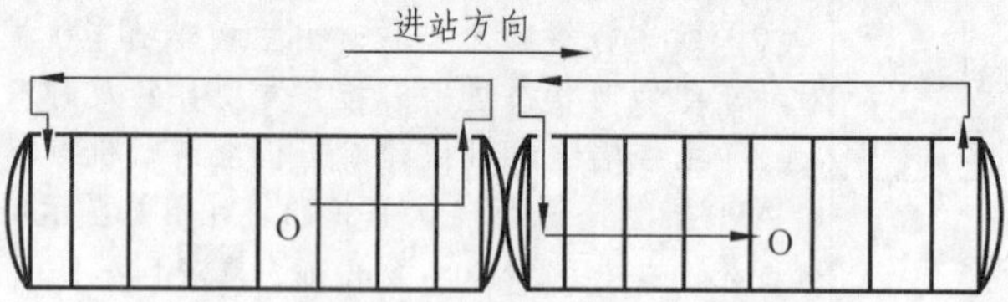 动车组重联运行时折返站作业巡视路线
8.2	折返站作业	（1）首先通过信息显示屏设置车次，并核对车次停靠站。然后检查车外（全列）站台侧显示屏外观状态良好，显示正常，对两头车显示屏拍照。【看】 （2）对靠站台侧车门、车体进行检查，发现异常时，按规定进行拍照、记录和上报。【巡】【联】 （3）检查受电弓、绝缘子、隔离开关等高压部件可视部分外观良好，安装牢固，无杂物。使用摄像手电筒拍摄两受电弓可见部分。【看】 （4）动车组两车端标识灯外观状态良好，显示正常（主控时大灯亮）。【看】 （5）到主控端司机室后，对“空转滑行”页面进行检查，并拍照留存。【看】 （6）将 MON 屏切换至车门状态页面，盯控车门状态。【看】 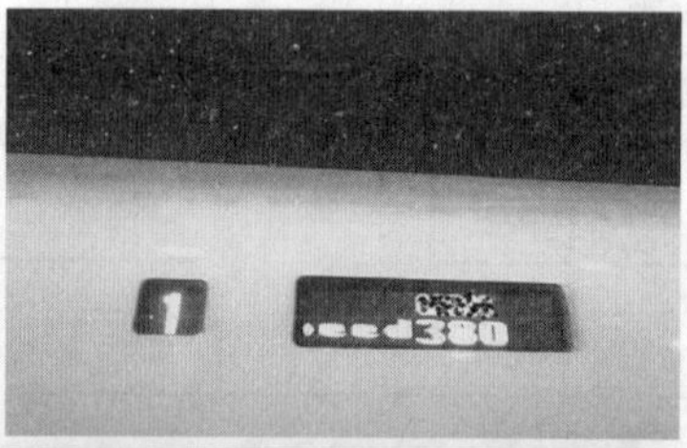  （7）若当天运营中折返车站站停超过 90 min，随车机械师要按照规定关闭和打开影视系统（旅客乘降完毕后关闭影视系统，交路开车前 30 min 打开影视系统）。

续表

序号	作业项目	作业内容、标准及图示
9	吸污、上水作业	（1）随车机械师对 MON 屏页面进行确认，需要临时（应急）吸污、上水作业时，提前通知列车长。 （2）在车站临时吸污、上水作业时，随车机械师通过信息显示器显示情况进行确认作业情况。 （3）图定吸污作业时，随车机械师通过信息显示器显示情况进行确认，并按规定与相关作业部门进行签认
10	机械师换乘作业	
10.1	继乘机械师换乘作业	（1）继乘动车组随车机械师按规定出勤后，提前 15 min 到继乘站站台接车。 （2）折返站换乘时，继乘动车组随车机械师在折返始发端立岗接车，监听列车运行声音，检查受电弓等可见部位状态，列车停稳后与退乘动车组随车机械师办理随车备品及列车运行状态交接。 （3）通过站换乘时，继乘动车组随车机械师优先在监控室与退乘动车组随车机械师办理随车备品及列车运行状态交接。 （4）换乘后，动车组发车前，继乘动车组随车机械师到司机室盯控司机操作动车组发车。 （5）换乘作业过程中遇有动车组故障需要应急处理时，退、继乘动车组随车机械师要协同配合，共同处理
10.2	退乘机械师换乘作业	（1）列车到达换乘站前，退乘动车组随车机械师须巡视车厢，向动车组司机了解运行情况，填写《CRH 型动车组随车机械师乘务日志》《动车组故障交接记录单》，整理交接物品，与继乘机械师联系确定交接位置，等待办理换乘交接。 （2）交接后退乘动车组随车机械师在站台侧立岗送车。 （3）换乘完毕后，退乘动车组随车机械师到本属车间值班室（或驻站派班室）办理退乘手续。 （4）换乘作业过程中遇有动车组故障需要应急处理时，退、继乘动车组随车机械师要协同配合，共同处理
11	终到作业	（1）对餐车设备内部进行检查，发现油污、杂物等及时通知餐服人员清理干净，确保餐车设备洁净状态良好，并询问餐服人员设备运行情况，若发生故障，及时填写《动车组故障交接记录单》。 （2）动车组到站前，随车机械师向动车组司机了解运行情况，并做好记录。 （3）随车机械师与司机交接司机室驾驶操纵设备技术状态并在《动车组故障交接记录单》上签认。 （4）会同列车长巡视车厢，办理车内固定服务设施状态交接，填写《动车组固定服务设施状态检查记录》，填写乘务日志，整理交接物品。【联】 （5）人员下车完毕后，随车机械师对车内进行巡视，确保无闲杂人员停留。 （6）随车机械师巡视时关闭全列影音系统，确认餐车设备电源开关置于“关闭”位。 （7）机械师对信息显示屏的“司机”“列车员”页面进行检查，并对“空转滑行”“轴温实时监控”“故障一览”（第 1 页）页面进行拍照。【看】 （8）随车机械师在出乘日志上填写及核对车组运行相关信息。重点故障提前预报车间，在主控端（重联时从控端随车机械师在监控室）等待随车入所。 （10）随后随车机械师通过车载信息系统监控动车组运行状态
12	入库作业	

续表

序号	作业项目	作业内容、标准及图示
12.1	本属入库作业	（1）动车组入库时，随车机械师到主控端司机室盯控动车组运行状态，（重联动车组主控车随车机械师负责司机室盯控、从控端随车机械师在监控室盯控信息显示屏状态），发现异常及时向调度室报告，并按规定及时处理。【联】 （2）动车组到达位置停稳后，盯控司机设置好防溜措施，通知司机通过监控屏远程恢复切除的受电弓。确认动车组断电降弓、车门锁闭后下车。 （3）动车组到达存场后，遇动车组安排机洗及其他计划时，随车机械师可跟随本务司机一同下车退乘。若动车组直入检修库，作业要求按本节第（2）项办理
12.2	异地入库作业	（1）动车组异地入库（动车所、存场、高铁车站等）时，随车机械师到主控端司机室盯控动车组运行状态，（重联动车组主控车随车机械师负责司机室盯控、从控端随车机械师在监控室盯控信息显示屏状态），与司机（接车）做好沟通，发现异常及时向调度室报告，并按规定及时处理。【联】 （2）动车组经过有过分相试验区时（如郑州客整所）的状态，及时与司机联控确认动车组在过分相区试验区试验是否正常，过分相试验异常时及时汇报调度室。【联】 （3）终到存放处停稳后，盯控司机设置好防溜措施，通知司机通过监控屏远程恢复切除的受电弓，通知司机换弓，对当日未使用受电弓进行一次升弓、合主断操作，确认动车组非工作高压主供电设备状态，并在监控屏上对试验结果进行拍照，发现问题及时处置并按要求汇报。【看】 （4）若设备正常，确认动车组断电降弓、车门锁闭后下车
13	退乘作业	
13.1	本地退乘	（1）入库停稳后与动车组司机做好技术状态交接。 （2）入本所后，随车机械师到车间值班室报告运行情况，签认交接出乘日志，交接重点故障，交还随车移动电话、动车组相关钥匙、乘务日志等。到指定地点办理签到、酒精测试等交接。【看】
13.2	异地退乘	（1）动车组入外所（存放点）后，随车机械师到调度室（或驻站派班室），办理签到、酒精测试等交接。 （2）异地退乘后需要住宿时，随车机械师按规定流程入住当地公寓（宿舍），遵守当地住宿纪律，若有异常及时向调度反馈。 （3）需要临时异地检修时随车机械师及时与本属调度室沟通，做好相关手续的办理。
14	其他值乘作业	
14.1	动车组试运行	符合《铁路动车组运用维修规乘》（以下简称《运规》）既定的动车组试运行条件及其他原因进行试运时，随车机械师按运营动车组值乘标准值乘，做好动车组的巡视及应急故障处理事项，配合试运人员与司机沟通做好试运行项目相关工作
14.2	接、送动车组	因检修需要，需送动车组入厂（段）高级修、接动车组回所、动车组转属时的回送过程中，随车机械师在途中按运营动车组值乘标准值乘，并在出、退乘做好随车备品管理，必要时做好备品工具的交接工作
14.3	专、特运动车组	动车组担当专、特运任务时，随车机械师应严格按一次出乘作业标准值乘，遵守保密纪律，加强安全巡视，发现异常时按规定上报并处理，并注意措辞和行为，避免扩大影响

续表

序号	作业项目	作业内容、标准及图示
14.4	特殊情况值乘要求	随车机械师值乘试运行、接送车动车组及确认列车时： （1）随车机械师负责组织随车添乘人员从操纵端司机室后车厢站台侧门上下车以及车门开闭工作。 （2）无客运乘务员值乘情况下负责查验列车添乘人员证件，制止闲杂人员及其他无关人员登乘确认列车。 （3）对随车添乘人员违反动车组爱车工作的行为进行制止，发现不听劝阻等情况时及时向上级部门反馈信息
15	其他要求	（1）动车组出库、途中司机进行换端、更换动车组司机、使用紧急制动停车、联挂或解编后再开车前，随车机械师要对司机所做全部试验步骤进行盯控，确认步骤是否正确，对试验结果进行确认，并对试验过程及结果进行录像保存，对 ATP 页面进行拍照留存。对相关显示屏进行拍摄和操作时注意与司机协调，以司机作业优先，避免交叉作业。 （2）随车机械师换乘时，退乘、继承随车机械师按规定做好出乘、退乘交接时，同时对信息显示屏中动车组各状态进行相互确认交接。 （3）随车机械师在每次巡视时，对信息显示屏的“司机”“列车员”页面进行全部检查，在站停前、发车后（车门压紧前），监护室信息显示屏的应放置“车门信息”页面，其余时间应调至“车辆信息”（第 1 页）页面盯控动车组运行状态。 （4）途中发生故障信息需要盯控时，随车机械师按调度指示，把监控屏调至能显示该故障状态信息的页面或在故障车（故障部位）进行盯控。 （5）如遇动车组停车时，要对主控端司机室各手柄位置、MON 屏状态、ATP 或 LKJ 屏信息、网压表及风压表状态进行摄像留存，并将进入司机室后司机对话内容进行录音。动车组紧急制动停车后，随车机械师应要求司机限速 60 km/h 运行，并配合做好车内巡视，确认动车组运行正常后汇报调度部门请求恢复到允许速度，按调度指挥必要时下车检查或申请前方站检查。 （6）随车机械师在接车作业时，对动车组“空转滑行”页面进行检查、拍照，随后每小时检查一次，并拍照。出乘、退乘及途中每次巡视至司机室时对轴温监控信息页面进行检查、拍照留存。发现异常时立即反馈。 （7）运行中随车机械师在监控室通过车载信息系统监控动车组运行及设备工作状态，并监控页面调整车辆信息页面。在办理客运业务的车站，随车机械师提前将监控屏调至车门监控页面，监控动车组车门状态（途中巡视时，距离最近的监控屏处监控车门状态）。 （8）随车机械师在巡视中遇到高压供电、牵引传动、网络控制、制动及供风等系统故障时，按应急故障处理手册相关要求进行处理（及时通知调度），并记录故障信息。电茶炉、卫生间、盥洗室等客室服务性设施故障时，在经过应急处理无效后应通知客运部门做好相关措施。 （9）动车组途中发生弓网故障需要登顶作业时，随车机械师按规定联控后在列车非会车侧就近车门下车，确认接触网停电后在受损受电弓作业范围内两端临近接触网腕臂各挂一根接地杆后方可登顶检查处理，登顶作业严禁超出两端挂设的接地杆之间接触网范围。突发故障需要切除动车组制动时，严格按规定执行，严格做好滚动试验。 （10）动车组运行途中发生受电弓、主断路器等高压供电设备故障，维持运行终到入段（所）时，随车机械师要做好故障交接；途中运行正常终到存放点后，换弓试验发现高压供电设备故障无法处理时应做好故障交接，并及时上报担当局动车调度。 （11）随车机械师在值乘中，实施故障应急处置存在困难需要协助时，优先通知列车专职安全员进行协助。 （12）其他相关作业标准按段相关规定执行

二、CRH380BL 型动车组随车机械师一次出乘作业指导书

适用车型	CRH380BL 型动车组	系统	整车
车厢号	01—16 车	供电条件	无/有
作业人数	2 名机械师		

序号	作业项目	作业内容、标准及图示
1	出乘作业	
1.1	本地出乘作业	（1）随车机械师按规定着装，佩戴胸卡并携带相应证件及随身工具，于动车组出库前 2 h 到车间值班室签到并接受酒精含量测试。 （2）领取《动车组固定服务设施状态检查记录》《动车组出所质量联检记录单》《CRH 型动车组随车机械师乘务日志》《动车组故障交接记录单》，检查随车钥匙、GSM-R 手持终端、450 MHz 手持终端等，对各物品状态进行确认并拍照。【看】 （3）听取命令、任务、要求及注意事项，了解动车组检修、故障处理及最近一次运行情况
1.2	异地出乘作业	（1）随车机械师按规定着装，佩戴胸卡并携带相应证件及随身工具，于动车组出库前 2 h 到存放点值班室签到并接受酒精含量测试。 （2）随车机械师认真检查《动车组固定服务设施状态检查记录》《动车组出所质量联检记录单》《CRH 型动车组随车机械师乘务日志》《动车组故障交接记录单》、随车钥匙、GSM-R 手持终端、450MHz 手持终端等备品，对各物品进行确认并拍照。【看】
1.3	继乘随车机械师出乘作业	（1）继乘随车机械师出乘时按规定着装，佩戴胸卡并携带相应证件及随身工具，于接车时间点前 2 h 到车间值班室（或驻站派班室）签到并接受酒精含量测试。随车机械师在驻站派班室签到时应主动向本属所值班室电话签到。 （2）随车机械师向本属车间值班室询问动车组运行情况，了解动车组检修、故障处理及最近一次运行情况，并联系值乘机械师确认交接时间
2	接车作业	车下检查
2.1	作业流程	（1）两名随车机械师共同确认车号并在出库端开始进行接车作业，按规定设置安全防护措施。 （2）主、从控端随车机械师共同到达作业车辆指定位置开始下部作业：从控端随车机械师沿动车组行车方向左侧开始检查至尾部司机室（包含尾部司机室头罩等部件）。主控端随车机械师沿动车组行车方向右侧开始检查至尾部司机室（包含头车头罩等部件）。 （3）车下作业完毕后按规定撤除安全防护措施，结束车下作业。 （4）随车机械师检查完毕确认下部无异常后，可开始车内设备检查：主控端随车负责出库端 8 辆动车组检查，从控端随车机械师负责非出库端 8 辆动车组检查。检查巡视路线如图： 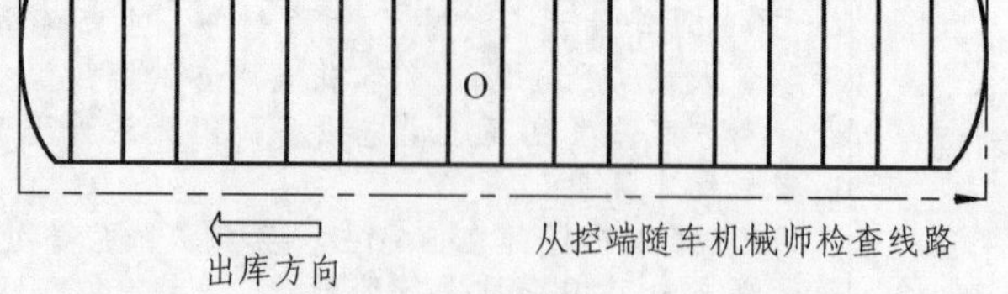 车下检查路线

续表

序号	作业项目	作业内容、标准及图示
2.2	动车组确认	（1）出库前 1.5 h 对动车组进行出库技术状态确认作业。核对《动车组故障交接记录单》上登记故障的处理填写情况，检查发现影响出库质量问题时，及时向车间值班室进行汇报。【联】 （2）到达存车股道后，口述接车车次、车组号、股道，并对车组号进行确认并拍照。【看】 （3）按规定设置安全防护措施，开始车下作业
2.3	车下双侧检查作业	不临靠站台等其他影响车下作业时：
2.3.1	车端检查	（1）检查确认头车外观及前罩安装状态良好，锁闭到位。刮雨器外观良好，司机室窗玻璃齐全完整安装牢固。【看】 （2）确认车体排障器底部、辅助排障器外观及安装状态良好。【看】 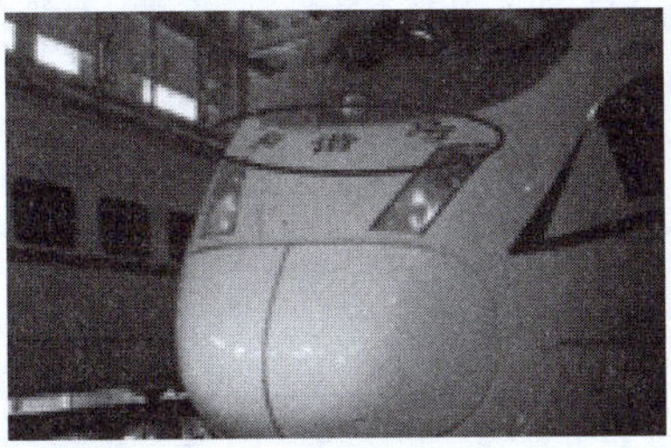 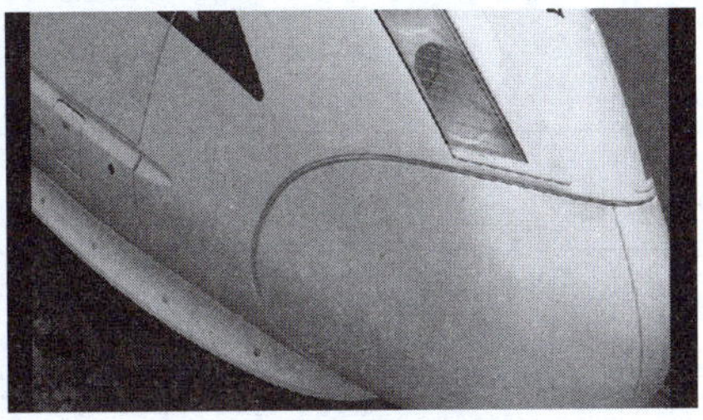 【注】对车头外观摄像视频不少于 3 s
2.3.2	车体检查(全程摄像)	（1）检查确认各导流罩（裙板）安装状态良好，安装螺栓无松动。【看】 （2）检查确认设备通风装置格栅无变形、破损，活动格栅门锁闭装置锁闭良好。【看】 （3）注水口、排污口固定金属件无损伤。门总活门、注水口、排污口等活门外观状态良好，锁闭到位。【看】
2.3.3	走行部检查(全程摄像)	（1）制动夹钳可视部分外观良好，管路无漏风声音。【听】【看】 （2）轴箱油压减震器无漏油，外观状态良好，轴端接地装置良好。【看】 （3）轴箱弹簧可视部位无异常。【看】 （4）轴箱外观状态良好，无漏油。【看】 （5）轴箱定位装置外观状态良好。【看】 （6）传感器安装牢固。【看】 （7）供风系统各管路无漏风声音，可视部位阀门状态正常。【听】【看】 （8）空气弹簧可视部位外观状态良好，无漏风声音。【听】【看】 （9）抗蛇行油压减震器无漏油，外观状态良好。【看】 （10）转向架排障器外观及安装状态良好。【看】 （11）在对装配有撒砂装置的动车组接车作业，检查撒砂口、撒砂软管、电缆软管、加热管、砂箱刻度等配件可视部位外观正常
2.3.4	车端连接设备检查（全程摄像）	（1）车端连接管线可视部位无脱落，外观无异状。【看】 （2）外风挡外观状态良好。【看】 （3）车间减振器外观状态良好，无漏油。【看】
2.4	靠站台停放时车下作业	有站台等其他影响检查的物体时（非高铁车站停放）

续表

序号	作业项目	作业内容、标准及图示
2.4.1	车下检查流程	（1）动车组在存车场单侧靠站台（如郑州客整所I场存车线）停放时，接车作业前需与司机沟通，下车对非站台侧进行下部检查，检查完毕上车后及时通知司机。【联】 （2）存车线存放动车组双侧均有站台时，随车机械师接车作业时只需在站台进行两侧检查巡视。【看】 （3）下站台对车下检查时按规定做好安全防护措施，注意人身安全。如有异常时及时告知司机及调度部门，按规定处理。下车检查时注意轨道梁与站台梁之间间隙。【联】 （4）在站台侧检查作业时注意车体与站台间缝隙，注意人身安全。
2.4.2	检查内容	（1）动车组在单侧靠站台停放时，按规定巡视路线进行检查，因站台侧走行部检查困难，随车机械师只需在站台上巡视检查可视部分有无异常，认真听取有无异音。其他检查范围及要求与2.3项目相同。【看】【听】 （2）动车组双侧均有站台时，随车机械师在站台上按规定路线进行检查巡视，对车侧、车下按2.3项目范围对可视部位进行检查并摄像
2.5	车下检查完毕	（1）车下检查完毕后撤除安全防护措施，从主控端上车。 （2）动车组单侧靠站台停放时，车下两侧检查完毕后与司机联控。【联】
2.6	车内巡视作业	
2.6.1	车内检查流程	（1）主、从控端随车机械师上车后，主控端随车机械师从主控端司机室向9车方向检查，随后返回主控端；从控端随车机械师从9车向非主控端司机室进行检查，随后返回监控室。 （2）巡视途中认真检查巡视方向两侧卫生间门、洗手池、电茶炉、车窗玻璃、安全锤、灭火器等设备状态，确认车内旅客信息显示器、客室影视屏、空调等客室设施工作情况。 （3）主控端随车机械师巡视完毕后回主控端司机室盯控司机试验过程，从控端随车机械师巡视完毕后回监控室密切注意HMI屏显示状态。 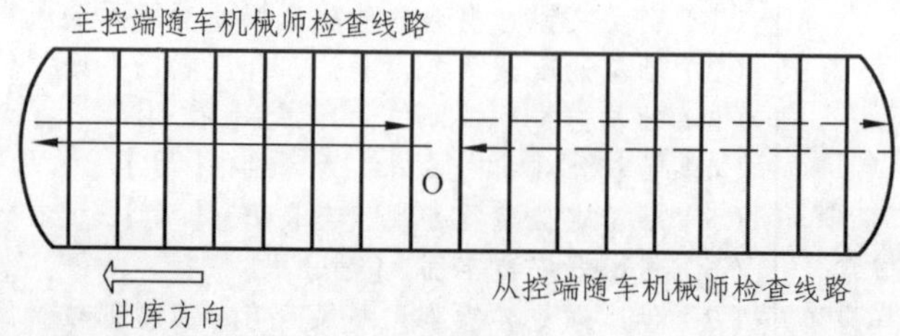
2.6.2	司机室检查	（1）检查司机室座椅下工具箱及车内备品柜内物品（过渡车钩、连接软管、铁鞋等随车备品状态良好数量齐全。【看】 （2）司机室操纵台各手柄、开关、按钮、旋钮外观状态正常、标识清晰，各压力表外观及功能正常、在校验期内。司机台各显示器显示状态正常，颜色及时钟统一、符合要求。窗、刮雨器外观无异常、破损等异常。确认司机警惕装置踏板、按钮外观正常。【看】 （3）确认司机室隔断门安装牢固、外观良好、无破损、变形、污损，各部合页、螺钉、门锁、密封条、锁舌防撞垫等配件齐全、紧固；开关顺畅无卡滞、异音，锁闭良好，锁闭后无异常晃动、摇动无异常声音【看】 （4）检查司机室、监控室HMI屏所有状态页面，并对主控端“制动状态”“停放制动”“牵引”“空调”“轴温”“电机温度”“门”页面进行拍照。【看】

续表

序号	作业项目	作业内容、标准及图示
2.6.3	车内巡视	（1）检查车上备品用具（信号旗、止轮器、响墩、火炬等）外观及状态良好，铅封状态正常。【看】 （2）检查各车灭火器安装良好、铅封正常、压力正常，不过期。安全锤配置齐全，安装良好。【看】 （3）进入吧台内部检查餐车设备（冰箱、展示柜、插座、电茶炉、水龙头、灯具等设备）状态（09车）。【看】 （4）检查随车工具、备品、材料齐全，定检不过期，并按定置图表整齐摆放（对备品柜各拍照1张）。【看】 （5）检查确认电茶炉、洗手台水龙头及卫生间设施状态正常。 （6）目视车窗玻璃状态正常，墙壁安全锤安装正常。 （7）开启空调、照明、旅客信息系统，确认空调、照明、旅客信息系统显示正常。对“空调”页面进行拍照。【看】 （8）用手轻按检查配电柜锁闭状态，并对配电柜锁闭状态进行确认。（运行途中若无故障处理需要，不再打开配电柜）【看】 （9）检查动车组所有监控屏（HMI屏、弓网监控屏、旅客信息控制设备）各页面的状态，校对弓网监控屏摄像方位，确保监控画面良好（校对后本次运行不应再自行调整），并对弓网监控屏受电弓检测情况进行拍照。【看】 （10）核对每车的旅客信息显示器显示状态，显示器显示正常、内容正确。 （11）对遗留故障处理情况进行再次确认，发生故障时应及时向调度室进行汇报。【联】
2.6.4	动车组停放期间作业状态确认	（1）冬季动车组接车作业时，随车机械师应注意确认车内温度，动车组供电时，应通过信息监控屏确认车内温度，并对卫生间出水情况进行确认。 （2）动车组异地存放抽污时，随车机械师在接车作业期间重点对下部吸污口盖板进行检查，并与作业部门进行抽污工作量签认。
2.7	接车作业结束准备出库	（1）巡视完毕后，主控端随车机械师回主控端司机室盯控司机试验、联控，并通知司机升当日所用受电弓。从控车随车机械师在监控室（或尾部司机室）监控动车组HMI屏显示状态并与司机做好联控。【联】 （2）随车机械师（主控端）与司机做好停放制动的缓解与确认工作。
3	出库作业	（1）动车组出库后，主控端随车机械师自主控端司机室盯控5 min或速度达到100 km/h或动车组通过第一个分相区后，开始车内巡视，从控端随车机械师巡视后8编组车内情况，认真听取动车组各部位有无异音，发现异常及时向调度报告，并按规定及时处理。【巡】【听】【联】 （2）动车组在通过有过分相试验区的地方（如郑州客整所），随车机械师（主控端）注意动车组通过过分相试验区时的状态，及时与司机联控确认动车组在过分相区试验区试验是否正常，过分相试验异常时及时汇报调度室。【联】
4	始发作业	
4.1	作业流程	动车组到达始发站： （1）当动车组进站方向与始发方向相同时，动车组进站时主控端随车机械师盯控司机换乘作业（有司机换乘时），从站台侧车门下车，开始站台侧巡视至09车后从10车站台侧车门上车回主控端；进站时从控端随车机械师从10车站台侧车门处下车直接开始站台侧巡视至从控端司机室，检查完毕后回09车监控室。 （2）当动车组进站方向与始发方向相反时，动车组进站时主控端随车机械师盯控司机换端、司机换乘作业（有司机换乘时），从本端站台侧车门下车，开始站台侧巡视至09车，随后从10车站台侧车门上车回监控室。进站时从控端随车机械师从10车站台侧车门处下车巡视站台侧至出站方向主控端，随后进入司机室盯控司机作业及动车组状态

续表

<table>
<tr><th>序号</th><th>作业项目</th><th>作业内容、标准及图示</th></tr>
<tr><td>4.1</td><td>作业流程</td><td>（3）在站台侧检查作业时注意车体与站台间缝隙，注意人身安全。
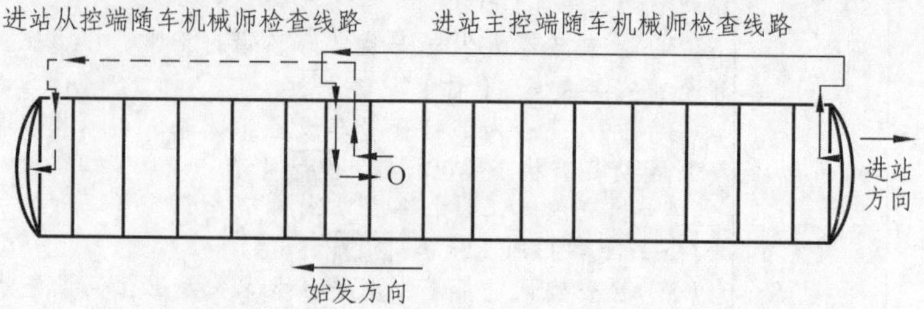
进站方向与始发站方相反时（以 01 车主控进站为例）
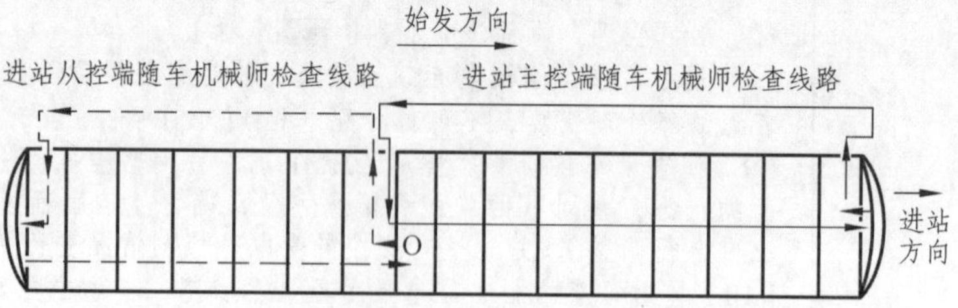
进站方向与始发站方相同时（以 01 车主控进站为例）</td></tr>
<tr><td>4.2</td><td>始发作业开始</td><td>（1）确认当前运行状态，对监控屏“故障概况”（第 1 页面）页面进行确认并拍照。【看】
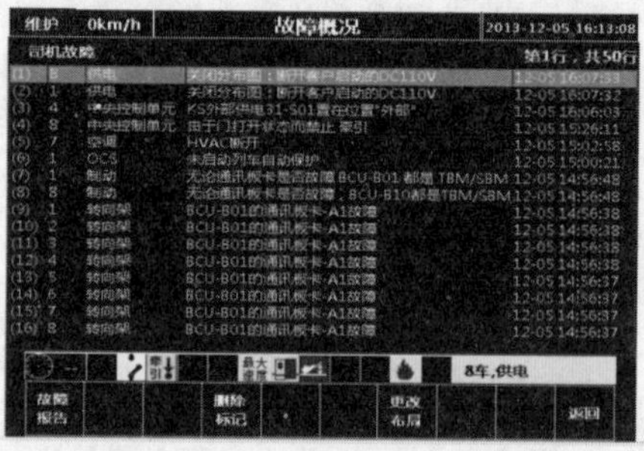
（2）对靠站台侧车体进行检查，发现车体异常时，按规定进行拍照、记录和上报。【巡】【联】
（3）检查车顶受电弓、绝缘子、隔离开关等高压设备可见部分外观良好，安装牢固，无杂物，确认可见电缆及接头外观及安装状态良好。使用摄像手电筒对两受电弓可见部分分别进行拍照。【看】
（4）确认车外显示屏外观状态良好，车次显示正确，检查车端标识灯状态（主控时大灯亮），显示正常。对状态进行拍照。【看】
 </td></tr>
</table>

续表

序号	作业项目	作业内容、标准及图示
4.3	作业盯控及交接	（1）检查完毕后始发方向主控端随车机械师返回主控端司机室盯控司机作业。 （2）从控端随车机械师回到监控室，与列车长交接《动车组固定服务设施状态检查记录》后，将信息显示屏切换至车门状态页面，监控车门状态。【看】【联】 （3）动车组始发出站后，主控端随车机械师自主控端司机室盯控 5 min 或速度达到 100 km/h 或盯控动车组通过第一个分相区后，联控从控端随车机械师开始途中车内（第 1 次）巡视。主控端随车机械师巡视前 8 编组、从控端随车机械师巡视后 8 编组车内情况，发现异常及时向调度报告，并按规定及时处理。【看】【联】
5	途中巡视作业	
5.1	作业流程	（1）主控端随车机械师负责行车方向前 8 编组动车组状态检查，从控端随车机械师负责后 8 编组动车组状态检查。动车组始发、折返、换乘站开车后值乘随车机械师需在主控端司机室监控 5 min 或动车组速度达到 100 km/h 以上或盯控动车组状态通过第一个分相区后，在车内开始进行第一次巡视检查，其后按规定进行途中巡视检查，连续 3 次途中巡视的时间间隔误差不得超过 10 min。 （2）动车组运行中应每 2 h 全列巡视 1 次，其中单程运行不足 2 h 且大于 1 h 时应巡视 1 次，站停超过 40 min 时应增加 1 次车内巡视。单程运行不足 1 h 时每两个单程巡视 1 次，此时途中巡视作业可从监控室至一端司机室，相邻两次巡视覆盖全列。 （3）动车组担当综合检测、联调联试、回送、试运行、动检等空载交路时，随车机械师应加大车内巡视力度，按每 1 h 时巡视一次，单程运行不足 1 h 时每个单程巡视 1 次，有紧急制动等情况时按规定增加巡视作业。 （4）巡视过程中需要监控动车组运行中的异音、异味、异状，发现异常按照应急处置办法做好联控和应急处理。【巡】【联】 （5）巡视完毕后主控端随车机械师在监控室进行盯控，从控端随车机械师在餐车或附近便乘座椅就座，注意不能影响旅客，保持通信信息畅通。 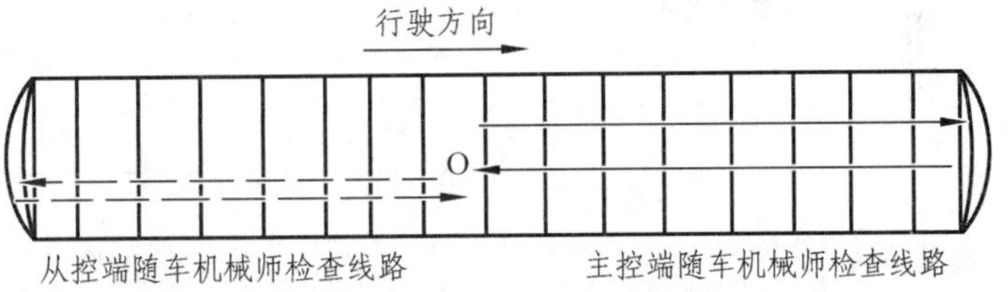
5.2	途中巡视作业内容	（1）随车机械师按巡视路线目视行走方向两侧塞拉门、柜门锁闭状态、灭火器外观状态、车窗玻璃、安全锤铅封等，并检查电茶炉、洗手池状态是否正常等，确认卫生间（未关闭时）内部设施功能正常，注意配电柜等易发火灾部位有无异味情况。【听】、【看】、【闻】 （2）①车内巡视检查空调、照明、旅客信息系统状态，重点检查餐车厨房各用电设备状态及使用情况，发现异味、异音及其他异常情况时果断采取措施，确保动车组运行安全。②巡视确认客运使用插线板情况——使用插线板数量不超过 1 个、插线板必须有 3C 标识、有功率过载保护装置、延长线不得超过 2 m 等，确认充电设备总功率不得超过插座标识牌标识功率，若有不符合规定的情况应立即制止，要求立即整改。【听】、【看】、【闻】 （3）途中巡视到主控端司机室时询问司机动车组运行状态是否正常，同时对 HMI 屏各页面显示状态进行检查。每次巡视时须检查司机室设备，主要检查司

序号	作业项目	作业内容、标准及图示
5.2	途中巡视作业内容	机室隔断门锁闭情况、操纵台设备情况、各开关、各仪表是否正常，并在检查完毕后及时锁闭司机室隔断门（进入操纵端司机室检查联控用语如："××次司机，机械师进行司机室巡视"）。【联】【看】 （4）确认非操纵端司机室门、窗及各操纵开关、手柄均应处于断开或锁闭位，确认非操纵端司机室 CIR 等设备电源关闭，检查完毕后使用钥匙将司机室隔断门锁闭。【看】 （5）随车机械师巡视检查时对开始结束的车号（如 01、00 车）依照行走线路进行依次拍照，每次巡视司机室及回到监控室时对信息显示屏的所有页面进行检查确认，并对主控端司机室 HMI 屏"牵引""制动""轴温""电机温度"信息页面进行拍照。【拍】 （6）随车机械师在巡视途中认真听取动车组运行各部位情况，发现异音、异响时及时汇报。随车机械师第一次巡视完毕时使用对讲机询问客运列车长动车组上部服务设施是否良好。【听】【联】 （7）每次途中巡视时需进入吧台对餐车设备状态、使用情况和温度设定情况进行检查，并督促餐服人员按要求设定设备温度；餐车设备使用高峰时段（11:00—13:00 和 17:00—19:00）分别对餐车设备设定温度进行一次（至少）检查并拍照。【看】【联】 （8）巡视完毕，回监控室检查 HMI 屏各页面后，切换监控屏至"制动状态"信息界面盯控动车组运行及设备工作情况，每次站停时切换监控屏至"门"盯控车门直至确认动车组关门状态正常后，再切换至"制动状态"信息界面。【看】 （9）运行中每 1 h 对监控室 HMI 屏各页面进行检查，认真盯控弓网监控信息页面，发现异常时及时汇报。【看】
5.3	办客站车门盯控	随车机械师在办理客运站停时，盯控 HMI 屏车门状态信息页面，对动车组车门的开、关状态进行盯控，发现异常时及时按规定处理。
5.4	行车信息处理	（1）接动车组发生设备故障或遇其他减速、限速、停车等行车信息时，严格按相关规定程序及时汇报、妥善处理。【联】 （2）将巡视作业发现的故障在《动车组故障交接记录单》上进行记录，必要时电话通知段调度室。【联】 （3）如需下车检查时，注意轨道梁与站台梁之间间隙。【看】
5.5	办客站车次转换及盯控	（1）动车组在单趟运行中有停靠站需要变更车次时，随车机械师在动车组到达该站后在监控室通过 STC 屏确认车次转换情况，核对动车组当前站信息，并在站台侧确认外部显示器显示情况。 （2）若车次未自动变更或显示错误时需要手动设置车次，随车机械师需立即通过 STC 屏手动设置当前车次（当前站），并在站台上确认外部显示器显示情况，开车后注意盯控下一站语音报站情况。
6	司机换乘作业（盯控）	（1）途中需要司机换乘时，在司机换乘前，随车机械师（主控端）应在进站前 5 min 赶到司机室确认动车组运行情况及时盯控司机换乘，向司机了解运行情况并做好记录。 （2）随车机械师（主控端）应盯控司机交接过程，对动车组实时状态进行盯控，发现异常及时汇报并按调度指示做好沟通。【联】 （3）主控端随车机械师对司机继乘司机接车后的实验操作进行盯控，对主控端 ATP 屏状态进行确认并拍照。对相关显示屏进行拍照时注意与司机协调，以司机作业优先，避免交叉作业。【看】 （4）与接班司机交接司机室驾驶操纵设备技术状态并在《动车组故障交接记录单》上签认

续表

序号	作业项目	作业内容、标准及图示
7	司机换端作业（盯控）	（1）司机需要换端时，行驶（进站）的主控端随车机械师需掌握司机换端情况，有特殊要求时，向接车司机进行说明，并即时汇报调度。【联】 （2）在停靠站进行换端作业时，进站主控端随车机械师对司机换端进行盯控，出站主控端随车机械师对司机换端完毕后的实验操作进行盯控，对主控端 ATP 屏状态进行确认并拍照。对相关显示屏进行拍照时注意与司机协调，以司机作业优先，避免交叉作业。【看】 （3）司机换端时，应在司机操作后对司机台状态进行一次拍照、对司机操作的配电柜（电务控制）状态进行一次拍照。【看】 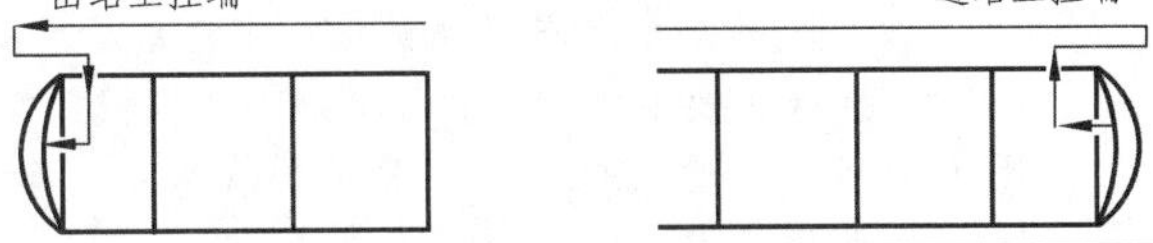
8	折返站作业	
8.1	作业流程	（1）巡视线路：动车组到达折返前，运行（进站）主控端随车机械师赶往进站端司机室向司机详细了解动车组运行情况，对发生的故障要详细记录，并对司机换端操作进行盯控，盯控司机本端换端完毕，从本端司机室下车巡视到 10 车 1（或 2）位端站台侧车门处上车；从控端随车机械师从 10 车 1（或 2）位端站台侧车门处下车巡视至出站方向主控端，并盯控司机换端作业；随车机械师在车内行走时，按行走路线对车内各设备状态进行检查确认。 （2）站停时间超过 40 min 时，主、从控端随车机械师除按规定进行折返站作业外，还要在车厢内增加进行巡视。 （3）在站台侧检查作业时注意车体与站台间缝隙，注意人身安全。 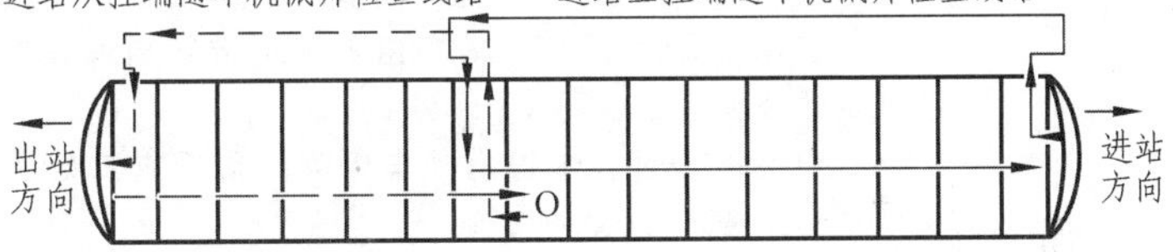
8.2	折返站作业	（1）主控端随车机械师盯控完司机换端后，检查车外（全列）站台侧显示屏外观状态良好、显示正常，确认车次显示正确，对端车显示屏拍照。【看】 （2）对靠站台侧车门、车体进行检查，发现异常时，按规定进行拍照、记录和上报。【巡】【联】 （3）检查受电弓、绝缘子、隔离开关等高压部件可视部分外观良好，安装牢固，无杂物。使用摄像手电筒拍摄两受电弓可见部分。【看】 （4）动车组端部标示灯（大灯）外观状态良好，显示正常。【看】  （5）对 HMI 屏各页面进行检查，检查完毕后将 HMI 屏切换至车门状态页面，盯控车门状态。【看】 （6）若运营中折返车站的单次站停时间超过 90 min，随车机械师要按照规定关闭和打开影视系统（旅客乘降完毕后关闭影视系统，交路开车前 30 min 打开影视系统）

续表

序号	作业项目	作业内容、标准及图示
9	吸污、上水作业	（1）随车机械师对 HMI 屏页面进行确认，需要临时（应急）吸污、上水作业时，提前通知列车长。 （2）在车站临时吸污、上水作业时，随车机械师盯控列车长联控作业进度。 （3）图定吸污作业时，随车机械师注意盯控作业进度，并按规定与相关作业部门进行工作量签认
10	机械师换乘作业	
10.1	继乘机械师换乘作业	（1）继乘动车组随车机械师按规定出勤后，提前 15 min 到继乘站站台接车。 （2）折返站换乘时，继乘动车组随车机械师在折返始发端立岗接车，监听列车运行声音，检查受电弓等可见部位状态，列车停稳后与退乘动车组随车机械师办理随车备品及列车运行状态交接。 （3）通过站换乘时，继乘动车组随车机械师优先在监控室与退乘动车组随车机械师办理出勤时领取的物品及列车运行状态交接。 （4）换乘后，动车组发车前，继乘动车组随车机械师到司机室盯控司机操作动车组发车。 （5）换乘作业过程中遇有动车组故障需要应急处理时，退、继乘动车组随车机械师要协同配合，共同处理
10.2	退乘机械师换乘作业	（1）列车到达换乘站前，退乘动车组随车机械师须巡视车厢，向动车组司机了解运行情况，填写《CRH 型动车组随车机械师乘务日志》《动车组故障交接记录单》，整理交接物品，与继乘机械师联系确定交接位置，等待办理换乘交接。 （2）交接后退乘动车组随车机械师在站台侧立岗送车。 （3）换乘完毕后，退乘动车组随车机械师到本属车间值班室（或驻站派班室）办理退乘手续。 （4）换乘作业过程中遇有动车组故障需要应急处理时，退、继乘动车组随车机械师要协同配合，共同处理
11	终到作业	（1）对餐车设备内部进行检查，发现油污、杂物等及时通知餐服人员清理干净，确保餐车设备洁净状态良好，并询问餐服人员设备运行情况，若发生故障，及时填写《动车组故障交接记录单》。 （2）动车组到站前，随车机械师向动车组司机了解运行情况，并做好记录，主控端随车机械师与司机交接司机室驾驶操纵设备技术状态并在《动车组故障交接记录单》上签认。 （3）非主控端（或主控端）随车机械师会同列车长巡视车厢，办理车内固定服务设施状态交接，填写《动车组固定服务设施状态检查记录》，填写乘务日志，整理交接物品。【联】 （4）人员下车完毕后，随车机械师对车内进行巡视，确保无闲杂人员停留。 （5）确认餐车设备电源开关置于“关闭”位。 （6）随车机械师对信息显示屏的各页面进行检查，并对“故障概况”“轴温”“电机温度”页面进行拍照。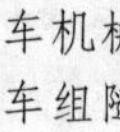【看】 （7）随车机械师在乘务日志上填写及核对车组运行相关信息。重点故障提前预报动车所，在监控室等待随车入所。 （8）随后随车机械师通过车载信息系统监控动车组运行状态
12	入库作业	

续表

序号	作业项目	作业内容、标准及图示
12.1	本属入库作业	（1）动车组入库时，随车机械师到主控端司机室盯控动车组运行状态，（主控端随车机械师），发现异常及时向调度室报告，并按规定及时处理。【联】 （2）动车组到达位置停稳后，盯控司机设置好防溜措施，通知司机通过监控屏远程恢复切除的受电弓。确认动车组断电降弓、车门锁闭后下车。 （3）动车组到达存场后，遇动车组安排机洗及其他计划时，随车机械师可跟随本务司机一同下车退乘。若动车组直入检修库，作业要求按本节第（2）项办理
12.2	异地入库作业	（1）动车组异地入库（动车所、存场、高铁车站等）时，随车机械师到主控端司机室盯控动车组运行状态（主控端随车机械师盯控司机作业，非主控端随车机械师在监控室盯控显示屏状态），与司机（接车）做好沟通，发现异常及时向调度室报告，并按规定及时处理。【联】 （2）动车组经过有过分相试验区时（如郑州客整所）的状态，及时与司机联控确认动车组在过分相区试验区试验是否正常，过分相试验异常时及时汇报调度室。【联】 （3）终到存放处停稳后，盯控司机设置好防溜措施，通知司机通过监控屏远程恢复切除的受电弓，通知司机换弓，对当日未使用受电弓进行一次升弓、合主断操作，确认动车组非工作高压主供电设备状态，并在监控屏上对试验结果进行拍照，发现问题及时处置并按要求汇报。【看】 （4）若设备正常，确认动车组断电降弓、车门锁闭后下车
13	退乘作业	
13.1	本地退乘	（1）入库停稳后与动车组司机做好技术状态交接。 （2）入本所后，随车机械师到车间值班室报告运行情况，签认交接乘务日志，交接重点故障，交还手持终端设备、动车组随车钥匙、乘务日志等。到指定地点办理签到、酒精测试等交接。【看】
13.2	异地退乘	（1）动车组入外所（存放点）后，随车机械师到调度室（或驻站派班室），办理签到、酒精测试等交接。 （2）异地退乘后需要住宿时，随车机械师按规定流程入住当地公寓（宿舍），遵守当地住宿纪律，若有异常及时向调度反馈。 （3）需要临时异地检修时随车机械师及时与本属调度室沟通，做好相关手续的办理
14	其他值乘作业	
14.1	动车组试运行	符合《运规》既定的动车组试运行条件及其他原因进行试运时，随车机械师按运营动车组值乘标准值乘，做好动车组的巡视及应急故障处理事项，配合试运人员与司机沟通做好试运行项目相关工作
14.2	接、送动车组	因检修需要，需送动车组入厂（段）高级修、接动车组回所、动车组转属时的回送过程中，随车机械师在途中按运营动车组值乘标准值乘，并在出、退乘做好随车备品管理，必要时做好备品工具的交接工作
14.3	专、特运动车组	动车组担当专、特运任务时，随车机械师应严格按标准值乘，遵守保密纪律，加强安全巡视，发现异常时按规定上报并处理，并注意措辞和行为，避免扩大影响

续表

序号	作业项目	作业内容、标准及图示
14.4	特殊情况值乘要求	随车机械师值乘试运行、接送车动车组及确认列车时： （1）随车机械师负责组织随车添乘人员从操纵端司机室后车厢站台侧门上下车以及车门开闭工作。 （2）无客运乘务员值乘情况下负责查验列车添乘人员证件，制止闲杂人员及其他无关人员登乘确认列车。 （3）对随车添乘人员违反动车组爱车工作的行为进行制止，发现不听劝阻等情况时及时向上级部门反馈信息
15	其他要求	（1）动车组出库、途中司机进行换端、更换动车组司机、使用紧急制动停车、联挂或解编后再开车前，随车机械师要对司机所做全部试验步骤进行盯控，确认步骤是否正确，对试验结果进行确认，并对试验过程及结果进行录像保存，对 ATP 页面进行拍照留存。对相关显示屏进行拍摄和操作时注意与司机协调，以司机作业优先，避免交叉作业。 （2）随车机械师换乘时，退乘、继承随车机械师按规定做好出乘、退乘交接时，同时对信息显示屏中动车组各状态进行相互确认交接。 （3）随车机械师在每次巡视时，对 HMI 屏的各页面进行全部检查，在站停前、发车后，监控室 HMI 屏的应放置“门”信息页面，其余时间应调至“制动”页面盯控动车组运行状态。 （4）途中发生故障信息需要盯控时，随车机械师按调度指示，把监控屏调至能显示该故障状态信息的页面或在故障车（故障部位）进行盯控。 （5）如遇动车组停车时，要对主控端司机室各手柄位置、HMI 屏状态、ATP 屏信息、网压表及风压表状态进行摄像留存，并将进入司机室后司机对话内容进行录音。动车组紧急制动停车后，随车机械师应要求司机限速 60 km/h 运行，并配合做好车内巡视，确认动车组运行正常后汇报调度部门请求恢复到允许速度，按调度指挥必要时下车检查或申请前方站检查。 （6）随车机械师在接车作业时，对动车组各页面进行检查，随后每小时检查一次。出乘、终到及途中每次巡视至司机室时对“轴温”“电机温度”页面进行检查、拍照留存，发现温度异常时立即反馈。 （7）运行中随车机械师在监控室通过车载信息系统监控动车组运行及设备工作状态，并监控页面调整车辆信息页面。在办理客运业务的车站，随车机械师提前将监控屏调至车门监控页面，监控动车组车门状态（途中巡视时，距离最近的监控屏处监控车门状态）。 （8）随车机械师在巡视中遇到电茶炉、卫生间、盥洗室等客室服务性设施故障时，按应急故障处理手册相关要求进行处理（通知调度），在经过应急处理无效时，通知客运部门做好相关措施，并记录故障信息，动车组维持运行。 （9）动车组途中发生弓网故障需要登顶作业时，随车机械师按规定联控后在列车非会车侧就近车门下车，确认接触网停电后在受损受电弓作业范围内两端临近接触网腕臂各挂一根接地杆后方可登顶检查处理，登顶作业严禁超出两端挂设的接地杆之间接触网范围。突发故障需要切除动车组制动时，严格按规定执行，严格做好滚动试验。 （10）特殊线路要求：①在郑机、郑焦、郑开城际铁路及秦沈客专、胶济客专、西城客专、福夏线、温福线等要求有限流措施的线路，需与司机做好沟通按要求做好限流。②在长大坡道（大于 20‰）、长大隧道（大于 3 km）的特殊区段进行故障处理时，与司机做好沟通确认好线路参数，按规定做好防溜、救援及其他相关工作。 （11）动车组运行途中发生受电弓、主断路器等高压供电设备故障，维持运行终到入段（所）时，随车机械师要做好故障交接；途中运行正常终到存放点后，换弓试验发现高压供电设备故障无法处理时应做好故障交接，并及时上报担当局动车调度。 （12）随车机械师在值乘中，实施故障应急处置存在困难需要协助时，优先通知列车专职安全员进行协助。 （13）其他相关作业标准按段相关规定执行

任务检测

1. 画出随车机械师接车作业路线图。
2. 各小组为单位分别完成随车机械师一次出乘作业。

技能考核

一、司机室功能试验实作技能考核

司机室功能试验实作单

班级		姓名	
项目	考核内容及评分标准	配分	扣分情况
投主控	插入主控钥匙，右旋，制动手柄置于快速位，按压紧急复位按钮缓解紧急制动。	5	
操纵台检查	确认操作台无掉漆、脱块，确认各指示灯、旋钮、按钮、手柄外观及功能正常。	5	
前后标志灯试验	闭合总配电盘内【前部标示灯电源】空开，操纵台【前照灯】旋钮选择强光、弱光切换，通知车下作业人员确认灯光显示正常；断开【前部标示灯电源】空开，闭合【后部标示灯电源】空开，通知车下作业人员确认尾部标示灯亮。恢复空开。	10	
刮雨器试验	检查刮雨器玻璃水喷淋正常、无偏移、管路无泄漏，刮雨器动作无卡滞，橡胶、护套无脱落，刮雨器整体外观状态良好、无附着异物、无变形。切换刮雨器挡位，确认个档位动作正常。	10	
阅读灯试验	按压司机室阅读灯开关，确认阅读灯开闭正常。	5	
空调试验	将操纵台空调旋钮置于强风，确认空调出风口出风正常，格栅无污物。	8	
汽笛试验	将汽笛旋钮在高音和低音间切换，踩下汽笛脚踏，确认汽笛声音正常。	5	
车内电话试验	使用操作台电话进行广播，通知车内作业人员确认广播正常。	5	
车门试验	将 MON 屏切换至车门信息页面，分别操作操纵台左右“开门”按钮，在 MON 屏上确认开门状态良好；分别操作操纵台左右“关门”按钮，在 MON 屏上确认关门状态良好；右旋【关车门安全】旋钮保持 3 s，在 MON 屏【车门信息】页面确认全列车门压紧状态良好。注：车门试验开始前，通过广播呼叫 3 次“ＸＸ列车准备侧拉门试验，车内人员请注意”试验结束后口呼“ＸＸ列车车门试验完毕，状态良好”。	10	

续表

班级		姓名	
项目	考核内容及评分标准	配分	扣分情况
停放制动试验	将 MON 屏切换至制动信息界面，将停放制动旋钮置于施加位，MON 屏确认停放制动已施加，切换至制动气缸压力，确认 1.3.7.8 车停放制动已施加，将停放制动旋钮置于释放位，MON 屏上确认停放以缓解，将制动手柄置于快速位，按压紧急复位按钮，缓解紧急制动。	10	
保压试验	将MON切换至制动界面，将制动手柄在运行位和7N位来回切换，使MR压力值降至780 kPa启动空压机，通过MON屏车辆信息界面确认空压机动作，将MON切回至制动信息界面，观察MR压力值上升至880kPa时，空压机停止动作1min后，将制动手柄置于7N位，保压五分钟，MR压力值下降不得大于20 kPa。	10	
简略制动试验	MON置于制动界面，将制动手柄置于运行位，确认制动气缸压力值为0，将制动手柄依次置于1N、4N、7N和快速位，确认制动气缸压力值依次不小于60 kPa、90 kPa、130 kPa和210 kPa。	10	
紧急制动试验	拔出紧急蘑菇头，确认紧急制动已施加，将制动手柄置于快速位，复位紧急蘑菇头，按压紧急复位按钮，确认紧急制动以缓解。	5	
作业完毕	整理工具、物料，销号。	2	
总计	100	得分	

二、值乘工作用语技能考核

3名同学为1组，分别扮演司机、列车长和随车机械师，在不同情况下进行沟通。

值乘工作用语实作单

班级		姓名	
情况	考核内容及评分标准	配分	扣分情况
因供电、工务、通信、信号等设备故障，动车组在区间或车站站内临时停车后，司机立即报告列车调度员停车原因。使用手持电台通知列车长及随车机械师停车原因。	司　机：×××次列车长、机械师，因×××故障或原因造成列车区间或站内停车。 列车长：×××次列车长明白。 机械师：×××次机械师明白。	20	
因发生动车组设备故障，在区间或车站站内临时停车后，司机立即报告列车调度员停车原因。并根据车辆状态显示屏报出的故障信息，使用手持电台通知列车长及随车机械师停车原因和故障信息。	司　机：×××次列车长、机械师，因×××故障造成列车区间（或站内）停车，请机械师查找处理。 列车长：×××次列车长明白。 机械师：×××次机械师明白，立即处置。	20	
动车组故障处理完毕后，机械师使用手持电台通知司机故障处理完毕（或无法处理请求救援），司机将情况汇报列车调度员。	机械师：×××次司机，×××故障处理完毕具备开车条件（或故障无法修复请求救援）。 司　机：×××次司机明白。	20	

续表

班级		姓名	
情况	考核内容及评分标准	配分	扣分情况
动车组营业站滞留期间临时开门时，列车长使用手持电台通知机械师和司机。司机并立即报告列车调度员或车站值班员。	列车长：×××次机械师、司机，需开启×车×位车门。 机械师：×××次机械师明白。 司　机：×××次司机明白。	20	
动车组营业站滞留期间相关作业完毕后，列车长使用手持电台通知机械师和司机。司机并立即报告列车调度员或车站值班员。	列车长：×××次机械师、司机，×车×位车门已关闭。 机械师：×××次机械师明白。 司　机：×××次司机明白。	20	
总计	100	得分	

任务二　动车组随车机械师应急故障处置

任务描述

（1）熟知动车组应急故障处置时车上工作人员的职责及分工；

（2）能够按照车载信息系统提示应急处置动车组突发故障。

背景知识

动车组列车运行途中发生车辆设备故障时，随车机械师要沉着冷静、临危不乱，按照规定快速处理故障。当列车可以维持运行时，及时向司机提出运行限制条件；列车不能继续运行时，果断做出决定通知司机请求救援。故障动车组维持运行、更换车底、终止运行或救援等行车指挥工作由发生地所在局集团公司调度安排。因各个路局集团公司动车组运用情况不同，故动车组发生故障时的应急处置办法也略有差异，现以郑州局集团公司动车段支配的动车组车辆设备故障时的应急处置原则为例，说明故障应急处置原则及部分作业流程。

一、动车组发生故障应急处置原则

动车组故障应急处置基本原则：确保安全、保障运输、统一指挥、科学处置。坚定换车不犹豫思想，杜绝盲目带车；坚定应急处置流程化管理宗旨，杜绝盲目指挥、无序指挥。

（1）动车组列车运行中出现车辆设备故障时，司机应按车载信息监控装置的提示，按规定及时处理；需要由随车机械师处理时，司机应通知随车机械师。随车机械师按照动车组途中故障应急处理手册及有关规定进行处置，动车段调度应急指挥中心负责远程技术支持，根据需要启用应急指挥系统。经处置确认无法正常运行时，司机应按车载信息监控装置的提示和随车机械师的要求，选择维持运行或停车等方式。

（2）动车组发生故障后，应急指挥人员应充分利用地面行车安全监控系统、动车组车载信息无线传输系统、受电弓视频监控装置等安全监控设备配合开展应急处置。动车组发生弓网故障后，随车机械师应立即通过受电弓视频监控装置，确认受电弓状态。

（3）动车组故障停车后，随车机械师故障处置时间，区间停车 20 min、站内停车 30 min 仍无法判明故障原因或无法处置不能继续运行时，通知司机请求救援。当故障造成全列空调失效时，随车机械师应立即通知司机请求救援。动车段调度应急指挥中心应及时提醒随车机械师在规定时间内申请救援。

请求救援后，随车机械师须立即向发生地所在集团公司动车调度报告，并严格服从故障发生地所在集团公司的救援指挥。

（4）救援时应优先采用动车组，其次采用机车。特殊情况下，重联动车组可以采用换端重联方式及动车组解编为单组运行方式进行处置；动车组列车操纵端故障需返回后方站时，必须采取整列换端牵引方式进行处置；若附近无热备动车组时，可启用备用动车组或调整在线运行动车组交路进行救援。采用动车组救援时按照动车组相互救援办法要求办理，采用机车救援时按照动车组回送办法中关于无动力回送操作程序的要求办理。

动车组被救援时，司机应了解和掌握救援列车开来方向，通知随车机械师在救援来车方向做好救援准备工作。

（5）启用热备动车组担当跨集团公司交路时，须经国铁集团调度同意后方可提交换车申请。

（6）动车组无动力停留时，有停放制动装置的动车组，由司机负责将动车组处于停放制动状态；动车组无停放制动装置或在坡度为 20‰以上的区间无动力停留时，由司机通知随车机械师进行防溜，防溜时应使用铁鞋牢固紧靠。

（7）上下车流程及要求：

① 随车机械师下车作业前须按照相关规定办理作业申请。应根据实际需要通过司机向列车调度员提出限速要求及检查条件，作业可能侵入邻线限界时提出封锁要求，司机接到列车调度员已发布邻线列车限速或封锁的调度命令的口头指示后，通知随车机械师，双方互相签认后，随车机械师从非会车侧下车检查、处理故障，客运乘务组做好车门看护，司机、随车机械师保持密切联络。

② 随车机械师作业完毕后，带齐所有的工具备品、材料配件上车。需要限速运行时，通知司机限速要求，司机报告列车调度员（车站值班员）后，按限速要求运行。不能继续运行时，及时请求救援。

（8）放行条件：

① 动车组列车运行途中，站车工作人员发现或接到下列情况或信息时，须立即采取停车措施：

a. 车辆下部有拖、拉、击打声、上下振动声、连续摩擦声时；车辆突发剧烈上、下跳动，车体剧烈摆动；连接处明显下垂时。

b. 轴箱轴承、齿轮箱轴承、牵引电机轴承及定子温度报警。

c. 车载信息监控装置提示轴不旋转、抱死故障。

d. 发现制动力不足等异常情况时。

e. 受电弓不明原因自动降弓或挂异物。

f. 运行途中发生外门故障。

g. 重联动车组意外解编、编组间传输不良、重联端车钩故障。

h. 动车组碰撞异物影响行车安全时。

i. 动车组裙板、外掀式盖板开启。

j. TEDS 预报需立即停车检查的故障。

k. 动车组电器设备起火冒烟，动车组其他设备出现明火。

l. 其他影响动车组行车安全时。

② 动车组运行途中发生以下故障时，经应急处置无效须请求救援。

a. 全列制动失效。

b. 全列无牵引。

c. 走行部机械故障无法继续运行。

（9）动车组发生故障后动车段要积极派员进行途中接车或赶赴现场，运行后继续跟踪直至动车组入库作业。

（10）动车组故障非正常运行或停车时，司机立即向故障发生地所在集团公司列车调度员或车站值班员汇报，并通知随车机械师。

（11）随车机械师立即向故障发生局集团公司动车调度报告，然后向本属段调度应急指挥中心进行汇报。动车段调度应急指挥中心接到报告后，应立即启动故障应急处置程序，协助指挥随车机械师进行故障处置，同时须向集团公司动车调度汇报故障信息及处置情况。

（12）动车组故障处置完毕，随车机械师核对无误后，及时通知司机可以开车，并将检查处理结果向故障发生局集团公司动车调度、本属段调度应急指挥中心报告，动车段调度应急指挥中心接到报告后及时向集团公司动车调度报告。

二、动车组随车机械师应急故障处置流程

1. 列车运行途中停车，随车机械师下车检查流程

随车机械师在高速铁路（200 km/h 及以上的铁路和 200 km/h 以下仅运行动车组列车的铁路）需下车检查、处理故障时，下车作业前须按照相关规定办理作业申请，根据实际需要通过司机向列车调度员提出限速要求及检查条件，作业可能侵入邻线限界时提出封锁要求，请求内容包括：停车地点、下车原因、邻线限速值等。随车机械师接到司机邻线列车限速 160 km/h 及以下调度命令已发布的通知后，双方互相签认。随车机械师穿戴好防护用品后，从非会车侧下车检查、处理故障，通知列车长做好车门看护，注意下车时脚下设施状态，与司机保持密切联络，作业时注意人身安全；在普速铁路（200 km/h 以下的铁路，仅运行动车组列车的铁路除外）需下车检查、处理故障时，随车机械师须征得司机同意后方可从非会车侧下车检查， 通知列车长做好车门看护，注意下车时脚下设施状态，与司机保持密切联络，作业时注意人身安全。随车机械师检查处理完毕，带齐所有的工具备品、材料配件上车，通知司机检查处理结果。需要限速运行时，通知司机限速要求，不能继续运行时，及时请求救援（长大

隧道内下车检查时注意携带照明工具)。随车机械师下车检查时,应使用摄录手电筒全程录像。

2. 随车机械师需登顶检查、处理故障流程

(1)随车机械师首先应与司机联系确认动车组停车位置上方接触网是否跨分相，并通过动车组司机向列车调度员提出请求，在得到邻线列车限速 160 km/h 及以下的调度命令、接触网已停电及准许登顶作业的调度命令后(如停车位置跨分相区时，两分相区需同时停电)，通知司机切除受损的受电弓后升另一良好受电弓，与司机共同确认无网压，实施放电后(CRH2A/B/C/E/G、CRH380A/AL 型动车组由随车机械师通知司机闭合主断进行放电)，随车机械师穿戴好防护用品下车进行作业(随车机械师手动开启车门，下车后加强瞭望，确保人身安全)。

(2)随车机械师首先在本线非会车侧用验电器进行接触网验电，确认接触网已断电。在非会车侧故障部位作业范围内两端邻近接触网腕臂各挂设一根接地杆后方可登车顶检查处理故障(遇多处故障部位时，在最远距离两故障部位外侧邻近接触网腕臂各挂设一根接地杆，如区间或站场非会车侧不具备接触网腕臂挂设接地杆条件时，在动车组两端头部接触网上挂设接地杆)，登顶作业严禁超出两端挂设的接地杆之间的接触网范围(如图 5-2 所示)。要将接地线与钢轨连接牢靠，必须除去钢轨接触部位锈斑后方可将接地线与钢轨连接，以确保接地效果良好。挂在操纵端前方的接地线由司机负责看护，挂在其他的接地线由列车长指派列车工作人员负责看护。(看护内容为：接地线脱落或被人撤除时及时通知随车机械师停止作业下车)。

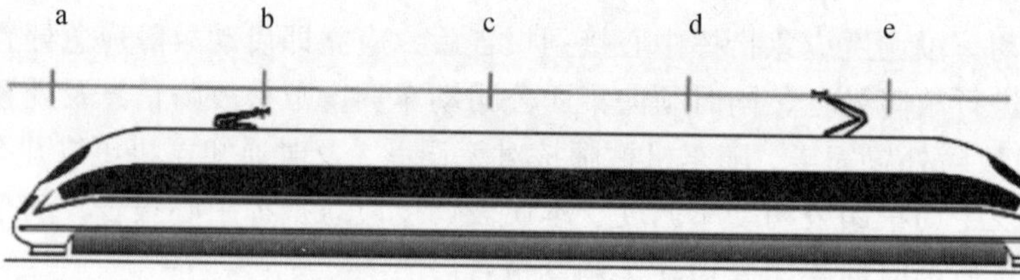

图 5-2　接触网挂杆位置示意图

说明：a、b、c、d、e 分别代表接触网腕臂位置

(1)如上图升起受电弓损坏，接地杆挂在 d、e 两腕臂处；

(2)如上图降下受电弓损坏，接地杆挂在 a、c 两腕臂处；

(3)如上图两受电弓均损坏，接地杆挂在 a、e 两腕臂处。

(3)随车机械师登车顶检查处理(登顶梯要安装稳固，方向正确，在非会车侧)，捆扎受损受电弓，确保受损受电弓离开接触网的距离大于 300 mm，无部件脱落危险，且距离车顶高压器件的距离大于 300 mm；受损受电弓检查完毕后，随车机械师还需要对动车组其他全部受电弓进行检查，确保其他受电弓无部件脱落危险，且距离车顶高压器件的距离大于 300 mm。登顶作业完毕后，随车机械师负责先撤除接触网腕臂端接地线，再撤除与钢轨一端连接的接地线，收集并清点工具无遗落后上车，在司机手账上签认，通知司机使用良好受电弓正常运行。在等待供电期间，随车机械师清点工具并将防护用品和工具收集归位。

(4)随车机械师在挂、撤接地线以及转移、安装、撤除登顶梯和夜间作业辅助照明等工作需协助时，重联编组时由随车机械师负责协助；单编组时由动车组司机负责协助，若单班单司机时，由列车长指派列车工作人员负责协助。

3. 动车组故障需要进行制动切除检查流程

（1）因动车组故障需要进行制动切除操作时：CRH380A（L）型动车组需停车状态下进行操作，CRH380B（L）型、CR400BF 动车组需在速度 200 km/h 以下进行。

（2）因动车组故障空气制动与停放制动同时切除或单独切除停放制动时：涉及停放制动切除操作需要在停车状态下进行，司机、随车机械师按规定对列车采取防溜措施，停放制动及空气制动切除操作完毕后，需要晃动带停放制动缸的制动夹钳，确认各停放制动夹钳已全部缓解。随车机械师通知司机以不高于 5 km/h 速度进行滚动试验，试验过程中随车机械师确认走行部是否出现真正抱死及异常声响等。试验完毕后（对于仅需切除停放制动的动车组，还要恢复空气制动供风），随车机械师要向段安全生产调度指挥中心汇报试验结果（恢复情况），上车后通过显示屏确认停放制动已切除，查看切除制动车辆相关轴温监测数据，确认结果正常，通知司机试验完毕并与司机办理相互签字确认手续。随车机械师未进行滚动试验或滚动试验未通过时，不得开车。

（3）处理完毕后，随车机械师应将切除制动力的情况及限速要求通知司机，并与司机相互签认限速运行要求。

（4）动车组制动切除后恢复运行时，随车机械师要将切除制动的车作为检查巡视重点，除进行必要的检查巡视外，其余时间要在制动切除的车厢进行重点盯控，监控运行中有无异音、异常振动情况，出现异常振动或异音，应立即通知司机停车，下车检查。

（5）动车组制动切除恢复运行后，随车机械师要通过司机向列车调度员申请前方站停车检查，前方站停车后随车机械师按规定下车对切除制动车辆的制动盘、牵引电机、齿轮箱、轴端进行点温，与相邻车进行点温比对，并对制动切除车辆的踏面状态进行重点检查，确认是否存在抱闸现象。检查完毕具备运行条件后，随车机械师通过司机报告列车调度员（车站值班员），司机按照随车机械师要求恢复运行。

4. 动车组运行中受电弓故障处置措施

动车组列车运行途中遇弓网故障时，随车机械师应加强故障判断和处置，原则上不在区间进行登顶作业，必须登顶作业时要严格遵守作业要求。

（1）装有受电弓视频监控装置的动车组，随车机械师应立即通过受电弓视频监控装置确认受电弓外观状态，并及时查看回放视频，如能够确认受电弓状态可见部分无明显异常或不超限、无脱落风险时，通知司机换弓后正常运行。

（2）通过受电弓视频监控装置无法确认受电弓状态或需要下车检查时或未装有受电弓视频监控装置的动车组，按照下车检查流程下车检查。

（3）下车检查。具备条件时，随车机械师在车下可使用望远镜、自拍杆等辅助手段进行进一步检查确认。

① 经初步检查确认受电弓外观可见部分无明显异常或不超限、无脱落风险但未能判明降弓原因时，随车机械师应立即将检查情况及前方站停车的要求报告司机，司机报告列车调度员。司机按随车机械师要求切除已降下的受电弓，换弓运行，限速 160 km/h 运行至前方站进一步检查处置。

如前方站为终点站，随车机械师向司机及集团公司动车调度员申请建议启动热备动车组替换，替换下的故障动车组根据车顶故障状况申请不高于 160 km/h 的限速条件，返回动车所进行处理。

如前方站为非终点站时，随车机械师在停站后使用望远镜或通过受电弓视频监控装置进行进一步检查确认，如确认受电弓外观整体正常或不影响运行安全时，动车组以正常速度维持运行；如不能确认，则必须登顶检查处理。

② 如检查时发现受电弓轻微损坏，且无部件脱落危险时，随车机械师通知司机切除受损的受电弓，并将前方站停车检查的要求报告列车调度员，换弓后以不高于 120 km/h 的速度运行进入前方车站停车，停车后，随车机械师下车进一步确认，检查确认不影响运行时可恢复常速运行；如发现受电弓损坏部位有扩展趋势，则必须登顶检查处理。如受电弓受损严重，但不侵限、无脱落风险、满足与接触网最小间距要求（300 mm），则可切除故障受电弓，换弓以不超过 40 km/h 速度运行至前方站进一步处理。

③ 如检查时发现受电弓刮弓或损坏较严重，有部件脱落危险时，随车机械师应按照登顶检查、处理故障流程进行登顶作业。

（4）随车机械师发现受电弓折断、移位、附挂异物及其他高压配件损伤严重而无法独自处理时，应经司机向列车调度员申请出动供电作业车、接触网检测作业车等，由供电人员协助登顶处理。如经现场登顶确认全部受电弓（包括运用的和非使用的）受损严重，通知司机请求救援，并对受损受电弓捆扎，确认受损受电弓、车顶其他部件离开接触网的距离大于 300 mm。在等待救援时，司机和随车机械师按规定做好列车防溜，同时司机应将制动手柄置于最大制动位，保持客室内应急灯亮，头灯及车尾标志灯亮。随车机械师启动应急通风装置，司机监视蓄电池电压符合规定，低于规定值时关闭蓄电池；无应急通风装置或蓄电池电压低于规定值时，通知列车长组织安装防护网、开启指定车门通风并做好防护，并通知司机转报列车调度员。

5. 受电弓挂有异物处置措施

随车机械师接到受电弓挂有异物通知后立即通过受电弓视频监控装置检查受电弓外观状态，确认是否影响动车组正常运行，如不影响运行，可维持（或限速）运行至前方站检查处理。随车机械师视具体情况提出处置方案和限速要求，遇有长大防尘网缠绕受电弓一时难以快速处置时，应优先考虑启用热备车。

（1）装有受电弓视频监控装置的动车组，随车机械师应立即通过受电弓视频监控装置确认异物及受电弓外观状态，并及时查看回放视频，如能够确认受电弓状态可见部分无明显异常或不超限、无脱落风险不影响运行时，通知司机换弓后正常运行。动车组可在前方（办客）站停车处置时，随车机械师通知司机，司机报告列车调度员，列车调度员组织供电部门在前方（办客）站协助随车机械师登顶清除异物。

发现受电弓异常、影响运行或未装有受电弓视频监控装置的动车组，按照下车检查流程下车检查。随车机械师要控制下车检查时间，加快检查进度，最大程度减少对运输秩序的影响。

（2）随车机械师车下检查，确认受电弓外观整体正常或不影响运行安全时，通知司机换弓后以正常速度维持运行。

（3）随车机械师车下检查，确认发现受电弓滑板及托架有损伤或接触网有异状时，应及时将检查结果汇报司机，报告列车调度员。

（4）需登顶作业时，随车机械师应按照登顶检查、处理故障流程进行登顶作业。

（5）异物处理完毕后，将处置结果汇报司机，恢复正常行车。需限速运行时，随车机械师将限速运行要求通知司机。

6. 车辆设备故障发生火情处置措施

（1）动车组运行途中，随车机械师在发现车厢空调通风口、配电柜、客室内其他设备设施等冒烟、起火、烧焦或有橡胶、塑胶熔化等产生的异味时，应立即通知司机和列车长，要求司机断开主断路器并降弓，并选择安全地点停车。

（2）随车机械师应及时赶到相应车厢关闭空调、通风系统或设备设施电源，并将设备状况通知列车长和司机。

（3）停车后，随车机械师应对车辆设备进行检查，准确判断，果断处理，确认不影响行车安全时，通知司机并签认。

（4）发生火灾时，随车机械师要及时拨打当地“119”请求救援。

7. 车载轴温检测系统检测到轴承温度报警处置措施

（1）动车组运行途中发生走行部轴箱轴承、齿轮箱轴承、牵引电机轴承温度过高响应时，动车组司机应立即停车，报告列车调度员停车原因和停车位置，通知随车机械师处理。

（2）随车机械师将 MON 屏切换至“轴温实时检测”画面，确认故障设备温度并记录。

（3）随车机械师按规定程序下车检查、点温确认，按照由主及次的顺序进行全面检查。重点检查齿轮箱、联轴器、牵引电机、轴箱、制动盘、轮对踏面等部位，要求：齿轮箱无破损、无滴油、齿轮箱油位正常（平直道，如线路存在超高、坡道时，油位会有所变化甚至无法观察到，需检查同一转向架相邻齿轮箱油位加以辅助判断，一侧齿轮箱油位下降甚至无法观察到，另一侧齿轮箱油位上升为正常情况；如无法检查同一转向架相邻齿轮箱油位，需检查相邻两个转向架相同位置齿轮箱油位，如存在坡道或超高，齿轮箱油位均下降甚至无法观察到为正常情况）；联轴节无破损、无偏斜、无滴油、无变色；牵引电机无破损；轴箱无破损、无变色；电机（轴端）速度传感器无断线、破损，连接器无松脱、无变形。并用红外线点温仪进行“走行部重点部位点温”，与本车邻近相同部位点温温度对比分析，若报警部位点温无异常，需对故障轴其他部位点温确认。根据实测温度和检查情况向司机报告。

必须检查部位：齿轮箱油位、各部温度贴片、橡胶件。

对于下部空间狭小难于目视检查部位，随车机械师需使用自拍杆进行拍照并进行信息反馈，段应急指挥人员要对比照片进行逐项确认。

（4）判断为真报警，确认异常或温升超高时，按规定在司机手账上签认，限速运行。

① 严重机械故障，无法维持运行的严重机械故障，申请救援。

② 齿轮箱、联轴节、牵引电机等异常时，若发现齿轮箱破损、滴油，联轴节破损、偏斜、滴油、变色，牵引电机破损，轴箱破损、变色，轴箱点温超标但可视范围内无其他异常，人工滚动试验后，限速 40 km/h 维持运行，申请前方站救援。

③ 齿轮箱、牵引电机点温超标时，若齿轮箱、牵引电机点温超标但可视范围内无其他异常，人工滚动试验后，限速 140 km/h 维持运行，申请前方站救援。

（5）检查无异常，确认轴温正常，属误报警时，通知司机恢复正常速度运行，在司机手账上签认。

配属动车组发生走行部轴承温度过高响应时，随车机械师下车检查确认，根据具体情况按应急手册规定采取处置措施，可视范围内无异常且未伴随发生其他故障时按限速表 5-2 运行。

表 5-2　限速表

级　别	轴箱轴承/（km/h）	齿轮箱轴承/（km/h）	电机轴承/（km/h）
预警级（1 级）	200	200	200
报警级（2 级）	40	40	40

（6）随车机械师在维持运行或恢复正常速度运行途中对故障车辆进行重点监控。途中密切关注[轴温实时检测]信息。如出现异常振动或异音，应立即通知司机停车，下车确认。本次运营结束或具备换车条件的车站更换车底，故障车组停运回库处理。

8．动车组列车运行途中发生紧急制动停车时处置措施

（1）若因车辆自身设备故障导致动车组列车紧急制动停车时，随车机械师按照动车组途中应急故障处理手册规定进行处置。随车机械师开车前盯控司机进行简略制动试验，确认制动性能良好后通知司机限速 60 km/h 运行，开车后对全列进行巡视，重点监听走行部是否存在异音、异常振动等现象，无异常后通知司机恢复正常运行。

（2）若因其他异常情况导致动车组列车紧急制动停车时，随车机械师在掌握具体情况后按照相关预案进行处置，开车前盯控司机进行简略制动试验，确认制动性能良好后通知司机限速 60 km/h 运行，开车后对全列进行巡视，重点监听走行部是否存在异音、异常振动等现象，无异常后通知司机恢复正常运行。

（3）若因其他异常情况导致动车组列车紧急制动停车时，随车机械师在掌握具体情况后按照相关预案进行处置，开车前盯控司机进行简略制动试验，确认制动性能良好后通知司机限速 60 km/h 运行，开车后对全列进行巡视，重点监听走行部是否存在异音、异常振动等现象，无异常后通知司机恢复正常运行。

（4）随车机械师全列巡视过程中，若发现走行部有异音或异常振动等现象时，及时通知司机停车，并按规定下车对全列走行部进行检查，根据检查情况向司机提出运行限速条件或申请救援，并及时向事发地有调度指挥权的集团公司动车调度报告。

9. 重联动车组发生异常需要分离运行应急处置措施

重联动车组中一组因故不能继续运行，根据调度命令需要分离运行时，动车组司机、随车机械师按规定做好故障动车组防溜工作（动车组无动力停留时，有停放制动装置的动车组，由司机负责将动车组处于停放制动状态；动车组无停放制动装置或在坡道为 20‰以上的区间无动力停留时，随车机械师根据司机的通知进行防溜），随车机械师配合司机，按动车组摘解操作程序，摘解重联动车组。值乘故障动车组的随车机械师须做好动车组的防护工作，并与故障动车组一起停留原地等待救援，正常动车组按命令单组继续运行。

三、动车组救援要求

动车组运行途中故障需要救援时，优先采用动车组救援动车组，其次采用机车救援动车组。特殊情况下，重联动车组可以采用换端重联方式及动车组解编为单组运行方式进行处置；动车组列车操纵端故障需返回后方站时，必须采取整列换端牵引方式进行处置；若附近无热备动车组时，可启用备用动车组或调整在线运行动车组交路进行救援。具体救援办法可参照国铁集团《铁路技术管理规程》（高速铁路部分）第 434 条至第 459 条执行。

任务实施

轴温报警应急处理措施

一、牵引变流器故障 1（004）应急处理

现象	K 断开，此车无法牵引和再生制动
车种	CRH380A、CRH380AL、CRH380A 统、CRH380AJ
原因	直流过电压；控制电源异常；牵引电机过 电流；牵引电机电流不平衡； PG 异常；主变压器二次侧接地
行车	继续运行
步骤	处理过程
 司机	1. 司机触按 MON 屏左下方【故障详情】，确认故障情况，通知随车机械师。 2. 通过 MON 屏“牵引变流器信息（编）”页面，确认故障详情。 3. 通过 MON 屏“牵引变流器信息（车）”页面，查看故障原因。 4. 根据随车机械师要求进行 RS 复位，若故障消除，正常运行。 5. 若复位 3 次（每次间隔不少于 3S）故障未消除，远程切除相应 M 车，维持运行

二、轴温报警应急故障处理

现象	司机室操纵台故障显示灯“转向架”灯点亮
车种	CRH380A、CRH380AL、CRH380A 统、CRH380AJ
原因	（1）传感器故障 （2）机械故障
行车	动车组自动触发紧急制动停车
步骤	处理过程
 1	1. 故障确认： 司机触按 MON 屏左下方【故障详情】，确认故障情况。切换至故障信息页面，确认故障位置，通知随车机械师
 2	2. 确认实时轴温监控状态： 随车机械师将 MON 屏切换至[轴温实时检测]画面，确认故障轴对应轴箱体、齿轮箱、牵引电机温度。 （1）若实时轴温温度正常，随车机械师执行第 3 步，并重点盯控维持运行。如出现异常振动或异音，应立即通知司机停车。 （2）若实时轴温温度显示异常，则执行第 3～12 步

续表

步骤	处理过程
3	3. 隔离操作： 随车机械师右旋故障车配电盘内[熔断轴温控车隔离1]或[熔断轴温控车隔离 2]旋钮至红点位，[熔断轴温控车隔离 1]对应 1 位转向架，[熔断轴温控车隔离 2]对应 2 位转向架） 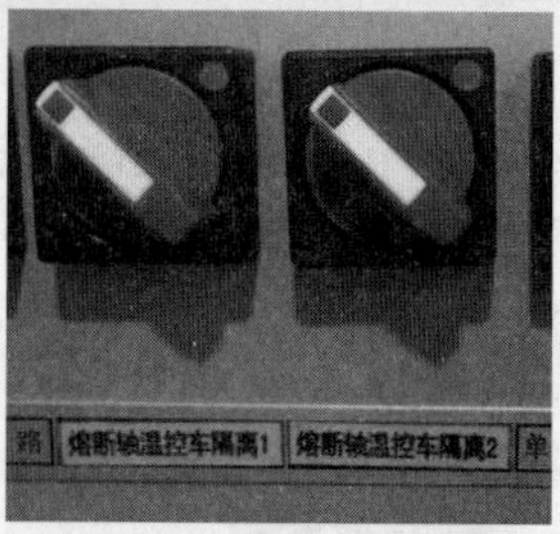
4	4. 车下检查： 按规定程序申请下车检查，按照由主及次的顺序进行全面检查。齿轮箱无破损、无滴油，齿轮箱油位正常（平直道，如线路存在超高、坡道时，油位会有所变化甚至无法观察到，需检查同一转向架相邻齿轮箱油位加以辅助判断，一侧齿轮箱油位下降甚至无法观察到，另一侧齿轮箱油位上升为正常情况；如无法检查同一转向架相邻齿轮箱油位，需检查相邻两个转向架相同位置齿轮箱油位，如存在坡道或超高，齿轮箱油位均下降甚至无法观察到为正常情况）；联轴节无破损、无偏斜、无滴油、无变色；牵引电机无破损；轴箱无破损、无变色；电机（轴端）温度传感器无断线、破损，连接器无松脱、无变形。并进行“走行部重点部位点温”
5	5. 判断是否异常： 检查如为真报警则执行第 6～9 步；检查无异常则执行 10～12 步
6	6. 严重机械故障： 随车机械师检查时，若为无法维持运行的严重机械故障，司机请求救援
7	7. 齿轮箱、联轴节、牵引电机等异常： 若发现齿轮箱破损、滴油；联轴节破损、偏斜、滴油、变色；牵引电机破损；轴箱破损、变色，轴箱点温超标但可视范围内无其他异常，人工滚动试验后，随车机械师通知司机限速 40km/h 维持运行，申请前方站救援
8	8. 齿轮箱、牵引电机点温超标： 齿轮箱、牵引电机点温超标但可视范围内无其他异常，人工滚动试验后，随车机械师通知司机限速 140 km/h 维持运行，申请前方站救援
9	9. 运行监控： 维持运行途中，随车机械师对故障车辆进行重点监控，如出现异常振动或异音，应立即通知司机停车

续表

步骤	处理过程
10	10. 检查无异常： 司机通过 MON 屏切除轴温报警信息，维持运行
11	11. 对于已配置实时轴承温度监控设备的动车组： 运行途中随车机械师对故障车辆进行重点监控，并密切关注[轴温实时检测]信息。如出现温度异常、异常振动或异音等，应立即通知司机停车，下车确认。 本次运营结束或具备换车条件的车站更换车底，故障车组停运回库处理
12	12. 对于没有配置实时轴承温度监控设备的动车组： 司机报告列车调度员，根据列车调度员核定的线路是否存在红外设备。 （1）对于有红外线设备的线路，每个办客站（无配线车站除外）由随车机械师下车点温，维持运行至具备更换车底条件的车站换车（列车调度员安排地面红外线设备加强监控）。 （2）对于无红外线设备的线路，每个办客站（无配线车站除外）由随车机械师下车点温，若相邻两个办客站点温时间间隔超过 1 h，由司机报告列车调度员，安排在预设点温车站停车点温（故障轴位应在非站台侧），维持运行。运行途中如出现异常振动或异音等，应立即通知司机停车，下车检查

三、主变压器三次测过电流应急处理

现象	相应动力单元 VCB 跳闸，司机室操纵台故障显示灯“VCB”灯点亮，相应动力单元 CI 停机。
车种	CRH380A、CRH380AL、CRH380A 统、CRH380AJ
原因	AOCN 断路器断开；3 次电路设备故障（空调、换气装置等）
行车	维持运行
步骤	**处理过程**
1	1. 故障确认： 司机触按 MON 屏左下方【故障详情】键，确认故障情况。切换至“主变压器 3 次侧过电流（163）”故障信息页面，确认故障位置，通知随车机械师
2	2. 配电盘断路器断开： 随车机械师立即将故障单元各配电盘中的 [司机室制冷] [辅助电源输入电压] [辅助变压器] [牵引变流器 2][空调电源 1] [空调电源 2] [供排气] [开水炉加热电源]断路器断开 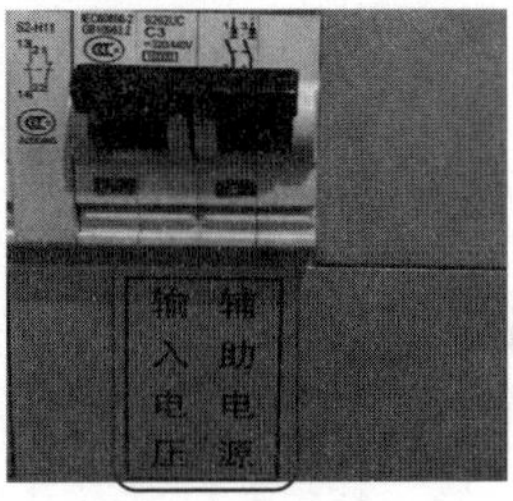

步骤	处理过程
3	3. 断路器确认： （1）确认故障车组合配电盘中的[辅助电路过电流]是否处于闭合状态，若断开，则闭合。 （2）确认完毕，通知司机进行 RS 复位 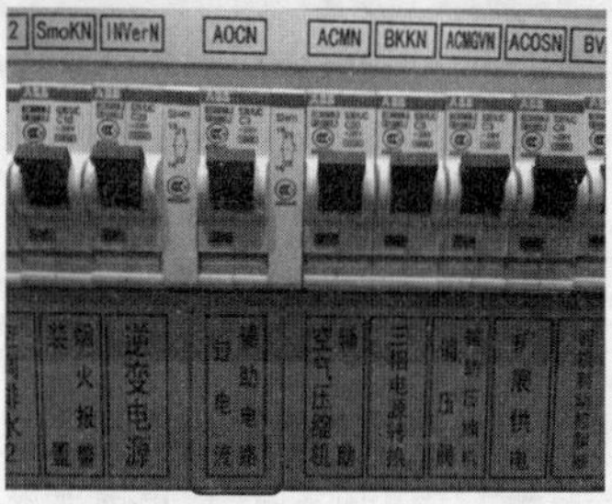
4	4. RS 复位或扩展供电： （1）司机进行 RS 复位，并重新闭合 VCB。 （2）若故障未消除，远程切除故障单元 VCB 及 M 车，闭合 BKK 或 BKK2 行扩展供电，维持运行。 （3）若故障消除，通知随车机械师逐个恢复断开的断路器
5	5. 逐个闭合断路器： 随车机械师逐个闭合断开的[司机室制冷] [辅助电源输入电压] [辅助变压器] [牵引变流器 2] [空调电源 1] [空调电源 2] [供排气] [开水炉加热电源]断路器，并通知司机
6	6. 切除故障负载： （1）若在闭合上述断路器过程中再次出现 3 次侧过电流故障，司机通知随车机械师，随车机械师断开相应断路器并通知司机。 （2）司机进行 RS 复位，并重新闭合 VCB，随车机械师继续对未完成的断路器进行闭合操作，直至全部断路器闭合操作完毕。 （3）切除故障负载，维持运行

四、动车组空气制动与停放制动全部切除应急处理

车种	CRH380A 统、CRH380AJ	
步骤	处理过程	
1	1. 切除空气制动： 随车机械师操作空气制动【供给】阀手柄（白色）至垂直位。	
2	2. 紧急短路开关： 激活[紧急短路]开关 UVRS（根据开关种类拉出或右旋至红点位）。右旋“停放制动旁路”旋钮至红点位。	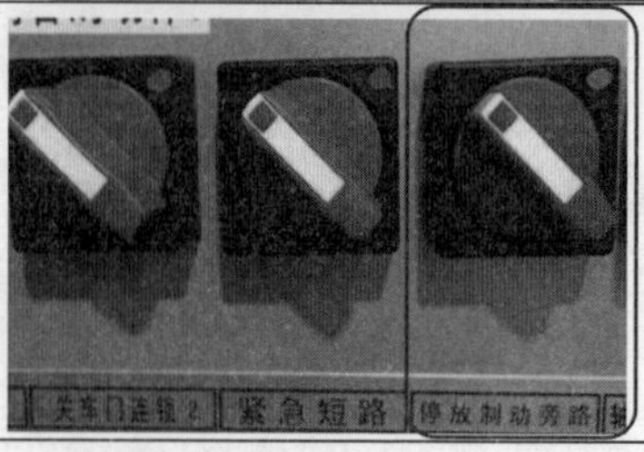

续表

步骤	处理过程	
 3	3. 切除停放制动供风： 操作停放制动截断阀手柄（黑色）至垂直位。	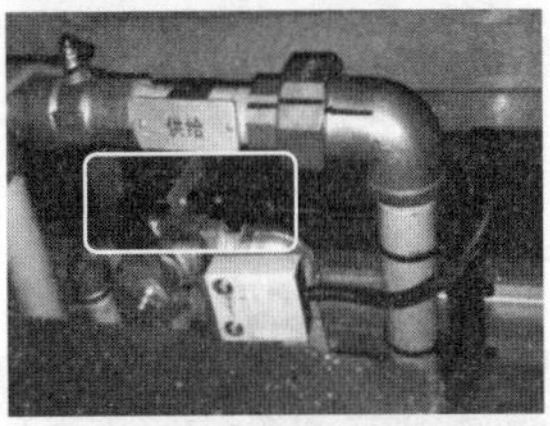
 4	4. 车下操作： 待空气制动无排风声（切除空气制动后 2 min）后拉动紧急手缓装置。逐个停放制动夹钳拉动紧急手缓拉绳（每台停放制动夹钳在转向架两侧均设有拉绳，操作任一侧即可），共 4 处，紧急手缓停放制动。操作成功时可感觉到高能弹簧释放时的声音和振动。	
 5	5. 停放制动缓解确认： 晃动带停放制动缸的制动夹钳，确认各停放制动夹钳已全部缓解。	
 6	6. 控制系统操作： 通知司机通过 MON 屏切除状态画面，确认切除信息	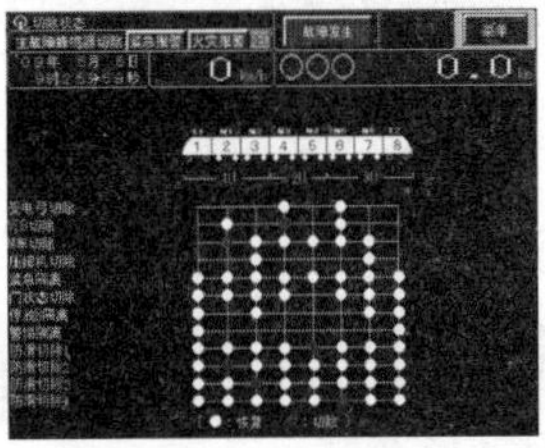
  7	7. 滚动试验确认： 按“人工滚动试验”执行	
 8	8. 前方站停车检查： 制动切除恢复运行后，随车机械师按规定申请前方站停车检查，对制动切除车厢制动盘进行点温，重点检查是否存在抱闸现象	

五、受电弓自动降下或挂有异物应急处理

现象	运行途中受电弓自动降下或受电弓上挂有异物
车种	CRH380A、CRH380AL、CRH380A 统、CRH380AJ
原因	（1）运行途中受电弓遭受异物打击。 （2）其他原因导致受电弓自动降下
行车	继续运行
步骤	处理过程
 司机	1. 司机触按 MON 屏左下方【故障详情】，确认故障情况，通知随车机械师。 2. 通过 MON 屏“牵引变流器信息（编）”页面，确认故障详情。 3. 通过 MON 屏“牵引变流器信息（车）”页面，查看故障原因。 4. 根据随车机械师要求进行 RS 复位，若故障消除，正常运行。 5. 若复位 3 次（每次间隔不少于 3 s）故障未消除，远程切除相应 M 车，维持运行

任务检测

1. 自主阅读 CRH380 系列和 CR400 系列动车组应急故障处理手册。
2. 各小组为单位分别完成动车组运行途中停车，随车机械师下车检查作业。

技能考核

动车组空气制动与停放制动全部切除技能考核

动车组空气制动与停放制动全部切除实作单

班级		姓名	
项目	考核内容及评分标准	配分	扣分情况
切除空气制动	操作空气制动[供给]阀手柄（白色）至垂直位。	10	
紧急短路开关	激活[紧急短路]开关 UVRS(根据开关种类拉出或右旋至红点位)。	10	
切除停放制动供风	操作停放制动截断阀手柄（黑色）至垂直位。	10	
车下操作	待空气制动无排风声（切除空气制动后约 2 min）后拉动紧急手缓装置。 逐个停放制动夹钳拉动紧急手缓拉绳（每台停放制动夹钳在转向架两侧均设有拉绳，操作任一侧即可），共 4 处，紧急手缓停放制动。 操作成功时可感觉到高能弹簧释放时的声音和振动。	20	

续表

项目	考核内容及评分标准	配分	扣分情况
停放制动缓解确认	晃动带停放制动缸的制动夹钳，确认各停放制动夹钳已全部缓解。	10	
控制系统操作	通知司机通过 MON 屏切除状态画面，确认切除信息。	10	
滚动试验确认	进行人工滚动试验。	10	
前方站停车检查	制动切除恢复运行后，随车机械师按规定申请前方站停车检查，对制动切除车厢制动盘进行点温，重点检查是否存在抱闸现象。	20	
总计	100	得分	

拓展阅读五

讨论：一名动车组机械师的责任与担当。

项目六 动车组的运用维修

项目描述:

通过本项目学习动车组维修方式、主要维修方法及标准，掌握动车组维修机构的组成和功能；熟知检修基地的功能、布局，了解运用所常用的检修设备；掌握动车组运用级检修作业流程，并能够按照一、二级检修作业标准完成相关内容。

项目任务:

（1）动车组维修特点；

（2）动车组维修机构；

（3）动车组运用级检修作业流程。

任务一 动车组维修特点

任务描述

（1）熟知高速动车组维修特点、维修制度、维修方法及维修范围；

（2）能够根据动车组运行情况判断检修方式。

背景知识

当代高速列车的制造采用了很多高新技术成果，集机械、电子、控制、通信、空气动力、环境保护等一系列学科之精华于一身，综合利用了电子计算机、信息技术、新材料、电力电子元件等多种新部件。高速动车的维修已经不再是为了维持列车运行而被动进行的一种辅助性生产活动，而是高速列车运行的前提和安全的保障，是提高高速列车效能的重要途径，这就要求高速列车维修也要大量采用高新技术，综合利用系统工程、可靠性工程、现代维修理论、管理科学、后勤保障学等学科的理论，建立起高速列车的综合保障系统。

因此，高速列车维修是高速铁路系统综合保障工程中的重要组成部分，是当今高新技术的集中体现。

一、动车组的维修特点

1. 采用大量高新技术设备

以德国汉堡动车段为例，该动车段能在 60 min 内完成 412 m 长整列 ICE 动车组的维修保养和整备工作，就是因为具有先进的维修技术和设备。

（1）车载微机诊断系统，通过远程无线通信技术将运用中检测到的故障信号传输给动车段，提前做好维修准备。

（2）建立三层维修工作面，在下部、内部和顶部同时作业。

（3）具有轨道桥的架空轨道，便于走行部的检查与更换。

（4）具有气垫走行装置的轮对和转向架更换设备。

（5）真空排污处理系统和自动化清洗装置。

（6）自动检测轮对踏面裂纹、磨损和不圆度的诊断设备。

（7）控制和管理整个维修过程的微机信息系统等。

2. 用系统工程观点进行维修

首先，对高速列车寿命周期成本（LCC）进行研究；其次，把技术、财务、管理等各方面的因素综合起来进行全面管理；另外，利用系统工程理论对高速列车可靠性、维修性和可用性进行研究，对高速列车的各环节（草拟，设计，制造，安装，运用，维修和更新等）进行综合分析，此外还要进行信息反馈以便制造部门改进设计。

3. 广泛实施换件修和集中修

在动车组维修过程中广泛实施换件修，即把发现故障或缺陷的部件、模块或零件换以功能完好的相应件（新的或经修复的），而不做现场维修，这样可大大节省在修时间，提高列车利用率。同时这种换修方法也应用于厂修中相应机组的检修，称为大部件换修。对于可修复的主要零部件实行专业化集中修，即将它们送往专业化工厂、车间或工段，实行集中统一修理，则可提高维修质量，节约维修成本。

4. 维修制度更趋合理

高速列车维修制度主要框架仍采用计划预防修制，但是在具体维修中却有着灵活多变的维修体系，状态修占有越来越大的比重。而实施状态修的基础和可靠保证是完备的计算机维修管理信息系统、先进的通信手段和精密可靠的检修诊断设备。

5. 维修停时大为缩短，利用率大大提高

当前世界各国高速列车在大修时均采用整列入库的全新维修模式，例如德国 ICE 列车每年平均运行里程高达 50 万 km，其维修停留时间可不足 3 天，在故障维修时也有良好的设备；再如法国 TGV 列车，更换一根车轴仅需 1 h 左右，更换一个非动力转向架，不超过 1.5 h。

二、动车组的维修制度

1. 维修制度

维修实践需要一种思想观念作为指导，称之为“维修思想”。在一定维修思想指导下，制订出的一套规定与制度，称之为维修制度。目前世界上的维修思想和制度大致分为两大体系：一是在“预防为主”维修思想指导下，以磨损理论为基准的计划预防维修制度；二是“以可靠性为中心”的维修思想指导下，以故障统计理论为基准的预防维修制度。

（1）计划预防维修制度。

预防维修制度是以机械设备故障率曲线（浴盆曲线）中耗损故障期始点来确定修理时间，如图 6-1 所示。因此，定时维修、拆卸分解就成了这种维修制度的主要方法。计划预防维修制度的具体实施可概括为“定期检查、按时保养、计划修理”，其中关键是确定装备及其主要零部件的修理周期、合理划分修理等级及制定维修规程与规范。

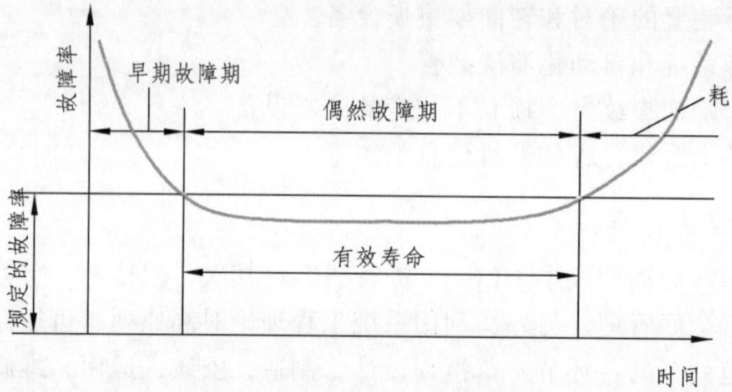

图 6-1　故障率曲线

（2）可靠性维修制度。

可靠性维修制度是在计划预防性维修制度的基础上发展演变而来的。在长期的维修实践过程中，人们不断摸索总结，发现机械设备的可靠性是由设计制造所确定的，有效的维修只能保持其固有的可靠性，并不是维修越勤，修理范围越大，就能减少故障，相反会因频繁拆卸，破坏其固有的可靠性而出现更多的故障。对于复杂设备而言，一般只有早期故障和偶然故障期，而没有耗损故障期，即复杂设备的故障没有上升的趋势，因此定期维修对于许多故障是无效的。“以可靠性为中心”的维修制度提出按照设备各机件的功能、功能故障、故障原因和故障后果来确定需要做的维修工作，对重要维修项目逐项分析其可靠性特点及发生功能性故障的原因来确定所采取的维修方式。

2. 基本维修方式

维修方式是指对设备维修时机的控制。也就是对维修时机的掌握是通过采用不同的维修方式来实现的。目前的维修方式有 3 种：定期维修（又称计划修）、视情维修（又称状态修）和事后维修（又称故障修）。

（1）定期维修。

定期检修又称为计划修，它是以使用时间或运行里程作为维修期限。因此只要设备使用到预先规定的时间或运行的里程，不管其技术状态如何，都要进行规定的检修工作，这是一种带强制性的预防检修方式。

定期检修的依据是机件的磨损规律，长期以来的实践使我们认识到机件只要工作就必须磨损，磨损严重就会形成故障，进而会影响使用和安全这一规律。定期维修的关键问题在于检修周期的确定，根据有关研究表明，最佳的时间点位于耗损故障期开始之前那一点。

定期维修的实施是由计划修理周期、修理级别和检修范围以及有关的检修工作条例来保证的。动车组的修程和检修周期应根据其构造特点、运用条件、实际技术状态和一定时期的生产水平来确定，以保证动车组安全可靠地运用。

① 修程。修程是指动车组修理的级别。目前国内动车组分为一级检修、二级检修、三级检修、四级检修、五级检修。其中一、二级检修属于运用检修（维护性性质），三、四、五级检修属于定期检修。

一级检修（例行检查）：日常性检查，维护保养。通过对动车组主要部分进行外观、动作、状态及性能的检查，及时发现并消除故障，防止运营故障，保证行车安全。在运行整备状态下，完成耗损部件的更换、调整和补充等，同时对各部分的状态和性能进行检查，发现偶然发生的故障，在车辆使用的间隙进行维修作业。

二级检修（重点检查）：以不落轮的状态进行设备的检查、调整、停止车辆的使用，进行维修作业。基本任务是保证运营车辆具有良好的技术状态，尽量能做到及时发现并消除潜在故障，防止运营事故，保证行车安全。进行动车组全面检查，保养维护，做故障诊断，按状态修理。检修范围主要针对车辆运营安全至关重要的部位，如走行部分的转向架构架、轮对、齿轮箱悬挂装置、联轴器、制动系统的空气压缩机组、车门控制系统等。

三级检修（重要部件分解检修）：对重要的大部件进行细致的分解检修，如转向架；对检查后发现故障的部件进行修理；对易损零件进行更换，因此需要把列车进行分解，然后架车检查和修理。

四级检修（系统全面分解检修）：是恢复性的检修，对各系统进行解体检修，并且进行车体的涂漆。

五级检修（整体全面分解检修）：对全车进行解体检查，较大范围地更新零部件，并且进行车体的涂漆，是恢复性的检修。全面进行检查，大范围（各部件、管系等）解体检修，最终全面恢复动车组基本性能，使其检修后的技术状态接近于新造车的水平。

除了上述五级检修外，还有动车组在运行过程中的检查，其任务是保证在运行中的动车组具有良好的技术状态，防止事故发生，以保证行车安全。

检查主要由乘务员及机械师进行，如乘务员接车时进行的性能试验，随车机械师对设备的巡检。

② 检修周期。检修周期是指相同修程之间的间隔时间或使用期限，修程级别越高，检修周期越长。各级修程的周期，应由该修程不足以恢复其基本技术状态的动车组零部件，在两次修程间保证安全运行的最短期限确定。

（2）视情维修。

视情维修又称为状态修，该方式要求动车组按照实际运行状况来确定检修的时间，没有固定的规定限制。通过持续监测动车组以及各个子系统的状态，判断其性能曲线，对系统故障或失效的部件进行定位，并记录、追踪失效的时间和过程。由于故障不是瞬间发生的，总会有时间和机会发觉并采取检修措施。

由此可见该方式针对性强，效率高，但同时成本高，且对检修设备、条件、人员的要求也高，不具有普适性。

（3）事后维修。

事后维修方式也称故障维修，它不控制维修时机，在机件发生故障之后才进行修理。实践证明，有些机件即便是发生故障也不会危及安全造成严重后果，采用事后维修则更经济，对于一些采用了冗余技术的机件，如牵引传动系统就适用于事后维修。

我国动车组的检修方式既要考虑安全性，又要考虑经济性，因此要结合上述 3 种维修方式的优点，采用混合利用的方式，即以定期维修为主，视情维修和事后维修为辅的维修方式，使得动车组的固有可靠性得到充分的利用。

3. 我国高速铁路动车组维修制度

我国高速铁路动车组所采用的维修制度既要借鉴国外先进的维修思想，也要考虑到目前我国维修状况。目前我国铁路针对高速动车组制定相应的技术政策及维修总体目标，即“在计划预防修前提下，逐步实施状态修、换件修和主要部件的集中修，改革配件的生产和供应体制，建立运用和维修的现代化管理体系”。

（1）修制基本框架。车辆维修分为预防性检修和事后检修或更正性检修，具体框架如图 6-2 所示。

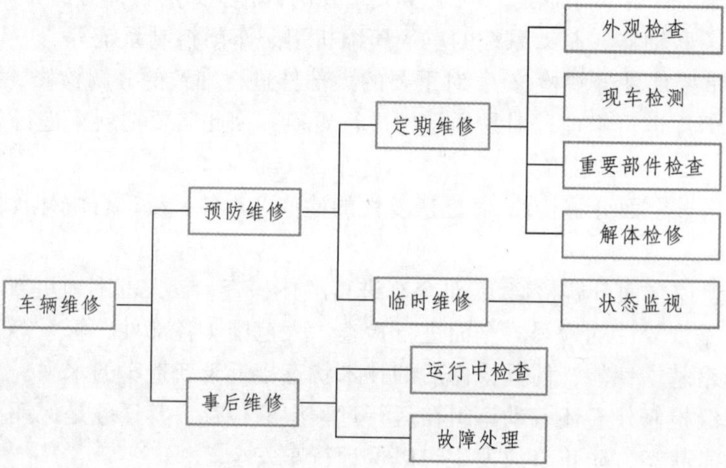

图 6-2 我国动车组修制基本框架

（2）我国各型号动车组检修周期，如表 1-2 所示。

（3）检修范围。动车组各级修程必须确定合理的检修范围，即检修涉及的零部件都有哪些。检修范围编制的依据有检修周期；各机组、部件的技术要求；质量变化规律、可靠性及使用运行区段的自然条件和水质情况。一般情况下，修程越大，范围越广。制定检修范围时还应做到：动车组在一个修程内不发生因范围不当而造成的机破、临修和超范围修；在完成规定的检修周期和保证动车组运用安全可靠的基础上，尽量减少“过剩”修理。具体内容如表 6-1 所示。

表 6-1　我国动车组修程检修范围

修程	部件、系统					
	转向架	牵引系统	制动系统	车钩装置	空调装置	编组形式
一级	外观检查	一般动作检查	外观检查	外观检查	性能检查	不解编
二级	外观检查，轮对超声波探伤	动作性能检查	性能检查	外观检查	性能检查	不解编
三级	分解检修	齿轮箱、牵引连接分解检修	空气与基础制动组件检查	自动车钩分解检修	性能检查	解编
四级	分解检修	牵引电机分解检修	空气与基础制动组件分解检修	自动车钩分解检修	空调机组分解检修	解编
五级	分解检修	系统主要组成部件分解检修	系统组件、电气指令与控制元件分解检修	车钩全数分解检修	空调机组分解检修	解编

三、动车组主要检修方式

动车组检修采用了高效率的检修方式。其目的是大幅度提高动车组的安全性和可靠性，大幅度提高动车组的使用效率，大幅度压缩休车时分，大幅度提高检修单位的作业效率，实现修车方式制造化。动车组检修方式是建立在部件寿命管理系统的基础上，同时以先进的检修设备和设施及零部件制造工厂的配套检修服务为条件和支撑。其主要形式是换件修、集中修、状态修和均衡修，其主要特点是高度的专业化，高度的集约化，高度的社会化，高度的程序化。

1．换件修

在各级修程中发现部件故障，或在中、高级修程中需要检修或更换部件，都采用换件修的方式，拆下的部件分 3 种情况安排送修。一是对于技术结构比较简单的部件由检修基地检修；二是对于技术结构比较复杂，修程范围较大的部件，在经过经济性分析后，由检修基地提供相应的检修场地和配套设施，委托制造工厂在检修基地内设置的检修单位检修；三是对于大部件，如牵引变流器、牵引变压器等，在高级修程时返回制造工厂检修。

2．集中修

动车组部件的检修主要集中在检修基地，运用所仅承担日常的例行检查和部分临修作业，部件检修集中在相应的制造工厂或其设立的派出机构。

3．状态修

服务性设施一般采取状态修，即随检随修，始终保持技术状态良好；同时部分设备或部件按照使用寿命的界定，在不能适应使用要求，即将发生故障前进行更换，采用监视型的状态修。

4．均衡修

为减少大修休车时分，通过换件的方式将部分部件安排在运用过程中或其他较低级修程中安排检修，减少大修时的工作量，尽可能压缩动车组在修时间。

任务检测

1. 动车组检修为何要广泛的采用换件修和集中修？
2. 你能想出更合理的动车组维修制度吗？
3. 动车组检修为何要分等级？
4. 试画出你理想中动车所的样子。

任务二 动车组维修机构

任务描述

（1）熟知动车组维修机构的组成及功能；
（2）熟知动车组检修基地的功能及布局；
（3）了解动车组运用所常用的检修设备。

背景知识

一、动车组维修机构

遵循“集中检修，分散存放”“优势设备相对集中”的基本原则，动车组设置了检修基地和运用所两种不同功能的维修机构，以避免交叉作业和重复投资。检修基地设置在主要的交通枢纽，根据运输组织需要以检修基地为中心设立若干运用所，形成了维修能力的梯次结构；并区分维修任务，科学组织，检修基地承担一级修到五级修（D1~D5）的所有修程，动车组的检修原则上集中在检修基地进行，运用所仅承担一级到二级（D1~D2）修程。

1. 维修机构设置原则

维修机构的设置地点要充分考虑高速铁路客流特点、高速站的分布情况、铁路周围环境条件以及与其相关的既有铁路的情况而确定。考虑因素主要有以下几点：

（1）从始发到终点旅客的输送量。

（2）列车空车回送比较少，动车组利用率高的地方。

（3）离车站比较近的地方。

（4）维修基地所需人员容易得到保证的地方。

所考虑的这些因素主要是为了提高动车组的运用效率，再者也要充分考虑建设用地因素。

2. 维修机构的组成及功能

（1）检修基地。

检修基地配属一定数量动车组，主要功能是动车组的定期维修、故障处理、车辆停留及整备清洗。检修基地承担所有维修级别的修程，负责本基地和外基地动车组的夜间停留和备用车组的长期停放，以及旅客餐饮、车内清洁等整备作业。检修基地既要考虑整列编组的检修，也要考虑列车的到发及夜间作业。检修基地需要具备大修的设备条件。

（2）运用所。

运用所与检修基地相配套，在主要客运站设置若干。设置运用所的原因有以下几点：

① 有利于实现集中检修，分散存放。

② 可以大幅度减少因动车组日常检修需要造成的车体空送，提高动车组的运营能力和使用效率。

③ 可以提高主要客运站的始发能力，有利于安排开行方案。

④ 充分借鉴了国外动车组检修布局设置模式。

运用所配属少量动车组，主要负责高速动车组的 D1~D2 级修程及整备、临修作业，设置存车场以满足动车组夜间停留车需要。

3. 维修机构的布局

（1）我国动车组检修基地、运用所的布局。

参考国外动车组的运营维修经验，为满足我国动车组的检修需求，我国也设置有许多检修机构，按功能等级从高到低依次是动车段（动车检修基地）、动车运用所、动车存车场。

根据我国铁路跨越式发展战略部署以及路网布局发展规划，我国动车检修机构设置体现了“集中检修，分散运用”的原则，目前全路建设有 12 个动车段，其中承担高级修的 7 个，分别是：北京、武汉、上海、广州、成都、西安和沈阳动车段，另有 12 个客车车辆段承担动车组相关工作，已建成投入使用动车所 52 个；动车组制造检修工厂 6 个，其中目前承担高级修的工厂 4 个。全路动车段简称及代号表，如表 6-2 所示。

表 6-2 全路动车段简称及代号表

局别	动车段		动车检修车间	
	段别	简称	名称	简称
哈尔滨	哈尔滨动车段	哈动		
沈阳	沈阳动车段	沈动	沈阳动车检修车间	沈
北京	北京动车段	京动	北京动车检修车间	京
	天津动车客车段	津		
太原	太原车辆段	原		
呼和浩特	包头车辆段	包		
郑州	郑州动车段	郑动		
武汉	武汉动车段	武动	武汉动车检修车间	武
济南	青岛动车段	青动		
西安	西安动车段	西动	西安动车检修车间	

续表

局别	动车段		动车检修车间	
	段别	简称	名称	简称
上海	上海动车段	上动	上海动车检修车间	上
	南京动车段	宁动		
南昌	福州动车段	福动		
	南昌车辆段	昌		
广铁	广州动车段	广动	广州动车检修车间	广
	长沙车辆段	沙		
南宁	南宁车辆段	南		
成都	成都动车段	成动	成都动车检修车间	成
	重庆车辆段	渝		
	贵阳车辆段	贵		
昆明	昆明车辆段	昆		
兰州	兰州车辆段	兰		
乌鲁木齐	乌鲁木齐车辆段	乌		
青藏公司	西宁车辆段	宁		

（2）检修基地的管理。

动车组检修基地由中国国铁集团统一管理，动车组检修基地对外引进和合作工作，统一由中国国铁集团负责实施。

二、动车组检修基地

检修基地的布局

1. 检修基地的功能

（1）动车组管理功能。

动车组检修基地具有管理基地、连接周边、辐射全路的整体管理功能，对动车组的使用、技术整备、检修试验及运行安全进行全面管理。通过信息中心的连接作用对动车组调度、整备、运用、维修、配件及设备进行有效管理。

（2）检查整备功能。

动车组检查整备功能包括整备作业及一、二级检修作业和临修作业。

整备作业：主要为运用技术整备及客运整备。其作业内容包含上水排水、润滑油脂补充、车厢内部清洁、密闭式厕所系统地面接收及处理设施、车体外皮清洗、车内垃圾收集及转运等。

临修作业：主要是处理动车组临时故障，对动车组主要零部件进行扣车修理及动车组不落轮镟轮和各级修程以外的主要设备、零部件的更换，包括转向架、轮对、受电弓、空调设施、主变流器、主变压器等。

（3）检修功能。

基地动车组的检修以预防为主、检查为主、换件修为主和组装调试为主；以寿命管理方式对动车组进行管理；尽量减少在修时间，提高效率、可靠性和动车组利用率。动车组换下来的零部件由专业厂商按专业化集中检修方式进行检修。

（4）零配件储备及配送功能。

基地应设立大型动车组零、配件及备品储存设施，包括材料库、材料棚、备品库等。零配件及材料备品储备采用立体存储方式，其信息管理纳入动车组信息化系统，并能根据维修信息自动进行配送管理。

（5）信息化管理功能。

信息化管理包括生产调度指挥、动车组运行管理、现场作业监控、车辆配件寿命管理、车辆配件配送支持、入段检测和车载信息地面接收处理。

（6）排污处理功能。

检修基地设密闭式厕所系统地面接受及处理设施。

真空密闭式厕所系统的地面接收处理设施采用固定式；集便接收作业线应与日检作业线合并设置于库内。排污的主要设施置于检查库工作平台下，通过管道及快速接头可与车上排污口连接，并设移动式排污车。

2. 检修基地的布局

检修基地结合站型、地形地貌、运输发展、城镇规划等因素，合理布置段内线群、建筑物、通道、各种管线、环保等设施，高速动车检修基地内的设施主要由 3 部分组成：① 动车组夜间停留存车场（库或棚）；② 主检修库及修配间（统称综合检修库）；③ 动车组外皮清洗、轮对踏面诊断、不落轮镟、列车排污等设备。

基地内设施的布置力求紧凑、整齐、作业流畅、技术经济指标先进，以体现高速动车组全密封不摘钩整列进段日检、维护保养和定期检修的特点。基地内设施之间不同的形式构成了总体布局的不同方式。

（1）直列式。直列式布局如图 6-3 所示，基地内存车场与检修库成纵向排列布置。在地形狭长、两端均有进出作业的情况下多采用此方案。其特点：

① 布置紧凑，动车组入段作业流畅，段内折角走行次数少，可减少移动转载的次数，走行距离短，提高检修效率。

② 有利于提高检修能力、扩大检修场地。

③ 基地规模及占用面积较大。

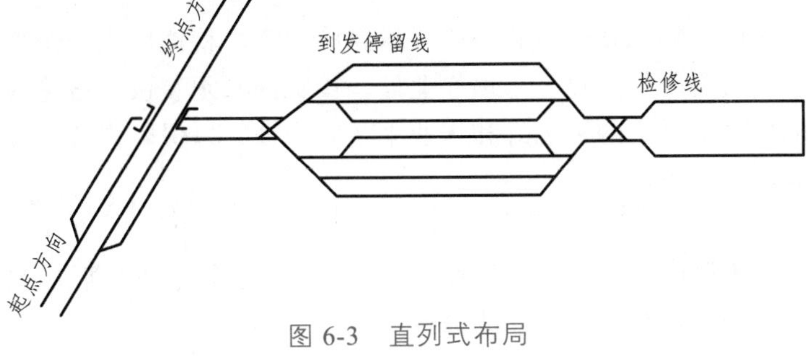

图 6-3　直列式布局

（2）并列式。并列式布局如图 6-4 所示，基地内存车场与检修库成横向并列布置。此方案适应地形条件能力强，占地面积小。其特点：

① 动车组入段作业需多次折角方可进行，动车组段内走行距离长，段内需设专用牵出线，作业效率较低，一般在受场地限制不得已的情况下采用。

② 基地受用地面积制约，列车到发停留线与检修线平行设置，适合于 10 列以下小规模的车辆检修基地。

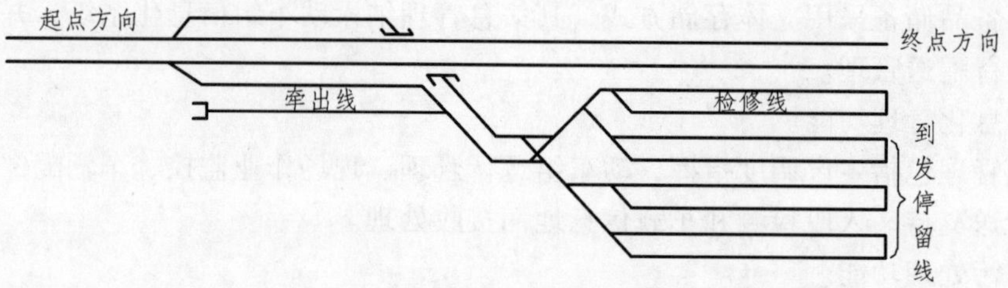

图 6-4 并列式布局

（3）错列式。错列式布局如图 6-5 所示，存车场与检修库部分成横列式布置，部分成纵列式布置或其他受场地控制而形成的总平面布置方案。

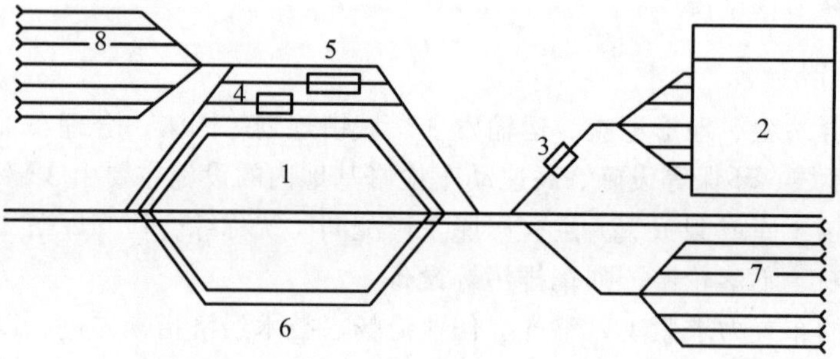

1、7、8—存车场；2—检修库；3—轮对诊断库；4—不落轮　轮库；5—外皮清洗库；6—排污线。

图 6-5 错列式布局

以上 3 种布局中，由于直列式布置方案中动车组入段作业流畅，段内折角走行次数少，走行距离短，条件许可的情况下推荐采用该布置方式。

总平面布置基本类型方案确定后，其他线路和设备的位置根据作业要求和场地条件的不同来确定。一般情况下，到发停留线群和主检修线群以及动车组排污、外皮洗刷、不落轮镟轮、轮对踏面诊断等专用线建成纵列式布置，检修库两端最好分别设两个停车场。

3. 检修库

检修库沿长度方向，每 100 m 设联系库外道路的通道。检修库内可全部或部分股道架设接触网，接触线高度可与库外一致。车顶作业处，接触网必须装设分段绝缘器及带接地的隔离开关，以及与隔离开关联锁的标志灯和作业平台安全锁，以保障作业人员的安全。库内设低压电源和独立风源、水源。

1）库　线

检修基地内根据不同的维修任务（整备、日常检修、更换转向架等），设置不同接入级别的维修库，不同的检修工作在不同的库线进行。

图 6-6 所示为德国动车段内的 1 ~ 3 级维修库。

图 6-7 所示为大修库线，在这些轨道上，可更换大部件，也可将一节车厢解组。

图 6-6　德铁 M1 ~ M3 级维修库

图 6-7　德铁的大修库线

2）设计要求

（1）库线设计要求。

两条检修线的线间距宜为 10 m。库内外侧股道距离检查库侧墙轴线不宜小于 5 m。库内应设置动车组上水、排水及排污设备。检查库净高应考虑作业人员车顶作业的高度要求。底层作业面至库内地坪的纵向运输，应设置坡度不大于 10%的缓坡。修车库净高应根据修车工艺、动车组车辆限界、车顶作业需要、起重机结构尺寸等因素确定。库内起重机走行轨顶高应不小于+8.8 m，如图 6-8 所示。

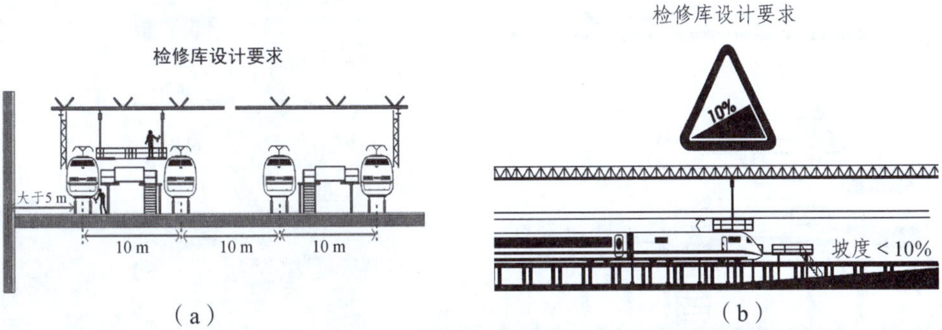

图 6-8　库线设计要求

库内应设有更换转向架、轮对、车顶、车下主要部件的设备。转向架和轮对更换，优选采用活动轨道桥及气垫技术进行。

（2）大修库设计要求。

库内股道上方接触网可设置活动式刚性接触网侧移及控制设备。应设安全保护措施以确保作业人员的安全。大修库设三层作业面立体大修线，库线间距为 12 m，库内外侧股道距离修车库侧墙轴线应不小于 6.5 m。大修作业采用整列架车方式，实行部件换件修。设贯通式天车起重设备，如图 6-9 所示。

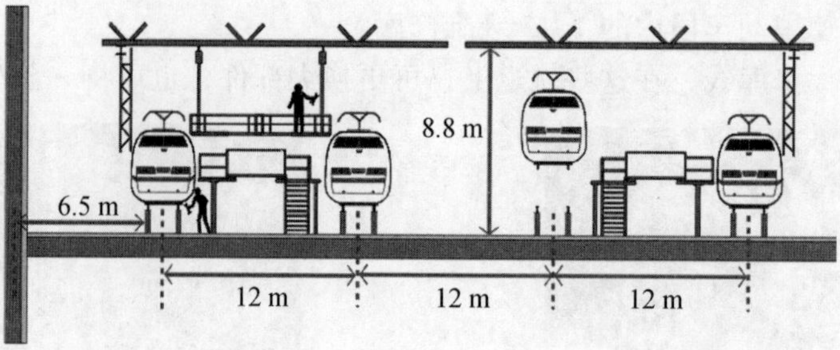

图 6-9 大修库设计要求

4. 作业面

为了进行并行作业，提高检修的效率，检修基地一般设置三层或四层作业面进行高速列车的维修。

（1）三层作业面，如图 6-10 所示。

第一层设在轨面以下 0.95 m 标高处，为基本作业平台，用于走行部及下部设施检查、维修和材料运输。

第二层设在轨面以上 1.25 m 标高处，为车内及侧墙作业平台。

第三层设在轨面以上 3.8 m 标高处，为车顶作业平台。无车顶作业平台一侧应设置防止车顶作业人员跌落的防护设施。

（2）四层作业面，如图 6-11 所示。

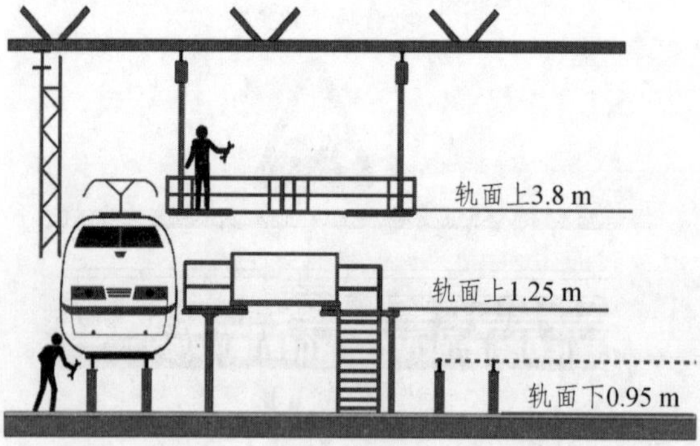

图 6-10 检修库内三层作业面

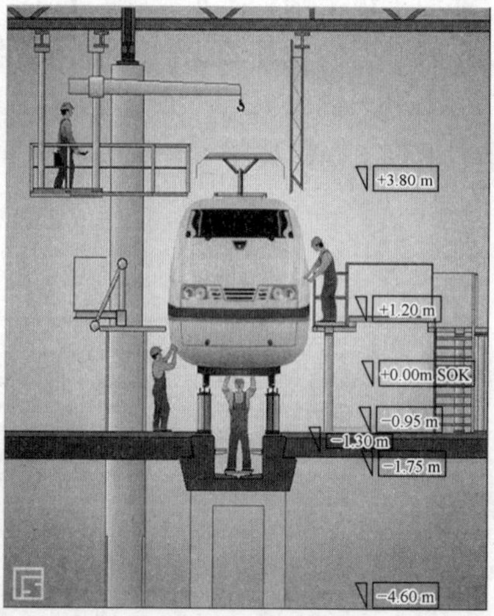

图 6-11 四层作业面

一层作业面（ – 0.95 m）负责列车底部的检查修理。

二层作业面（+1.2 m）用于车内作业。

三层作业面（+3.8 m）采用移动式空中平台。

四层作业面（ – 4.6 m）除运输外，安装所有的管线。

5. 主要零、配件辅助检修设施

基地中设置适当场所供主要零部件开展必要的检修工作，主要有转向架间、牵引电机间、变压器间、变流器间、电气及控制设备间、受电弓间、制动设备间、空调设备间、车内设备间。设施能力满足生产需要，布局符合工艺流畅要求。

基地内部检修设施，完成其他配件的检修工作。配件的修配车间应以检修库为主体进行设置。辅助车间主要有：蓄电池间、计量仪表间、材料库等。

6. 组织机构

每个检修基地都设置了若干行政机构，机构间共同协调工作，完成检修任务，其组织机构示例如图 6-12 所示。

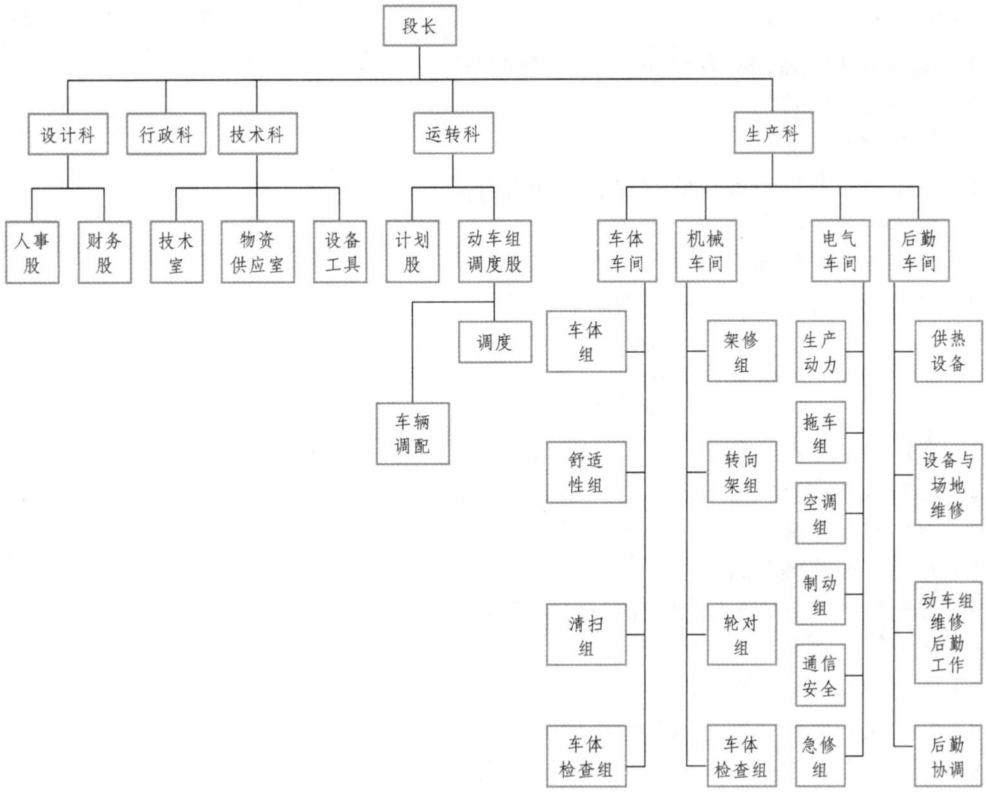

图 6-12　检修基地组织机构示例

三、动车组主要检修设备

动车组的高技术要求催生了动车组检修设备的更新换代，从移动式架车机到地坑式架车机，动车组检修设备有了高速的发展。动车组的整备、维修是保证动车组有效使用和运用质量的前提条件，是高速铁路系统综合保障工程中的重要组成部分。在高速动车组状态监测与故障诊断中，先进技术与智能化、集成化诊断设备的广泛运用，是提升检修质量、提高作业效率的基本要素。

动车组的检修工艺流程见图 6-13，大抵包括入段、外部清洗、踏面诊断、内部修整（库内作业，维修周期作业，修理作业，内部清洗，消毒，物料供给等项目），最后等待、出段。这些流程要求我们检修更加严格精细。

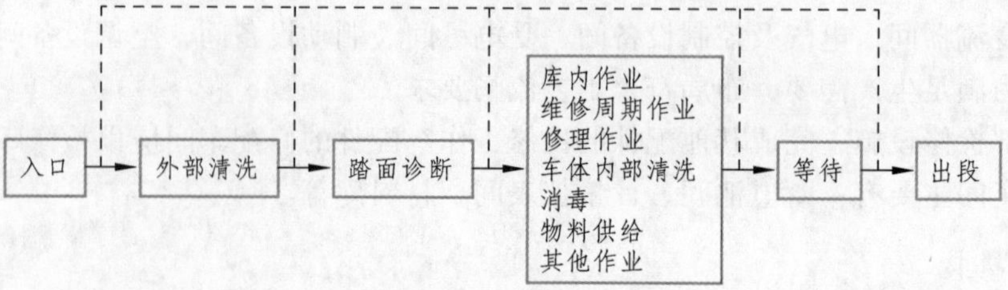

图 6-13　动车组检修工艺流程

1. 动车运用所的基本配置要求

（1）车体自动清洗设备。
（2）地面吸污设施，必要时还要配置移动设备。
（3）不落轮镟装置。
（4）轮对踏面检测设备。
（5）列车监控系统地面接收及信息处理设备。
（6）足够的存放线路。
（7）检修库与临修库。
（8）必要的系统检测设备和机械动力设备。
（9）生产及安全信息管理系统。

2. 动车组检修基地基本配置要求

（1）车体自动清洗设备。
（2）地面吸污设备。
（3）不落轮镟装置。
（4）轮对踏面检测设备。
（5）列车监控系统地面接收及信息处理设备。
（6）足够的存放线路。
（7）车体检修库、油漆库。
（8）转向架检修库（间）及试验设施。
（9）轮对、轴承检修库（间）及检测试验设备。
（10）制动系统检修库（间）及检测试验设备。
（11）牵引系统检修库（间）及检测试验设备。
（12）辅助供电系统检修库（间）及检测试验设备。
（13）车钩及缓冲装置检修库（间）和检修检测设备。
（14）车体气密性试验设备。
（15）其他部件检修场所及检修、检测、试验设备。
（16）单车试验设施。
（17）ATC 试验设施。
（18）必要时在场内设试运行线路。
（19）生产及安全信息管理系统。

3. 主要工具设备介绍

（1）综合检修库内专用设备：

① 带轨道桥的架空轨道系统（或同步架机车）。
② 动力转向架和中间车轮对快速更换设备。
③ 轮对转动设备。
④ 库内列车集便箱真空排污设备。
⑤ 作业升降车。
⑥ 蓄电池充电设备。
⑦ 动力车自动上砂设备。
（2）主要检修试验专用设备：
① ATC 传感器。
② 传感器性能测试台。
③ 真空断路器试验台。
④ 电气回路综合试验台。
⑤ 电气仪表测试台。
⑥ 受电弓磨耗板自动检测装置。
⑦ 转向架、构架、轮对、轴承、牵引机电等主要零部件清洗设备。
⑧ 动力转向架解体及组装设备。
⑨ 盘行制动装置性能试验台。
⑩ 液压减振器性能试验台。
⑪ 各种阀类性能试验台。
⑫ 立体货架及液压提升装置。
⑬ 生产管理计算机控制系统。
⑭ 红外线轴温探测复示设备。
⑮ 自动驾驶模拟装置。
（3）轮对及转向架更换装置。

当高速列车的动车及拖车轮对和转向架出了故障时应进行更换。转向架更换设备是检修基地、运用所必不可少的重要设备，是提高检修效率、提高动车组周转效率的有力保证。从更换方式上来说，可分为两种：活动轨道桥转向架下降方式及同步架车方式。

图 6-14 所示为活动轨道桥方式更换转向架设备，这种方式设备规模小，操作人员效率较高。

图 6-14　活动轨道桥方式更换转向架设备

图 6-15 所示为同步架车转向架更换设备。使用时，每个单元一般应用 4 个架车机，断开转向架与车体的联结，架车机同时提升，架起车体，推出转向架。由于整列车通过密接式车钩连接，车钩配合间隙很小，所以，对架车机的同步性提出了较高的要求。这种方式设备规模大，一般以 4 ~ 8 辆为单位一同起重升起，需要多个操作人员同时工作，容易产生作业损耗。

图 6-15　同步架车转向架更换设备

（4）超声波探伤设备。

图 6-16 给出了几种超声波探伤设备。其中（a）所示为超声探伤台位上检测车轴示例；（b）所示为超声波探伤机探测空心轴，用于检测车轴内部缺陷；（c）所示为踏面超声波检测设备。

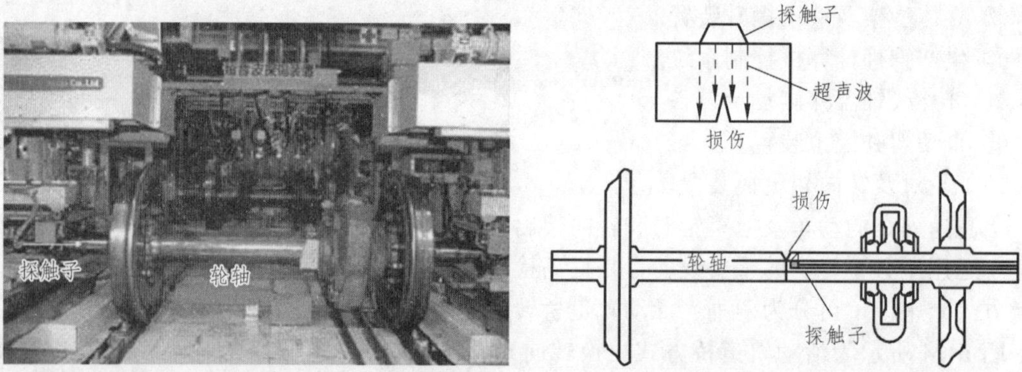

（a）

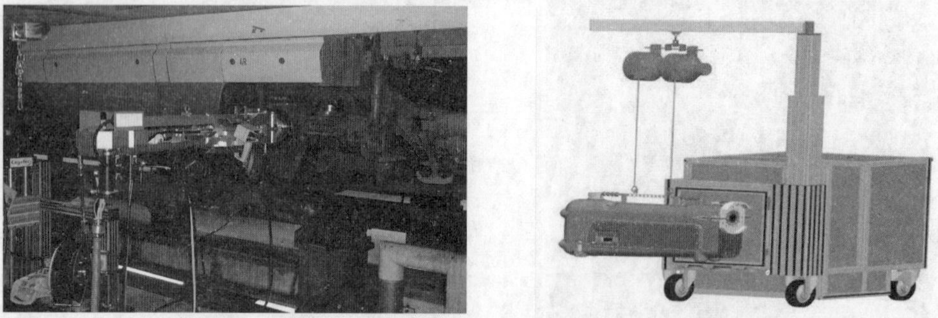

（b）

（c）

图 6-16　超声波探伤设备

（5）不落轮镟装置。

当踏面诊断装置诊断出轮对有缺陷（擦伤等）或轮对踏面、轮缘磨耗到限时，应及时进行磨削和检修，以恢复动车组运行的舒适度并确保行车安全。该装置的特点是转向架无需从动车组车体落下分离，动车组直接驶入设备移动轨道上（设备安装于地坑内），通过该设备直接镟修，减少了设备镟修时间及检修人员的工作强度，如图 6-17 所示。

图 6-17　不落轮镟装置

（6）轮对踏面检测设备。

轮对踏面形状直接影响列车的舒适度和行车安全，高速列车尤为如此。轮对踏面诊断装置是检修基地、运用所最重要的检修诊断设备，具有检测踏面裂纹和擦伤、测量踏面形状和几何尺寸、测量踏面擦伤和同心度等功能。该装置同时具备数据的采集和处理功能，并与段内通信计算机联网，完成数据存储、显示、打印、传递等功能。该检测装置的准确度直接影响着整列车的检修效率。图 6-18 所示为线路上的轮对踏面检测设备。

图 6-18　轮对踏面检测设备

（7）车体自动清洗设备。

动车组外皮清洗设备是必不可少的整备设备，用于列车回库、进段时的外皮自动清洗，需用专门的清洗剂。为了满足环保、节能的要求，必须同时建立水循环处理设施（见图 6-19、图 6-20）。

图 6-19　洗车机设备组成示意图

图 6-20　车体自动清洗设备

（8）动车集便箱真空排污设备。

解决高速动车组污物收集及处理，在段内设置一套排污系统。排污作业应尽量与检修整备作业在同一地点进行，以缩短动车组的在段停留时间。排污地面设施主要采用真空抽吸式排污系统，如图 6-21 所示。

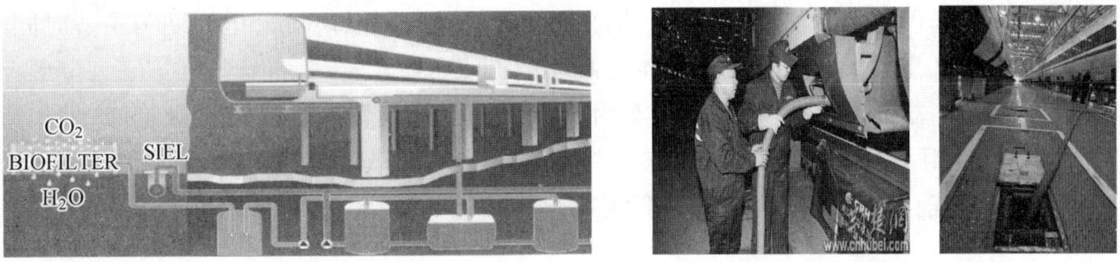

（a）吸污设备原理图　　（b）吸污现场

图 6-21　真空排污设备

任务检测

1. 我国动车组有哪几种维修机构？各自功能是什么？
2. 简述我国维修基地、运用所的布局。
3. 简述动车组入运用所后的检修流程。
4. 简述检修基地中三层、四层作业面的概念。
5. 检修基地有哪些主要的检修设备？
6. 画出检修基地直列式布局图。

任务三　动车组运用级检修作业流程

任务描述

（1）熟知动车组运用级检修作业流程；
（2）能够按照动车组一级检修作业标准完成作业。

背景知识

动车组运用级检修作业流程（一）

动车组运用级检修作业流程（二）

“千里之堤毁于蚁穴”，质量是维系一个体系发展的根本。对于铁路行业来说，质量也是赖以生存和发展的保证。质量无小事，一个小的螺栓问题就有可能导致车毁人亡的安全事故。因此动车组检修作业是保障列车平稳运行的重要环节之一。同时，每位动车检修人员也要具备高度的责任心，吃苦耐劳的品质，精益求精的精神，才能保证动车检修的高质量。

一、动车组一级检修

1. 检修周期

（1）动车组一级检修周期执行《中国国铁集团关于印发〈铁路动车组运用维修规则〉的

通知》（铁总运〔2017〕238 号）规定周期标准。动车组实行以走行公里周期为主、时间周期为辅（先到为准）的计划预防修。（具体检修周期见表 6-1）

（2）临修、二级检修及高级检修动车组修竣后，上线运营前须进行一级检修。

（3）动车组担当热备前须进行一次一级检修作业；动车组累计备用（含热备）时间超过 48 h 上线运营前须进行一级检修；上线运营后按运行线路上的动车组一级检修周期规定执行。

2. 检修范围

一级检修是对运用动车组车顶、车下、车体两侧、车内和司机室等部位实施快速例行检查、试验和故障处理的检修作业，须在动车所检查库内实施。

3. 人员配备和分工

（1）短编动车组（8 辆编组）。

检修作业小组 1 个（①、②、③、④号共 4 名作业人员），其他辅助人员 2 名（⑤、⑥号），接触网工 2 名。小组①号为该检修小组组长，负责整体工作安排。

①、②号负责车顶设备、司机室设备、车内设备、车载信息系统等设备的检查工作；③、④号负责车体、裙板、底板、转向架、制动、钩缓连接等车体两侧及车下地沟检查，负责止轮器的设置、撤除等工作；2 名接触网工负责入库清道、隔离开关供断电操作；2 名其他辅助人员（⑤、⑥号）协助检查，⑤号具体负责配合技术员进行动车组车载数据下载、配合相关一体化部门作业、动车组相关试验和配合①、②号车顶作业时升降受电弓操作等工作，⑥号协助作业小组处理动车组临修故障、接插外接电源、配件领送等工作。

车顶和司机室故障，由①、②号自检自修，质检进行确认；③、④号检查发现的故障由⑥号进行处理，③、④号进行确认、协助检查；立岗接送车作业原则上由③、④号作业人员负责，作业人员紧张时工长可安排⑤、⑥号作业人员负责，⑤、⑥号应及时将接送车作业情况向③、④号反馈。

注：a. ③、④号在检查各自侧驱动装置齿轮箱时，与齿轮箱连接的牵引电机归齿轮箱检查侧作业人员检查；b. ③、④号车下地沟作业，前后须保持间隔 3 m 左右；c. 动车组立岗接送车工作由动车段自行安排实施。

（2）长编（重联）动车组（16 辆）。

检修作业小组 2 个（8 名作业人员），接触网工 2 名，其他辅助人员 2 名。

① 长编动车组。每个作业小组对长编动车组中的 8 辆车进行检修。主控钥匙、供断电申请等由动车组入库方向作业小组的①号负责，08 ~ 09 车间设备的检查由动车组入库方向作业小组负责。其他作业人员分工由动车段比照短编动车组（8 辆编组）进行明确。

② 重联动车组。每个作业小组对 1 组动车组进行检修。主控钥匙、供断电申请等由动车组入库方向作业小组的①号负责。重联端钩缓、风管连接等设备的检查由动车组入库方向作业小组负责。其他作业人员分工由动车段比照短编动车组（8 辆编组）进行明确。

（3）专业分工。

① 机务司机负责司机室内卫生，终到后对司机室内杂物清除，区域内设备整理归位。

② 客运部门负责动车组客室内卫生间、餐饮设备、旅客服务设施等设施的保洁工作，清除车内杂物，整理归位客室座椅，关闭各冰箱、柜门、抽屉，关闭或断开用电设备电源。

③ 车轮故障在线检测系统、受电弓及车顶状态动态检测系统、动车组运行故障图像检测系统数据的分析和动车组入库后车体外皮清洗、卸污作业、动车检修有关的隔离开关操作和较大故障处理修复等工作由动车段负责。

④ 车载 LKJ、ATP、CIR、EOAS 等电务设备及附属设施的专业维修由电务部门负责。

⑤ 动车组车载接触网检测装置（3C）等供电设备及附属设施的专业维修由供电部门负责。

⑥ 各专业在动车所检修作业完毕后的材料配件整理、工具定置管理、废旧物品清理工作应按照动车所现场管理规定执行。

（4）针对短编、长编（重联）动车组检修作业中接触网工、辅助人员的配备及分工，郑州动车段要结合实际不断调整优化。

4. 检修模式

（1）动车组一级检修可采用无电（可接外接电源）-有电或有电-无电-有电作业模式。动车组一级检修主要技术作业时间：检查库内预留 4 h（需融冰除雪时 6 h）。

① 一级检修作业采用无电-有电检修模式

a. 无电检修项目：车顶、地沟、客室设施及辆动-181 故障处理等。

b. 有电检修项目：车侧检查、各设备供电功能试验、客室设施故障处理复查。电务、通信检测作业，司机室、车内设备设施检查及制动保压试验，车辆设备供电状态检查，辆动-181 故障处理等。

② 一级检修作业采用有电-无电-有电一级检修模式。

a. 有电预检项目：电务、通信检测作业，司机室、车内设备设施检查，车辆设备供电状态检查，车侧检查，辆动-181 故障处理等。

b. 无电检修项目：车顶、地沟检查，客室设施及辆动-181 故障处理等。

c. 有电检修项目：各设备供电功能试验、车侧检查、客室设施故障处理复查等。

（2）动车组车内保洁、外皮清洁、吸污作业、上水作业，由动车段组织一体化相关单位根据《动车组运用检修一体化管理办法》和一级检修作业模式组织实施。

（3）一级检修作业应全面执行动车组检修“必看、必指、必呼、必画”作业要求，具体内容要在一级修作业指导书中明确。

（4）质检员对车内服务设施检修作业质量检查可结合出库联检一并实施。

（5）一级检修完毕后，质检员组织各专业检修作业组进行出库联检作业。

5. 检修作业流程和线路图

（1）一级检修流程。

① 无电-有电一级检修模式如图 6-22 所示。

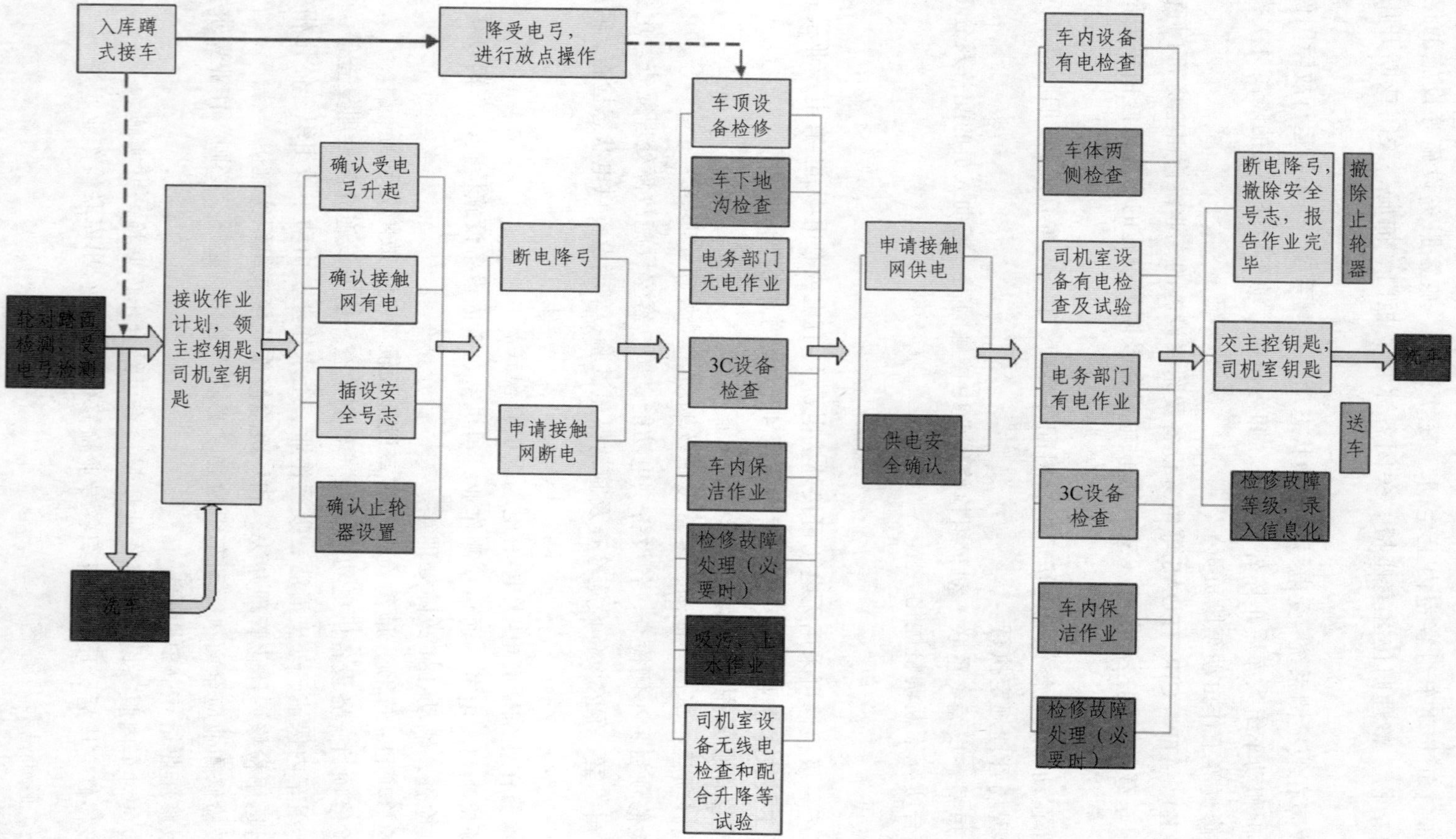

图 6-22　动车组一级检修作业流程

② 一级检修作业流程时间节点（无电+有电）如图 6-23 所示。

作业部门＼时间	10	20	30	40	50	60	80	90	100	110	120	130	140
供断电组							供电作业						
技术组	数据下载分析；运行故障检查、故障处理							故障判定					
主机厂售后	无电检查、运行故障检查、故障处理							有电检查、故障判定					
一级修组（①、②、⑤号）	车顶设备检查							车内设施检查、司机室设备功能试验、故障判定试验					
一级修组（③、④号）	车底设备检查							车体两侧检查、故障判定试验					
电务部门	ATP、CIR无电检查							ATP、CIR有电检查					
供电部门	3C设备无电检查							3C设备有电检查					
外协部门	吸污、上水、外皮清晰、滤网清洁、高压设备擦拭作业												
客运部门	车内保洁												

备注：各作业部门要严格按照该事件节点进行作业，动车所值班室要注意时间节点的卡控，确保作业流畅。

图 6-23　动车组一级检修作业流程时间节点（无电-有电）

（2）CRH380A 型动车组一级检修作业线路

① 车顶无电作业路线（①、②号无电作业路线），如图 6-24 所示。

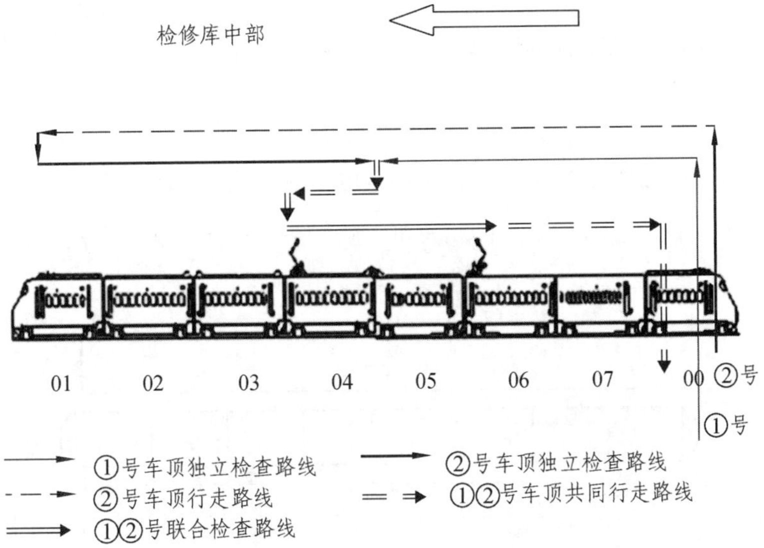

图 6-24　车顶无电作业路线图

② 车下无电作业路线（③、④号无电作业路线），如图 6-25 所示。

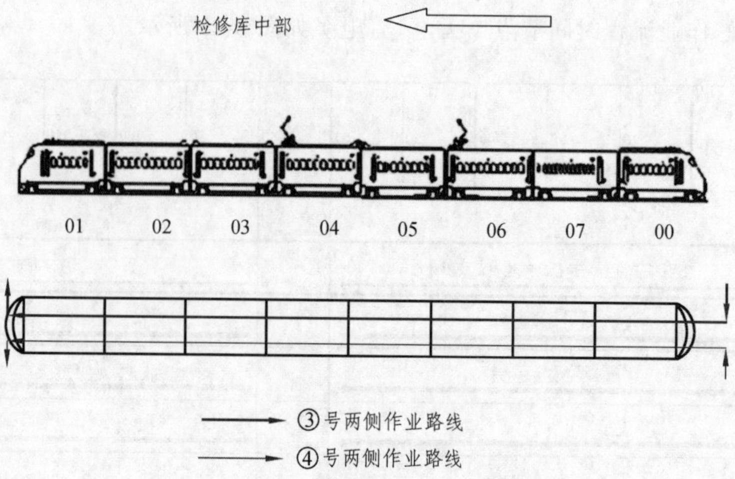

图 6-25　车下无电作业线路图

③ 车内有电作业路线（①、②号有电作业路线），如图 6-26 所示。

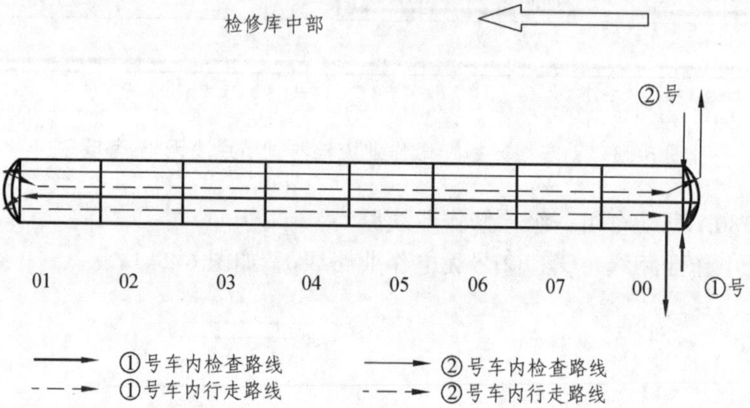

图 6-26　车内有电作业路线图

④ 车下两侧有电作业路线（③、④号有电作业路线），如图 6-27 所示。

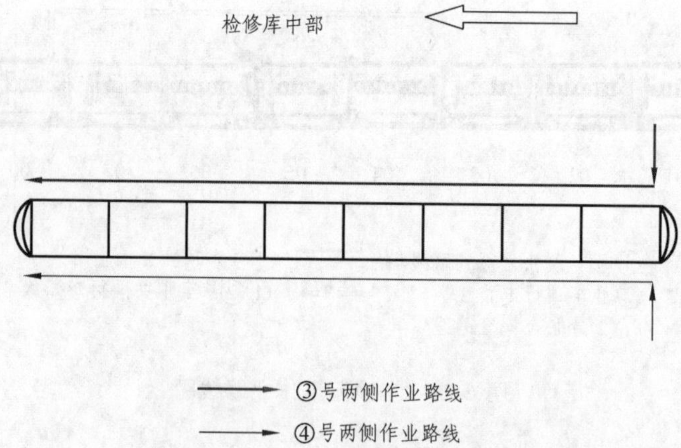

图 6-27　车下两侧有电作业路线图

（3）CRH380A（L）型动车组检修作业路线图

① 车顶无电作业路线（①、②号无电作业路线），如图 6-28 所示。

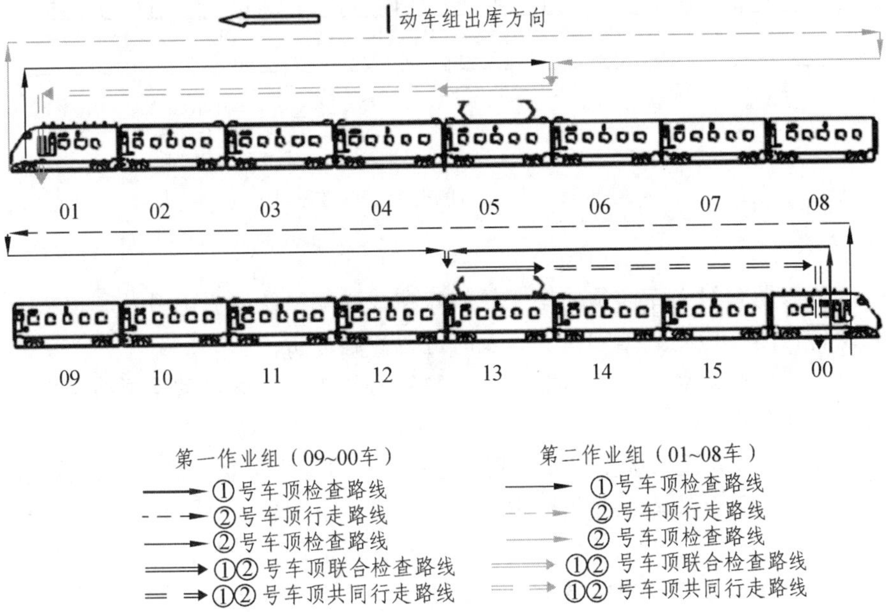

图 6-28　车顶无电作业路线图

② 车下无电作业路线（③、④号无电作业路线），如图 6-29 示。

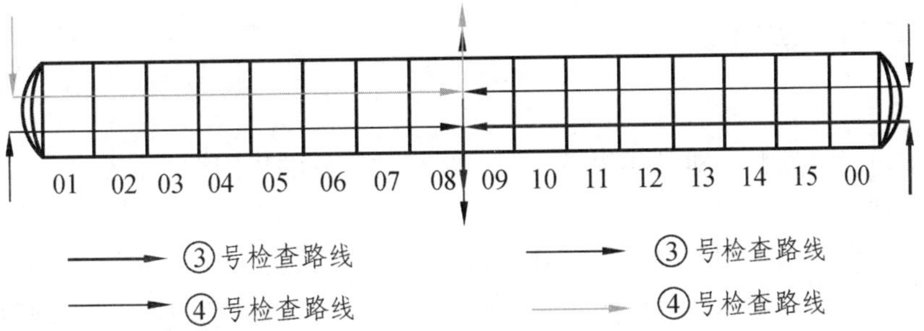

图 6-29　车下无电作业线路图

③ 车内有电作业路线（①、②号有电作业路线），如图 6-30 所示。

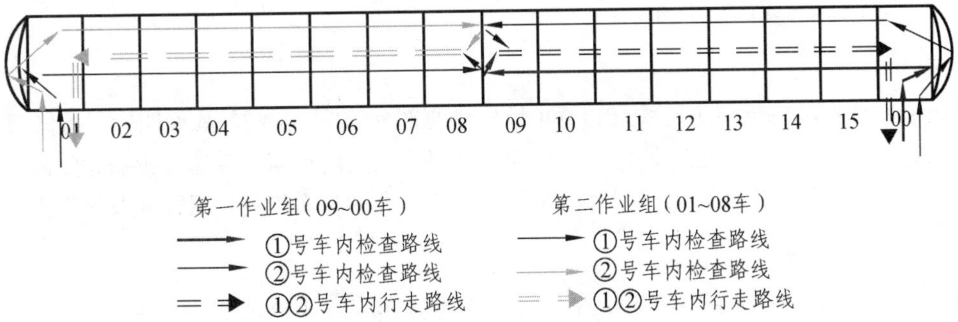

图 6-30　车内有电作业线路图

（4）车下两侧有电作业路线（③、④号有电作业路线），如图 6-31 所示。

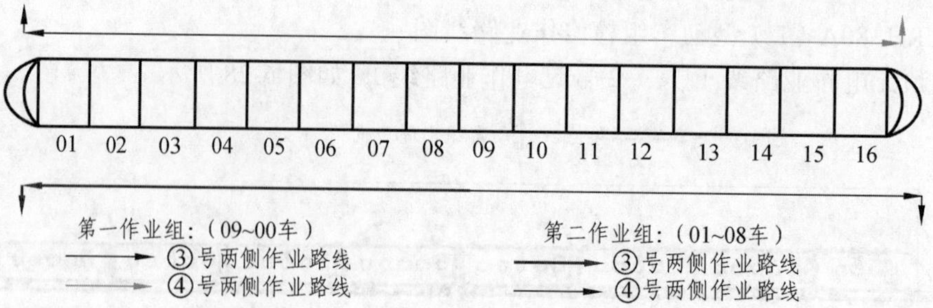

图 6-31　车下两侧有电作业线路图

6. 检修要求

（1）一级检修动车组入库前须使用车轮故障在线检测系统、受电弓及车顶状态动态检测系统等检测设备检测，检测数据须由专人及时进行专题分析。

（2）动车组各车水箱水位在 25%以上、污物箱必须抽空，满足动车组给排水卫生系统具备检修、试验作业条件。

（3）检修作业小组要提前接受作业计划，通过动车组管理信息系统导出待检动车组故障，①号了解动车组运行重点故障，并领取主控钥匙、司机室钥匙，做好作业准备工作。

（4）动车组进库时，接车人员须在动车所入库的指定位置接车，听取转向架及车下设备运转有无异音，检查车号和目的地显示器、侧门关闭及指示灯显示等设备状态。待动车组在库内停妥后，向检修作业小组报告接车情况。动车组在库内停妥并设置止轮器后，按照一级检修流程开始作业，同时按照时间节点做好刷卡确认工作。

二、动车组二级检修

1. 检修周期

（1）动车组二级检修是对动车组各系统、零部件实施的周期性维护保养、检测、试验，不得漏项、超期。

（2）二级检修可采用扣车检修或结合一级检修的方式进行。

（3）动车组检修周期以走行公里为主、时间周期为辅的检修模式，以先到为准。

（4）各项目具体检修周期以集团公司规定周期为准。以走行公里周期实施的二级检修项目允许延后 10%组织实施（有调整检修周期范围的除外）；以时间周期实施的二级检修项目必须在规定时间内完成。

2. 检修范围

二级检修作业项目由预防性检修和更正性检修两部分组成。预防性检修明确了检修项目、检修周期和对应的维修标准；更正性检修是出现故障以后实施的检修，动车段根据运用故障情况，完善更正性检修项目内容及要求，同时固化结合动车组春秋整实施的项目，并及时上报车辆处。

3. 检修作业管理

（1）动车段可根据动车组运用情况，对二级检修实行均衡修或集中修模式。

（2）二级检修以平行作业、立体化作业为基础，突出“专岗、专人、专修”检修，杜绝交叉作业。动车段要加强检修工具、物料管理，全面推行各项目的辆份制配送工作，规范现场作业。

（3）动车段要不断完善动车组状态检测、人员作业监控等工作，建立健全管理制度，配备设备检修和数据分析人员，积极开展数据综合分析运用，不断规范业务流程，改进检修工艺，优化修程修制，保证作业顺畅有序，质量可控。

CRH380AL动车组一级检修作业指导书

任务实施

一级检修作业项目及质量标准（以 CRH380AL 型车为例）

序号	作业项目	作业内容、标准及图示
1	作业准备	1. 一级修工长参加动车所生产交班会，领取检修作业计划，掌握动车组运行故障、维修重点以及遗留故障、了解动车组受电弓、轮对检测装置检测情况等作业重点信息。 2. 一级检修班组工长根据生产计划安排分派工作。 3. 各检修人员按照检修工作领取一级修必备工具、常用材料，以及根据动车组故障组织人员准备配件和专用工具，按照作业包内定量卡片清点工具、材料。 4. 检修作业小组要提前接受作业计划，通过动车组管理信息系统导出待检动车组故障，①号了解动车组运行重点故障，并领取主控钥匙、司机室钥匙，做好作业准备工作
2	接车	1. 动车组入库时，入库端③、④号（或指定人员）分别在指定位置两侧蹲式接车。重点检查轮对、悬吊件、裙板、外显、车窗玻璃、车端跳线、侧门等部位，监听走行部及车下设备运转有无刮蹭、轰鸣、尖叫、磕碰、击打、晃动等异常声音，无异味，检查车号和目的地显示器、侧门关闭及指示灯和风机运转等设备状态、如发现异常立即向一级修工长、调度室进行汇报。 2. 动车组停稳，泵风（总风压力达到 880 kPa），司机断电降弓。由检修作业小组组长与随车机械师对接动车组运行重点故障及车内设施功能性故障具体情况。  蹲式接车  办理交接
3	设置止轮器	指定位置（见下注）设置止轮器：在确定动车组停稳后，一名接车人员（郑州动车所为东侧接车人，郑州东动车所为南侧接车人）负责在该轮对两侧双向设置止轮器，并保证止轮器附带的安全号志（警示灯）分别指向两端头车，并打开警示灯至闪烁状态，另一名接车人负责确认。 拍照：止轮器设置好后，按照停放股道→车辆号→止轮器顺序进行，另一名接车人拍照 3 张

续表

序号	作业项目	作业内容、标准及图示
3	设置止轮器	 停放股道  车辆号  停放制动 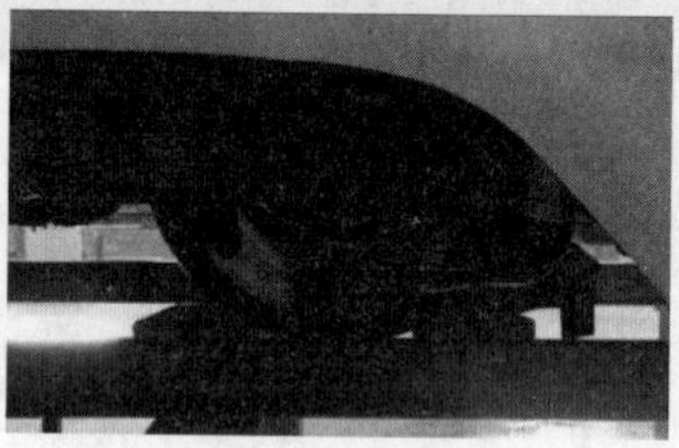 止轮器
4	办理无电作业手续	⚠触电风险：确认作业车组号及股道正确，动车组受电弓已降下，接触网已断电，接地杆已挂，停放制动已施加，止轮器已设置。 ⚠坠落风险：确认防护渡板已放下，应处于安全区域作业，注意防滑。 ⚠闪络风险：绝缘子及高压部件应擦拭干净。 ⚠禁动风险：禁止手动扳动车顶高压设备。 1. 调度室确认接触网断电作业完毕后，通知现场值班员可以进行动车组放电作业。 2. 出库方向作业组的①号确认“有/无电显示牌”显示为无电、接地杆已设置后，到现场值班员处领取主控钥匙、禁动牌，填写交接记录、签字，将主控钥匙交给本小组⑤号。 3. ⑤号负责对动车组进行放电作业。⑤号上车后，将制动手柄置于快速位，确认牵引手柄置于切位、方向手柄置于关位，确认停放制动已施加，将禁动牌挂于方向手柄，操作升起受电弓。⑤号收到③号“受电弓已升起”信息后，确认 MON 屏受电弓已升起；按压[VCB 合]按钮，闭合主断路器，确认 MON 屏显示主断已闭合，保持 1 分钟。 必呼：各作业小组③号确认受电弓已升起后，口呼“××道×列位×动车组受电弓已升起”。 ⑤号在放电完成后，按压[VCB 断]按钮，断开主断路器，确认 MON 屏显示主断已断开，操作降下受电弓。 ⑤号收到③号“受电弓已降下”信息后，通知现场值班室放电作业结束。 必呼：各作业小组③号确认受电弓已降下后，口呼“××道×列位×动车组受电弓已降下”。 必呼：⑤号确认放电完毕后口呼“××道×列位×动车组放电完毕”。 4. 现场值班员通知调度室可以开始无电作业。 必呼：现场值班员收到⑤号的确认信息后，口呼“××道×列位×动车组放电完毕，可以开始无电作业”。 5. 调度室广播“××道×列位×动车组可以开始无电作业”

续表

序号	作业项目	作业内容、标准及图示
4	办理无电作业手续	6. 放电作业结束后，出库方向作业组的①号到现场值班员处领取无电作业牌，填写交接记录、签字，在信息系统显示屏上刷卡开始无电作业，并通知作业组，各检修人员按照作业包内定量卡片清点工具、材料。①、②号在现场值班员处领取作业列位三层作业平台门禁牌，填写交接记录、签字（登顶作业必须落实“一人一卡”），开始无电作业。⑤号配合①、②号进行受电弓试验。
5	无电车顶作业 ①、②号检查作业 ⑤号配合 （全列）	⚠触电风险：接触网已断电，接地杆已挂设，动车组放电已结束。 ⚠坠落风险：确认防护渡板已放下，作业时行走在防滑带上。 ⚠闪络风险：绝缘子及高压部件应擦拭干净。 必呼：①号确认受电弓已降，接触网断电，接地杆已挂后口呼“××道×列位×动车组受电弓已降下，接触网已断电，接地杆已挂”。口呼“××道×列位×动车组无电检查开始”。 必指：1、接地杆　2、有无电显示牌 拍照：登顶前①、②号各自拍摄作业股道、接地杆和车辆号各1张。 注：登顶时必须“1人1卡”，由①、②号共同进行车顶作业，②号作业前将三层平台渡板放下，作业结束后②号负责将三层平台渡板收回。②号从重联端向受电弓方向开始检查车顶板，①号从头车向受电弓方向检查车顶板。 必指：1、渡板　2、警示灯； 必呼：②号在收到①号无电检查开始后，口呼“×道×列位××动车组②号车顶检查开始”。登顶后放下渡板，口呼“×道×列位渡板已放，车顶检查作业开始”。 
6	头车前端 （00、01车）	对头车前端检查，瞭望窗、刮雨器、头灯、标志灯、头车罩外观无异常、破损等异常。  头车前端
7	车顶板 （全列）	车顶板无塌陷、破损等异常，防滑地胶剥离每辆车不超过3处，每处剥离不大于100 mm×100 mm
8	车顶天线检查 （00、01、09车）	1. 车顶车辆部门天线外观良好，无裂损、变形等异常、安装牢固。 2. 安装基座安装牢固，无变形，螺栓无松动或缺失，防松标志清晰无错位等异常

续表

序号	作业项目	作业内容、标准及图示
9	车端连接设备 （全列）	⚠炸裂风险：确认各绝缘子、避雷器高压部件外观，无裂纹或损失，防止炸裂。 1. 车端高压连接装置安装牢固，螺栓放松标记清晰无错位，支撑绝缘子和车间跳线外观及安装状态良好，无电蚀、老化等异常现象，绝缘子支撑座表面清洁无破损等异常。 2. 特高压连接电缆盒无破损变形，外观及安装状态良好。特高压电缆外观状态良好，无电蚀、老化等异常现象。特高压电缆外皮与车体不抗磨，特高压保护橡胶套凸台剩余厚度大于 2mm 或第二层保护橡胶不与车体开始发生磨损等异常（可用手轻抬线缆进行检查）。 3. 车端其他组件齐全，安装牢固，外观检查良好。  直线形连接器  特高压线缆  支撑绝缘子和车间跳线  内外风挡、锁闭装置 4. 内、外风挡无变形破损等异常，安装状态良好，内风挡连接部锁闭装置状态良好
10	高压设备 检查及擦拭 （全列）	1. 检查各电缆接头（特高压电缆直接头、3 分路电缆头、受电弓电缆接头、隔离开关的电缆接头、半刚性电缆接头）可视部分外观及安装状态良好，螺栓紧固无缺失。  高压电缆终端  半刚性终端 2. 检查保护接地装置（EGS）、隔离开关外观及安装状态良好，手动确认接地开关闸刀动作顺滑。 注意：确认高压隔离开关在初送电时是否动作，如发生该现象，应立

续表

序号	作业项目	作业内容、标准及图示
10	高压设备 检查及擦拭 （全列）	即通知检修工长，对故障开关进行更换。 3. 各风管路外观及安装牢固，无破损，泄露。 4. 半刚性终端及各支撑绝缘子表面清洁，伞裙、护套材料无漏电起痕与电蚀现象，螺栓、接线安装状态良好，防松标记清晰、无错位等异常。伞裙材料无变硬发脆或粉化等异常现象。 （1）2 kV 陶瓷绝缘子要求：单个缺陷面积应不大于 30 mm^2，累计缺陷面积应不大于 3 cm^2，绝缘子表面无裂纹。 （2）25 kV 非陶瓷绝缘子（硅橡胶绝缘子和环氧树脂绝缘子）要求： 伞裙剥离等表面缺陷：①同一绝缘子缺陷部位不超过 5 处，同一叶片不超过 2 处；②同一叶片上有 1 处缺陷时，不大于叶片面积 10%；有 2 处缺陷时，均不大于叶片面积 5%；③半径方向的长度不大于 30 mm；④绝缘子本体没有缺陷。 伞裙缺损（缺口）：①同一绝缘子伞裙缺口不超过 5 处，同一叶片不超过 2 处；②当同一叶片缺口为 1 处时，沿圆周方向的缺损长度不大于 50 mm；③当同一叶片缺口为 2 处时，沿圆周方向的缺损长度均不大于 20 mm；④径向缺口长度不大于 10 mm。 伞裙裂纹：伞裙根部无裂纹，伞裙从边缘沿径向贯穿性裂纹不大于 10 mm，伞裙切向贯穿性裂纹不大于 20 mm。 （3）防污闪喷涂绝缘子要求：对于需要喷涂防污闪涂层的绝缘子，日常清洗维护后，检查涂层是否有气泡、缺损等情况。 ①表面涂层缺损不多于 3 处，每处不大于 1 cm^2，可继续使用，但应尽快安排修补；②超出如上限度或有大面积脱落倾向的，应将其缺损或脱落部分彻底清除后重喷。 5. 车顶各类软编线断股截面积不超过 10%。 6. 高压设备擦拭时用清水及毛巾擦拭受电弓、ADD 绝缘管、绝缘子、高压瓷瓶、车间跳线表面，如污垢较大时，可用水加中性清洁剂，最后用干净、干燥的毛巾擦干、受电弓、绝缘子、高压瓷瓶、车间跳线、ADD 绝缘管、安装座护套，保证干净无异物。 要求：（1）第一个水桶为循环使用水桶，用于毛巾的清洗，当水质较脏时必须进行更换。 （2）第二个水桶为净水桶，该水桶内水只在对绝缘子最后 1 次擦拭时方可使用，该水桶内水不可循环使用。 （3）水桶的水量需>1/2。 （4）蓝色毛巾为受电弓专用，禁止使用蓝色毛巾擦拭绝缘子及高压瓷瓶。 （5）红色毛巾为绝缘子、ADD 绝缘管、高压瓷瓶、车间跳线专用，禁止使用红色毛巾擦拭受电弓。 （6）紫色毛巾仅在最后擦干时使用。 质检拍照：质检对所有绝缘子擦拭情况进行确认，并拍照留存
11	受电弓检查 （05、13 车）	⚠受电弓配件松动、裂纹或外物击打后造成配件脱落等异常。 1. 碳滑板检查： 目视检查受电弓碳滑板外观状态良好。当受电弓碳滑板出现下列下情况时，必须进行更换： ① 碳滑板剩余厚度≤安全极限+磨耗余量限度值（安全极限、磨耗余量限度通过铝托架右手侧实施激光标记或粘贴临时标记读取，剩余厚度起测基准统一为从碳滑板铝托架底面开始测量，建议使用游标卡尺对碳滑板厚度进行测量）。 ② 滑板断裂

续表

<table>
<tr><th>序号</th><th>作业项目</th><th>作业内容、标准及图示</th></tr>
<tr><td>11</td><td>受电弓检查
（04、06车）
检</td><td>③ 裂缝导致滑板漏气，受电弓无法正常升起。
④ 出现下列裂纹时须更换：
a. 侧面裂纹：贯穿至铝托架的侧面裂纹。
b. 上表面裂纹：纵向贯穿性裂纹；裂到碳滑板边缘且宽度大于 0.3 mm 的横向裂纹；摩擦区超过 3 条及以上裂纹。
⑤ 接头或接缝处漏气；
⑥ 掉块占宽度方向超过 40%。
⑦ 铝托架有直径大于 2 mm 的电蚀孔；
⑧ 滑板发生扭曲、变形；
⑨ 两个滑板厚度差大于 3 mm。
检查滑板边缘掉块情况，使用粗锉进行修整，过渡平滑；
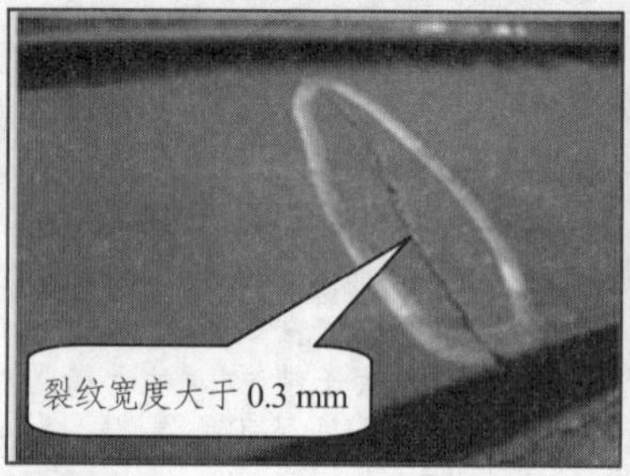

2. 受电弓整体检查标准：
（1）弓头、弓角无变形、脱落、裂纹等现象，弓角表面磨损纵向宽度大于 5 mm 时更换，销子、开口销齐全。框架表面平整，无变形、裂纹等异常，安装牢固。网铜线外观无松动、无变形。减振簧和平衡簧无裂损等异常。
（2）受电弓支撑绝缘子安装牢固。受电弓编导线缺损小于 10%，连接螺母紧固，接触良好。ADD 气管无破损，其外套的橡胶护套破损并可见内部风管时更换橡胶护套。
（3）上导杆无变形，安装紧固无松动等异常，供风管路绑扎紧固。
（4）上臂组装无脱焊，外观状态良好无变形等异常。
（5）下导杆无变形，安装紧固无变形等异常。
（6）下臂组装无脱焊，外观状态良好，无变形等异常。
（7）检查受电弓下导杆与上臂连接处铰孔螺栓外观状态良好，无断裂、缺损等异常；安装紧固，防松标记清晰无错位等异常。
（8）弓装配无明显变形等异常，安装紧固。
（9）TPEE 绝缘管接头外观良好，安装紧固，无漏风等异常；其余管路连接良好，无漏风等异常。
（10）在气囊无充气状态下，观察气囊及气囊用橡胶管表面龟裂状态，目测可见内部帘布层，或气囊存在龟裂深度超过 1.2 mm 且龟裂长度超过 25 mm 的单个龟裂时更换</td></tr>
</table>

续表

序号	作业项目	作业内容、标准及图示
11	受电弓检查 （04、06 车）	 升弓装置  TPEE 绝缘管 （11）在升弓状态下目视检查底架橡胶块，发现有粘连现象或压痕最大深度超过 15 mm 的橡胶块进行更换。检查完后在橡胶堆上涂抹凡士林。（每年 4—10 月份不需涂抹，仅在 3-11 月份涂抹） （12）检查受电弓导流罩，安装牢固，罩体无开裂、破损，安装螺栓紧固无松动，防松标记清晰无错位。 （13）对受电弓区域积冰积雪情况重点检查，发现冰雪，必须清除，并擦干部件表面水渍。 （14）在升弓状态下目视检查阻尼器，外观及安装状态良好，无漏油现象。 （15）对受电弓各管路及接头、升弓气囊等易漏风部位使用试漏剂进行泄露测试，确认各部位是否有异常漏风。听到受电弓各管路疑似有漏风声时，发现受电弓各部件有破损、异物击打、变形痕迹时，发现受电弓升降弓时间、压力不符合限度要求时，使用试漏剂对受电弓各部位进行重点检查，确认故障部位并进行处理。 质检拍照：质检对碳滑板厚度、TPEE 绝缘风管、受电弓整体各拍照 1 张
12	受电弓测量 （05、13 车）	针对重联、长编动车组，股道 1 列位（郑州所为南侧）①号作业人员确认 2 列位（郑州所为北侧）①号作业人员准备好后，股道 1 列位（郑州所为南侧）①号作业人员与⑤号进行联控，进行升降弓试验。确认受电弓上升、下降作用良好。⑤号配合①、②号进行升降弓试验提醒车顶作业小组注意升弓安全。 注意：⑤号在无电作业时须确认驾驶台蓄电池电压表的显示电压应为 87 V 以上，如发现蓄电池电压不能满足作业要求，应立即汇报检修工长及①号，降下受电弓，断开蓄电池。 必呼：需要升弓时，①号口呼 2 次“××道×列位×车请升起×车受电弓”。 需要降弓时，①号口呼 2 次“×道×列位×车请降下×车受电弓”。 必应：⑤号听到升弓申请后，口呼 3 次“×道×列位×车升起×车受电弓，请注意安全”。 ⑤号听到降弓申请后，口呼 3 次“××道×列位×车升起×车受电弓，请注意安全”。 2. 在升弓情况下检查空气管路及气囊、碳滑板无漏泄等异常； 3. 升起受电弓，在距落弓位高度以上 0.5 m、可测量的最高点（最高不超过 1.9 m）及两者中间任一点共三处进行升、降弓试验（不拆阻尼器），用 10 kg 弹簧秤连接在上顶管的中部，测试其静态压力。测量应在受电弓连续上升和下降的循环周期进行，其上升或下降速度为 0.05×（1±10%）m/s。向下运动时，力的最大值不超过 95 N；向上运动时，力的最小值不小于 65 N；上升及下降过程中同一高度点力的差值不大于 30 N。 4. 不拆阻尼器时测量正常升降弓时间，升弓时从弓头动作开始计时，升至最高点停止计时；降弓时从弓头动作开始计时，降至落弓位停止计时。升弓时不允许受电弓有任何回跳；降弓时应有缓冲，上框架顶管应落在 2 个橡胶减振座上，允许降弓时，在降弓位弹跳。 升弓时间限度：DSA380≤10 s

续表

序号	作业项目	作业内容、标准及图示
12	受电弓测量 （05、13 车） 检	降弓时间限度：DSA380≤10 s 必呼：①号车顶受电弓检查完毕，如受电弓检查正常，口呼“×车 1 位碳滑板厚度××mm，2 位碳滑板厚度××mm，碳滑板高度差××mm”，如发现碳滑板裂纹时，口呼“碳滑板裂纹”。(一架一呼) ②号做完受电弓升降弓试验后口呼“××车×端受电弓升弓压力××N，降弓压力××N，升弓时间×s，降弓时间×s”；(一架一呼)若受电弓检查正常，口呼“受电弓状态良好；若有故障，口呼“×车受电弓状态不良”并记录、处理故障。 必画：受电弓标记检修日期 必画：受电弓碳滑板厚度 必指：受电弓升降弓状态 由 1、2 号负责对车顶高压设备进行检查；负责带领委外作业人员（车顶高压设备清洁作业委外实施情况下）对车顶高压设备进行清洁作业；当 1、2 号进行升、降弓试验前，由 1 号负责确认即将进行试验的受电弓周边无作业人员后，再进行升、降弓试验。 质检拍照：质检对受电弓标记检修日期、升弓拉力、降弓拉力各拍照 1 张
13	受电弓绝缘测量 （05、13 车） 检	1. 受电弓绝缘测量必须在车顶检查、试验等项目作业完毕后，确认全列高压隔离开关闭合、VCB 断开，同时确认作业人员不接触受电弓导电部位。 2. 用 1000 V 兆欧表测量受电弓框架和大地（EGS 盘）之间阻值在 25 MΩ以上。 质检拍照：要求质检对开路、短路、实际绝缘测量的阻值各拍照 1 张。 注：作业周期调整为“每年 11 月 1 日起至次年 3 月 31 日止”
14	受电弓监测装置 （05、13 车）	1. 检查受电弓监测装置外观及安装状态良好，装置外壳无变形、损坏等异常，补光灯照明良好。 2. 检查摄像头防护罩无变形、松动、破损等异常，防护玻璃表面无裂纹、破损等异常，内部摄像头外观及安装状态良好。 3. 对摄像头防护玻璃进行清洁。 4. 检查受电弓监测装置底部安装螺栓紧固无松动，防松标记清晰、无错位等异常。 5. 检查受电弓监测装置后部电气连接线连接良好，无老化、腐蚀、损坏等异常  受电弓监测装置  摄像头防护罩  电弓监测装置后部连接线  受电弓监测装置底部螺栓

续表

序号	作业项目	作业内容、标准及图示
15	①、②无电作业结束	1. 无电车顶作业结束、清点工具后，②号收起相应列位三层作业平台渡板，①、②号在现场值班室归还本人使用的相应列位三层作业平台门禁牌。 必呼：②号车顶检查作业完毕、并收起该列为三层平台渡板后，呼叫①号“×道×列位××动车组②号车顶检查作业完毕，渡板已收回”。 ①号确认车顶无电检查完毕，人员撤离车顶后，呼叫“调度室：×道×列位××动车组车顶无人、渡板已收起，请确认”。 2.调度室通过安全联锁设备确认三层作业平台无人、渡板已收起后，口呼“×道×列位三层作业平台无人、渡板已收起”
16	无电车底作业 ③、④号检查作业 	⚠触电风险：车底地沟检查前确认接触网已断电，动车组放电已结束。 ⚠溜车风险：车底地沟作业前确认止轮器已设置。 ⚠底板松脱风险：确认底板安装螺栓无松动、无缺失、防松标记清晰无错位。 1. ①号确认动车组止轮器已设置，受电弓已降下，接触网已断电，动车组放电已结束，防护号志已设置，禁动牌已挂设。确认完成后，信息系统刷卡无电作业开始，通知③、④号可以开始车底检查作业。 2. ③、④号作业时以车体中心线为界，相距 3 米左右平行作业；③、④号在检查各自侧驱动装置齿轮箱时，与齿轮箱连接的联轴节和牵引电机归齿轮箱检查侧作业人员检查。中心牵引拉杆、车轴轴身③、④号同时检查。 必呼：③、④号位：在收到 1 号位无电检查开始后，③、④号位口呼“××道×列位×动车组×号位地沟检查开始”。 拍照：③号无电作业开始前对作业车号拍照 1 张。 摄像：③、④号无电车底作业全程进行摄像
17	车头 （00、01 车）	检查车头前罩状态良好，无损伤或变形，锁闭状态良好。缝隙小于 5 mm  车头
18	头车底部 （00、01 车）	1.检查底板。底板各安装螺栓无松动，防松标记清晰无错位。 2. 转向架排障装置安装牢固（01、01 号车），防松标记无错位；安装臂与轴箱体接触面无间隙；弹垫无裂纹、压平状态良好；止转垫片无裂纹、包裹良好；安装臂及托架无裂损、变形，外观状态良好；橡胶板无破损或变形，下部距轨面距离符合限度要求（测量轨道（钢轨）中心线距离排障板底部距离符合限度要求）。 3. 浪涌保护装置支架无破损、变形；安装螺栓无松动等异常现象。浪涌保护装置壳体无破损、变形；安装螺栓无松动。浪涌保护装置保险辅件无破损、异形  主排障器  辅助排障器

续表

序号	作业项目	作业内容、标准及图示
18	头车底部 （00、01 车）	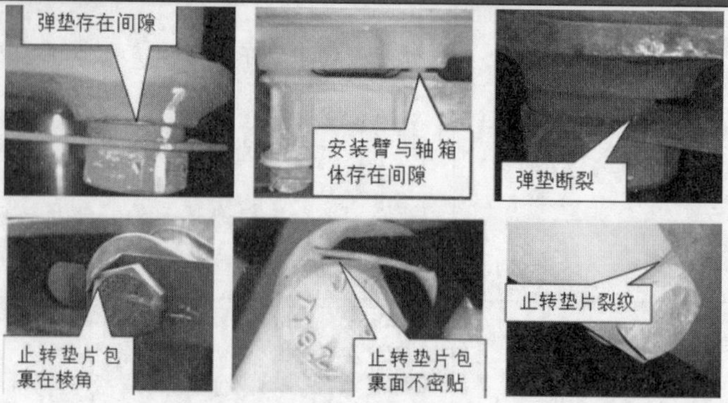 排障安装臂异常
19	转向架扫石器 （00、01 车）	转向架扫石器安装牢固，安装臂无裂损、变形等异常，外观状态良好，橡胶板无破损或变形等异常，下部距轨面距离符合限度要求（用 15 cm 钢板尺垂直放置在轨面上，测量扫石器与轨面距离最小值即为扫石器高度，高度范围为 5 ~ 13 mm）  转向架扫石器
20	天线梁及 天线安装座 （00、01 车）	检查安装 TCR（STM、FSK）天线、BTM（CAU）天线、TVM 感应器及多普勒雷达的天线梁及天线安装座无明显的机械损伤（如裂缝或变形等）和安装螺栓防松标记无错位等异常现象   TCR 天线（300T）　CAU 天线
21	转向架车底端板 （全列）	检查转向架车底端板。端板无破损，安装螺栓紧固，无缺失，防松标记清晰、无错位等异常现象 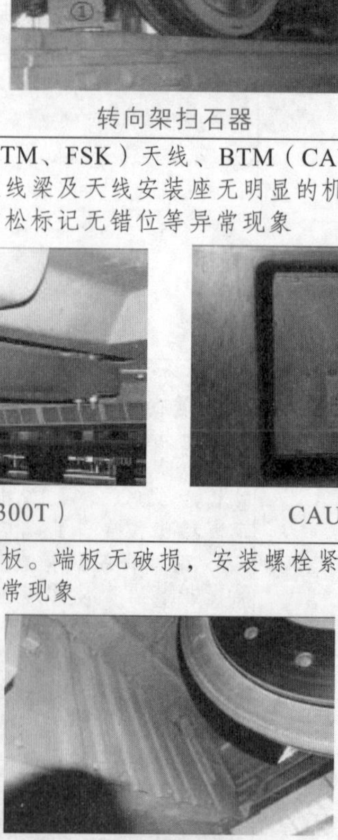 转向架端板

续表

序号	作业项目	作业内容、标准及图示
22	空气管路和车端总风软管 （全列）	空气管路和车端总风软管无损伤、漏泄等异常现象 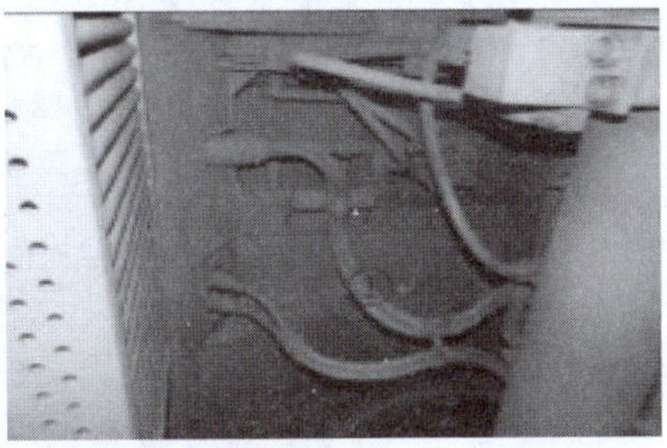 转向架端板位置处空气管路
23	轮对 （全列）	制动盘脱落风险：确认制动盘裂纹不超限，紧固螺栓无松动。 脱轨风险：对轮对踏面检测系统报警数据进行人工复核，测量后确认尺寸不过限，符合运用标准。 检查轮对。 1. 踏面擦伤、剥离不过限。 2. 轮缘无缺损。 3. 轮对各部尺寸不过限。 注：轮对尺寸复核需要轮径尺、内距尺、动车专用检查器。   必呼：若检查正常，口呼“轮对踏面状态良好”（一转向架一呼）；若发现故障，则报出故障轮对位置和故障名称，如发现剥离（硌伤、擦伤或碾长）等轮对缺陷超限时，口呼“×车×位轮对剥离×毫米不符合限度不允许存在缺陷。”（硌伤、擦伤或碾长参照剥离故障口呼）并记录、处理故障
24	踏面清扫装置 （全列）	踏面清扫装置外观良好，空气管路无漏泄，安装无松动，无异常，研磨块厚度大于 13 mm 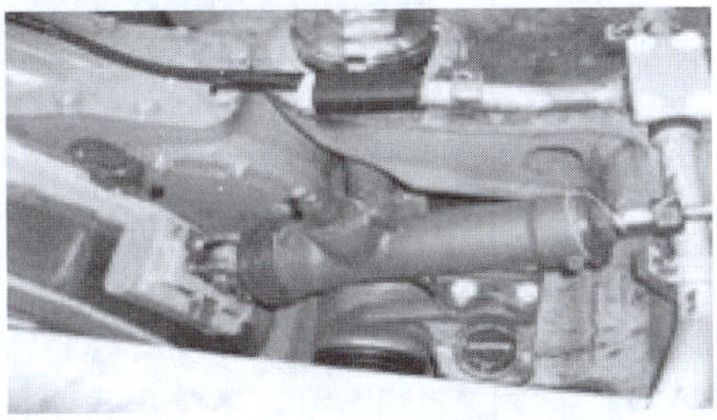 踏面清扫装置

续表

序号	作业项目	作业内容、标准及图示
25	基础制动装置（全列）	⚠制动盘脱落风险：确认制动盘裂纹不超限，紧固螺栓无松动。 1. 制动盘外观状态良好、无过热痕迹，厚度符合限度要求（磨耗不得超过磨耗刻度线），摩擦面裂纹不过限，无贯穿裂纹等异常；制动盘安装螺栓无松动、防松标记无错位等异常；制动盘表面无异常摩擦痕迹，凹槽、偏磨不过限（两摩擦环厚度差不大于 2 mm）。 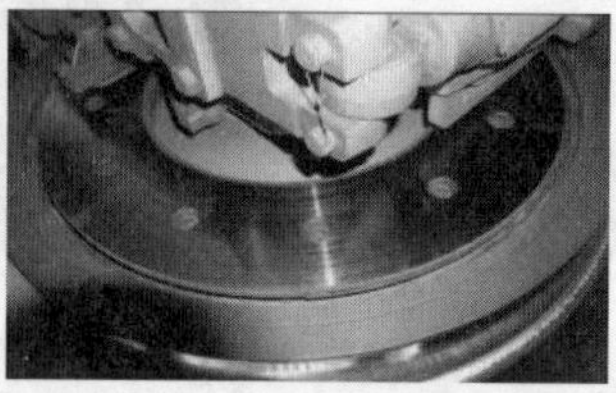 轮盘 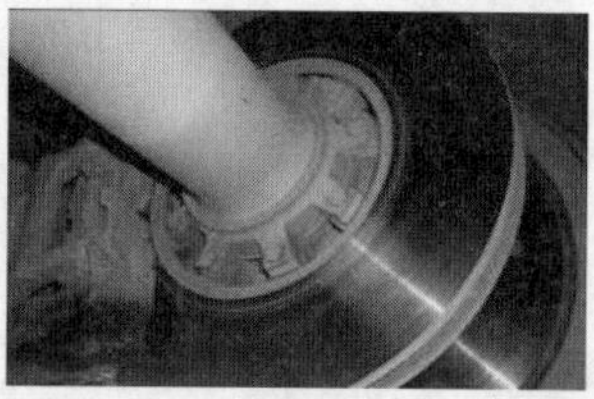 轴盘 用手指触摸制动盘表面，当手指感觉盘面存在小台阶或沟槽时（约 0.5 mm），即可确认该制动盘存在异常磨耗现象；需要将该制动盘两侧的闸片立即拆下，对拆下的闸片进行检查清理，需将闸片上的异物清理干净，如闸片表面平整，无异常现象（例如：异常磨损、表面凹凸不平整、热斑等现象），可重新装车使用，否则闸片作报废处理； 2. 闸片检查要求： （1）闸片外观状态良好，无偏磨、掉块、缺损、变形等异常现象，测量闸片磨耗不过限，摩擦体背板外侧（包含摩擦体背板厚度）至要求测量磨耗材料最薄处为 5 mm[四方平台液压夹钳（住友）用闸片除外]，4400 km<里程≤8 800 km 时，在上述基础上增加 0.5 mm）；无反装，开口销无破损。 注：任一闸片厚度小于此限度时同制动卡钳两侧的闸片须同时更换 （2）检查闸片无过热痕迹。单个摩擦粒子摩擦材料损伤缺陷面积总和不大于 1 cm^2；且整个闸片摩擦表面摩擦材料面积最少不能低于闸片面积的 80%，单个摩擦粒子摩擦材料表面的污渍或烧灼点面积总和不大于 1 cm^2。 （3）闸片托本体、支持框架、支撑销子的外观及安装状态良好，没有伤痕及磨耗、漏油等异常。防尘橡胶波纹管无破损、无异常。  闸片  制动夹钳 3. 防滑阀检查 （1）外观状态良好，安装牢固，保护壳无变形，安装螺栓无松动等异常现象。 （2）接线无松动、破损等异常，卡箍作用良好、无裂纹等异常现象。防滑阀电线与防滑阀体连接正确，一一对应。（一位侧为 1、3 轴；二位侧为 2、4 轴）。 （3）空气管路无损伤、 漏泄等异常。橡胶空气软管无老化、鼓泡、漏气等异常。橡胶空气软管与其他部件无相磨现象。

续表

序号	作业项目	作业内容、标准及图示
25	基础制动装置（全列）	（4）防滑阀无水渍、无冰雪等异物覆盖（防寒采暖季重点检查）。 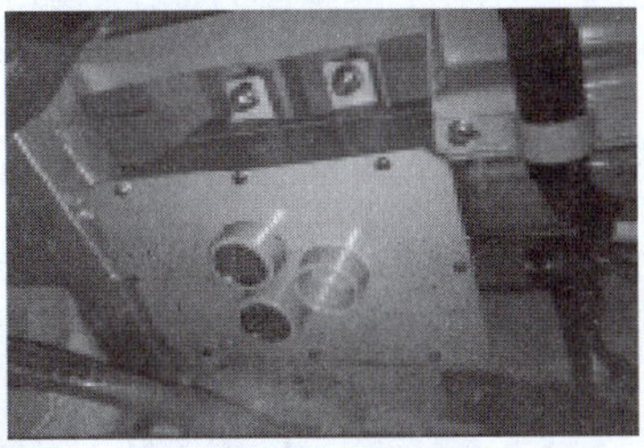 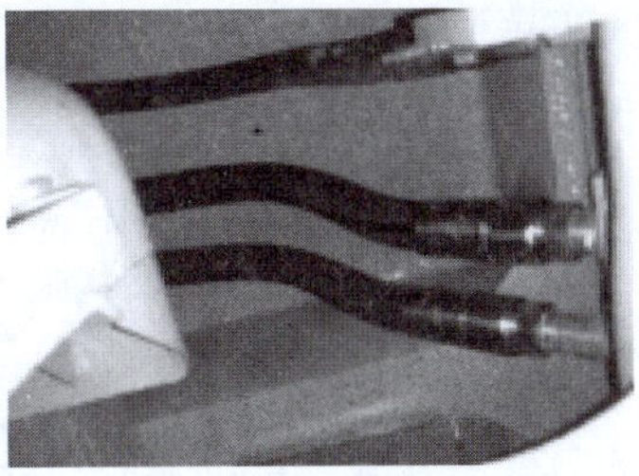 防滑阀　　橡胶空气软管 4. 空气管路和车端总风软管无损伤、漏泄。各管路无破损、漏风，防松标记无错位，防松铁丝无断裂，整体无异常。管卡接口橡胶泥无脱落。 5. 制动夹钳检查 （1）检查制动夹钳安装螺栓。制动夹钳安装螺栓无松动，防松标记清晰无错位、无异常。 （2）制动夹钳装置配件齐全，各部无机械损伤，液压夹钳作用缸、油管无泄露，悬吊螺栓紧固，各部件无裂纹、无异常。 （3）空气管路和车端总风软管无损伤、漏泄。各管路无破损、漏风，防松标记无错位，防松铁丝无断裂，整体无异常。管卡接口橡胶泥无脱落。 （4）检查制动缸。制动夹钳制动缸无漏风，排水口无堵塞。 （5）检查闸调器。闸调器调整杆无松脱，防尘罩无破损，排水口无堵塞，定位滑道无裂纹，无异常。 （6）确保各部位无冰雪； （7）检查呼吸孔。橡胶塞无破损，无冰雪堵塞等异常情况。 （8）制动缓解状态下，将闸片压紧到盘面上，测量另外一侧间隙在 2.4～5.6 mm。  1—夹钳安装螺栓；2—风管；3—制动缸；4—闸调器；5—定位滑道；6—排水口；7—停放制动缸；8—停放制动拉绳。 制动夹钳组装

续表

序号	作业项目	作业内容、标准及图示
26	转向架构架 （全列）	1. 转向架构架无裂纹，各安装管线状态良好，紧固件无松动。 2. 转向架各组件无附挂异物；各部件外观状态良好，各防松铁丝齐全、无断裂。 3. 横梁无破损。 4. 各安装管线状态良好，无漏风，安装卡子无松动，螺栓防松标记无错位、无异常。 5. 检查转向架侧梁。转向架侧梁无破损、裂纹等异常现象。 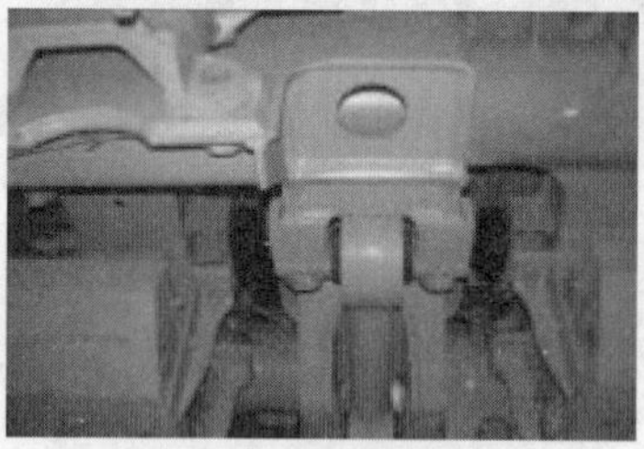 转向架构架  构架横梁  转向架构架各管线 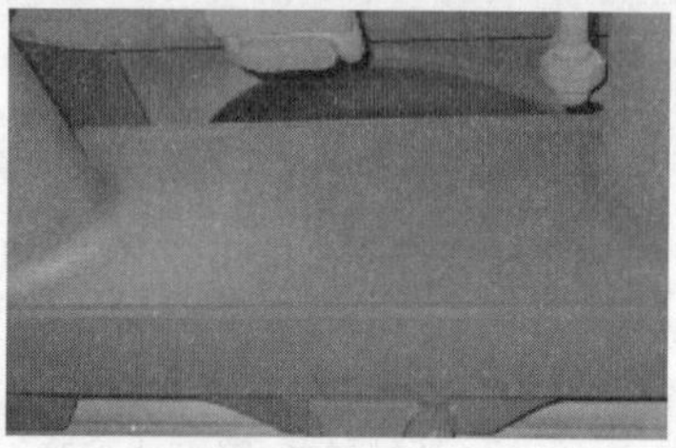 转向架测梁 6. 检查差压阀无漏风、无异常，安装螺栓无松动、无异常，防松铁丝无断裂  差压阀
27	车轴轴身 （全列）	轮轴外观状态良好，各部位无裂纹。轴身打痕、碰伤、擦伤深度符合限度要求（轴身擦伤深度不大于 0.5 mm；局部撞击损伤深度不大于 1 mm；打磨去除高点后使用，超限时允许车削加工修复，加工后轴身直径不低于 170.5 mm）、无异常；露出底漆或金属时须补漆  拖车车轴  动车车轴

续表

序号	作业项目	作业内容、标准及图示
28	横向止挡 （全列）	1. 横向止挡安装良好，安装螺栓无松动，无异常，防松标记清晰无错位。 2. 横向挡无明显破损、龟裂、老化等异常现象，橡胶表面开裂长度15 mm以上或深度5 mm以上须更换。 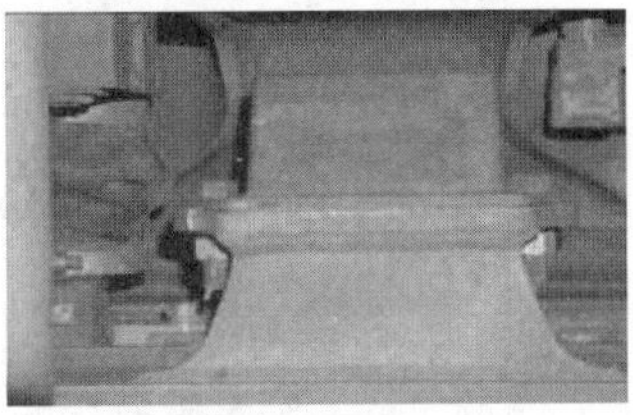 橡胶止挡
29	横向油压减振器 （全列）	1. 检查横向油压减振器。横向油压减振器外观状态良好，无漏油，安装牢固，减振器座无裂纹，橡胶外罩无破损，卡箍无松动等异常现象。 2. 检查橡胶定位节点。橡胶定位节点无溶胶、脱胶等异常现象。  1—横向油压减振器；2—减振器座；3—橡胶节点。 横向油压减振器
30	牵引拉杆 （全列）	1. 检查牵引拉杆安装座。牵引拉杆安装座无裂纹，安装螺栓无松动，防松标记清晰无错位，防松铁丝无断裂，整体无异常。 2. 检查橡胶节点。牵引拉杆橡胶节点无明显破损、龟裂、老化等异常现象，橡胶表面开裂长度15 mm以上或深度5 mm以上；在金属件端末部的剥离长度15 mm以上的零件，须更换。 3. 检查牵引拉杆。牵引拉杆外观无异状。 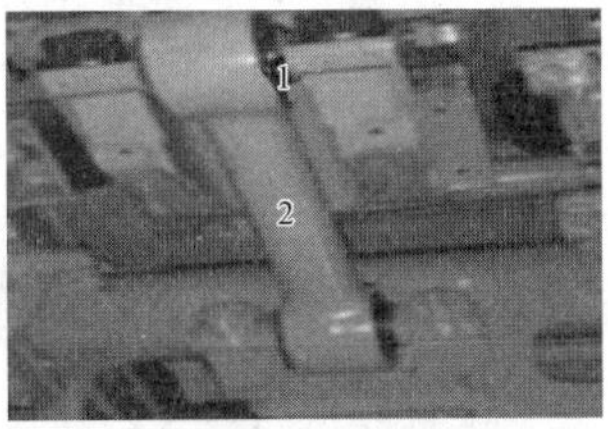 1—中心销；2—牵引拉杆 牵引拉杆
31	电气管路、 接线盒状态 （全列）	检查电气管路。各电气管路无破损、漏风、异常，各线夹安装良好，安装螺栓无松动，防松标记清晰无错位。 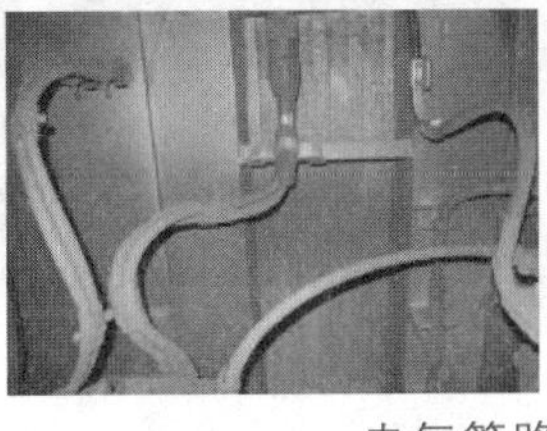 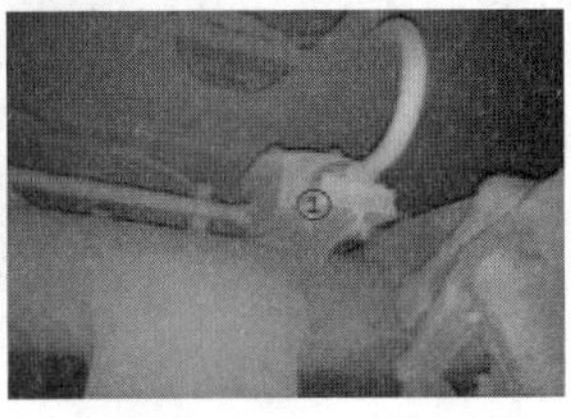 电气管路、接线盒状态

续表

序号	作业项目	作业内容、标准及图示
32	齿轮箱 （02、03、04、05、06、07、08、09、10、11、12、13、14、15 车）	⚠燃切风险：对齿轮箱外观、油位、油色进行细致检查，确保安装状态良好，齿轮箱不漏油，且油位、油色符合要求。 1. 油位观察窗无裂纹；在空车且停车状态 20min 后确认齿轮箱油位在中、上刻度线之间，无漏油；润滑油无乳化、变色等异常现象； 2. 悬吊部件配件齐全，安装牢固，齿轮箱安全托螺栓无松动、防松标记清晰无错位，表面清洁无油污； 3. 橡胶垫无老化等异常现象，齿轮箱温度传感器、呼吸器、注油孔盖、排油堵等安装紧固； 4. 齿轮箱温度传感器、注油孔盖、排油孔盖、实时温度传感器及引线无损伤，安装牢固；防松钢丝状态良好无松脱，传感器外层防水胶泥无脱落。 5. 检查呼吸口状态正常，安装牢固； 6. 如发现齿轮箱排水口周围有油迹现象，但无明显油流痕迹或滴油痕迹，且油位正常，擦拭油迹后跟踪观察。 注：油位观察窗不得使用有机溶剂（或稀释剂）清理，以避免观察窗产生裂纹，清理时可用干净的布蘸清水（或中性清洗剂）擦拭。 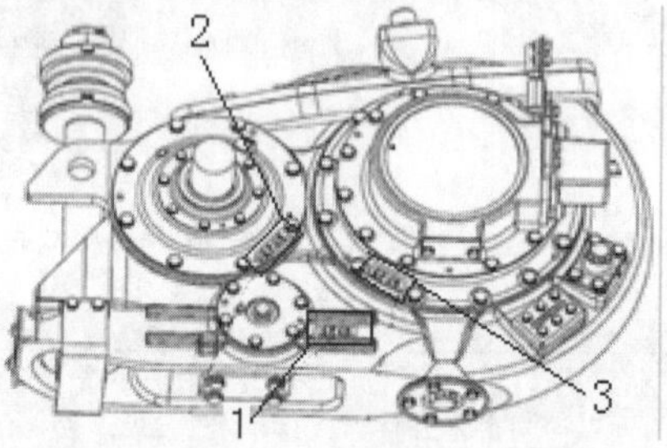 ①齿轮箱壁、②电机侧小齿轮轴承座和③电机侧大齿轮轴承座 7. 检查齿轮箱支架（吊杆）橡胶元件无异常，裂纹长度不大于 20 mm 且深度不大于 5 mm。 必画：标记检查日期。必呼：齿轮箱若检查正常，口呼“×车×位齿轮箱良好”；若发现齿轮箱漏油时，口呼“×车×位齿轮箱状态不良”，并记录、处理故障；若发现齿轮箱油位不正常时，口呼“×车×位油位×不符合限度要求×××”
33	牵引电机及安装座 （02、03、04、05、06、07、08、09、10、11、12、13、14、15 车）	⚠切轴风险：对牵引电机进行检查，确保安装状态良好，外观无变色。 1. 牵引电动机外观良好，防松铁丝型号正确，电机电源线、传感器及配线无破损，安装螺栓无松动、防松标记清晰无错位、各部无裂纹，电机注油孔堵安装良好。冬季雨雪天气时，牵引电机外部无冰雪覆盖。 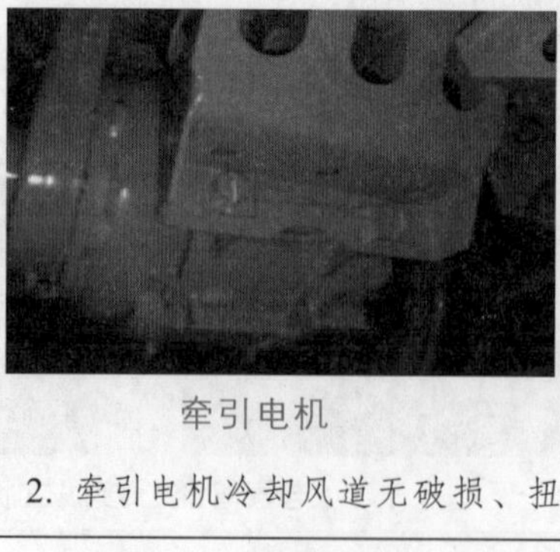 牵引电机  牵引电机冷却风道 2. 牵引电机冷却风道无破损、扭曲变形，安装牢固，排风口良好

续表

序号	作业项目	作业内容、标准及图示
33	牵引电机及安装座（02、03、04、05、06、07、08、09、10、11、12、13、14、15车）	3. 接地装置和碳刷外观及安装状态良好，接地线无松动、断裂、异常。检查碳刷磨耗电刷长度在视窗两刻度线之间。 4. 牵引电机温度传感器、实时温度传感器和速度传感器外观及安装状态良好，配线无损伤；熔断式温度继电器外观状态良好，安装牢固；防水腻子无异常，如有缺损进行补装。 5. 检查牵引电机安装座。牵引电机安装座无裂纹，外观无异常；安装螺栓紧固无松动，防松标志清晰无错位，防松铁丝捆绑正确、无断裂，各部无异常。 必呼：牵引电机若检查牵引电机吊架及接线状态良好，口呼“×车×位牵引电机良好”；若发现吊架裂纹或接线故障时，口呼“×车×位××状态不良”，并记录、处理故障。 必画：牵引电机、齿轮箱标记检查日期
34	联轴节（02、03、04、05、06、07、08、09、10、11、12、13、14、15车）	检查联轴节。联轴节外观及安装状态良好、无渗油痕迹，联轴节挡水板橡胶无破损，连接螺栓无松动，防松标记清晰无错位等异常，温度试纸粘贴牢固，表面干净，显示清晰，显示温度值符合规定要求。联轴节与齿轮箱排气孔无堵塞。轴毂与外筒开口处无沙粒、污垢堆积物等异物。 注：油润滑联轴节注油堵无渗油，若有渗油须更换注油堵密封垫，按规定扭矩重新紧固，并沿轴向移动联轴节无卡滞。  1—联轴节；2—螺栓。 联轴节 必呼：联轴节若检查正常，口呼“×车×位联轴节良好”；若发现防松标记错位时，口呼“×车×位联轴节状态不良”，并记录、处理故障
35	抗侧滚扭杆装置、半主动控制装置（全列）	1. 检查抗侧滚扭杆各个部件安装状态以及各紧固件的紧固状态良好。检查抗侧滚扭杆轴承、橡胶关节裂纹情况，确认面积之和不大于500 mm^2，且不得存在贯通裂纹或损伤；检查抗侧滚扭杆缓冲橡胶关节裂纹情况，确认所有裂纹的长度乘深度的总和不大于2 874 mm^2。 2. 检查半主动油压减振器外观状态良好，无漏油，安装无松动等异常；减振器座无裂纹，接线无破损等异常 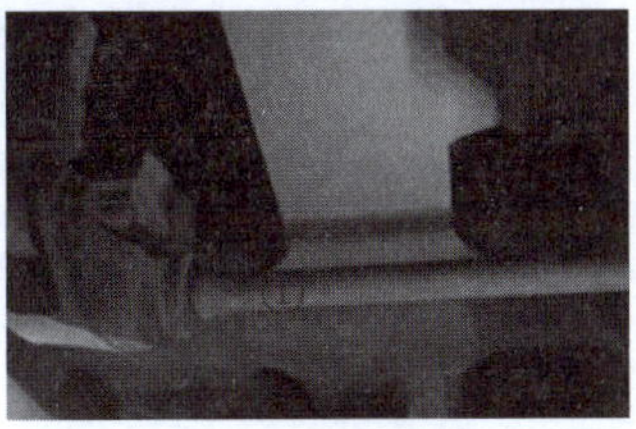 抗侧滚扭杆 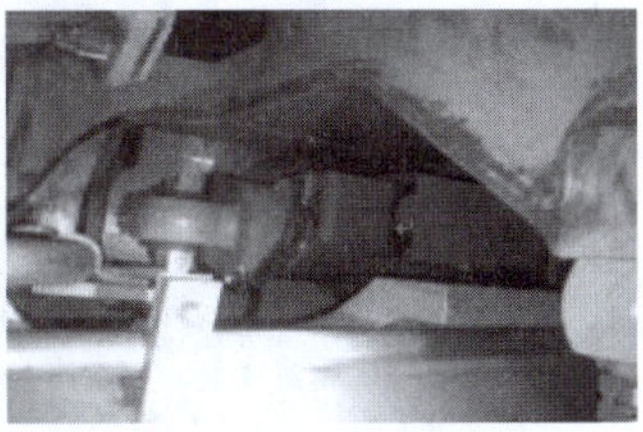 半主动控制装置

续表

序号	作业项目	作业内容、标准及图示
36	撒砂装置（适用于已加装撒砂装置的动车组）（01、02、07、10、15、00车）	1. 砂箱无明显机械损伤，各零部件状态良好；连接器连接状态良好，固定无松动等异常。 2. 砂箱盖、撒砂单元安装牢固无松动，防松标记不错位、防松铁丝无断裂等异常。 3. 软管无磨损、无松脱等异常。各线卡及固定螺栓安装牢固，无断裂、无异常。 4. 撒砂装置安装状态良好，防松标记无错位；安装臂与轴箱体接触面无间隙；弹垫无裂纹、压平状态良好；止转垫片无裂纹、包裹良好；安装臂及托架无裂损、变形，外观状态良好。 5. 撒砂装置撒砂口外观状态良好，无裂纹，螺栓紧固状态良好，防松标记无错位；止转垫片无断裂、缺失；撒砂软管、加热电缆与加热器连接处无松脱；无明显机械损伤；撒砂口距轨面高度符合限度要求。 6. 检查砂箱砂位，低于红色刻度线时需补砂  砂箱及撒砂单元组成  撒砂软管状态  砂箱盖安装 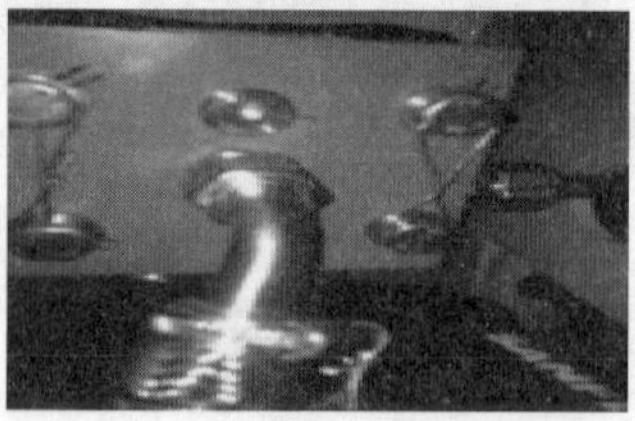 撒砂单元安装  撒砂装置安装托架：托架、安装臂  撒砂装置撒砂口  砂位检查

续表

序号	作业项目	作业内容、标准及图示
37	转向架 （全列）	检查转向架构架，无裂纹，各安装管线状态良好，无抗磨，紧固件无松动，转向架各组件无附挂异物等异常；各部件外观状态良好，各防松铁丝齐全、无断裂等异常。 必呼：③、④号位地沟检查完毕，如正常口呼“X车转向架检查完毕，状态良好”（一车一呼）
38	各型底板、端板、防雪板 （全列）	⚠底板松脱风险：确认底板安装螺栓无松动、缺失，防松标记清晰无错位。 各型底板、端板、防雪板无变形、缺损、裂纹；防动销正常落槽；安装螺栓外观状态良好，安装紧固、无缺失，防松标记清晰无错位；防松铁丝无断裂；各部无异常  车体底板  端板 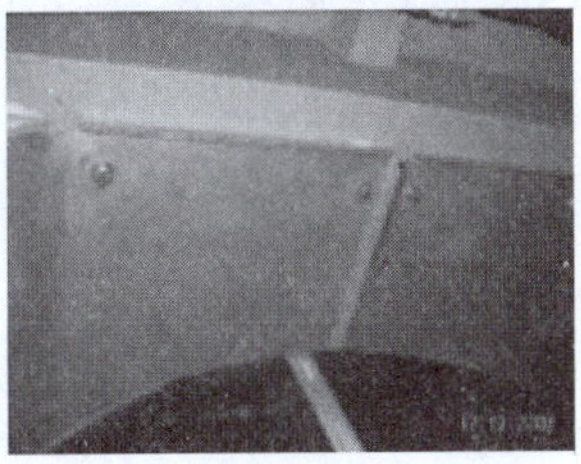 防雪板  空调装置下底板  制动装置下底板  换页气装置下底板 必呼：底板若检查安装状态良好，口呼“底板状态良好”；如发现故障时，口呼“×车第×块（自 1 位端计算）底板状态不良”，并用力矩扳手紧固螺栓。 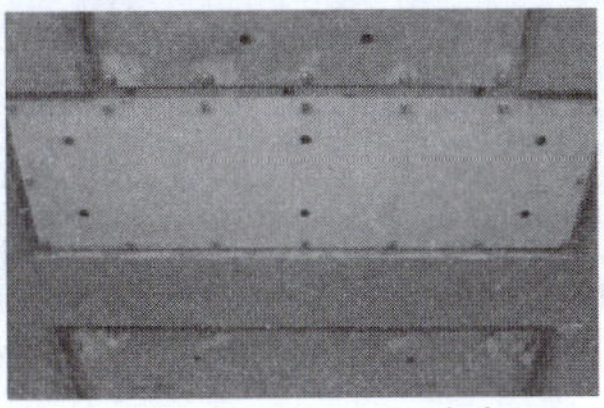 辅助电源装置下底板  水箱下底板

续表

序号	作业项目	作业内容、标准及图示
38	各型底板、端板、防雪板 （全列）	 蓄电池箱下底板  高压机器箱下底板  主变压器下底板  主空气压缩机下底板  车体底板  辅助空气压缩机下底板
39	内、外风挡 （全列）	1. 内风挡下部无损伤，锁闭良好。防雪风挡下部状态良好，无破损、裂纹等异常，安装牢固，防雪风挡吊座外观状态良好，无裂纹等异常。 2. 检查风挡橡胶。橡胶无老化、破损等异常。 3. 检查安装螺栓。底部安装螺栓无松动，防松标记清晰无错位等异常。 4. 检查锁闭装置。锁闭装置状态良好。 5. 检查外风挡内侧无损伤，安装螺栓齐全，固定良好
40	密接车钩 （02~15车）	1. 密接车钩及电气连接器下部连接状态良好，密接钩、缓冲器托板安装螺栓无松动等异常，车钩接头、接头缓冲器、底架框架支架、支座、支座弹簧箱、滑板、释放手柄没有弯曲、裂缝、损伤等异常。 2. 空气管路和车端总风软管无损伤、泄露等异常。空气管路无龟裂、漏风等异常；管接头无松动，防松标记无错位等异常，管夹安装紧固。 3. 检查释放手柄。释放手柄及拉力弹簧完好，处于连挂位 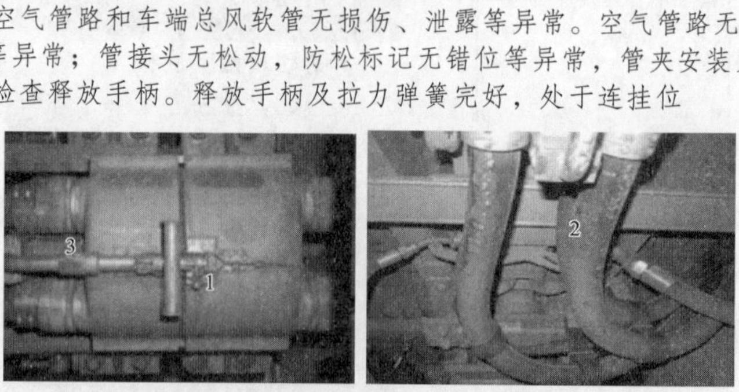 1—密接车钩；2—空气管路；3—解钩杆。 密接车钩

续表

序号	作业项目	作业内容、标准及图示
41	防雪风挡 （全列）	1. 检查防雪橡胶风挡。防雪橡胶风挡外观无异常，表面无龟裂、破损等异常，安装牢固。 2. 检查安装螺栓。安装螺栓无松动，防松标记清晰无错位等异常  防雪风挡
42	③、④号无电作业结束	③、④号无电车下作业结束、清点工具后，对讲机通知①号。 必呼：无电检查作业完毕后呼叫①号“③、④号位地沟作业完毕”
43	⑤号无电检查作业开始	⑤接收到①号无电作业开始通知后，投入主控，将制动手柄设至快速位，在方向手柄挂设禁动牌后开始无电作业。盯控蓄电池电压保持87 V以上。⑤号配合车顶作业人员进行受电弓试验。 必呼：×道×列位×车司机室检查作业开始
44	检查操作台 （00、01车）	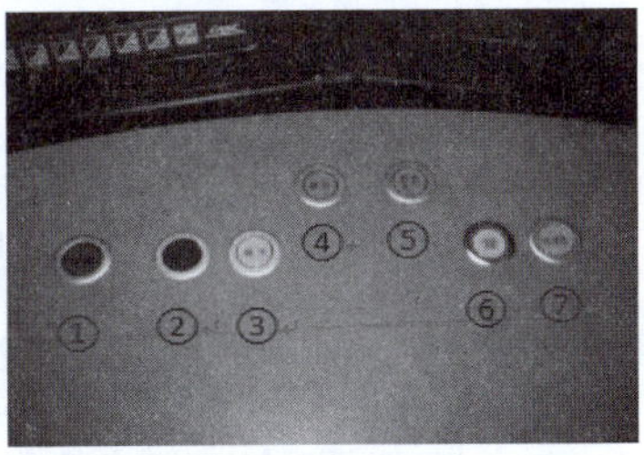 ①VCB断；②VCB合；③降弓；④复位；⑤紧急复位；⑥恒速；⑦恒速切 操作台 1. 开关、手柄、按钮、指示灯及电话状态良好，各显示器屏幕无破损，按键齐全，通电时画面清晰，无闪烁。 2. 检查牵引手柄、换向手柄无损伤、卡滞、脱挡等异常，安装无松动。检查制动手柄锁机构作用良好，制动手柄无损伤、卡滞、脱档等异常，安装无松动。试验完毕后将制动手柄置于快速位。 3. 司机室玻璃外观状态良好，无破损，电加热外观状态良好，接线无损伤或脱落。遮光板无损伤，作用良好、遮阳板动作灵活。监控显示器外观状态及显示良好。 4. 刮雨器动作良好，喷水正常。雨刷的动作无打滑，雨刷的橡胶无破损。 5. MON显示时间与CIR时间误差在30 s内。 6. 室内空调开关作用良好，出风口滤网清洁无脏堵，司机室内空调作用良好，无异音（本条中滤网为无电检查，空调启动状态为有电检查）。 7. 踏下汽笛脚踏，汽笛工作正常。 8. 司机室照明良好，灯罩无松动、破损等异常。 9. 发现MON屏报出异常故障时应立即通知值班室组织故障处理

续表

序号	作业项目	作业内容、标准及图示
45	头灯、标识灯试验 （00、01车）	1. 前部标示灯试验：⑤号闭合总配电盘内【前部标示灯电源】开关，操纵台【前照灯】旋钮选择强光、弱光； 2. 后部标示灯试验：断开【前部标示灯电源】开关，闭合【后部标示灯电源】开关，尾部标示灯亮。 3. ②号在头车前方对试验过程进行确认。 必呼：②号对应车灯状态口呼“××××××车远光灯（近光灯、标识灯）亮”，故障时口呼“××车×车远光灯（近光灯、标识灯）×位侧不亮”，并记录、通知检修工长及时处理
46	检查司机室门窗及座椅 （01、00车）	1. 司机室隔断门安装牢固、外观良好、无破损、变形、污损，各部合页、螺钉、门锁、密封条、锁舌防撞垫等配件齐全、紧固；开关顺畅无卡滞、异音，锁闭良好，锁闭后无异常晃动、摇动无异常声音。密封气囊安装状态良好，无破损、漏气等异常。 2. 司机室座椅外观无破损，座椅扶手、各调节开关作用良好（收放、转动灵活）；安装牢固，升降状态良好
47	检查联解控制盘 头罩开闭控制盘 （01、00车）	1. 检查联解控制盘、头罩开闭控制盘电线航空插头无松动、无异常，强制开关均处于关闭位。 2. 检查PLC基本部分和增设部分上下 部指示灯显示状态，核对指示灯显示与头罩开闭和重联状态相一致。 3. 检查各接线端子，连接良好，无松动，继电器安装紧固，接线紧固，无变色、无异常  联解控制盘  头罩开闭控制盘
48	检查司机室仪表 （01、00车）	检查各风表、电压表外观及安装状态良好，显示正常，通电时，蓄电池充电电压为（100±5）V，网压表显示17.5～31 kV，防护罩无破裂，指针无弯曲变形，颜色正确，应在有效定检期内（有效定检日期记录在表上面的标签上），断开列车无线蓄电池开关，制动手柄BV接通时，驾驶台电压表的显示电压应为87 V以上，操作转换开关盘上的电压表切换开关，测定无线电蓄电池的电压应为90 V以上，再闭合列车无线蓄电池开关。 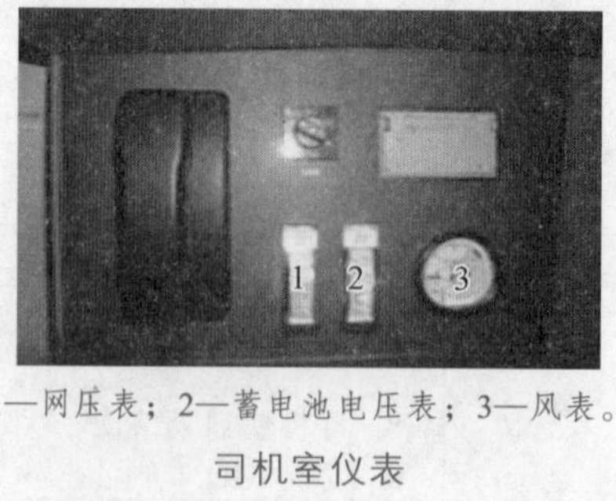 1—网压表；2—蓄电池电压表；3—风表。 司机室仪表

序号	作业项目	作业内容、标准及图示
49	检查辅助座椅、电气边柜、刮雨器水箱和侧窗（01、00车）	1. 检查辅助座椅，翻转动作正常，外观状态良好。 2. 侧窗（两侧）外观良好，应急锤安装牢固，铅封齐全。 3. 雨刮器液位显示管无破损，浮球无丢失，液位不低于1/2
50	检查司机室前舱（01、00车）	1. 头舱门开启灵活，锁闭正常，头舱内照明良好；检查完毕后确认司机室前舱照明在关闭状态。 2. 头罩开闭控制机构、车内压力释放阀等外观安装良好，舱内无漏风漏水等异常现象； 3. 雨刮器摆动机构，司机室空调机暖风机、车内压力释放阀等外观安装状态良好。 4. 空气管路开闭器及配气管路，开闭器处于关闭位，气路无漏泄（重联动车组重联端开闭器处于开启位），搭扣搭接良好，无松动。各螺栓紧固，防松标志清晰无错位、各部无异常。 5. 检查重联连接切换开关，分并装置处于分割位，气路无漏泄，气路截断塞门处于开启位，电线插头无松动，重联时重联端处于闭合位； 6. 检查车端等电位连接线安装牢固，01车80A熔断器无烧损。（红点表示正常，白点表示烧损）。 7. 前罩密闭门锁紧到位、密闭仓内各管路无漏风。 8. 检查头罩锁安装状态良好、前头罩锁闭良好、无缝隙；风管路安装状态良好，无漏风；舱内无积水、漏气和漏雨 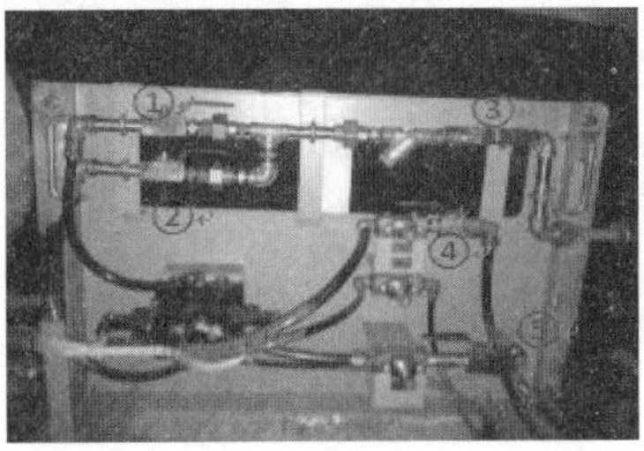 头罩开闭机构  空气管开闭器  制动指令转换器  过渡车钩  刮雨器摆动机构  头罩动作机构

续表

序号	作业项目	作业内容、标准及图示
51	检查司机室配电柜和转换开关盘（00、01车）	1. 检查司机室各配电柜柜门外观良好，锁闭正常； 2. 检查司机室配电盘，各开关处于正确位置。 3. 检查各配电柜内干燥无杂物、无异味；各接线端子无裂纹，无变色，各空开配件齐全，位置正确，标签清晰无脱落，整体无异常。 4. 打开配电柜下方柜门，确认各刀闸开关位置正确，安装无松动。 5. 检查柜内接端子排、电阻排防松标记良好，制动换读器内开关位置设置正确。 6. 前照标识灯接触器盘、前组合灯控制盘安装状态良好，接线无松动。 7. 检查转换开关盘，外观状态良好，翻盖动作顺畅安装螺栓无松动；各开关旋钮处于正确位置  司机室配电柜  转换开关盘
52	⑤号作业无电作业结束	⑤号作业完毕后对讲机通知①号无电作业结束，断电降弓后将主控钥匙、禁动牌交给①号
53	申请接触网供电作业	1. 入库方向作业小组①号确认各作业人员作业情况，并询问现场值班员其他作业部门还牌情况，接到各部门作业完毕通知后，通知⑤号断电降弓，确认停放制动已施加，将制动手柄置于拔取位，取出主控钥匙和禁动牌。 2. 入库方向作业组的①号收回主控钥匙、禁动牌，在信息系统显示屏上刷卡无电作业结束，并到现场值班员处交还主控钥匙、禁动牌和无电作业牌，填写交接记录、签字，并填写作业列位接触网供电申请。 3. 现场值班员确认主控钥匙已收回、所有无电作业牌和三层作业平台门禁牌均已收齐，通知调度室"×道×列位××动车组无电作业完毕，接触网可以供电"。 4. 调度室收到现场值班员通知后，再次通过安全联锁设备确认三层作业平台无人、渡板已收起，动车组受电弓已降下后，通知网工进行接触网送电作业
54	办理有电作业手续	1. 接触网送电完毕后，调度室通过广播通知"×道×列位可以进行有电作业"。 2. 入库方向作业组的①号到现场值班员处领取有电作业牌、主控钥匙、禁动牌，填写交接记录并签字，将主控钥匙交给⑤号。各检修人员按照作业包内定量卡片清点工具、材料。 3. 入库方向作业组的①号在信息系统显示屏上刷卡开始有电作业，并通知各作业小组其他人员有电作业开始；⑤号投入主控，在方向手柄挂禁动牌后，升弓送电。 必呼：①号确认接触网已供电，动车组受电弓已升，口呼"×道×列位××动车组有电作业开始"

续表

序号	作业项目	作业内容、标准及图示
55	有电车侧作业 （全列） ③、④号	⚠裙板、盖板松脱风险：两侧作业前确认裙板、盖板锁闭功能良好，锁闭到位，防松标记无错位，裙板完全落槽。 ⚠轴箱后盖螺栓、各接地端子、排障器螺栓固定铁片、撒砂装置螺栓固定铁片、各防松铁丝断裂风险：两侧作业时对该类部位重点检查，确认各部位无裂纹、断裂等异常；检查轴端接地线外观状态良好，无弯折、裂纹等异常现象；检查扎带捆扎状态良好。 ①号确认动车组供电正常，防护号志已设置，并通知③、④号进行车体两侧作业。 注：由③号负责车体 1 位侧检查；④号负责车体 2 位侧检查。检查车下设备工作正常，辅助变流器、牵引电机、牵引变流器、牵引变压器、废排装置等设备送风机及冷却风机转动正常，无剐蹭、磕碰、击打、尖叫等异常声音，无异味。 拍摄：③、④号有电作业要求全程进行摄像。 必呼：③、④号位接到①号位有电作业开始后，口呼“××道×列位×车有电作业开始”
56	辅助排障器 （00、01 车）	车体排障器底部、辅助排障器外观及安装状态良好。固定螺栓的固定铁片无断裂、无异常  辅助排障器
57	转向架侧梁构架 （全列）	1. 检查转向架侧梁构架无损伤、裂纹等异常。 2. 各管线安装无破损，无抗磨等异常  转向架构架 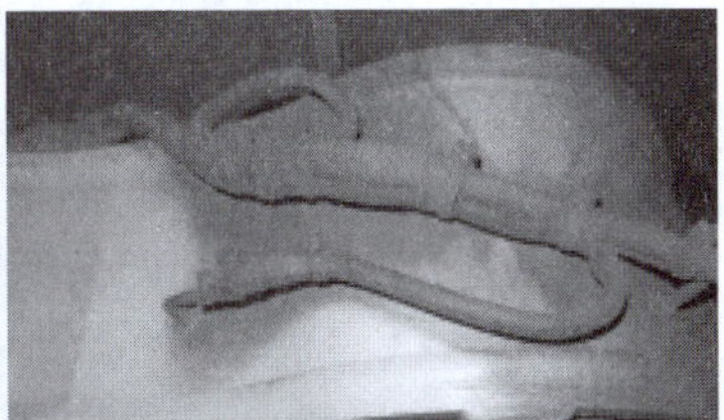 转向架侧梁
58	轴箱及定位装置 （全列）	⚠冬季轴箱弹簧断裂风险：重点对钢弹簧接触线尾端部位进行检查，确保无裂纹。 ⚠轴端盖脱落风险：确认轴端各部螺栓无松动，轴端盖无裂纹，防止轴端盖脱落。 ⚠燃轴风险：检查作业时，加强对轮对定位装置检查，确保定位转臂装置、轴箱簧、轴箱安装状态良好，轴箱外部不甩油。 1. 轴箱外观状态良好，无漏油，螺栓无松动，防松铁丝无断裂等异常。轴箱前盖板无裂损，无漏油等异常。橡胶防尘盖无龟裂破损安装不

续表

序号	作业项目	作业内容、标准及图示
58	轴箱及定位装置（全列）	松动，轴箱盖、呼吸器、链配置齐全。 2. 接地装置外观及安装状态良好，接地线端子无松动、断裂等异常。检查轴端接地线外观状态良好，无弯折、裂纹等异常现象；检查扎带捆扎状态良好。 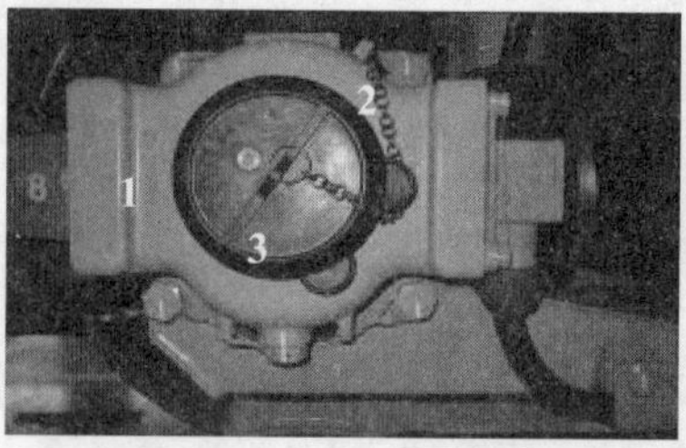 1. 轴箱前盖；2.链条；3.防尘盖  轴端接地装置 3. 检查减振器安装螺栓紧固，无松动，防松铁丝无断裂，安装座无裂纹，连接轴节点橡胶无老化；轴端油压减振器无漏油，外观状态良好；防尘套无松动、无破损。 4. 检查轴向弹簧安装状态良好，轴箱橡胶护套无破损等异常。  轴端油压减振器 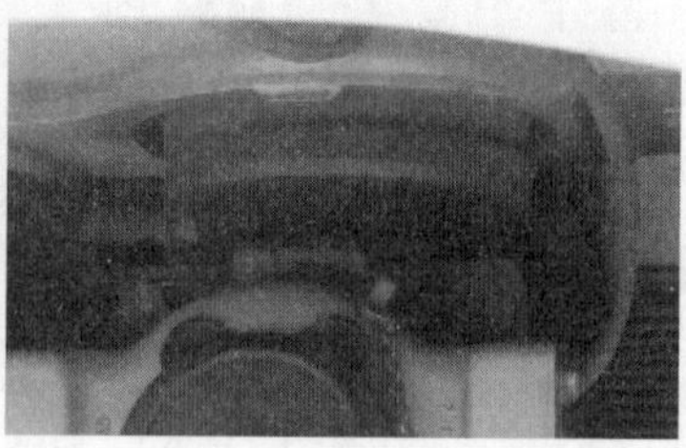 轴箱弹簧 5. 检查轴箱弹簧橡胶堆裂纹及破损符合限度要求（深度不大于 1 mm；宽度不大于 1 mm，厚度方向不允许出现贯穿性裂纹）。 6. 检查温度传感器、实时温度传感器安装牢固，接线无松动、破损，固定线卡安装良好。 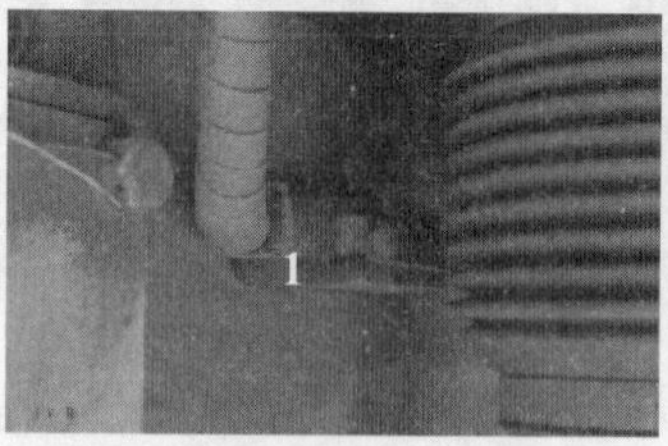 1. 轴温传感器 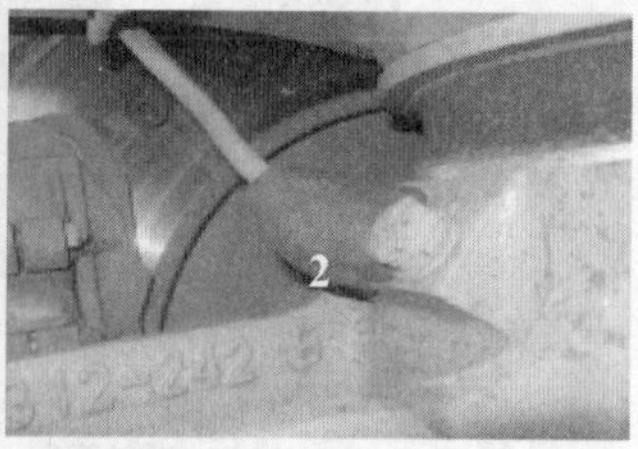 2. 轴温实时监测系统探头 7. 速度传感器检查。 （1）速度传感器外观无破损，接线软管无裂损等异常。 （2）速度传感器安装座、速度传感器线缆固定电线卡无破损，无断裂等异常，安装螺栓无松动，防松标记清晰无错位，防松铁丝无断裂等异常。

续表

序号	作业项目	作业内容、标准及图示
58	轴箱及定位装置 （全列）	 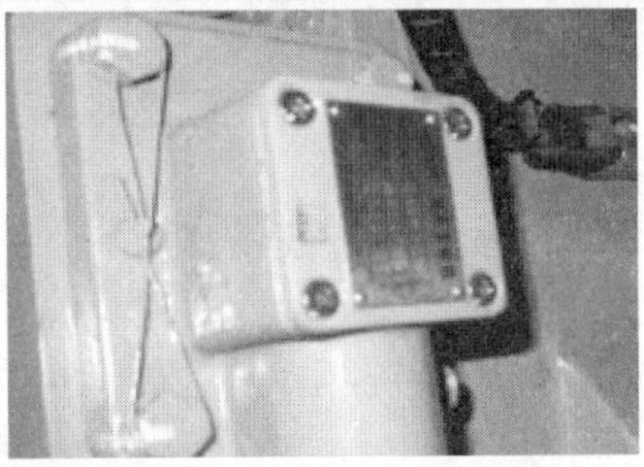 速度传感器 8. 检查轴箱后盖无裂纹、漏油现象等异常；检查轴箱后盖固定螺栓、固定铁片外观状态良好，无裂纹，防松标记清晰无错位等异常。 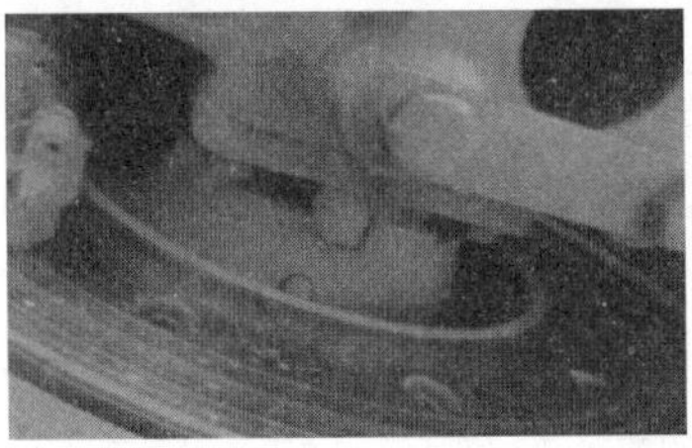 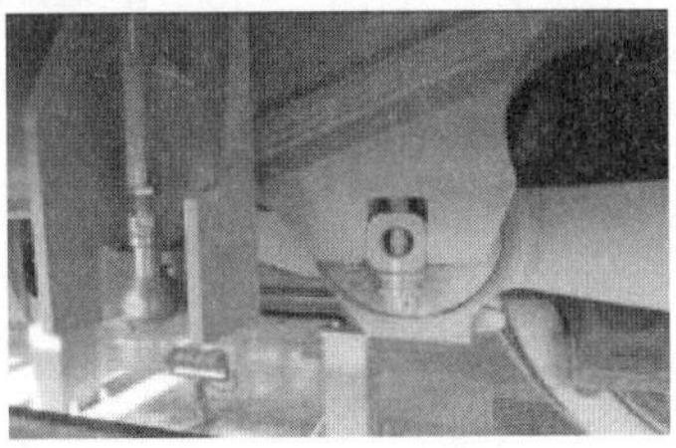 燃轴风险：检查作业时，加强对轮对定位装置检查，确保定位转臂装置、轴箱簧、轴箱安装状态良好，轴箱外部不甩油。 9. 轴箱定位装置检查 （1）轴箱定位装置外观状态良好，螺栓无松动。橡胶节点外露橡胶有下列情况者更换： a. 橡胶与金属件结合面之间产生开裂，长度超过 1/6 圆周且深度超过 5 mm 时； b. 橡胶表面产生溶胶现象且有明显块状橡胶脱出时； c. 橡胶表面伤痕长度在 15 mm 以上且深度在 5 mm 以上时。 （2）检查安装螺栓。安装螺栓无松动，防松标志清晰无错位，防松铁丝无断裂等异常。 10. 电线支架安装牢固，防松标记无错位，防松铁丝无断裂，外露部位及线卡无裂纹等异常
59	空气弹簧及高度调整阀 （全列）	1. 检查空气弹簧外观状态良好，无鼓泡、无漏风，橡胶堆无异状。手压法检查空簧是否存在欠压、无风问题；充气状态下裂纹、磨损、外伤、龟裂等各类缺陷不得出现帘线外露（即裂纹深度不应扩展至帘布层，外表层距帘布层厚度约为 2 mm）；单处缺陷面积不大于 25 mm^2。鼓包限度： （1）软鼓包直径不大于 50 mm。直径小于 50 mm 时，按压有强烈气压感，判断气囊内层可能有漏孔时需更换； （2）不具有典型鼓包特征的异常硬突起直径不大于 50 mm。 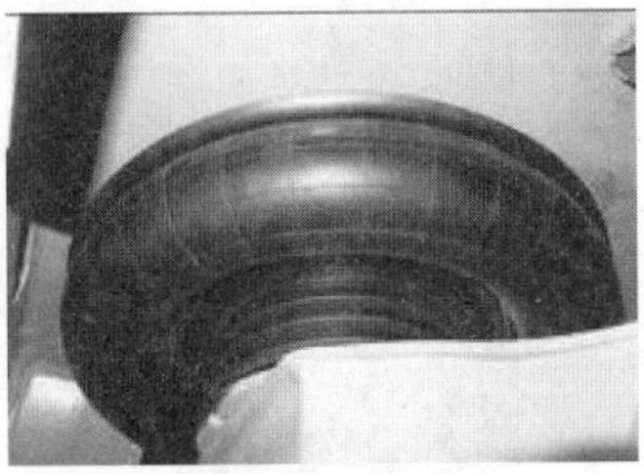  1—高度调整阀；2—风管路；3—高度调整杆。 空气弹簧

续表

序号	作业项目	作业内容、标准及图示
59	空气弹簧及高度调整阀 （全列）	2. 空簧紧急弹簧裂纹深度不大于 3 mm；裂纹长度不大于 50 mm；橡胶和金属粘接脱胶不大于 1/4 圆周；紧急簧周围不得出现橡胶瘤。 3. 检查高度调整阀无漏风，调整杆无变形，配件无缺失等异常；锁紧装置紧固，塞门正位，管路无漏泄，表面不得有水渍（冬季采暖季时防止冻结）。 4. 确认高度调整阀控制杆处于水平位置。 必呼：若减振器及空气弹簧状态正常，口呼“×车减振器/空气弹簧状态良好”（一车一呼）；若发现故障，口呼“×车×位××减振器/空气弹簧状态不良”；若发现空气弹簧故障并记录、处理故障
60	车轮 （全列）	制动盘脱落风险：确认制动盘裂纹不超限，紧固螺栓无松动。 脱轨风险：对轮对踏面检测系统报警数据进行人工复核，测量后确认尺寸不过限，符合运用标准。 检查轮对。 1. 踏面擦伤、剥离不过限。 2. 轮缘无缺损。 3. 轮对各部尺寸不过限。 注：轮对尺寸复核需要轮径尺、内距尺、动车专用检查器。   必呼：若检查正常，口呼“轮对踏面状态良好”（一转向架一呼）；若发现故障，则报出故障轮对位置和故障名称，如发现剥离（硌伤、擦伤或碾长）等轮对缺陷超限时，口呼“×车×位轮对剥离×毫米不符合限度不允许存在缺陷。”（硌伤、擦伤或碾长参照剥离故障口呼）并记录、处理故障
61	轮装制动盘 （全列）	制动轮盘外观状态良好、无过热痕迹，厚度符合限度要求，摩擦面裂纹不过限，无贯穿裂纹等异常；制动盘安装螺栓无松动、防松标记无错位等异常；制动盘表面无异常摩擦痕迹，凹槽、偏磨不过限 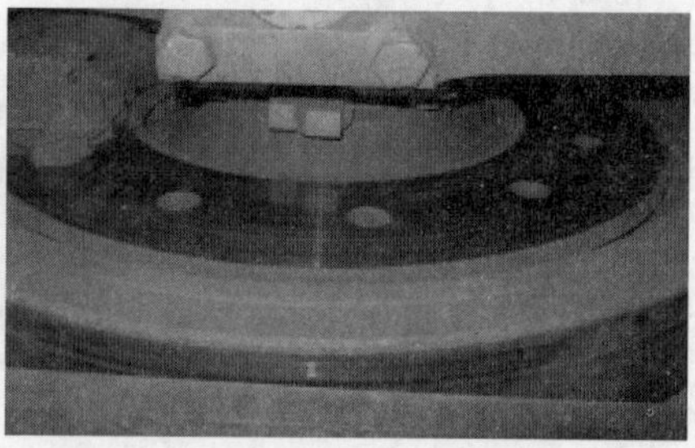

续表

序号	作业项目	作业内容、标准及图示
62	制动夹钳装置 （全列）	1. 检查制动夹钳安装座无裂纹，安装螺栓无松动，防松标记清晰无错位等异常。 2. 制动夹钳装置及悬吊部件配件齐全，状态良好；管路无泄漏，悬吊螺栓牢固，悬吊部件无裂纹。 3. 检查闸片，外观状态良好，固定良好，无偏磨、掉块、夹渣等现象，厚度符合规定；检查闸片托，确认开口销安装状态良好。  制动夹钳  夹钳臂
63	踏面清扫装置及 LV 阀门 （全列）	1. 检查踏面清扫装置外观良好，配件齐全，悬吊部件无裂纹，研磨块安装到位，厚度符合规定。  踏面清扫装置 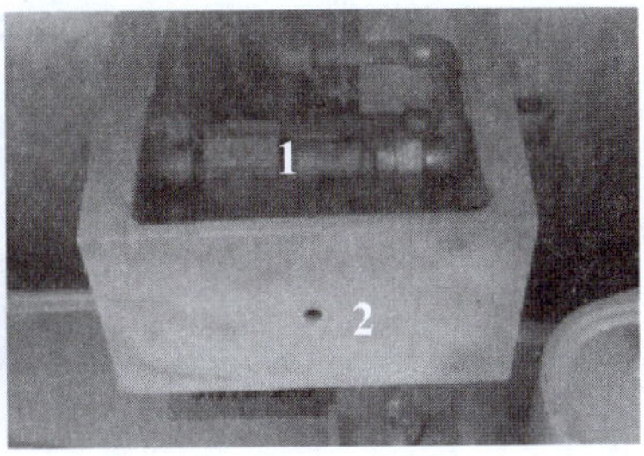 1—LV 阀门；2—防护罩。 2. 检查各阀门无漏气、位置正确，安装牢固；检查防护罩无破损，安装螺栓防松标记清晰无错位、异常
64	抗蛇行油压 减振器及安装座 （全列）	安装座无裂纹，各安装螺栓无松动，防松标记清晰无错位，防松铁丝无断裂，衬套无破损，无漏油，橡胶节点无裂纹、脱开等异常 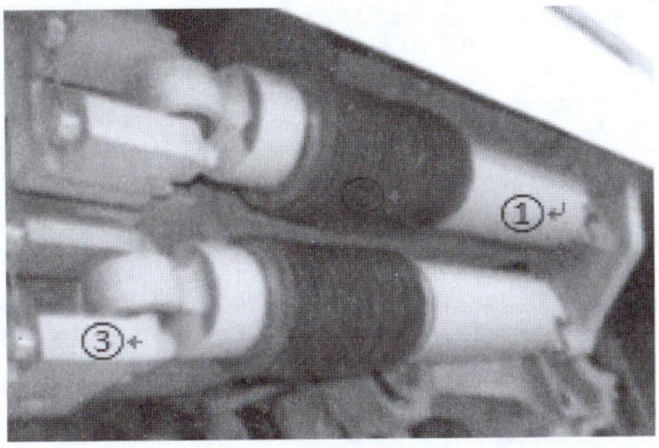 1—减振器；2—橡胶护套；3—减振器座。

续表

序号	作业项目	作业内容、标准及图示
65	转向架端板 端墙支架 （全列）	1. 转向架端板无异状，安装螺栓无松动，防松标志清晰无错位等异常。 2. 检查裙板、端墙支架，紧固螺栓齐全无松动，防松标记清晰，支架无裂纹、变形等异常 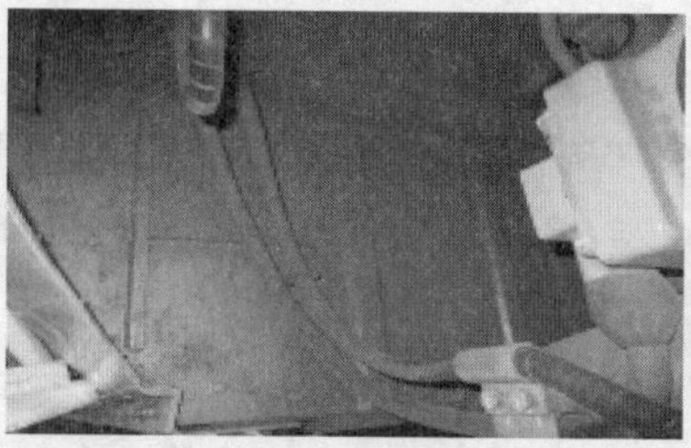 转向架端板  端墙支架
66	车体及车窗玻璃 （全列）	1. 外墙板、玻璃、侧门及裙板无变形、损坏油漆无明显脱落、划痕等异常。 2. 车外标识齐全、无缺损。 3. 车窗玻璃无裂损，密封良好；窗框安装牢固、胶条无脱落、异常  车体  车窗玻璃
67	车号、目的地显示器及车门状态指示灯 （全列）	1. 车号、目的地显示器及车门指示灯外观良好，显示正常。 2. 检查车门状态指示灯。车门指示灯，指示灯外观良好，无损坏，显示正常
68	辅助空压机及外接电源、风管侧盖板 （03、05、09、13 车）	辅助空压机及外接电源、风管侧盖板无变形、损坏等异常；安装螺栓紧固
69	裙板 （全列）	裙板、盖板松脱风险：确认裙板、盖板锁闭功能良好，锁闭到位，裙板完全落槽。锁及锁安装座无松动、裂纹和功能失效等异常现象。禁锢螺栓无松动，防松标记清楚、无错位等异常。 1. 裙板外观正常，安装状态良好，安装螺栓无松动，防松标记清晰无错位等异常；裙板锁锁闭良好；各合页及裙板安装座外观无破损、断裂等异常。设备通风装置格栅无变形、破损等异常，活动格栅门锁闭装置锁闭良好。 2. 监听内部设备。裙板内设备运转无异音，各风机转动正常、无异音、异常

续表

序号	作业项目	作业内容、标准及图示
69	裙板 （全列）	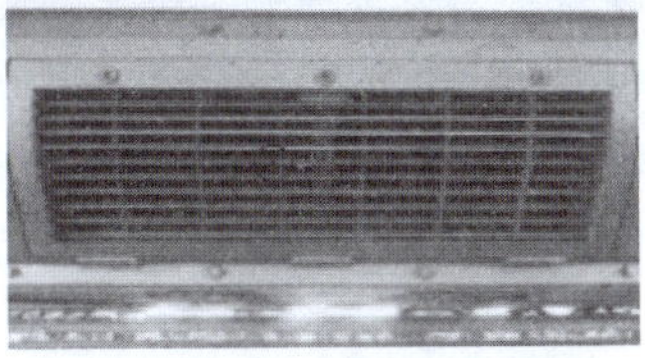  必呼：两侧裙板确认完毕后，口呼“××号车裙板检查完毕，锁闭良好”（一车一呼）
70	门总及 门总侧盖板 （全列）	1. 检查门总侧盖板。门总侧盖板合页、固定金属件无损伤，安装紧固，作用良好，活动盖板运动自如，与车体接触良好，无变形、无卡滞；盖板上螺栓无缺失，安装紧固无松动，检查完毕后盖板处于关闭位。 2. 检查阀门。各阀门正位，无漏风。 3. 确保各部无冰雪，如有冰雪须及时清除，并擦干滑道  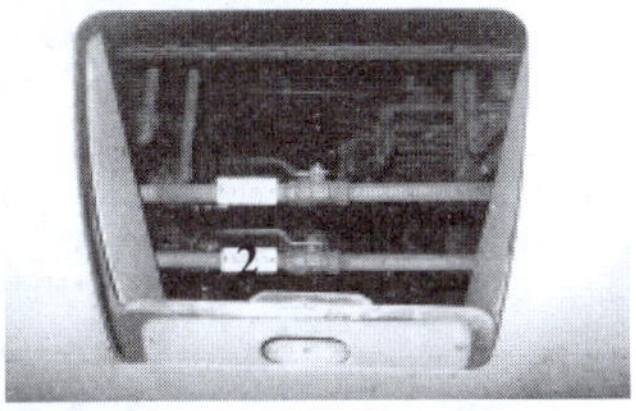 1—门总侧盖板；2—塞门。
71	注水口及排水 旋塞 （全列）	1. 检查注水口盖板。注水口合页、固定金属件无损伤，安装紧固，作用良好，内部各塞门正位，无泄漏。注水口盖板与注水口吻合，无变形，固定金属件无损伤，安装坚固，作用良好。 2. 检查注水口裙板盖板。裙板盖板运动自如，与车体接触良好，无变形，无卡滞，盖板上螺栓无缺失，安装紧固，无松动等异常，检查完毕后盖板处于关闭位。 3. 检查水位显示器。窗口玻璃无破裂；安装螺栓无松动，防松标记清晰，无错位等异常；水位指示灯工作正常。确认各车水箱水位在25%以上、污物箱必须抽空。 4. 确保各部无冰雪，如有冰雪须及时清除，并擦干滑道。 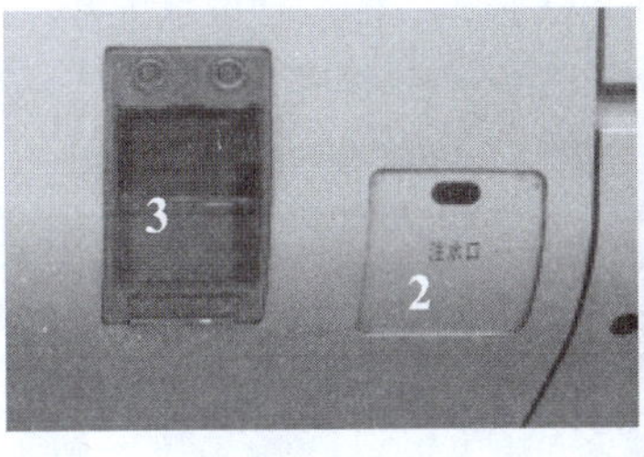 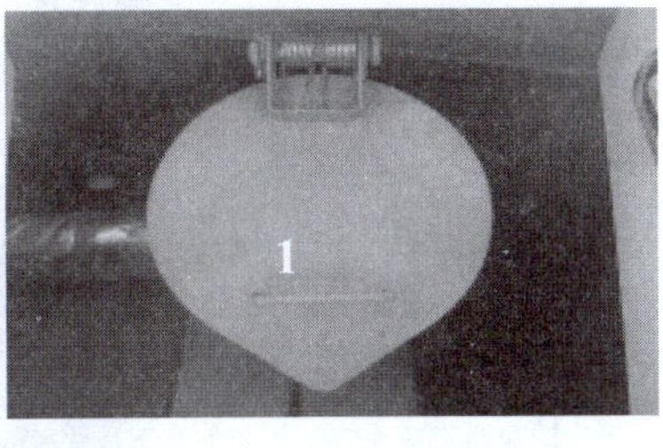 1—注水口盖板；2—注水口裙板盖板；3—水位显示器。 4. 检查排水旋塞。排水旋塞无泄漏，处于关闭位，检查完毕后盖板处于关闭位

续表

序号	作业项目	作业内容、标准及图示
72	污物箱盖板 （除 09 车）	1. 检查吸污口。吸污口无泄漏、破损等异常，吸污口塞门处于关闭位。塞门把手安装牢固、无松动、卡滞等异常现象。 2. 检查吸污口侧盖板。排污口合页、固定金属件无损伤，安装紧固，作用良好，内部各塞门正位无泄漏。排污口下拉板外观状态良好，安装紧固。 3. 检查污物箱指示灯。污物箱指示灯显示正常，窗口玻璃无破裂。 4. 确保各部无冰雪，如有冰雪须及时清除、并擦干 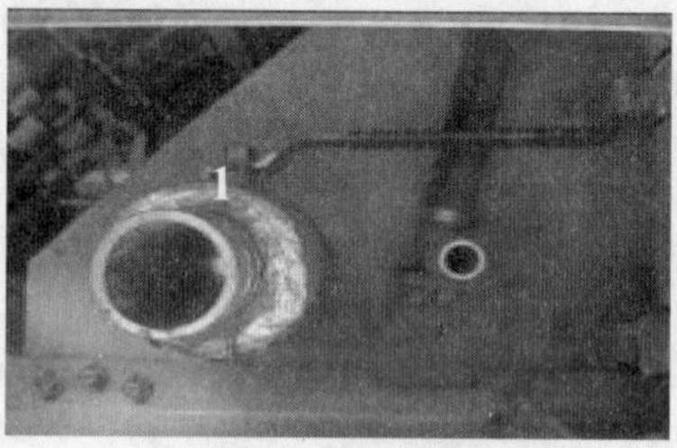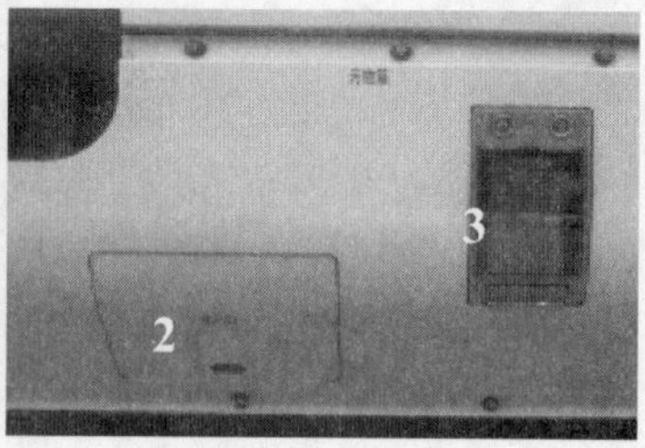 1—吸污口；2—吸污口侧盖板；3—污物箱指示灯。
73	风挡 （全列）	内、外风挡及防雪风挡状态良好，安装牢固，无破损，锁紧装置锁闭良好。 
74	车间油压减振器 跨接连接线 （全列）	1. 检查车间油压减振器，组装螺栓紧固，无松动，安装座无裂纹，连接轴节点橡胶无老化；减振器无漏油，防尘套无松动、无破损。 2. 检查各跨接连接线连接良好，航空插头安装牢固，无松动，防松标记清晰无错位、无异常；线标清晰，连接线护套无破损；两车端各线卡、管卡及各部状态良好无异常。电缆自然下垂，无交叉、无损坏、无切口等异常 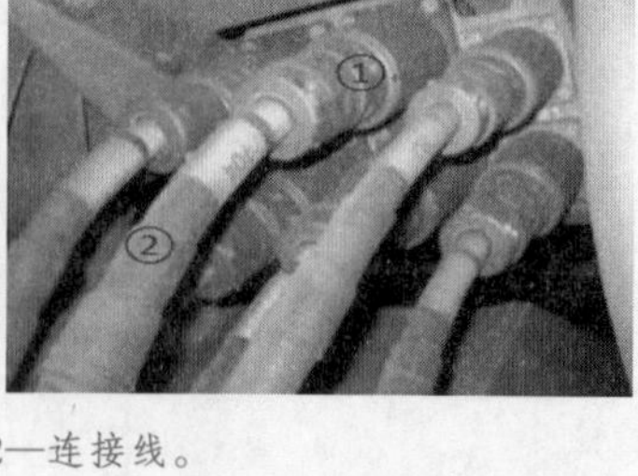 1—航空插头；2—连接线。 减振器

续表

序号	作业项目	作业内容、标准及图示
75	端部换气装置 （全列）	车端换气装置新风滤网安装牢固，固定螺栓无松动、缺失，防松标记清晰无错位等异常 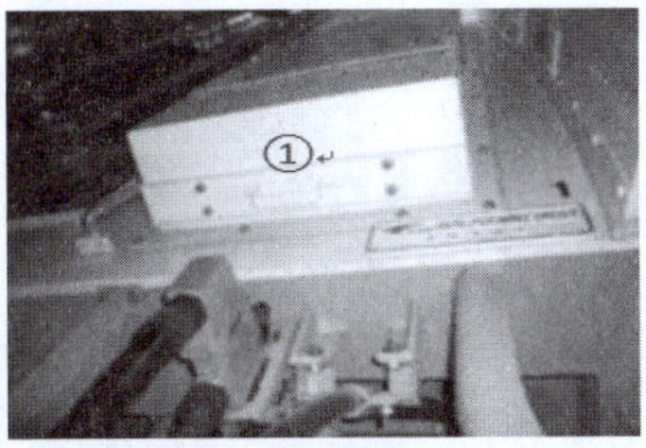 端部换气装置
76	自动过分相天线 （05、13 车）	自动过分相装置天线外观状态良好，安装牢固，螺栓紧固无松动等异常。检查连接电缆。电缆外观良好，无断裂、破损等异常  自动过分相
77	车下设备工作 状态检查	检查车下设备工作状态，空压机、送风机工作无异常
78	③、④号有电 作业结束。	③、④号有电作业结束后对讲机通知①号③、④号有电作业结束
79	有电车内、 司机室作业 ①、②、⑤号 检	1. ⑤号升弓供电，确认电压表数值正常后闭合 VCB，并在 MON 上确认全列空调装置开启及进行其他功能测试试验。⑤号负责两端司机室各项设备功能检查及各项动车组试验。 2. 两作业组的①、②号分别在车内进行车内设施检查作业，①号负责 1 位侧，②号负责 2 位侧，共同配合⑤号进行相关性能试验，质检员联检确认检。 摄像：①、②号车内检查过程全程摄像。 质检拍照：质检对作业车号、动车组制动试验结果、MON 屏显示动车组状态、受电弓监测、烟火监测系统显示状态进行拍照
80	检查辅助电源电压 （01、00 车）	在监控显示器上查看电源电压画面，稳压电压为 AC(100±5)V
81	MON 屏显示车辆 状态检查 （01、00 车）检	1. 检查 MON 屏各项显示信息，对动车组状态进行确认。重点页面为【光传输状态】【配电盘信息】【空转滑行】【切除状态】【供电分类】【车辆信息】【列车员信息】【实时轴温检测】，04、06 车受电弓升起状态、空调制冷工况（4—10 月）。 2. 发现 MON 屏报出异常故障时应立即通知值班室组织故障处理。 质检拍照：质检对每个页面拍照 1 张

续表

序号	作业项目	作业内容、标准及图示
82	常规功能试验（01、00车）	1. 检查联络电话装置安装良好，并通话试验确认效果。 2. 雨刮器试验。雨刮器动作无卡滞、打滑，雨刮水喷淋正常，橡胶无破损。 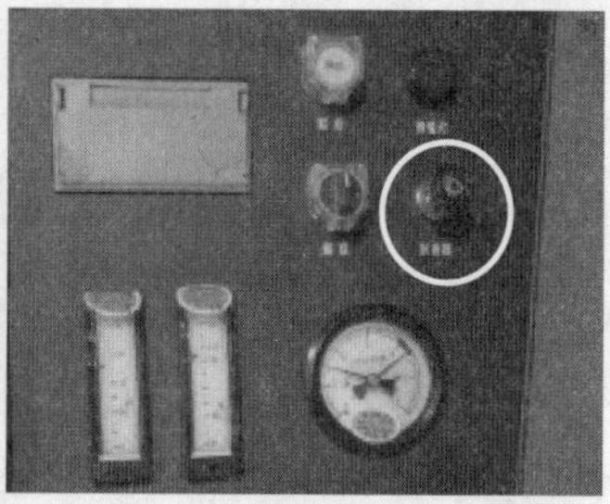 联络电话　　雨刮器开关 3. 阅读灯试验。打开阅读灯开关，阅读灯光线适中。  风笛选择镟扭　　阅读灯 4. 设置车次（最近一次出、入所车次），确认车次设定功能正常。③、④号确认车厢外显示正常显示车次。①、②号车内检查时对车厢内显进行确认。 5. 检查司机室空调机组功能正常，无故障报出（非主控端司机室空调检修完毕后，对设备进行关闭）。 6. 作业人员提醒 ATP、CIR 作业人员作业完毕后对设备进行关闭（包括非主控端）
83	侧门试验（01、00车） 检	人员坠落风险：侧门集控试验前，需用广播播报 3 次：“塞拉门集控试验，请注意安全“。 1. 分别操作操纵台左右“开门”按钮，在监控显示器上确认开门状态良好； 2. 分别操作操纵台左右“关门”按钮，在监控显示器上确认关门状态良好； 3. 分别操作监控室、乘务室“开门”开关，在监控显示器上确认开门状态良好； 4. 分别操作监控室、乘务室“关门”开关，在监控显示器上确认关门状态良好； 5. 进行开关门集控试验时，小组③、④号分别在动车组两侧，①②号分别在车内对全列车门开关状态进行确认。 6. ⑤号右旋【关车门安全】旋钮，在 MON 屏【车门信息】页面确认全列侧拉门压紧状态良好。 必呼：⑤号侧拉门试验开始前，通过广播呼叫 3 次“××列车准备侧拉门试验，车内人员请注意”。试验结束后口呼“××列车侧拉门试验完毕，状态良好”。①、②、③、④号口呼侧门开闭正常，指示灯正确。侧门试验完成后，⑤号口呼“××动车组侧门有电试验正常，状态良好”。 质检拍照：质检对 MON 屏显示全列车门打开和全列车门压紧状态各拍摄一张照片

续表

<table>
<tr><th>序号</th><th>作业项目</th><th>作业内容、标准及图示</th></tr>
<tr><td>84</td><td>保压试验
（出库端）</td><td>动车组处于静止状态，用主控钥匙打开制动控制器，将制动手柄操作至“EB”位（快速位）；停放制动镟至释放位，缓解 ATP 输出制动，按压紧急制动复位开关（UBRS），故障显示灯“紧急制动”灯熄灭；将制动手柄操作至 7N 位，操作主空压机打风，总风压力至（880±10）kPa。
空压机运转停止后 1 min，断 VCB 降弓；开始保压 5 min，通过监控屏信息画面中确认靠近主控端的总风压力值大于 780 kPa，且下降不得大于 20 kPa。
注：1.设有撒砂装置的动车组在未进行撒砂控制改造的，试验前先将各车厢撒砂装置空气开关断开。
2. 试验过程中要求用风设备停用，试验者通过广播提醒其他作业人员在试验期间避免操作用风设备。整个编组只做一次</td></tr>
<tr><td>85</td><td>全部制动试验
（01、00 车）</td><td>注：1. 全部试验时动车组应提前设置防溜。
2. 全部制动试验时通知③、④号对所在车制动夹钳机构动作情况进行确认。
1. 动车组停车后，用主控钥匙打开制动控制器，将制动手柄移至“EB”位（快速位）；切换 MON 显示器到制动控制页面，通过 MON 显示器确认 MR 压力大于 780 kPa；停放制动镟至释放位，缓解 ATP 输出制动，按压紧急制动复位开关（UBRS），故障显示灯“紧急制动”灯熄灭；将制动手柄操作至 7N 位，操作主空压机打风，总风压力升至 880±10kPa。
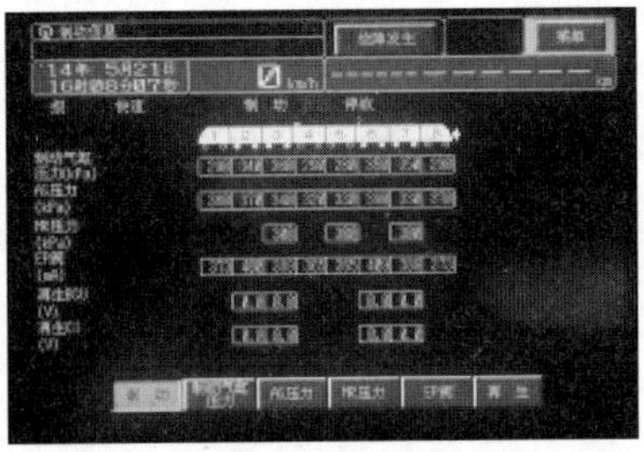
制动信息页面
2. 通过制动手柄按如下步骤施加及缓解制动，查看监控显示器 BC 压力画面，在各级位上制动控制装置的 BC 压力符合规定，色标正常，且试验过程中无制动相关故障。
（1）制动手柄操作至“EB”位，确认各车制动缸压力大于 200 kPa；
（2）制动手柄操作至“运行”位，确认各车制动缸压力为 0 kPa；
（3）制动手柄操作至“B7”位，确认各车制动缸压力大于 130 kPa；
（4）制动手柄操作至“B4”位，确认各车制动缸压力大于 90 kPa；
（5）制动手柄操作至“B1”位，确认各车制动缸压力大于 60 kPa；
（6）制动手柄操作至“运行”位，确认各车制动缸压力为 0 kPa；
试验完毕，将制动手柄操作至“B7”位。
制动缸压力限度　　单位：kPa
<table>
<tr><th>车型</th><th>1N</th><th>4N</th><th>7N</th><th>EB</th></tr>
<tr><td>CRH2、CRH380A（L）</td><td>60</td><td>90</td><td>130</td><td>200</td></tr>
<tr><td>CRH6A</td><td>40</td><td>90</td><td>150</td><td>170</td></tr>
<tr><td>CRH6F</td><td>50</td><td>140</td><td>230</td><td>270</td></tr>
</table>
</td></tr>
</table>

续表

<table>
<tr><th>序号</th><th>作业项目</th><th>作业内容、标准及图示</th></tr>
<tr><td>85</td><td>全部制动试验（01、00车）</td><td>注：正常试验压力标准不达标以及在制动运用故障、无动力回送、二级检修时，使用下表中相应车型动车组制动缸压力标准表进行核定（表中压力单位为 kPa，BC 压力公差均为 ±30 kPa。各车型运行位均为 0）
CRH380AL 统型动车组　　单位：kPa
<table>
<tr><th>车厢类型</th><th>空簧压力 AS</th><th>1N</th><th>4N</th><th>7N</th><th>EB</th></tr>
<tr><td rowspan="4">拖车</td><td>360</td><td>90</td><td>130</td><td>160</td><td>230</td></tr>
<tr><td>400</td><td>100</td><td>140</td><td>170</td><td>250</td></tr>
<tr><td>440</td><td>100</td><td>140</td><td>180</td><td>260</td></tr>
<tr><td>480</td><td>100</td><td>140</td><td>180</td><td>270</td></tr>
<tr><td rowspan="4">动车</td><td>350</td><td>80</td><td>120</td><td>160</td><td>270</td></tr>
<tr><td>390</td><td>80</td><td>130</td><td>170</td><td>290</td></tr>
<tr><td>430</td><td>80</td><td>130</td><td>180</td><td>300</td></tr>
<tr><td>470</td><td>90</td><td>140</td><td>190</td><td>320</td></tr>
</table>
</td></tr>
<tr><td>86</td><td>有电车内作业</td><td>由①、②号以车内过道为界，①号检查 1 位侧，②号检查 2 位侧，分别进行车内设施检查</td></tr>
<tr><td>87</td><td>检查配电柜备品柜垃圾箱（全列）</td><td>⚠触电风险：检查过程中，禁止触碰配电柜内设备，防止触电。
⚠火灾风险：确认配电柜内各元器件无烧损、无变色、无异味等异常，防止火灾发生。
1. 检查各配电柜、备品柜、垃圾箱外观良好，无变形、破损，标签正确无脱落，柜门锁闭状态良好，垃圾箱盖板弹性良好。
2. 检查各配电柜、备品柜、垃圾箱内干净整洁，无杂物、漏水。
3. .检查各配电柜内断路器、继电器、马达启动器、接线端子状态良好，接地闸刀闭合到位，无脱扣和异常断开情况，无异响、异味，发现空开跳开须及时向调度室汇报，并禁止闭合；配电柜内各仪表、指示灯、功能主机状态正常；马达启动器温度贴片显示温度夏季（6 月—8 月）68 ℃以下，其他时间 62 ℃以下。
4. 加强对各保温开关状态的检查，确保各车配电柜中保温开关冬季处于闭合位，夏季处于断开位。
5. 检查配电柜内【液位/加热显示器】和空调设定器，确认电伴热系统状态良好，空调状态根据季节情况，设定值及状态正常。
注：冬季温度较低时，空调禁止设定为制冷模式。夏季温度较高时，空调禁止设定为制暖模式
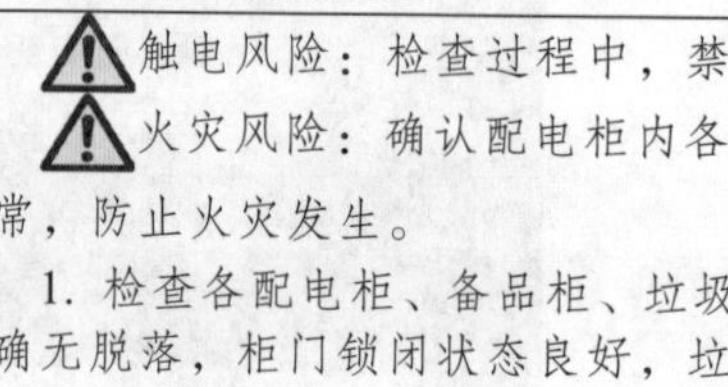
配电柜
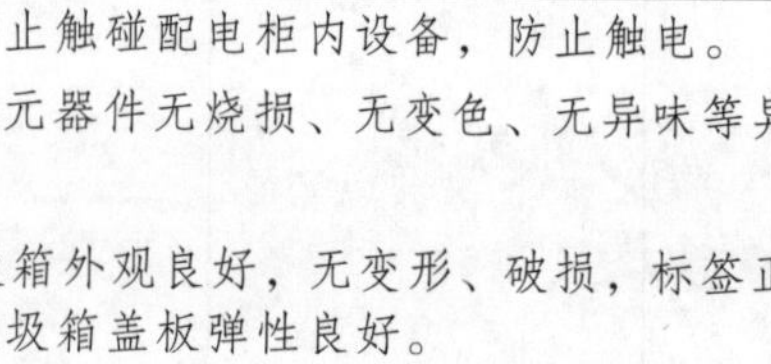
垃圾箱</td></tr>
</table>

续表

序号	作业项目	作业内容、标准及图示
88	检查总配电柜和中央控制装置 （01、00车）	1. 检查总配电柜柜门外观良好，锁闭正常。 2. 检查各配电柜、备品柜内干净整洁，无杂物、漏水、异响、异味等异常情况。 3. 检查司机室总配电盘，各接触器安装牢固，显示灯显示正确，接线无松动、变色痕迹。 4. 检查应急短接开关，均处于关闭位。 5. 检查电线航空插头（CN1～CN7），安装牢固，无松动。 6. 检查继电器单元压板，无松动，说明书粘贴牢固。 7. 检查时间继电器，设置在整定值。 8. 检查下部端子排接线，无松动，无变色等异常。 9. 中央控制装置引入和引出光纤及电线航空插头（CNM1～CNM8）无松动，配电柜底部无积水及杂物  
89	检查 ATP、CIR 机柜及 MON 监视器终端装置 （01、00车）	1. 检查总配电柜柜门外观良好，锁闭正常。 2. 检查各配电柜、备品柜内干净整洁，无杂物、漏水、异响、异味等异常情况。 3. 检查各设备安装牢固、无松动；车辆与 ATP、CIR 各输入线缆、航空插头及头灯触发器等安装良好、无松动。 4. 检查 MON 监视器终端装置安装牢固，电线航空插头连接无松动  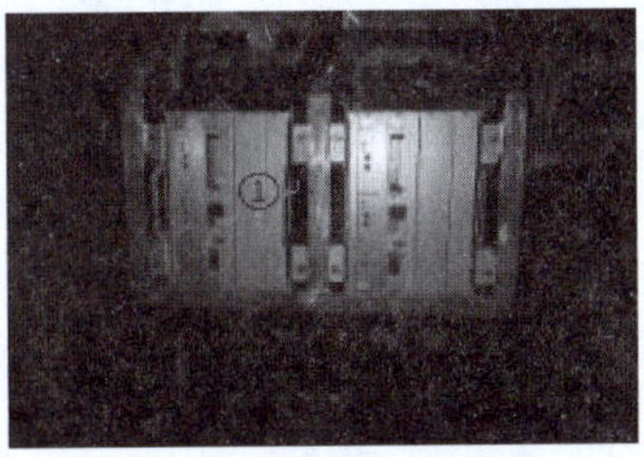 ATP 机柜　　MON 监视器终端装置
90	轴温主机检查及预判故障 （全列）	检查轴温主机温度预判指示灯无闪烁，若出现温度预判异常，轴温主机最左侧的 CPU/ACU 板上第一排左数第三个指示灯进行闪烁提示。华高编号“2”，时代编号“01C” 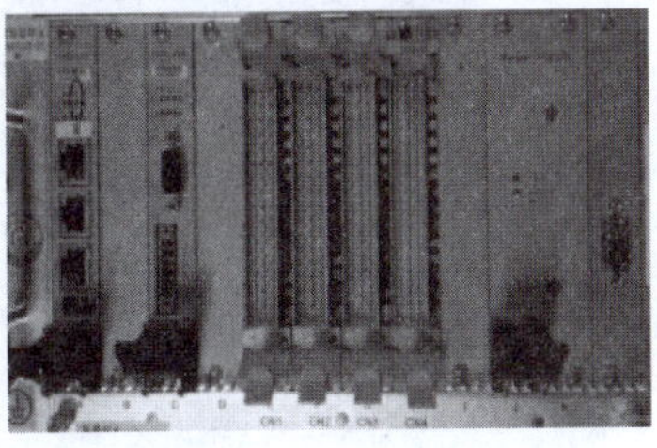 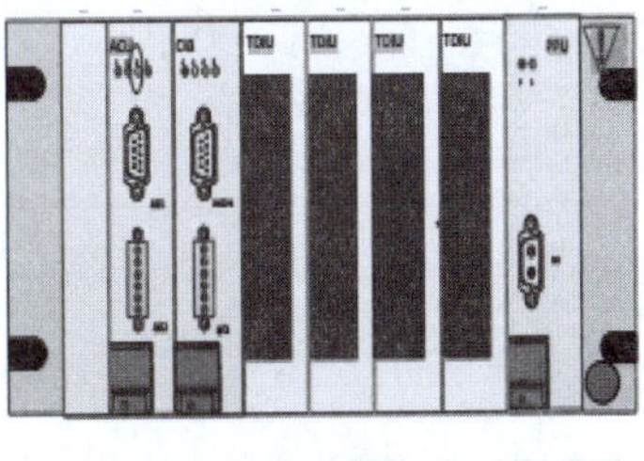 轴温主机——时代电气　　轴温主机——北京华高

续表

序号	作业项目	作业内容、标准及图示
91	服务台 （01、00车）	1. 检查服务台，台面、玻璃、插座、联络电话、水龙头等设备齐全，功能良好； 2. 检查服务台各柜门，柜门动作灵活，锁闭良好  头车服务台  3车服务台
92	检查自动过分相装置及受电弓阀板 （05、13车）	1. 检查自动过分相装置外观状态良好、安装牢固，指示灯显示正常。 2. 检查受电弓阀板安装牢固、外观无异常；空气管路无漏泄，压力表标签符合期限标准  
93	检查影视系统主机 （全列）	影视系统设备齐全，状态良好。  影视系统主机
94	检查车厢顶板、灯具及行李架 （全列）	1. 顶板无变形开裂。 2. 各灯灯具外观及安装状态良好，无熄灯。 3. 行李架无变形，反光镜清晰无破损 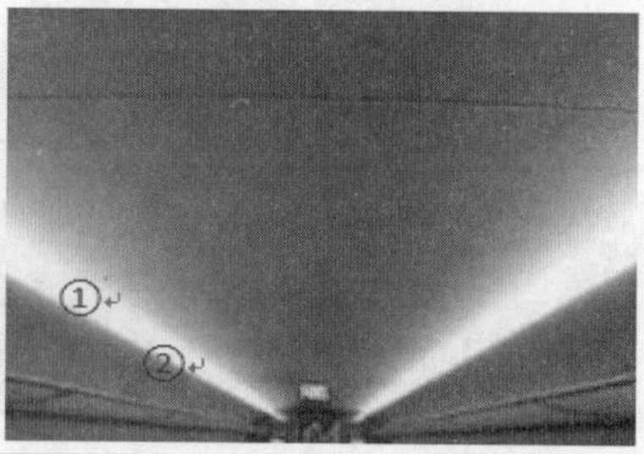

序号	作业项目	作业内容、标准及图示
95	检查车厢内显、影视及紧急报警、火灾报警按钮 （全列）	1. 车厢信息显示器外观无异常，显示正常。 2. 壁挂式液晶电视、吊挂电视状态良好，显示正常。 3. 紧急报警、火灾报警按钮外观状态良好，标识清晰。 4. 车厢内无异味、无异响、无异常情况  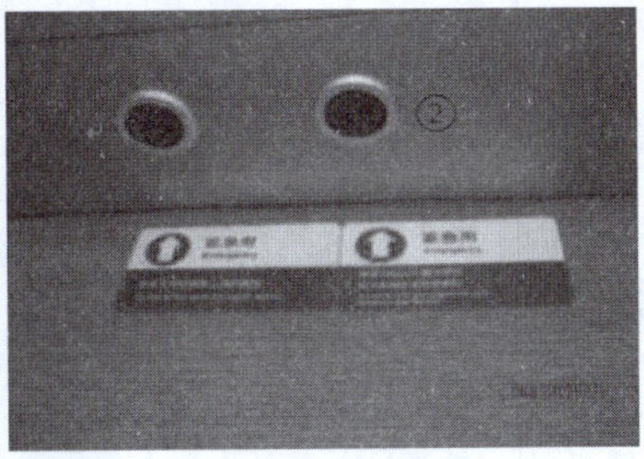
96	检查侧门及内端门 （全列）	1. 侧门玻璃无水汽、破损，门板无裂纹，滑槽内无异物。 2. 扶手安装牢固无毛刺，检查盖板螺栓无松动。 3. 警示标志、儿童购票标准清晰无脱落。 4. 内端门电动感应开关门正常，感应灵敏、动作良好、无卡滞，门板无破损
97	检查电茶炉 （全列）	⚠烫伤风险：电茶炉检查作业中，注意防止热水烫伤。 ⚠水路冻结风险：在无暖库及供电条件下，当环境温度低于 5°C时进行电茶炉排水。 确认电茶炉安装牢固，故障灯不亮，出水正常  **电茶炉**
98	检查盥洗室	⚠水路冻结风险：在无暖库及供电条件下，当环境温度低于 5°C时进行温水器排水。 确认盥洗室各设施安装牢固，洗手池水龙头出水正常，采暖期时确认盥洗设备温水箱温度设定为 30 ~ 40 °C  盥洗室

续表

序号	作业项目	作业内容、标准及图示
99	检查卫生间	1. 便器、洗手盆、按压延时水阀、便纸架、婴儿床、冲洗按钮等设施外观良好，便器和洗手池出水、水温正常（冬季防寒采暖期时重点检查），作用良好。 2. 检查门内管路无漏水，接水盘内无积水；便器用软管固定牢固无松脱，检查门锁闭状态良好。 3. 卫生间内无异味。 4. 检查卫生间门开关、锁闭作用良好。 5. 确认客室内卫生间有无人显示器功能正常 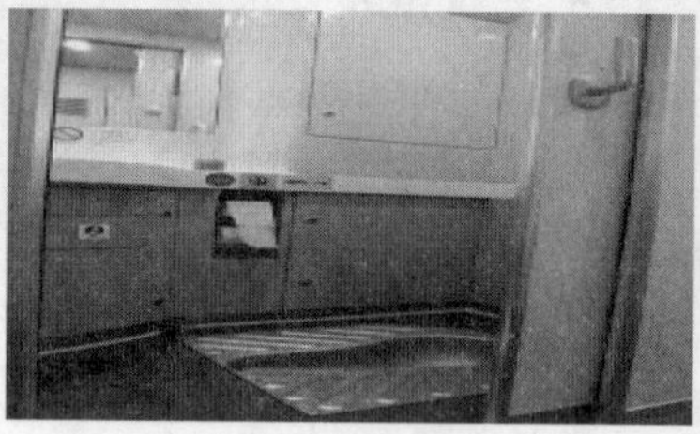 蹲式卫生间  残疾人卫生间
100	检查餐饮区 （09车）	1. 餐吧内无漏水，各柜门外观无变形，闭合良好。 2. 冰箱、微波炉、饮水机、电茶炉冷藏柜、展示柜等无破损，无异常。 3. 吧台无破损变形。 4. 洗池清洁、无脏堵。 5. 检查餐桌、餐椅，安装牢固，无破损；靠吧、靠垫、扶手无破损、松动，吧台无破损 
101	检查监控室、乘务室 （09车） 	1. 控制放大器、联络电话外观无异常损伤，功能正常。 2. 侧窗、窗帘状态良好。 3. MON显示屏、影视系统控制屏、受电弓监控屏、烟火报警装置播音装置、联络电话齐全，状态良好，外观无异常损伤。 4. 确认受电弓视频监控系统屏幕外观状态良好，显示正常，显示时间与CIR时间误差在30 s内。作业过程中严禁随意操作云台上、下、左、右移动和相机的调焦、聚焦等功能按钮，遇特殊情况需操作相关功能按钮后须及时恢复初始状态。 5. 紧急制动按钮外观状态良好。 6. 办公桌、转椅等各设施状态良好，无破损。 7. 设置车次（最近一次出、入所车次），确认车次设定功能正常。③、④号确认车厢外显示正常显示车次。①、②号车内检查时对车厢内显进行确认。 8. 确认烟火报警主机页面有无故障记录、污染指数正常。 9. 监控室、乘务室门开关、锁闭功能正常

序号	作业项目	作业内容、标准及图示
101	检查监控室、乘务室 （05 车）	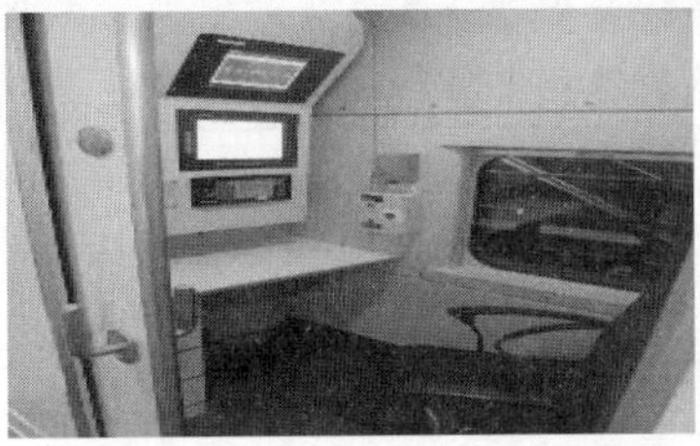  监控室 乘务室   质检拍照：质检对烟火主机及 04、06 车受电弓检测画面各拍照 1 张
102	检查窗帘、车窗、座椅 （全列）	1. 窗帘无破损，弹力良好。 2. 车窗无水汽破损，胶条无开裂。 3. 询问车内保洁人员，哪些座椅存在故障，并检查各类座椅安装牢固、外观无破损、配件齐全，VIP 座椅各项功能良好，各类标识齐全   客室座椅
103	其他	①、②号在车内巡视过程中对故障处理情况进行复核，在有电作业结束后关闭全列影视系统。
104	有电作业结束	1. 有电作业时间结束后，入库方向作业小组①号确认各作业人员作业情况，并询问现场值班员其他作业部门还牌情况，接到各部门作业完毕通知后，通知⑤号断电降弓，将 BV 手柄置于拔取位，取出主控钥匙和禁动牌。 2. 入库方向作业组的①号收回主控钥匙、禁动牌；清点工具、材料，在信息系统显示屏上刷卡有电作业结束，到现场值班员处交还主控钥匙、禁动牌和有电作业牌。 必呼：①号确认有电作业完毕后，呼叫“×道×列位××动车组一级修作业完毕”。 3. 待动车组出库前，由调度室通知检修人员撤除安全标志

续表

序号	作业项目	作业内容、标准及图示
105	辅助作业	1. ⑤号辅助负责动车组放电作业，负责辅助升弓作业。 2. ⑥号辅助负责配合故障处置等相关作业。
106	填记纸质记录	《CRH380AL 统型动车组一级检修记录单》（辆动-050） 《CRH380AL 统型动车组一级检修试验单》（辆动-051） 准确、如实、完整的填写检查结果
107	填管理信息系统	作业人员应按照要求回填动车组管理信息系统
108	联检作业	一级修作业结束后，动车所质检员根据生产计划，在检修库内或存车线组织联检。 质检员组织各部门办理出所质量交接，填写交接记录并相互签字确认
109	送车作业	1. 动车组出库时由指定人员撤除止轮器，另一人负责确认，送还现场值班室。出库端两名送车人一起蹲式送车。 2. 送车重点检查轮对、悬吊件、裙板、外显、车窗玻璃、车端跳线、侧门等部位，监听走行部及车下设备运转有无剐蹭、轰鸣、尖叫、磕碰、击打、晃动等异常声音，无异味，检查车号和目的地显示器以及车体两侧裙板的固定情况、盖板的恢复情况，侧门关闭及指示灯和风机运转等设备状态、如发现异常立即向一级修工长、调度室进行汇报

任务检测

1. 请默画出动车组一级检修流程图。
2. 每 4 位同学为一个小组分别完成动车组一级检修的全部流程。

技能考核

一、CRH380A 型动车组车顶高压设备检查及受电弓测试技能考核

CRH380A 型动车组车顶高压设备检查及受电弓测试实作单

班级		姓名	
项目	考核内容及评分标准	配分	扣分情况
作业准备	1. 车组号正确，接触网断电，接地杆已挂，动车组降弓断电，停放制动施加。 2. 按规定穿戴劳保防护用品（工作服、劳保鞋、安全帽）。 3. 清点配送的作业工具、物料。 设置防护信号。	10	

续表

项目	考核内容及评分标准	配分	扣分情况
车顶设备检查	1. 碳滑板厚度检查。 2. 受电弓检查及高压设备检查。 设置故障点 10 个： 1 2 3 4 5 6 7 8 9 10 要求：阐述故障点名称及故障原因举例。	30	
受电弓测试	1. 受电弓升降弓时间测试 ① 升弓时间限度：TSG19A≤10 s； ② 降弓时间限度：TSG19A≤10 s； 2. 拉力计的实作测量静态压力 ① 在升弓情况下检查空气管路及气囊、碳滑板无漏泄等异常。 ② 用 10 kg 弹簧秤连接在上顶管的中部，匀速拉动测试其静态压力。升起受电弓，确认受电弓压缩空气压力在额定范围内（3.4~4.2bar）。 ③ 向下运动时，力的最大值不超过 95N，且在 91～95N 之间。 ④ 向上运动时，力的最小值不小于 65N。 ⑤ 上升及下降过程中同一高度点力的差值不大于 30N。 注意：升弓进行静态压力测量时注意测量升弓时间，不要重复升弓动作。	55	
完工确认与整理	1. 清洁车顶杂物，确认车顶干净无异物。 2. 作业完毕后确认状态正常。 3. 将工具和物料整理齐全，作业区周边卫生干净无杂物，撤除防护信号。	5	
总计	100	得分	

二、轮对尺寸人工测量技能考核

轮对尺寸人工测量实作单

班级		姓名	
项目	考核内容及评分标准	配分	扣分情况
踏面圆周磨耗及轮缘高度的测量	1. 用手向下压住定位销手柄并移动轮箍宽度测尺尺框，使定位销落入销孔内，然后锁紧其锁紧螺钉。 2. 将定位角铁与车轮内侧面密贴，并使轮箍宽度测头与车轮踏面接触。 3. 移动踏面磨耗及轮缘高度测尺尺框到合适位置并锁紧，使 QR 值定位测量定位点不与车轮接触。 4. 推动踏面磨耗及轮缘高度测尺使其测量面与车轮轮缘最高点接触，从左边游标读取踏面磨耗值，从右边游标读取轮缘高度值。	20	
轮缘厚度的测量	1. 移动轮箍宽度测尺尺框，使定位销落入销孔。 2. 将定位角铁与车轮内侧面密贴，并使轮箍宽度测头与车轮踏面接触。 3. 推动轮缘厚度测尺，使其测量头与轮缘接触。 4. 从游标尺中读取轮缘厚度值。	20	

续表

项目	考核内容及评分标准	配分	扣分情况
轮辋厚度的测量	1. 移动轮辋宽度测尺尺框，使定位销落入销孔内，然后锁紧其锁紧螺钉。 2. 将定位角铁与车轮内侧面密贴，并使轮辋宽度测头与车轮踏面接触，读取轮箍厚度测尺刻线中与轮箍内侧边缘对齐的数值，该数值即为轮箍厚度。	20	
轮辋宽度的测量	将定位角铁与车轮内侧面密贴，用手向下压定位销手柄并移动轮辋宽度测尺尺框，使其测头与车轮外侧面密贴，从游标中读取轮辋宽度值。	10	
踏面擦伤深度的测量	1. 将定位角铁与车轮内侧面密贴，并移动轮箍宽度测尺尺框使轮辋宽度测头落入擦伤最深处，拧紧其锁紧螺钉。 2. 移动踏面磨耗测尺尺框到合适位置。 3. 移动踏面磨耗及轮缘高度测尺，使其测量面与轮缘最高处接触，从踏面磨耗测尺左边读取测量值为 h_1。 4. 将检查器移到同一圆周未擦伤处，使定位角铁与车轮内侧面密贴，轮箍宽度测尺尺框与踏面接触。 5. 移动踏面磨耗测尺尺框到合适位置。 6. 移动踏面磨耗及轮缘高度测尺，使其测量面与轮缘最高处接触，从踏面磨耗测尺左边读取测量值为 h_2。 7. 擦伤深度为 h_1-h_2 的差值。	20	
踏面擦伤长度的测量	用检查器的轮箍厚度测尺的外刻线，沿车轮圆周方向测量擦伤部位的长度.	10	
总计	100	得分	

拓展阅读六

讨论：你是如何理解工匠精神的？

附 录

附录 1 《CRH 型动车组随车机械师乘务日志》

CRH	××××段××××所	版本号：××××××
	乘务日志	

______年____月____日 至______年____月____日

出乘指示						
学习内容 或领导添乘指示						
时间	车次	运行区段	运行记事	随车机械师	列车长	司机

		累计走行公里	
随车工具料及 备品交接		出所随车机械师	
		入所随车机械师	

调度员签字： ____年____月____日	乘务指导审阅： ____年____月____日

填写说明：

1. 报表类别：过程管理
2. 保存期限：1 年
3. 填写要求：

（1）本薄每组动车组一本，由随车机械师填写值乘区段动车组运行实际情况，运行正常填写良好，发生异常情况详细填记；

（2）累计走行公里由随车机械师在动车组出所前到调度室抄记或按本车系统显示填写。

附录 2 《动车组故障交接记录单》

CRH	××××段××××所 故障交接记录单	版本号：××××××

车组号：CRH_____ 出/入所车次：____/____ 出所时间____年___月___日___时___分

	车号	故障情况	司机确认	处理情况	接车机械师确认
驾驶设施状态交接					
	车号	故障情况	处理情况	处理人	接车机械师确认
随车机械师入所交接故障					
		检修工长： 质检员：			
	车号	重点故障情况	处理情况	处理人	接车机械师确认
地面检修重点故障					
		检修工长： 质检员：			
	车号	故障情况	处理情况	处理人	接车机械师确认
随车机械师接车发现故障					

填表说明：

1. 本表作为动车组故障交接使用，由随车机械师出乘时领取，入所后交回；

2. "驾驶设施状态交接""随车机械师入所交接故障"栏由随车机械师负责填写，"驾驶设施状态交接"栏故障由司机签字确认；检修班组在动车组入所检修后在信息系统中回填处理结果，检修工长、质检员在系统中签认；

3. "地面检修重点故障"栏作为随车机械师出所前掌握动车组整车技术状态使用，由作业者录入信息系统并回填处理情况，检修工长、质检员在系统中签认，运行途中，随车机械师重点监控；

4. 随车机械师接车时，对动车组上次入所交接的故障进行复查，发现新故障时在"随车机械师接车发现故障"栏填写，由检修班组检修并回填处理情况，接车机械师进行签认；

5. "处理情况"栏填写"已处理""待处理"。

附录 3 《随车机械师出退乘记录表》

CRH	××××段××××所	版本号：××××××
	随车机械师出退乘记录	

出乘登记								退乘登记						
序丏	日期	姓名	车组号	出所车次	计划出脚搁	报到时间	酒精测试	日期	姓名	车组号	入所车次	入所时间	报到时间	备注
1														
2														
3														
4														
5														
6														
7														
8														
9														
10														
11														
12														
13														
14														
15														
16														
17														

填写说明：

1. 报表类别：过程管理
2. 保存期限：3 个月
3. 填写要求：

（1）本表用于随车机械师在本属动车所出、退乘的登记签认；

（2）“车组号”填写格式如：“CRH380B-6223L”；

（3）“日期”填写格式如：“20130303”，“时间”填写格式如：“21:22”；

（4）“计划出所时间”为动车组计划出库或存车场开车时间，“入所时间”为动车组入库或存车场停稳时间。

（5）“酒精测试”栏根据测试结果填写“合格”或“不合格”。

附录 4 《动车组固定服务设施状态检查记录》

CRH	××××段××××所	版本号：××××××
	动车组固定服务设施状态检查记录	

出所状态交接

车组号：______　出所车次：______　交接起止时间：______至______

序号	固定服务设施名称	位置	问题	客运人员	车辆人员
1					
2					
3					
4					
5					
6					
7					
8					

入所状态交接

车组号：______　入所车次：______　交接起止时间：______至______

序号	固定服务设施名称	位置	问题	列车长	随车机械 9 币
1					
2					
3					
4					
5					
6					
7					
8					
9					

填写说明：

1. 本表作为动车组出（入）所前，车辆、客运部门对固定服务设施状态交接点验的依据；

2. 动车组出所前，动车所与客运部门共同检查，在“出所状态交接”栏填写问题并签认，随车机械师与列车长各持一份；

3. 动车组入所前，随车机械师与列车长共同检查，在“入所状态交接”栏填写存在问题(固定服务设施丢失或人为损坏时，由列车长填写车内设施破损记录（客统-36）交动车组随车机械师）并签认，由随车机械师交回动车所。

附录 5 《动车组出所质量联检记录单》

CRH	××××段××××所	版本号：××××××
	动车组出所质量联检记录单	

______年____月____日

入/出所车次	/	车组号	
交接完成时间		交接股道	
交接项目	质量状态	交接人签字	
动车组 技术状态		检修工长	
		质检员	
驾驶设备 技术状态		动车组司机	
		质检员	
列控车载设备 技术状态		列控检修人员	
		动车组司机	
LKJ 设备 技术状态		LKJ 检修人员	
		动车组司机	
CIR 设备 技术状态		CIR 检修人员	
		动车组司机	
固定服务设施 技术状态		客运人员	
		质检员	
客服整备		整备人员	
		质检员	
车内保洁		保洁人员	
		质检员	
外皮清洗		外皮清洗	
		质检员	

填写说明：

1. 本表作为动车组出所前，动车组技术状态及各部质量状态的交接依据，一体化相关单位按实际情况填写并签认；
2. “交接完成时间”为全部交接完成时间。

附录 6　CRH2、CRH380A（L）、CRH6 平台动车组限度表

部件	项目	项点	说明	修程	2A/2B/2E	2C1	2A 统	2E 改	2C2	2G	380A(统)	380AL	6A	6F
1 车体														
1.1 车体排障器	车体辅助排障器			一级	20～30 mm									
				二级	同一级检修									
				备注	原形：20 mm									
1.2 其他	车体倾斜	前后（两端）		一级										
				二级	高度差小于 25 mm									
				备注										
		左右（两侧）		一级										
				二级	高度差小于 15 mm									
				备注										
		对角		一级										
				二级	高度差小于 25 mm									
				备注										
2 转向架及其辅助														
2.1 车轮	踏面缺陷	剥离		一级	一处长度不大于 20 mm；或两处长度每处不大于 10 mm		车轮直径大于 840 mm 时：长度不大于 30 mm，深度不大于 0.25 mm；车轮直径不大于 840 mm 时：长度不大于 25 mm，深度不大于 0.25 mm							
				二级	同一级检修		同一级检修							
				备注	0 mm（修形后）		裂纹带沿着车轮踏面均匀分布时不需要旋修车轮，出现滚动“接触疲劳和剥离”时需要旋修车轮							
		擦伤		一级	深度不大于 0.5 mm；长度不大于 70 mm		车轮直径大于 840 mm 时：长度不大于 30 mm，深度不大于 0.25 mm；车轮直径不大于 840 mm 时：长度不大于 25 mm，深度不大于 0.25 mm							
				二级	同一级检修		同一级检修							
				备注	0 mm（修形后）		旋修车轮，使裂纹完全消失后，再加工厚度至少为 1 mm，为避免缺陷蔓延及随之发生的范围缺陷尺寸扩大							
		硌伤		一级	车轮直径大于 840 mm 时：长度不大于 30 mm，深度不大于 0.25 mm；车轮直径不大于 840 mm 时：长度不大于 25 mm，深度不大于 0.25 mm									

续表

部件	项目	项点	说明	修程	2A/2B/2E	
2.1 车轮				二级	同一级检修	
				备注		
	车轮碾边(卷边)		各车型平台均执行完全一致的限度值	一级	≤5 mm	
				二级	同一级检修	
				备注		
	车轮直径差	同一轮对	计算方法统一为所含车轮的最大轮径值减去最小轮径值	一级	≤1 mm	
				二级	≤1 mm（旋轮后不大于 0.5 mm）	
				备注	新造：≤0.2 mm	
		同一转向架(动车)		一级	≤4 mm	
				二级	同一级检修	
				备注	新造：≤0.5 mm	
		同一转向架(拖车)		一级	≤4 mm	
				二级	同一级检修	
				备注	新造：≤0.5 mm	
		同一车厢(同一动车车厢动轮间)		一级	≤4 mm	
				二级	同一级检修	
				备注	新造：≤1 mm	
		同一车厢(同一拖车车厢拖轮间)		一级	≤4 mm	
				二级	同一级检修	
				备注	新造：≤1 mm	
		相邻车厢间		一级	≤40 mm	
				二级	同一级检修	
				备注		
	车轮踏面径向跳动			一级		
				二级	≤0.1 mm	≤0.1 mm
				备注	旋修车轮后	旋修车轮后

续表

部件	项目	项点	说明	修程	2A/2B/2E		
2.1 车轮	车轮内侧端面跳动		对应于旋轮机作业单中的“轴向窜动”	一级			
				二级	≤0.6 mm	≤0.3 mm	
				备注			
	车轮直径			一级	≥790 mm		
				二级	同一级检修		
				备注	（1）原形：860 mm； （2）轮径减少 20 mm 时，必须在空气弹簧处加垫调整，保证车辆限界要求		
	轮对内侧距			一级	1353^{+3}_{-2} mm	1353^{+3}_{-2} mm	
				二级	同一级检修	同一级检修	
				备注	原形：1353^{+2}_{-1} mm，轮缘顶部下 45 mm 处测量	原形：1353^{+2}_{0} mm，轮缘顶部下 45 mm 处测量	
	轮缘高度			一级	≤33 mm	27.5 mm≤轮缘高度≤33 mm	
				二级	同一级检修	同一级检修	
	轮缘高度			备注	修形后：28 mm	修形后：28 mm	原形及旋修后：27 mm
	轮缘厚度			一级	≥26 mm	26 mm≤轮缘厚度≤34 mm	
				二级	同一级检修	同一级检修	
				备注	原形：32.9 mm	原形：32.9 mm	原形：32 mm
	Qr 值			一级	≥6.5 mm		
				二级	同一级检修		
				备注			
2.2 车轴	轴身涂层（干燥后）		各车型平台均执行完全一致的限度值	一级	露出底漆或金属时须补漆		
				二级			
				备注			
	轴身擦伤深度			一级	≤0.1 mm	≤0.5 mm	
				二级	同一级检修	同一级检修	

部件	项目	项点	说明	修程	2A/2B/2E		
2.2 车轴				备注	可用平锉刀手工打磨至擦伤的宽度 2 倍以上，修复后损伤深度不大于 0.15 mm	打磨去除高点后使用，超限时允许车削加工修复，加工后轴身直径不小于 167 mm(CRH2A 统型动车组动车车轴直径不小于 170.5 mm)	打磨去除高点后使用，超限时允许车削加工修复，加工后轴身直径不小于 177 mm
	轴身局部撞击损伤深度			一级	≤0.3 mm	≤1 mm	
				二级	同一级检修	同一级检修	
				备注	超限时换轮对	打磨去除高点后使用，超限时允许车削加工修复，加工后轴身直径≥167 mm (CRH2A 统型动车组动车车轴直径≥170.5 mm)	打磨去除高点后使用，超限时允许车削加工修复，加工后轴身直径不小于 177 mm
2.3 齿轮箱主体	齿轮箱油位		在空车且停车状态 20 min 后，确认油量	一级	中刻度线±0.5 刻度	下刻度线与上刻度线之间	
				二级	同一级检修	同一级检修	
				备注			
2.4 齿轮箱支架（吊杆）	齿轮箱支架(吊杆)橡胶元件			一级	裂纹长度≤20 mm 且深度≤5 mm		
				二级	同一级检修		
				备注			
2.5 制动盘	制动盘摩擦面	裂纹	各车型平台均执行统型标准限度：（1)液压夹钳（住友）制动盘裂纹限度为：≤70 mm；（2）KB 制动盘裂纹限度见本表附注	一级	≤70 mm	见说明部分	
				二级	同一级检修	同一级检修	
				备注	5 mm 范围内相邻裂纹视为 1 条裂纹	执行统型标准限度	
	制动盘摩擦面	刻痕深度		一级	N/A	≤1 mm	
				二级		同一级检修	
				备注			

续表

部件	项目	项点	说明	修程	2A/2B/2E		
2.5 制动盘	制动盘磨耗限度	轮盘磨耗限度（单侧测量）	（1）液压夹钳（住友）制动盘运用中磨耗限度不得超过磨耗刻度线+安全余量(动车轮盘0.2 mm，拖车轮盘0.3 mm，轴盘0.3 mm）	一级	动车：磨耗刻度线+0.2 mm； 拖车：磨耗刻度线+0.3 mm	磨耗不得超过磨耗刻度线	
				二级	同一级检修	同一级检修	
				备注			
		轴盘磨耗限度（单侧测量）	（2）KB制动盘运用中磨耗限度不得超过磨耗刻度线(刻度线处已留有0.5 mm安全余量）	一级	刻度线+0.3 mm	磨耗不得超过刻度线	
				二级	同一级检修	同一级检修	
				备注			
		制动盘偏磨限度（两摩擦环厚度差）		一级	≤2 mm		
				二级	同一级检修		
				备注			
		制动盘摩擦环倾斜磨损(最高点和最低点之差)		一级			
				二级	≤1.5 mm	≤0.8 mm	
				备注			
2.6 轴箱弹簧橡胶堆	轴箱弹簧橡胶堆裂纹及破损			一级	深度≤1 mm；宽度≤1 mm		
				二级	同一级检修		
				备注	厚度方向不允许出现贯穿性裂纹		
2.7 空簧组成	空气弹簧高			一级	$(330+t)^{+6}_{-3}$ mm		$(270+t)^{+6}_{-3}$ mm
				二级	同一级检修		同一级检修
				备注	原形：$(330+t)^{+6}_{-3}$ mm 测量位置从车体到转向架印记之间，t为调整板厚度		测量位置从车体到转向架空簧安装面之间，t为调整板厚度

续表

部件	项目	项点	说明	修程	2A/2B/2E				
2.8 空簧橡胶气囊	缺陷深度			一级	充气状态下裂纹、磨损、外伤、龟裂等各类缺陷不得出现帘线外露 （即裂纹深度不应扩展至帘布层，外表层距帘布层厚度约为 2 mm。）				
				二级	同一级检修				
				备注					
	单处缺陷面积		各车型平台均执行完全一致的限度值	一级	≤25 mm²				
				二级	同一级检修				
				备注					
	鼓包		各车型平台均执行完全一致的限度值。	一级	（1）软鼓包直径不大于 50 mm。直径小于 50 mm 时，按压有强烈气压感，判断气囊内层可能有漏孔时需更换； （2）不具有典型鼓包特征的异常硬突起直径不大于 50 mm				
				二级	同一级检修				
				备注					
2.9 空簧紧急弹簧	裂纹	深度		一级	≤3 mm				
				二级	同一级检修				
				备注					
		长度	各车型平台均执行完全一致的限度值。 （1）裂纹长度≤50 mm； （2）橡胶和金属粘接脱胶不大于 1/4 圆周； （3）紧急簧周围不得出现橡胶瘤。	一级	限度见说明部分				
				二级	同一级检修				
				备注					
2.10 横向缓冲器（横向止挡）	牵引中心销与横向缓冲器距离		单侧测量	一级	20^{+2}_{0} mm	40^{+2}_{0} mm	20^{+2}_{0} mm	40^{+2}_{0} mm	20^{+2}_{0} mm
				二级	同一级检修	同一级检修	同一级检修	同一级检修	同一级检修
				备注	原形：20^{+2}_{0} mm	原形：40^{+2}_{0} mm	原形：20^{+2}_{0} mm	原形：40^{+2}_{0} mm	原形：20^{+2}_{0} mm

部件	项目	项点	说明	修程	2A/2B/2E	
2.11 牵引拉杆	牵引拉杆橡胶轴套(节点)裂纹			一级	长度不大于 15 mm 或深度不大于 5 mm	
				二级	同一级检修	
				备注		
2.12 抗侧滚扭杆	抗侧滚扭杆轴承、橡胶关节裂纹			一级	N/A	面积之和不大于 500 mm²
				二级		同一级检修
				备注		不得存在贯通裂纹或损伤
	抗侧滚扭杆缓冲橡胶关节裂纹			一级	N/A	所有裂纹的长度乘深度的总和不大于 2 874 mm²
				二级		同一级检修
				备注		
2.13 转向架扫石器	扫石器高度			一级	5 ~ 13 mm	
				二级	同一级检修	
				备注	原形：5 ~ 7 mm。整备状态下，距轨面距离	
2.14 撒砂装置	喷嘴距轨面	头车		一级	40 ~ 60 mm	N/A
				二级	同一级检修	
				备注	原形：48 ~ 55 mm。整备状态下,距轨面距离	
		中间车		一级	40 ~ 60 mm	N/A
				二级	同一级检修	
				备注	原形：48 ~ 55 mm。整备状态下,距轨面距离	
2.15 踏面清扫	踏研磨块厚度			一级	≥13 mm	
				二级	同一级检修	
				备注	安全极限：10 mm。原形：≥13 mm。包括钢背厚度，在转向架外侧测量	

续表

部件	项目	项点	说明	修程	2A/2B/2E								
3 主供电													
3.1 受电弓	静态接触压力测量	上升过程中的力	不拆阻尼器时测量受电弓静态接触压力，测量落弓位滑板面为起测点以上0.5 m、可测量的最高点（不超过1.9 m）及两者中间任一点（建议选靠近中点处）三处：（1）上升过程中的力（2）下降过程中的力（3）上升及下降过程中同一高度点力的差值。不同型号受电弓限度值分别说明	一级									
				二级	≥55N	≥65N	≥55N	≥65N	≥55N	TSG19A≥65N；DSA380≥65N；	≥65N	≥55N	≥55N
				备注	DSA250	TSG19A	DSA250	TSG19A	DSA250	TSG19A/DSA380	DSA380	DSA250	DSA200
		下降过程中的力		一级									
				二级	≤85N	≤95N	≤85N	≤95N	≤85N	TSG19A≤95N；DSA380≤95N；	≤95N	≤85N	≤85N
				备注	DSA250	TSG19A	DSA250	TSG19A	DSA250	TSG19A/DSA380	DSA380	DSA250	DSA200
		上升及下降过程中同一高度点力的差值		一级									
				二级	≤30N	≤30N	≤30N	≤30N	≤30N	≤30N	≤30N	≤30N	≤30N
				备注									
	升降弓时间测量	升弓时间	不拆阻尼器时测量正常升降弓时间，以受电弓开始动作点计时。不同型号受电弓限度值分别说明	一级									
				二级	≤8 s	≤8 s	≤8 s	≤8 s	≤8 s	TSG19A≤8 s；DSA380≤10 s	≤10 s	≤8 s	≤8 s
				备注	DSA250	TSG19A	DSA250	TSG19A	DSA250	TSG19A/DSA380	DSA380	DSA250	DSA200
		降弓时间		一级									
				二级	≤8 s	≤8 s	≤8 s	≤8 s	≤8 s	TSG19A≤8 s；DSA380≤10 s	≤10 s	≤8 s	≤8 s
				备注	DSA250	TSG19A	DSA250	TSG19A	DSA250	TSG19A/DSA380	DSA380	DSA250	DSA200

续表

部件	项目	项点	说明	修程	2A/2B/2E
3.2 碳滑板	侧面裂纹		各车型平台均执行完全一致的限度值	一级	无贯穿至铝托架的侧面裂纹
				二级	同一级检修
				备注	
	上表面裂纹		各车型平台均执行完全一致的限度值	一级	无纵向贯穿性裂纹； 无裂到碳滑板边缘且宽度大于 0.3 mm 的横向裂纹； 摩擦区不超过 3 条以上裂纹
			裂纹横纵向统一以车体方向为参照描述	二级	同一级检修
				备注	
	边缘掉块		各车型平台均执行完全一致的限度值	一级	缺陷掉块占宽度方向应不大于 40%
				二级	同一级检修
				备注	
	滑板基座		各车型平台均执行完全一致的限度值	一级	基座表面孔洞直径不大于 2 mm
				二级	同一级检修
				备注	
	磨耗后高度			一级	由铁路局发文确定。
				二级	
				备注	铝托架右手侧实施激光标记后，通过标记读取相应碳滑板磨耗安全极限位置、4 400 km 磨耗限度余量建议值、材质信息。
	双滑板受电弓两滑板厚度差		各车型平台均执行完全一致的限度值	一级	≤3 mm
				二级	同一级检修
				备注	
3.3 弓角	弓角磨损			一级	弓角表面纵向磨损宽度不大于 5 mm
				二级	同一级检修
				备注	

续表

部件	项目	项点	说明	修程	2A/2B/2E					
3.4 升弓气囊	气囊裂纹		各车型平台均执行完全一致的限度值。 在气囊无气状态下观察，有下列情况之一则更换： （1）可见内部帘布层； （2）气囊龟裂深度大于 1.2 mm 且长度大于 25 mm	一级	限度见说明部分					
				二级	同一级检修					
				备注						
3.5 25 kV陶瓷绝缘子	缺陷面积	单个缺陷面积	各车型平台均执行完全一致的限度值	一级	单个缺陷面积应不大于 30 mm²		N/A	单个缺陷面积应不大于 30 mm²	N/A	N/A
				二级	同一级检修			同一级检修		
				备注		仅适用于安装日系高压电缆接头的车辆				
		累计缺陷面积		一级	累计缺陷面积应不大于 3 cm²		N/A	累计缺陷面积应不大于3 cm²	N/A	N/A
				二级	同一级检修			同一级检修		
				备注		仅适用于安装日系高压电缆接头的车辆				
	裂纹长度		各车型平台均执行完全一致的限度值	一级	绝缘子表面无裂纹		N/A	绝缘子表面无裂纹	N/A	N/A
				二级	同一级检修			同一级检修		
				备注		仅适用于安装日系高压电缆接头的车辆				

续表

部件	项目	项点	说明	修程	2A/2B/2E
3.6 25 kV 非陶瓷绝缘子(硅橡胶绝缘子和环氧树脂绝缘子)	伞裙剥离等表面缺陷		各车型平台均执行完全一致的限度值。 （1）同一绝缘子缺陷部位不超过 5 处，同一叶片不超过 2 处； （2）同一叶片上有 1 处缺陷时，不大于叶片面积 10%；有 2 处缺陷时，均不大于叶片面积 5%； （3）半径方向的长度不大于 30 mm； （4）绝缘子本体没有缺陷	一级	限度见说明部分
				二级	同一级检修
				备注	
	伞裙缺损（缺口）		各车型平台均执行完全一致的限度值。 （1）同一绝缘子伞裙缺口不超过 5 处，同一叶片不超过 2 处。 （2）当同一叶片缺口为 1 处时，沿圆周方向的缺损长度不大于 50 mm; （3）当同一叶片缺口为 2 处时，沿圆周方向的缺损长度均不大于 20 mm; （4）径向缺口长度不大于 10 mm	一级	限度见说明部分
				二级	同一级检修
				备注	

续表

<table>
<tr><th>部件</th><th>项目</th><th>项点</th><th>说明</th><th>修程</th><th colspan="7">2A/2B/2E</th></tr>
<tr><td rowspan="3">3.6 25 kV 非陶瓷绝缘子(硅橡胶绝缘子和环氧树脂绝缘子)</td><td rowspan="3">伞裙裂纹</td><td rowspan="3"></td><td rowspan="3">各车型平台均执行完全一致的限度值</td><td>一级</td><td colspan="7">伞裙根部无裂纹，伞裙从边缘沿径向贯穿性裂纹≤10 mm，伞裙切向贯穿性裂纹≤20 mm</td></tr>
<tr><td>二级</td><td colspan="7">同一级检修</td></tr>
<tr><td>备注</td><td colspan="7"></td></tr>
<tr><td rowspan="3">3.7 防污闪喷涂绝缘子</td><td rowspan="3">防污闪涂层外观</td><td rowspan="3"></td><td rowspan="3">各车型平台均执行完全一致的限度值。对于需要喷涂防污闪涂层的绝缘子，日常清洗维护后，检查涂层是否有气泡、缺损等情况。
（1）表面涂层缺损不多于3处，每处不大于 1 cm^2，可继续使用，但应尽快安排修补；
（2）超出如上限度或有大面积脱落倾向的，应将其缺损或脱落部分彻底清除后重喷</td><td>一级</td><td colspan="3">限度见说明部分</td><td rowspan="3">N/A</td><td>限度见说明部分</td><td rowspan="3">N/A</td><td rowspan="3">N/A</td></tr>
<tr><td>二级</td><td colspan="3">同一级检修</td><td>同一级检修</td></tr>
<tr><td>备注</td><td>仅适用于陶瓷绝缘子</td><td>仅适用于安装日系高压电缆接头的车辆</td><td>仅适用于陶瓷绝缘子</td><td></td></tr>
<tr><td rowspan="3">3.8 车顶各类软编线</td><td rowspan="3">断股截面积</td><td rowspan="3"></td><td rowspan="3">各车型平台均执行完全一致的限度值。</td><td>一级</td><td colspan="7">断股截面积不大于 10%</td></tr>
<tr><td>二级</td><td colspan="7">同一级检修</td></tr>
<tr><td>备注</td><td colspan="7"></td></tr>
</table>

续表

部件	项目	项点	说明	修程	2A/2B/2E	
3.9 GFX 感应接收器	接收器底边距轨面高度			一级		
				二级	110^{+20}_{0} mm	
				备注	车辆在空载条件下	
3.10 接地碳刷	接地碳刷长度			一级	视窗两刻度线之间	
				二级	同一级检修	
				备注		
4 供风制动						
4.1 夹钳机构	闸片与制动盘摩擦面间的间隙	两侧之和	缓解状态下测量，测量时将闸片压紧到盘面上，测量另外一侧间隙	一级	3 ~ 8.6 mm	2.4 ~ 5.6 mm
				二级	同一级检修	同一级检修
				备注		
4.2 闸片	磨耗		测量基准统一为摩擦体背板外侧（包含摩擦体背板厚度）要求测量磨耗材料最薄处，在里程不大于 4 400 km 时统型限度值如下，4 400 km 小于里程不大于 8 800 km 时，在下述基础上增加 0.5 mm：	一级	限度见说明部分	
				二级	同一级检修	
				备注	任一闸片厚度小于此限度时同制动卡钳两侧的闸片须同时更换	

部件	项目	项点	说明	修程	2A/2B/2E	
4.2 闸片	磨耗		（1）速度300～350 km/h速度级动车组[四方平台液压夹钳（住友）用闸片除外]为5 mm； （2）速度200～250 km/h速度级动车组[四方平台液压夹钳（住友）用闸片除外]为6 mm； （3）CRH2A/2B/2E非统型动车组、CRH2C1动车组液压夹钳（住友）用为6.5 mm			
4.3 增压气缸	显示杆行程			一级	≤50 mm	N/A
				二级	同一级检修	
				备注	快速制动时测量行程显示杆的动作值	
5 电务车载（接口限度）						
5.1 应答器接收天线（BTM、CAU)	距轨面高度			一级		

续表

部件	项目	项点	说明	修程	2A/2B/2E						
5.1 应答器接收天线（BTM、CAU)				二级							
				备注	临修：200H：(220±5) mm；200C：(200±10) mm	临修：300S：(202±5) mm；300H：(220±5) mm；300T：(235±5) mm	临修：200H：(220±5) mm；200C：(200±10) mm	临修：300S：(202±5) mm 300H：(220±5) mm 300T：(235±5) mm	临修：200H：(220±5) mm 200C：(200±10) mm	临修：300S：(202±5) mm 300H：(220±5) mm 300T：(235±5) mm	临修：200H：(220±5) mm；200C：(200±10) mm
5.2 轨道电路接收天线（TCR、STM）	距轨面高度			一级							
				二级							
				备注	临修：200H：(135±5) mm[带护套(130±5) mm] 200C：(155±5) mm			临修：300H/T/S：(155±5) mm [带护套(150±5) mm]	临修：200H：(135±5) mm[带护套(130±5) mm]；200C：(155±5) mm	临修：300H/T/S：(155±5) mm [带护套(150±5) mm]	临修：200H：(135±5) mm [带护套(130±5) mm]；200C：(155±5) mm

参考文献

[1] 焦凤川，王斌杰. 动车组运用与管理[M]. 北京：北京交通大学出版社，2012.
[2] 王连森，连苏宁. 动车组维护与检修[M]. 成都：西南交通大学出版社，2010.
[3] 王伯铭. 动车组运用与检修[M]. 北京：中国铁道出版社，2011.
[4] 张雅净，王鹤鸣. 铁路行车调度[M]. 北京：中国铁道出版社，2010.
[5] 中国国铁集团.《铁路技术管理规程》(高速铁路部分)[M]. 北京：中国铁道出版社，2017.
[6] 中国国铁集团. CRH380A 型动车组途中应急故障处理手册[M]. 北京:中国铁道出版社，2019.